法者，尺寸也，绳墨也，规矩也，
衡石也，斗斛也，角量也，谓之法。

湖北经济学院学术专著出版基金资助

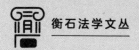
衡石法学文丛

裁判要素的
法律生成及相互转化

Generation and Interaction of Facts,
Norms and Values in Court Decision

潘德勇 ◆ 著

中国政法大学出版社

2021·北京

图书在版编目（ＣＩＰ）数据

裁判要素的法律生成及相互转化/潘德勇著.—北京：中国政法大学出版社，2021.7
ISBN 978-7-5620-9771-6

Ⅰ.①裁…　Ⅱ.①潘…　Ⅲ.①审判—研究　Ⅳ.①D915.182.04

中国版本图书馆CIP数据核字(2020)第241213号

	裁判要素的法律生成及相互转化
书　名	CAIPAN YAOSU DE FALÜ SHENGCHENG JI XIANGHU ZHUANHUA
出版者	中国政法大学出版社
地　址	北京市海淀区西土城路 25 号
邮　箱	fadapress@163.com
网　址	http://www.cuplpress.com (网络实名：中国政法大学出版社)
电　话	010-58908466(第七编辑部) 010-58908334(邮购部)
承　印	固安华明印业有限公司
开　本	720mm×960mm　1/16
印　张	19.25
字　数	315 千字
版　次	2021 年 7 月第 1 版
印　次	2021 年 7 月第 1 次印刷
定　价	85.00 元

目　录

导　论[1]

一个好的理论必须能够满足以下两个要求，简言之，描述与预测。首先，这个理论必须能准确地描述大量的观测，这些观测是根据只包含少数任选的因素的模型作出的；其次，这个理论能对未来观测的结果作出明确的预言。[2]

——霍金

在司法审判实务中，疑难案件时有发生。一旦出现疑难案件，法官将面临对裁判要素进行查明、阐释、衡量的困难。疑难案件的发生往往导致以调整一般情形为主的法律难以被适用。西方有法谚称："疑难案件出坏法"（Hard Cases Make Bad Law）。该表述至少可以追溯到 1837 年。[3]这一谚语在 1904 年被美国最高法院霍姆斯法官援引，不过自此，这种说法也开始遭受质疑，与之相反的表达包括"坏法出疑难案件"（Bad Law Makes Hard Cases）、"疑难案件出好法"（Hard Cases Make Good Law）。在 Northern Securities Co. v. United States 案中，霍姆斯说道，重大案件，如疑难案件产生坏的法律。重大案件之所以重大，并非是因为其重要性……而是因为一些具有紧急

---

〔1〕　德沃金在《认真对待权利》一书的导论中以五个没有命名的标题介绍了写作的背景和主要问题、论题所涉及的法律理论、主流学派和法学家对于论题的贡献和主张、著者的主要观点和论题的写作逻辑、论著的不足之处及对书中某些观点的回应。[美] 罗纳德·德沃金：《认真对待权利》，信春鹰、吴玉章译，中国大百科全书出版社 1998 年版，第 1~11 页。这种导论模式与现今著作（尤其是学位论文）的开篇有相似之处，即选题意义、国内外研究现状、研究的内容和方法、研究的不足之处等。值得注意的是，德沃金书中的第二部分是当代大多数著者没有涉及的。本书的导论受该书启发，在第二部分"论题所涉及的理论"中较为详细地论证了疑难案件法律解释的理论来源和关联学说。

〔2〕　[英] 史蒂芬·霍金：《时间简史》，许明贤、吴忠超译，湖南科学技术出版社 2012 年版，第 17 页。

〔3〕　Hodgens v. Hodgens（1837），*Quoted in Fred Shapiro*，The Yale Book of Quotations（2006）.

的、重大利益的情形影响了情感并且左右了裁判。[1]法官丹宁爵士表达了对这一谚语的强烈质疑，他说道，（律师）将其视为绝对真理，但"疑难案件出坏法"的说法非常具有误导性，应当从我们的词汇中删除。这一说法意味着，在疑难案件中，如果法官怯于创造规则，依循旧法作出的不公正的判决将会产生好的法律。然而事实并非如此，任何不公正的判决对于法律或作出判决的法官来说都是责难。如果法律存在着非正义的危险，则公平将会被引入以作为救济。公平在历史上就曾被引入来调和法律的僵化。[2]

学术的发展在某种程度上受到首创者话语体系的影响。西方学界关于疑难案件的论述，总体上没有脱离两条主线。一条主线是围绕"疑难案件出坏法"的讨论，以及由此衍生的"疑难案件出好法""坏法出疑难案件"等主张。另一条主线关系到哈特与德沃金的论争。哈特和德沃金在疑难案件问题上有两个基本的分歧：一是法律的基础以及由此而衍生的法律规范的范围问题，或者简言之，"哪些规范可以当作法律予以适用"；二是法官是否有权通过创制法律的方式来对疑难案件作出判决。这两个问题相互关联。前一个问题关系到规则欠缺时，法官最终找到的规则是否属于法律的问题。如果属于法律，则在第二个问题中支持法官无自由裁量权；如果不属于法律，则法官需要"创制"新的法律作为救济。[3]纵观西方百余年来关于疑难案件的著述，除了对具有重大影响的案件的评论，基本以法律规范的范围、法官的自由裁量权、权利、道德、规范等为关键词展开。

对法律的属性和法官职责的认识分歧，引起了哈特和德沃金长期的论战。哈特将疑难案件的处理归结为"法官如何造法"，而德沃金则认为是

　　〔1〕　Davis Michael, Stark Andrew, "Conflicts in Rule making: Hard Cases and Bad Law", *Conflict of Interest In The Professions*, Oxford University Press, 2001.

　　〔2〕　"坏法出疑难案件"的说法也有提及。John Chipman Gray 教授在提及这一表述时认为，法律职业者倾向于将"法律体系的逻辑连贯性"置于个体的福利之上。新近关于这种表述的讨论可以在与社会保障接受者相关的案例中发现。May Larry, Brown Jeff. *Philosophy of Law: Classic And Contemporary Readings*, Wiley-Black well. (2009), p. 25. Arthur Linton Corbin 在 1923 年将这一谚语反向表述为"疑难案件出好法"：当某一法律规范在特定案件中的适用产生不公，即与"社会确立的信念不符"，该规范或者应当被明确拒绝，或者应当通过虚构的区分来降低其作用。虽然有谚语称"疑难案件出坏法"，但"疑难案件出好法"的表述至少在某种程度上也是成立的。Arthur Linton Corbin, *Hard Cases Make Good Law*, Yale Law School. 1923.

　　〔3〕　Kenneth Einar Himma, "Trouble in Law's Empire: Rethinking Dworkin's Third Theory of Law", *Oxford Journal of Legal Studies*, Vol. 23, No. 3 (Autumn, 2003), p. 345.

"法官如何找法"。哈特在分析实证法学框架下，从法律的不确定性出发，认为法律的涵盖范围存在着"间隙"（gap），法官必须通过创设新的法律以填补法律的空白或使其确定，从而解决疑难案件。"在任何法律体制内，总有某些法律未调整的特定的案例在某些方面无法根据任何方式作出决定，法律因此是部分不确定或不完整的。如果在此类案件中，法官作出或不作出放弃管辖权的决定，或将争议问题提交立法机关解决，就必须行使其自由裁量，就该案制定法律而不是仅仅适用已有的法律。"[1]德沃金则根据权利命题和原则问题主张法律问题存在着唯一正确的答案，如果案件出现疑难，并不是法律供给不足，而是因为人们对法律规范的认知存在误解，没有将原则视为"严密的法律体系"的组成部分，并将其用在疑难案件中去寻求价值平衡。

司法实务界还处理规范之外的疑难问题，包括事实疑难和价值疑难。法官关于疑难案件的界定和处理除了法律规范的欠缺清晰，还涉及事实定性的分歧，如在许霆案中是盗窃还是不当得利的争议；也包括事实发现的疑难，如在彭宇案中关于是否碰撞的认定；还包括价值衡量的疑难，如刑罚的轻重赔偿的多少等。这些争议尽管是将事实和行为置于现有规范下去判断，但有时因为规范不明而导致判断困难，有时则因为规范冲突导致事实和行为可以根据多个规范来进行不同定性。在此情形下，判断哪一规则更应适用，就超越规范领域，而进入事实、行为或伦理的范畴。

中国关于疑难案件裁判要素的研究在很大程度上延续了这种话语体系，并体现在近年来法教义学和社科法学、法条主义和后果导向方法的论争中。本书的论证基于目前学界关于疑难案件的分析视角的论争，对司法裁量权、法律规范的范围、法律解释的方法、理论进路等主张进行整理，对其中的分歧和共识作出识别，对分歧和共识的形成基础、原因、效果等进行论证，并对共识和分歧的相容性作出评价。本书对现有疑难案件话语体系的突破主要体现在将还原论、自然主义、行为导向、事实可能性、行为正当性等理论融入当前的疑难案件解释话语中，将分析实证、道德主义、法条主义、后果导向、社科法学、法教义学等理论话语与法律解释方法、司法裁量权、法律发现、法律创造等实践话语体系衔接起来。疑难案件的解释一端连着法哲学，

---

[1] H. L. A. Hart, *The Concept of Law*, Oxford University Press, 1994, p. 272.

另一端连着法学方法论。[1]这一实务问题足以将诸多法学基本理论问题与法学研究、法律解释，并在一定程度上与法学教育相衔接。

一、写作目的及主要目标

本书的写作源于这样一些事实：司法改革提出"办案终身负责制""错案追究制"以及法官因错案被追究刑事责任的案例，加大了法官的压力，甚至一定程度上引发法官"辞职潮"；诸如许霆案、彭宇案等系列疑难案件法律推理的理性话语被舆论淹没，至今未能形成有效的司法互动，更未能通过典型案例培养公众的正义观；以法经济学为理论基础的结果导向的法律解释方法以其在行为理性和制度评估方面的优势而在法学领域攻城略地，侵入法律体系的固有话语；与"司法效果与社会效果"的统一相关的论述多是政策性或口号性的，而少有如何将二者统一的法理分析；案件处理和法律适用的三段论式的方法，或是规范分析和价值衡量的传统法律解释方法，在疑难案件的处理上总是表现得过于宽泛而无法给出具体意见；侵权领域的司法判决越来越多地基于过错原则扩大承担责任的主体范畴，但在过错的理论基础上论证较为薄弱。要实现"努力让人民群众在每一个司法案件中都感受到公平正义"不仅需要立法的进步，也需要在司法论证过程标准化基础上的透明化，加深社会对司法过程的理解。

本书各章在"大前提—小前提—结论"的涵摄方式的基础上，进一步提出"事实—规范—价值（观点、主张）"的法律适用逻辑，采取语言学视角对规范分析方法进行重新建构，探讨规范疑难型案件法律解释的理论根基和方法精髓；以事实可能性和交往行为理论作为认定事实和判断行为合法性的根据，为事实疑难型案件的法律解释提供论证方法；以还原主义理论对价值进行物化和量化分析，对价值疑难型案件的法律解释方法作出完善。本书转换法律思维的逻辑，将事实和行为的定性置于规范确立之前，指出："规则导向"的法律解释方法实际上贯彻了事实分析和行为定性；"结果考量"的法律解释方法是将案件事实和行为置于个案考量的结果。指出疑难案件的"疑难"主要表现为三个方面：规则适用的疑难、事实与行为定性的疑难、价值衡量的疑难。案件的关键在于从事实和行为理性中推论出经验法则，并

---

〔1〕 孙海波："案件为何疑难？——疑难案件的成因再探"，载《兰州学刊》2012年第11期。

在法律原则层面上寻求论证，以平衡事实和行为的可能的价值冲突，最终确立"规则导向""结果导向""行为导向"各得其所的解释方法。书中关于规范、价值和事实解释的三种理论既是独立证明又是彼此联系的。疑难案件的法律解释方法旨在综合运用行为正当性理论、还原主义方法、语言分析方法等，打通事实、行为、规范、价值之间的内在逻辑，构建法律关系动态运行模式，具体表现为主体是如何行为的（主体）、其动机和目标如何影响行为（客体或行为）、行为在彼此的权利和义务方面有何具体表现（内容）这三要素。

拉德布鲁赫曾说，只有发展出一套法律解释方法的元规则，法律解释学才真正具有方法论的意义。[1]本书的另一目标是为律师和法官在疑难案件的分析和论证中提供不同的工具和视角。司法职能的本质是证明程序，而不是规则的发现程序。如果将焦点集中于裁判的支持意见和反对意见，就会降低证明的重要性。[2]这点在近年来的一系列重大疑难案件中反复得到了验证。如果不注重判决的逻辑论证，即便有严格法律依据的判决，也可能产生司法价值和社会价值的对立。而要掌握此种论证方式，就需要将法律解释置于系统的事实、规范和价值的生成以及作用机制中去认知。

二、论题所涉及的理论

疑难案件的司法裁判的一般理论，既需要有坚实的法学理论支撑，也需要考虑到所有领域的疑难问题，并能针对具体案例提供操作规程。首先，在基本理论层面上，疑难案件的司法裁判离不开现有理论关于法律本质、功能、效力、运行等的认知基础。这些法律基本范畴的设定，给任何创新性研究划定了问题域或"范式"，其既是思维发散的起点也是思维聚合的目的地。同时，作为回溯性的理论探索，它也是一种知识的储备和反思。其价值在于不断总结和修正法律基础理论。在知识论层面，基本理论要求任何创新的学说或方法回答下列问题：所主张的观点能否正确观察和认识法律现象和法律制度，以实现法律知识上的确定性、实用性和客观性。其次，在适用范围方

---

〔1〕　［德］拉德布鲁赫：《法学导论》，米健、朱林译，中国大百科全书出版社1997年版，第2页。

〔2〕　Wm E. Conklin, "Clear Cases", *The University of Toronto Law Journal*, Vol. 31, No. 3 (Summer, 1981), pp. 240--242.

面，疑难案件裁判的一般理论应当能够为所有属性的法律问题提供分析，无论是合同还是侵权，婚姻还是财产，犯罪还是遗嘱。它不是一种纯理论的研究，而是要照顾到私法与公法、实体与程序等各个法律领域。甚至于，在涉及复合型的法律领域，如管辖、移民、财产转移、诈骗等情形下，这一理论也能在解释上自圆其说。最后，疑难案件的司法裁判方法应以具体的、可操作规程为表现形式。以一种抽象的原则来解释另一种抽象原则，丝毫不能将知识推向深入。法律解释的一般理论必须能够给出关于事实认定、行为定性、规范理解、价值取舍的可行方案，并且能够证明运用这一方法的司法操作不仅具有相对于其他方法的明显优越性，而且是在现有的知识体系下（包括规范体系下）运行的。

疑难案件的司法裁判还应当包含更广泛的政治、社会、经济范畴内的问题。例如，基于语言分析的规则发现或规则"创造"——在另一场景下也称"自由裁量权"——是否违反了立法权和司法权相互分立的基本原则，造成司法权对立法权的侵入？又如，考虑到行为主体身份和主观动机的行为正当性分析，是否影响法律作为规范科学的立场中立地位，从而走向相对主义？再如，在成本和手段制约下的事实发现，因期限、主体能力、法官引导、律师专业素质差异等而存在不同，法官于其中应当发挥什么作用，是否因未能充分调查可能的事实而承担错判之责？

因此，疑难案件的司法裁判不仅要在内部回应法哲学一般理论，包括规范法学派、社会法学派、经济分析法学派、行为法学派等，这些学派是该理论和方法产生的思想起源；而且需要将外部的政治体制、社会舆论、资源制约等实际问题考虑其中，这些因素则是将一种实验室中培育的种子植入现实土壤并检验其效力所必需的。而且，上述两种必须观照的理论和问题彼此交织，正如德沃金所说，作为法哲学一般理论的规范理论都根植于更为一般的政治与道德哲学之中，而政治与道德哲学反过来又有赖于关于人性或道德目标的法哲学理论的发展。[1]

三、当前的研究现状

以上述法理学问题以及社会问题为范畴，在英美法中，法律解释的方法

---

〔1〕〔美〕罗纳德·德沃金：《认真对待权利》，信春鹰、吴玉章译，中国大百科全书出版社1998 年版，第 3 页。

沿着两条道路发展：一是对法律规范进行解释，即明确"法律究竟是什么"；二是对案件中的事实和行为应被赋予何种意义进行解释，即明确事实和行为是否被正确理解。两种解释的最终目的是确保法律适用的确定性和正当性。德沃金一直致力于论证"疑难案件究竟有没有正确解决方法"，无论是在其《原则问题》《认真对待权利》还是《法律帝国》中，都对该司法层面上的问题保持了持续的关注。在《法律帝国》中，他以"里格斯诉埃尔默"案等具体案件为对象，以法律确定性为目标，构建法律解释学的基本原则。在疑难案件的解释上，德沃金主张，疑难案件并非案件事实存有争议，也非法律价值的争议，而是法律命题和法律根据的争议，即法律究竟应作何理解的争议。在《认真对待权利》一书中，德沃金在"疑难案件"中探讨了规则缺失的情况下，法官依据自由裁量权是否具有创造法律的效果，判决应以政策为依据还是以原则为依据，以及司法判决在何种情况下是政治判决，个体权利是否可以被立法机关承认，集体目标是否优于个体权利，功利主义是否以原则之名出现在法律判决中等问题。[1]

　　德沃金所说的功利主义方法和经济分析方法在我国法学界被发展成为"后果考量"的法律解释方法。该方法为法社会学、法经济学学者所提倡，形成与"法教义学"之下的法条主义方法相对应的法律解释方法。法条主义解释方法与后果考量的解释方法被归入法教义学与社科法学争论的议题之一。法教义学捍卫现有法律体系的自治与稳定，而社科法学则主张以变革的社会关系重塑权利和义务，内在地支持了后果主义推理。[2]后果考量的方法主张，法律解释方法应以追求实质合理性的解释方法优先，即意图解释、目的解释、比较法解释和社会学解释等方法相对于文义解释、体系解释等方法具有优先性。疑难案件的解释，是法官头脑中先有了案件处理的结果，"然后找到法律原则"，"解释追随着解释结果"。"后果导向的法律适用的逻辑机制在于裁决后果逆向地影响裁判依据的选择"。该方法与法官造法、司法能动、利益衡量、漏洞填补等法律术语相关。在操作规程上，后果导向理论有三个基本流程：案件是否适用后果主义裁判方式、根据通常法律解释方法

---

　　〔1〕　〔美〕罗纳德·德沃金：《认真对待权利》，信春鹰、吴玉章译，中国大百科全书出版社1998年版，第115～143页。
　　〔2〕　孙海波："'后果考量'与'法条主义'的较量——穿行于法律方法的噩梦与美梦之间"，载《法制与社会发展》2015年第2期。

得出的裁判后果的预测和评价、可欲社会后果裁判依据的选择。[1]

另一种解释方法是法条主义的裁判方法，是以案件事实和法律规定为出发点，以获得最终结论为落脚点。[2]这种方法长期以来为法官所采纳，是"三段论"逻辑方法的典型表现。该方法的基本假设是立法无缺陷论，法律解释的目标是"发现"法律，而不是"创设"法律。该方法主张：语义解释具有严格的优先性，若语义解释的条件得到满足，它就优先于其他解释方法而被采用；只有具备足够的理由对语义解释的结果表示怀疑时，才有条件考虑上下文解释和体系解释；当这些解释结果都不能明显成立的时候，才可以考虑法意解释和目的解释；而比较法解释和社会学解释则通常被看作是最后的选择。[3]

法条主义方法以哈特的语言分析最负盛名。在《法律的概念》中，哈特通过对"禁止车辆驶入公园"这一规范中"车辆"的含义、类型及其规范涵盖进行深入论述，揭示语言分析方法在规范理解上的运用。通过对命令、规则、权利、义务、责任、习惯、道德、正义等术语进行分析，哈特将法律概念的阐释转向日常语言层面与法律层面的对比分析中，认识到"在各类型的社会情境之间或社会关系之间，有许多重大的差别通常并不是直接显现出来的，通过考察相应语词的标准用法，考察这些语词如何取决于具体的社会联系，就可以最清晰地把握这些重大的差别"，[4]哈特在"描述性"社会学研究这一论证目标的指引下，将规范解释建立在语词与生活现实的对应上，将法律语言分析推向深入。

现有的法律解释学的理论和方法为司法裁判提供了一份各种解释方法的清单，包括文义解释、体系解释、法意解释、目的解释、比较解释、社会学

---

〔1〕 桑本谦："法律解释的困境"，载《法学研究》2004年第5期；任彦君："刑事疑难案件中结果导向思维的运用"，载《法学评论》2012年第2期；姜涛："论后果考察理论在刑事立法中的适用"，载《法商研究》2012年第5期；杨知文："基于后果评价的法律适用方法"，载《现代法学》2014年第4期；孙海波："'后果考量'与'法条主义'的较量——穿行于法律方法的噩梦与美梦之间"，载《法制与社会发展》2015年第2期。

〔2〕 孙海波："'后果考量'与'法条主义'的较量——穿行于法律方法的噩梦与美梦之间"，载《法制与社会发展》2015年第2期。

〔3〕 陈兴良：《判例刑法学》，中国人民大学出版社2009年版，第65页；苏彩霞："刑法解释方法的位阶与运用"，载《中国法学》2008年第5期；程红："论刑法解释方法的位阶"，载《法学》2011年第1期；周光权："刑法解释方法位阶性的质疑"，载《法学研究》2014年第5期。

〔4〕 ［英］哈特：《法律的概念》，张文显等译，中国大百科全书出版社1996年版，第1页。

解释、结果导向的法律解释等。尽管如此，在疑难案件中，这些解释方法时常捉襟见肘。当不同解释方法出现不同解释结果时，法官以什么标准来决定方法的取舍，这往往是随机性的，疑难案件的判决因此充满变数，未能为法律的确定性提供有效论证。尽管多数法律解释方法列举了法律解释的有关考虑因素，但"它们回答解释的疑难问题的能力并不比日常生活格言解决日常生活问题的能力更大"。[1]由此，寻找具体个案的解释方法，尤其是疑难案件的解释工具，成为指导司法的基础性工作。

四、研究现状的评价及本书的突破

在我国当下的司法实践中，关于疑难案件的法律解释远远不是法律规则欠缺或模糊的问题。我国成文法所确立的相对完备的法律体系，已经足以对多数法律问题提供解决方案。加上近年来最高人民法院先后出台了一系列指导性案例，在一定程度上弥补了规则不明所产生的适用困难的问题。在法官职能不明确以及高质量的律师服务未普及的背景下，如何确保指导性案例中的事实得以准确类比、法律适用条件具有可参照性，是疑难案件处理过程中借鉴指导性案例的关键所在。

目前关于疑难案件法律解释的系统著述尚不存在。与疑难案件相关的法律问题在理论上和实践中也没有达成一致，哪些问题应当引起学者和司法界的足够重视，也是众说纷纭。法官自由裁量权、立法与司法的权限划分、事实权利与制度权利、原则与政策、功利主义与经济学视角、目的解释与体系解释等理论和方法在德沃金的著作中有充分阐述。然而，德沃金实际上只关注了案件疑难的一个方面，即没有明确的法律规则可以适用。其对于如果根据明确的法律规范所作出的判决与社会舆论不符，以及案件事实与行为的定性存在困难的情形，均只字未提。

任何特定案件的法律解释，都需要综合考虑事实、规范和价值，并将三者的解释置于行为定性和评价的体系中。在目前的"法条主义"和"后果导向"解释框架下，孤立地适用单一的法律解释方法，或致使判决的规范依据显得幼稚，或导致价值判断的论证不足，或表现为事实认定的简单任意。因而，需要对上述解释方法进行改造，以发现沟通各种解释方法的核心要

---

[1]　[美] 波斯纳：《法理学问题》，苏力译，中国政法大学出版社 1994 年版，第 354 页。

素，强化司法论证的程序。

基于以上写作目的，本书论证的内容及采取的主要方法有以下几个方面。

第一，确立疑难案件法律解释的对象。从语言学角度剖析法律语言的系统和要素。法律的精深表现为法律语言系统的庞杂和交织，也表现为这一语言系统诸多语言关联尚待认识。正如多数法律领域均可自成一门语言体系，疑难案件的法律解释也有其语言系统和要素。这一系统蕴含着方法，产生于理论，或形成以学说。本书对疑难案件的解释对象进行类型化处理，明确其疑难类型（规范、价值、事实），分别设置不同的解释方法。

第二，疑难案件解释的客观主义进路。主观与客观的争论在部门法及相关制度中有"表示主义"与"意思主义""知道"与"应当知道""预见"与"应当预见""行为（无）价值论"与"结果（无）价值论"等诸多表述。尽管学界存在争议，但司法实务中，二者之间的鸿沟可以通过案件内外的事实来填补：经由证据证明或支撑的主观意图或客观行为才可以被认定。因而，问题不在于是否应重视主观意图，是否将客观行为作为唯一导向，而在于通过什么样的证据来证明具有法律意义的主观意图和客观行为。本书拟对价值的确定和选择进行客观主义论证。价值是具有高度主观性的领域。司法实务中经常面临在多种价值之间进行选择的问题。对价值主张采取客观主义立场意味着对特定社会区域、特定社会群体、特定时期的习俗、制度、文化以及政策等作出总体评估，从而决定其体现的价值在具体案件的适用程度。

在客观性的认定上，事实的客观性表面上无可置疑；但绝对的事实客观性只存在于单一的孤立的事实中。如果考虑到事实可能性，或可能的事实，则事实的客观性仍需要以事实之外的事实来证明。换言之，某一事实的存在与否，无论其是已经发生的事实，还是推论事实，都需要结合该事实的原因或结果来加以验证。行为的客观性往往受行为人主观意志以及客观环境的影响。就行为客观性而言，对行为进行定性不仅是立法环节最复杂的工作，同样也是司法环节的疑难问题，其困难在于行为的多样表现远远超出了法律规定的样式，尤其是在社会经历转型的时期，行为的意图与目标、手段与工具等主客观因素都直接影响着行为的评价。同样，行为的主观要素也需要客观事实加以证明。

第三，以交往行为理论论述行为正当性标准，作为后果导向价值选择的重要依据。法学关于行为的研究存在相当空白。相比之下，社会学、经济学等社会科学在行为研究方面早已形成较为成熟的理论和方法。这些学科的研究，尤其是经济学的成本收益分析方法和社会学的交往行为理论，二十世纪后半期以来在法律领域产生了革命性的影响。在本质上，法律经济分析和交往理性分析方法的最明显优势是关注了法学研究所忽视的领域：行为理性以及规范对行为的影响。

法学对行为的研究，以固定的、模式化的行为为起点，遵从于法律规范对行为的定性，而较少反思行为被定性的原因、行为后果的理由、行为方式是否与实践一致等。在简单社会关系的调整中，一般化的行为规制的立法足矣。但在复杂社会关系的规制上，需要重新审视行为的意义与价值。经济学的理性行为建立在信息充分、主体自觉的前提下，对宏观现象的分析具有一定的意义，但在具体疑难案件的分析中，主体是否"理性"的判断并不具有太大意义，行为是否正当、在何种场景下具有正当性以及各方行为是如何相互影响并产生最终的法律后果，才是尤为值得关注的。本书运用哈贝马斯"交往行为理论"来解释合同、侵权、犯罪等疑难法律关系中行为的持续过程，以场景化的行为作为分析对象，将决定性的行为置于连续的、完整的行为链中观察，以对其客观性作出客观评估。

第四，根据语言分析方法，重述法条主义解释方法。实在法学派、分析法学派、规范法学派在方法上均遵从了语言分析的方法，然而他们在视角上却各有侧重。实在法学以法律概念的确定为前提，致力于探索其普遍性内涵；分析法学则以法律术语的模糊为起点，从社会交往实践中获取术语的含义，包括术语的指称、相互关联等；规范法学派以术语的自足和系统为目标，试图通过严格界定术语含义来隔离外来语言对法律术语的冲击，以此确保法律的纯粹和精确。将分析实证、逻辑实证和事实实证统一在语言分析哲学下，是本书的一个尝试。

二十世纪的语言哲学关注语言在表达含义上的功能实现，即语言能否准确地指称事物。任何学科或任何领域的知识，在某种意义上均是一个语言体系。语言的产生和发展是将某一领域的知识量化为一定数量的基本术语、规则和技能，掌握基本术语，是掌握该领域知识的前提。另一方面，语言系统发展到一定程度在趋于完善的同时亦趋向保守，主要表现为对其他领域语言的排斥。引入其他学科或领域的语言，实际上是成为学科突破发展瓶颈或解决关联社会问题所必需的。跨学科、跨领域的研究本质上是新的学科语言的引入。

第五，引入还原与归约主义方法，对价值进行实证。价值问题与立场紧密相关。事件发生时行为人的在场与缺席、亲历与旁听、中立与介入等都对观点的形成有直接的影响。对此种先入为主的情绪处理，一种方式是还原，即回归到初始状态思考，假定为对事件"无知"，对行为人"冷淡"，以此撇开主观因素的影响；另一种方式是换位思维。既然主体身份已然设定，那么在充分认识到该种身份在场的情形的同时，也对缺席的场景作出合理推测，从而避免极端情绪化的主张。

第六，法律解释的行为指向说。规范、价值和事实是法律运行的三要素。以规范为对象的法律解释方法即文义解释、体系解释、漏洞补充等传统解释方法；以价值为对象的法律解释方法即价值衡量、后果导向等解释方法；以事实（行为）为对象的法律解释方法即经济分析、交往行为理性分析等解释方法。文义解释为代表的规范解释，作为法律思维的基本技能，是应用于大多数普通案件的解释方法。后果导向为代表的价值解释，以及原因指向的事实解释和行为分析，是疑难案件解释的重要方法。这两种方法涉及对冲突价值的选择以及对法律规范之外的事实和行为的重新定性。本书对后果导向的法律解释方法进行反思，并提出根据行为正当性和事实可能性进行解释的方法，以行为价值作为解释的起点，进而探索应然的规范，对相关法律价值进行重新认定。

第七，知识生产视角下的法律解释方法。法律分析的基本工具，应是具有原则性的，可以成为几乎一切法律问题的原点的、能产生共识并被普遍接受的原则或方法、定理等。疑难案件的法律解释方法，是法律知识生产的一个环节，应置于整个法律系统中检验。

从法律学科发展和法律知识的生产来看，也存在着"走得太远以致忘记为什么而出发"的现象。其表现是法律的部门化现象尤为突出。在某些具体领域，无论物业管理还是交通事故规范，各类法律、法规、解释、意见堆积而成的法律条款，其复杂程度不比一部法典差。一方面，法律的精细化发展产生于对社会关系复杂化的现实应对，不断出现的新问题逐渐被纳入法律的规制范畴中，有利于人们行为的预期以及新的行为模式在社会的推广。但另一方面，社会变化之迅速使得仓促而就的立法难以准确地把握时代之特征，从而不免相互抵牾，甚至朝令夕改。

任何法律制度的起源和发展都可以追溯到一些基本的原则或主张，这些原则是具体规则是否正当、必要的检验标准。由于它对社会存在和人类交往具有基础性，因而在任何时代都不会显得过时。疑难案件的法律解释，往往无法找到具体适用的规则。寻找该类情形可适用的一般原则，是案件的恰当解决的必然要求。基本原则的发现程序，应基于还原主义的思维，而不是对特定领域法律体系的检索。因为从某种意义上，某一领域的法律体系恰是基于法律原则演绎而来的，系统检索法律体系无助于原则的发现。还原主义方法要求对疑难案件的当事人的主要行为的产生、方式、结果等进行社会意义上的定性，或是统计学上的概括与抽象，据此推断行为的正当性，进而"创造"或"发现"关于行为的一般原则。

五、本书研究的对象与方法

无论是理论还是制度，法律的概念及其体系无疑是所有社会科学中最庞杂的。公法与私法、实体与程序、民事与刑事、侵权与合同、婚姻与家庭、犯罪与行政、经济与社会……法律分工的细化，促生了部门法的发展；但各个法律部门总会面临共同的问题，例如特定案件中当事人主观意志、行为方式、行为手段、行为结果等，或规范冲突，或语义不明，或价值模糊，或事实不清等，这些问题最终将各式各样的法律争议统一在法律方法之下。由此，在法律精细化发展的同时，秉持体系化的意识、宏观的视角和科学的方法，才能达到触类旁通、举一反三的效果。

（一）研究的对象

疑难案件的司法裁判，涉及法律内部和外部广泛的社会领域。在法律内部规范领域，需要打破公法与私法的界限，消融实体与程序的隔阂，以问题为导向，将各种不同属性的财产权、请求权、给付义务、容忍义务等都还原为以行为为基础的权利或义务，通过对行为的主客观分析来梳理法律关系，在各种可能冲突的价值中作出选择，适用已有的规则、原则或创设新的规则。在法律规范之外，本书旨在增强法律职业者对事实、规范和价值这三种在司法环节彼此独立又相互关联的社会现象的理解。虽然本书是为对法学方法尤其是司法裁判方法感兴趣的法律人士而作，根据专业方向的划分，应归入法理学、法学方法或司法实务一类，但本书写作的过程中大量借鉴了哲学、社会学、经济学等领域的基础性和前沿性成果，对司法裁判方法的论证广泛涉及语言使用、逻辑推理、伦理价值、政策评估、经济分析、行为定性等工具和方法，对语言学、伦理学、行为学有兴趣的读者亦有所助益。

在一个信息至上的时代，人们早已习惯于决策对信息的依赖。效用逐渐成为社会价值的首选，道德价值在某种程度上也成为效用价值的附属。在某些情形下，能否激起社会的同情心在很大程度上取决于所采取的信息传播方式能否被大众所接受，这是社会物质发达到一定程度之后人们生活多样化的直接表现，是价值多元的体现。不过，法律作为一种社会建制也未能幸免于这种潮流的影响。舆论在某些重大疑难案件中发挥着时而积极时而消极的作用，其对于事实、规范和价值都发挥着潜在的影响。司法不是真空实验室，试图将这些因素排除在外是不现实的，也是不应该的。然而，如果能够在一种方法的指引下，正确认识并评估某些因素的影响，至少可以通过沟通或"协商"的方式在一定程度上取得共识，从而利于共同价值的进一步形成。因此，深入认识疑难案件在事实认定、规范适用和价值衡量上的内在联系，在法律价值和社会价值、司法效果与社会效果、司法与舆论等对应关系中寻找沟通与衔接机制，是本书在研究对象上的另一重要设定。

最高人民法院的司法解释、审理意见、指导性案例、具体案件批复无疑都在行为方式、行为后果、因果关系、价值选择、现有规范调整效度等方面作出了系统考虑。稍有遗憾的是，这些源于具体案件的司法意见，不仅在一般性的解释或审理意见中看不到分析论证的理由，在具体的指导性案例和案件批复中也无从发现。缺乏论证的司法意见，不仅让人担忧意见作出的严谨性，也失去了通过这种方式来平息争议，弥合价值分歧的机会。

总而言之，从法理学到部门法、从案例到制度、从哲学到语言学、从法律到社会、从知识到方法的往返，是本书围绕该主题论证的思维所及。

（二）研究的方法

本书在研究方法上，针对规范、价值和事实分别采用语言学、经济学、社会学的方法。其中，在以规范的解释为主要对象的法条主义方法中，采用辞令学、描述、规定等语言分析方法，对规范法学和分析法学的研究范式进行分析；在以价值的解释为主要对象的后果导向方法中，采取还原方法、比例原则、汉德公式等经济分析方法，对法律经济学派的主要方法作出归纳；在以事实和行为的解释为主要对象的行为指向方法中，采取交往行为理性分析的社会学方法，对行为正当性的价值判断进一步论证，用以作为疑难案件中事实认定和后果导向的根据。

司法裁判方法的变迁，以及由此产生的研究范式的改革，反映了社会结构转型下重建社会关系的需要。在一个社会关系相对简单、社会价值相对统一、立法权威相对集中的社会中，规范、规范所体现的价值、规范所调整的社会关系（事实）具有较高程度的一致性。立法者将价值和事实预设在规范中，正确地解释和适用规范，便是恰当地考虑了价值和事实。与此相关的法律下游产业，包括法律适用、法学研究、法学教育等，均以规范为核心，既可以满足向各领域供给法律专家的需求，也能够高效地实现案件正义，构建法律秩序。但在转型社会中，在各方利益妥协下产生的规范，从一开始就显示出对价值关注不够、对事实考虑不周的问题。立法时规范在特定价值上的偏重，在事实上的遗漏，直接将事实和价值问题推向社会关系处理的前台，即法院。因此，所谓疑难案件，实际上产生于新的案件事实和行为的意义发生改变，或超出现有法律规范的框架，或导致法律规范适用的冲突，或造成价值难以被变革的社会所接受。疑难案件的法律解释因此涉及对事实和行为的定性，对规范的重述或重构，对正当价值的评估和寻找。

以规范解释为核心内容的实证法学研究的日益深入，是法教义学获得广泛重视的结果。法教义学不仅顺应了二十世纪八十年代立法的需求，而且对于大规模成文法的解释和适用发挥了重要作用。自二十世纪九十年代以来，学界在研究范式和方法上开始发生转变，其直接产生于社会对法律需求的变化：社会变革导致现有的法律体系张力不足，无法适应快速发展的社会关系需要，法律规范对价值和事实的包容度亟需重新评估和调整。以关注中国现实问题和本土价值的社科法学研究逐渐升温，其结果是表现为法教义学的法律解释学也开始受到社科法学理论、学说、方法的影响。传统的法教义学在法律话语体系的自足性和封闭性，不可避免地与社会脱节，进而带来法律对社会描述以及规定的不准确性。法律规范对社会事实的描述过于简陋和粗糙，或对行为的定性落后于时代，这都会对法律适用造成困难。社科法学方法的兴起在一定程度上有效地回应了这一问题，其将现实生活社会中的语言引入法学领域，将法学方法从单纯的规范引向事实和价值，从对法律概念的单一界定引向多元化解释，在扩大了法学的问题域的同时，也促进了法教义学研究范式的转变，这在疑难案件的司法中表现为强化论证法律规范与案件事实的适用关联。

由此，在具体问题的分析上，本书所采用的实证分析、辩证分析、历史研究、跨学科研究等方法从根本上都可归入"法教义学"和"社科法学"两大阵营。而此宏观领域的问题解决，最后可归结到"认识论""方法论"和"知识论"三个层面。疑难案件的法律解释，首先是认识论的问题。法官、律师和学者需要充分认识到疑难案件的成因、主要表现和问题领域，清楚已有的认知在事实、规范和价值各要素上达到的程度。其次是方法论，即对于事实不清或行为定性不准确、规范模糊或欠缺、价值冲突且难以抉择的疑难问题，能够根据法律理论、学说和司法方法加以解释或阐明原因。最后是知识论，即法律疑难问题的解决在某种程度上需要从法律之外的社会领域寻找答案。

六、核心性问题与后续努力

近年来，法学有回归哲学本体研究的趋势。尽管人们不再像以往的哲学家一样去追寻普遍的、永恒的、唯一的认识，但对世界和人类自身的认知欲望，却一再地将观察者引向哲学层面上的本体论和方法论。诸如客观与主观、普遍与特殊、逻辑与经验、理性与感性、历史与现实、本体与现象、事实与价值、是与应当、实然与应然等不同视角和方法下的世界，不仅在学术层面上引起了学者的兴趣与争论，更在实务层面上被作为思维的范式和指引。

然而，本体论中的同一性思想或普遍性主张源于方法论上的自负。试图对一切现象进行合理化的解释，其结果必然导向自说自话。任何新的视角和方法在适用到对象上都存在扩张的冲动，无论是主动还是在受到批评时被动作出的。因而，一种方法如果能根据其所要解决的问题，对自身的适用范围作出主动限定，是一种科学的态度。

本书根据法律解释发生的领域，采取法律广义上的解释。不限于立法或司法机关的解释，也不限于有权解释，而是将案件当事人尤其是律师关于法律现象、法律制度、法律运行的意见和观点纳入进来。在法律解释问题上采取开放立场，通过各种可能解释的碰撞，最终实现解释上的最优化。本书主张，法律解释不应是依据规范含义的简单重述，而是关于行为和事实的场景、条件、原因与结果、动机、主观认知等多种因素的综合考虑。

行为理性的认定标准，直接关系到行为定性、规范发现与创造、价值选择。本书采取了理性人的假设与回归式的分析方法来探讨行为理性标准。理性人的假设与回归式分析贯穿于规范、价值和事实的解释中。理性人的概念本身具有极强的张力。在经济学中，理性人被定义为精于计算、并能作出利益最大化决策的主体。尽管由于受到信息的限制，理性人只能是相对的，即在已有的、行为人可获取的信息的前提下相对地理性。法律制度中对理性人的引入并不多见，通常见于"应当预见""应当知道""同等资格、通情达理的人处于相同情况下"等表述。一般而言，理性人与普通人、有经验的人等日常用语接近。本书在疑难的规范分析、价值选择、事实和行为的定性中均采用了理性人立场的思维方式，并对理性人立场设置了一系列的条件和程序，以利于实际操作。同时，理性人立场的设定与还原方法相互支撑，将问题的解决带回到起始状态分析，即在问题或纠纷最初发生时，一个理性的人会作出如何处置。

在写作体例上，本书采取理论联系实际、宏观结合微观的写作方法：既从哲学、语言学和方法论层面上寻找行为指向的法律解释方法的理论根基，也在微观层面上通过对经典案例、指导性案例的分析，对方法的具体运用进行检验；坚持问题导向模式，在大多数章节标题中，采用问题式引入论述，并以问题的回答作为论述的目标，以避免泛泛而谈，言之无物。

本书论证的核心性问题是，规范分析、结果导向、行为导向的法律解释方法，如果统一在事实、规范、价值的发现和论证程序中，在疑难案件处理的结果上应当能够达到殊途同归的效果。规范角度的语义分析、行为视角的正当性分析、价值层面的利益衡量在不同案件中的适用，是根据案件疑难的不同类型所作出的不同选择。事实的精确、行为的确信、规范的可靠、价值的正当是任何一个案件的公正处理所必须实现的内容。案件在事实、规范、价值领域疑难程度的不同，必然影响着切入视角的差异。因而，在司法领域，"社科法学与法教义学"之争，在个案中表现为各司其职、各尽其能，而不仅仅是相辅相成（以加强规范的功能失效），或者相反相成（以加强制度的反思理性）的关系。[1]

课题研究内容与重难点的关键环节有如下几个方面。

---

[1]　季卫东："法律议论的社会科学研究新范式"，载《中国法学》2015 年第 6 期。

（1）从案件疑难的类型看，"事实疑难""规范疑难"和"价值疑难"在特定的案件中彼此相关，某一层面上的疑难往往直接表现为其他层面上的疑难。

（2）事实疑难主要表现为"事实不清"和"行为两可"。"事实不清"的解释方法是"事实可能性理论"，"行为两可"的解释方法是"交往行为理论"。

（3）规范疑难主要表现为"规范欠缺"和"规范模糊"。"规范欠缺"时，不可避免产生"规范创制"的问题；"规范模糊"时，需要对规范进行"法律解释"。

（4）价值疑难在司法裁判中主要表现为公平与效率、法律的稳定与创新的冲突。价值冲突可以通过价值的还原和实证来选择。

第一章
基本术语与基本视角

只有命题的真实性、道德行为规范的正确性以及符号表达的可理解性或全面性才是普遍有效性的要求，才能接受话语的检验。

——哈贝马斯[1]

世界万物形态各异，同一事物也处于不断变化之中。人类只能在有限的时空中对事物形成相对正确的认识。脱离了具体的语境，知识就会丧失其有效性。在语言表达中，如果人们对某些词语的含义存在分歧，并且不能通过进一步讨论来达成共识，就会在分歧的道路上越走越远。

在已经相对成熟的行业或专业领域，普遍的、共同性的话语体系大多已经建立。在此情形下，任何偏离通常语词含义的术语创新或试图将通常语词限制在特定范围内使用的尝试，都要冒着不小的风险：改变者或许可以因创新而一举成名，但更有可能暴露其在某些知识领域的无知。因此，除非迫不得已，界定术语不仅不是一种循序渐进的研究或说服策略，反而会因重复了常识性的知识而画蛇添足、弄巧成拙。

不过，对于新的学术领域，术语的阐述和界定仍有必要。一方面，基本术语的界定使读者注意到某些词语在特定话语场景下所具有的特殊含义，能够相对容易地理解与此相关的论证；另一方面，基本术语的内涵和外延暗含了论证的视角和方法，其在一定程度上是作者对所论证主题的主要观点的重述。

马克斯·韦伯在《经济与社会》一书中创立了"术语学"的方法。规定界限分明的术语含义成为深入分析社会现象相互关系的前提。术语学的方法，对众说纷纭的日常语言和专业术语进行独立的、合乎经验与逻辑的界

---

〔1〕 [德] 尤尔根·哈贝马斯：《交往行为理论》，曹卫东译，世纪出版集团、上海人民出版社2004年版，第42页。

定，以实现专业领域认识的统一，或建立起一个可控的假设。术语的界定在某种程度上是在彼此联系或有区别的两种事物之间建立特定的关系。笛卡尔曾说：学问虽然对象不同，但却有一致之处，就是全都仅仅研究对象之间的各种关系或比例。[1] 本章拟借鉴这两种方法，对本书的关键性术语采取功能性或关系层面上的界定，围绕这些基本术语及其界定所涉对象，进一步确定疑难案件法律解释的基本视角。

第一节　基本术语

德沃金在其著名的《疑难案件》一文中指出，疑难案件的法律论证开启了争议性概念的界定，其本质和功能非常类似于游戏规则的概念。这些概念包括法律得以创制的诸多实质性概念，如合同和财产等，更包括与疑难案件论证关系较密切的两个概念。一是特定法规或条文的"宗旨"或"目标"。这一概念在创设权利的法规的一般理念的政治正当性与拷问特定法规究竟创设何种权利的疑难案件之间架起了沟通的桥梁。二是"原则"的概念，原则或者作为实在法规则的基础，或者嵌入在实在法中。这一概念在"类似案件应当作出类似判决"的一般性规则的政治正当性和该一般规则究竟如何在疑难案件中的操作之间架起了沟通的桥梁。[2]

这段话表明，目标与政策、权利与原则是德沃金法律解释方法的核心概念。通过这些概念的使用，德沃金与哈特在疑难案件的解释上采取了不同的进路。

一、疑难案件的裁判要素

"疑难案件出坏法"是近代以来的西方法谚。其原意是难办的案件（hard case）易于产生法律价值上的分歧，容易"让人动情"，从而不认可哪怕是合法合理的判决。时至今日，由于语义的变化，难办案件逐渐指代疑难案件（difficult case），从而超越旧日的含义。疑难案件之所以疑难，是因为其并未

---

〔1〕　［法］笛卡尔：《谈谈方法》，王太庆译，商务印书馆 2000 年版，第 17 页。
〔2〕　Ronald Dworkin, "Hard Cases", *Harvard Law Review*, Vol. 88, No. 6（Apr., 1975）, p. 1082.

明确落入某一特定规则，或存在着彼此冲突的可适用先例。[1]关于疑难案件的产生原因，哈特认为法律规则是"开放结构"的，[2]会产生没有明确或固定规则可以适用的情形。一旦案件疑难，在规则的半影区内，法官拥有积极发展法律的自由裁量权。但德沃金认为这种说法不准确，且与"法官应当适用法律而不是制定法律"的基本民主观点不符。其主张法官有义务以特殊的方式审理每一个案件并且在考虑所有相关法律原则后适用"已有规则"。[3]上述观点代表疑难案件的一种疑难情形，即规范疑难。哈特认为存在规范疑难，而德沃金认为规范疑难是不存在的，或者是可以克服的。

当然，德沃金也承认他只论述了一种疑难案件形式，即存在适用的规则但就是否可用于手头的案件存在分歧；另一类他没有论述到的疑难案件产生于"法官用尽规则"。[4]因而，在德沃金看来，疑难案件通常"并非产生于规则就争议无任何规定，而是规则的表述不确定"；[5]"规则对具体案件沉默或规则存在竞争性理解"。[6]德沃金没有对疑难案件进行详细界定。从其著述中可以发现其关于疑难案件的其他一般性介绍："疑难案件产生于政治和法律……理性的律师——无法就权利达成一致意见"，"无确定的规则可以适用"，"无法根据法律规则提起具体的诉讼"。德沃金还比较了疑难案件和简易案件。简易案件可以"将法院意见的所有论证置于一个或多个三段论中，其中大前提是规则，小前提是事实的陈述，无论是当事人同意还是根据法院程序确定的，结论是案件的终局或中间决定"。[7]这一定义也没有界定何为简易案件，而仅指出当案件适于使用三段论推理时，就属于简易案件。

德沃金关于疑难和简易案件的类型指代的并不是所有的法律争议，而是仅指很小一部分进入裁判环节的争议。因为他关注的是创立司法决策的模型理论。尽管如此，那些未进入法院或仲裁程序的法律争议也会在当事人律师

---

〔1〕　S. C. Coval, J. C. Smith, "Rights, Goals, and Hard Cases", *Law and Philosophy*, Vol. 1, No. 3, (Dec. , 1982) , p. 470.

〔2〕　H. L. A. Hart, *The Concept of Law*, Clarendon Press, Oxford, 1961, p. 124.

〔3〕　Ronald Dworkin, "Hard Cases", *Harvard Law Review*, Vol. 88, No. 6 (Apr. , 1975).

〔4〕　Dworkin, *Taking Rights Seriously*, Harvard University Press, 1978, p. 34.

〔5〕　Dworkin, *Political Judges and The Rule of Law'* 64 Procs of Brit Ac 259, p. 264.

〔6〕　Dworkin, *Political Judges and The Rule of Law'* 64 Procs of Brit Ac 259, p. 268.

〔7〕　R. M. Dworkin, "*Judicial Discretion*" 60 *J Phil* 623, The Journal of Philosophy, Voluwe 60, Issue 21, October 1963.

的参与下得到类似法院裁判的解决。不过，司法决策的理论对于该类案件能否达到妥协或和解同样发挥着直接的影响。[1]因为律师对疑难案件的调解，如要具有足够的说服力，必须建立在合理的解释以及充分的法律依据之上。

国内学者对疑难案件的关注自二十一世纪初开始。[2]对于何谓疑难案件，国内学者基本上认为疑难案件产生于法律规则的局限：法律语言的模糊性、规范之间存在冲突、规范对事实调整的不足、裁判有可能背离规范的条文原义。[3]在法律知识的传承上，国内学者对疑难案件的研究也基本上追溯至哈特与德沃金的论战。在观点的主张上形成了法条主义和后果导向两种解释的思路。新近的研究中也有提出"法条至上、原则裁判与后果权衡"三种解释思路，与之对应的疑难情况包括"法条模糊、法条缺乏、利益冲突等"。[4]本书认为，疑难案件，根据审判的逻辑和程序，主要在以下三个环节存在困难：事实认定和行为定性、规范的适用、价值的衡量。相应地，与疑难案件相关的司法裁判要素包括三种类型：事实、规范、价值。

二、原则和规则

是否允许运用法律的一般原则来阐释或发展法律，或在疑难案件中是否允许以法律原则作为裁判依据，是哈特和德沃金的分歧之一。哈特承认规则和原则的区分，但作为实证主义者，他否认原则在本质上也是法律，主张法律仅是相互作用的规则体系。一旦法律规则用尽，哈特主张法官拥有作为政府代表的职权去制定法律。这意味着裁量权不仅是解释法律的义务，还是允许决定法律是什么的权力，这种裁量权被德沃金称为"强大的自由裁量权"。

---

〔1〕 Allan C. Hutchinson, John N. Wakefield, "A Hard Look at 'Hard Cases': The Nightmare of a Noble Dreamer", *Oxford Journal of Legal Studies*, Vol. 2, No. 1 (Spring, 1982), p. 92.

〔2〕 桑本谦："法律解释的困境"，载《法学研究》2004年第5期；季涛："论疑难案件的界定标准"，载《浙江社会科学》2004年第5期；徐继强："法哲学视野中的疑难案件"，载《华东政法大学学报》2008年第1期；苏力："法条主义、民意与难办案件"，载《中外法学杂志》2009年第1期；杨力："民事疑案裁判的利益衡量"，载《法学》2011年第1期；孙海波："案件为何疑难？——疑难案件的成因再探"，载《兰州学刊》2012年第11期；陈坤："疑难案件、司法判决与实质权衡"，载《法律科学（西北政法大学学报）》2012年第1期；陈金钊："解决'疑难'案件的法律修辞方法——以交通肇事连环案为研究对象的诠释"，载《现代法学》2013年第5期。

〔3〕 张保生：《法律推理的理论与方法》，中国政法大学出版社2000年版，第449页。

〔4〕 任强："司法方法在裁判中的运用——法条至上、原则裁判与后果权衡"，载《中国社会科学》2017年第6期。

在自由裁量权的行使上，哈特认为法官的选择既不是任意的也不是机械的，老练的法官能够公正地考虑到将会被判决影响的各方的利益。[1]换言之，哈特认为，在规则欠缺时，法官在平衡各方利益上的经验是裁判的主要方法。

在德沃金看来，当规则欠缺时，原则可以作为裁判依据。原则具有区别于规则的属性，其重要意义之一在于"补充的层面"，即作为规则不足时的补充。德沃金主张，原则的"重要性"可以被客观发现，不是通过价值无涉的方式，而是通过坚持情感独立的真理来实现的。[2]因此，当法律似乎呈现出规则用尽的状态时，法律本身并没有用尽，而是作为规则和原则的整体需要法官来重建其隐含的确定性。法官作为解释者（永远不是立法者）受法律约束，根据法律特有的道德和法律要求来作出裁判。因而，法官没有强大的自由裁量权。[3]

疑难案件中适用规则还是原则的争论，关系到"法律在多大程度上是确定的"这一问题。哈特认为，在理论上，法律的核心是确定的，其语言的确定足以产生通常的法律判决。但随着法律围绕这一核心的扩充，规则开始变得不那么确定，产生"不确定性的半阴影"，其中，重要的概念被模糊的语言限制。此重要的不确定性是案件疑难的主要原因。哈特引入"语言的开放结构"来详细阐述。例如就"禁止一切车辆驶入"这一规则，"车辆"的一般概念，作为法律判决是与之紧密咬合的，并非局限于一套特定的含义体系，而是可以解释为限制或涵盖不同的事物。[4]哈特尤其批判一些法官的过分抽象逻辑形式主义，他们试图将一个案件中的片面特征作为一系列案件中的必要条件。[5]简言之，当规则欠缺时，哈特主张，法官的任务不是根据规则体系或原则来解释法律，而是根据司法裁量权创设规则。

德沃金则明确反对"法官立法"：如果允许自由裁量，法官将会通过创设溯及性的法律来惩罚当事人。当然，德沃金关于疑难案件的解释的判决也具有改变法律的效果，但不同于哈特的理解，他认为这种创新相对于制定新

---

〔1〕　Hart, H. L. A., *The Concept of Law*, Oxford University Press, 1961, p. 200.

〔2〕　Tebbit, Mark, *Philosophy of Law: An Introduction*, *2nd Edition*, Abingdon（UK）, Routledge, 2005, p. 66.

〔3〕　Dworkin, Ronald, *Taking Rights Seriously*, Harvard University Press 1978, p. 32.

〔4〕　Hart, H. L. A., *The Concept of Law*, Oxford University Press, 1961, p. 124.

〔5〕　Hart, H. L. A., *EssaysIn Jurisprudence and Philosophy*, Oxford University Press, 1983, p. 66.

法所要求的整体一致性而言是非常微小的。[1] 麦考密克和德瑞达对此评价道，德沃金过于努力地将法律的精确技术程序（被理解为描述意义的法律），强行置于同一个模子中，要求法官和当事人都用道德整体性来维护（被理解为评估意义的法律）。[2]

德沃金试图创立以"原则"为进路的疑难案件解释的法律理论。他提出，当遇到疑难案件时，法官应发展出一套最能论证现有规则体系的原则来。然而遗憾的是，他并没有提出关于原则的完整的成熟理论。他承认，这种理论创设的难度是"终其一生也不足以开始"的。[3]不过，在确立是否属于疑难案件时，德沃金主张只能参考裁判疑难案件所使用的相同的原则，这就陷入了逻辑循环。因为，如果疑难案件需要诉诸"原则推理"而不是三段论推理，并且需要使用原则推理来确定哪些属于疑难案件，那么所有的案件都可归入疑难案件。[4]

无论我们是选择哈特的"法律规则的开放结构"，还是德沃金的法律规则体系的"严密的网"；是信奉哈特的"法官创制法律"，还是德沃金的"法官应努力发现论证的原则"，都不得不承认二者必将在司法论证的某一点汇聚。而这一点，或者表现为"立法者意图"的探寻，或者表现为"原则"的回归。

疑难案件中原则的回归，在现代立法日益分化细致的情景下尤为必要。虽然法律的原则难以完全罗列，但具有普遍意义的原则的选择应当是"在司法判决中用于司法推理的权威性起点的一般性原则，也是证明、统摄以及解释具体法条与法律适用活动的普遍性准则"。[5]有学者列举法律原则包括公平、合理、诚信、契约自由、罪行法定、无罪推定等。[6]不过，如果我们系

〔1〕 Tebbit, Mark, *Philosophy of Law: An Introduction*, *2nd Edition*, Abingdon (UK), Routledge, 2005, p. 66.

〔2〕 Tebbit, Mark, *Philosophy of Law: An Introduction*, *2nd Edition*, Abingdon (UK), Routledge, 2005, p. 67.

〔3〕 Dworkin, *Taking Rights Seriously*, Harvard University Press, 1978, p. 66.

〔4〕 Allan C. Hutchinson, John N. Wakefield, "A Hard Look at 'Hard Cases': The Nightmare of a Noble Dreamer", *Oxford Journal of Legal Studies*, Vol. 2, No. 1, 1982, p. 100.

〔5〕 薛波主编：《元照英美法词典》，法律出版社 2003 年版，第 1091 页。

〔6〕 任强："司法方法在裁判中的运用——法条至上、原则裁判与后果权衡"，载《中国社会科学》2017 年第 6 期。

统地观测各个法律部门，将其最基础性的并可在一定程度上运用到其他部门的原则作出归纳，可以罗列出下列一般法律原则：自由原则（对应合同自由、婚姻自由、言论自由、人身自由等）、过失责任原则（对应过错、无过错、公平责任、罪行法定等）、安全原则（人身权、财产权、隐私权等设立的基本原则）、平等原则（对应自愿原则、公平原则等）等。

三、权利与目标（政策）

疑难案件法官裁判的基点是权利还是目标（政策），是德沃金论证的另一个主题。权利命题主张，法官通过确定或否认具体权利来判决疑难案件。法官所依赖的具体权利有两个特征，其必须是制度性而不是背景性权利，其必须是法律的而不是其他形式的制度性权利。[1]司法决定因而是对"已经被制定成为法律的权利"的实施。[2]

权利命题作为疑难案件的解释基础，需要解决三个问题。一是个体权利和社会目标之间的区分。即法官根据社会政策作出判决将会对个体权利产生何种影响。二是先例和制度传统在疑难案件决策中的作用。如果某一先例确立的规则适用于疑难案件并不公正，要想作出与之不同的判决，仅仅指出疑难案件的裁判是关于原则的论证，或者确立的法律权利不同于政治权利是不够的。为了更好地理解法律论证的特征，需要对一般性的制度性权利（即并非仅为法律创设的权利，还包括习惯、道德、其他社会规范等确立的权利）的特殊性质作出考察。三是法官为了确认当事人的法律权利究竟为何时，有时必须根据政治道德作出判断，因而产生关于司法不应具有独创性的争议。[3]

德沃金将"权利的发现和原则的选择"作为疑难案件处理的主要基点，并将其与其他处理方式进行了对比，如政策、目标、功利主义、经济分析方法等，指出其本质上都无法提供优于"权利命题"的解释，或无法动摇权利命题的基础。在描述的意义上，权利命题主张，疑难案件的司法裁判本质上产生于原则而不是政策。[4]在权利命题下，制度传统并不是法官判决的限

---

[1] Ronald Dworkin, "Hard Cases", *Harvard Law Review*, Vol. 88, No. 6, 1975, p. 1078.
[2] Ronald Dworkin, "Hard Cases", *Harvard Law Review*, Vol. 88, No. 6, 1975, p. 1063.
[3] Ronald Dworkin, "Hard Cases", *Harvard Law Review*, Vol. 88, No. 6, 1975, pp. 1065-1067.
[4] Ronald Dworkin, "Hard Cases", *Harvard Law Review*, Vol. 88, No. 6, 1975, p. 1074.

制，而恰恰是该判决的考量因素，因为制度传统是任何关于个体权利的合理判决的背景之一。[1]

遵循权利理论的法官在疑难案件中会对与案件所提出的问题相关的、包含当事人的道德权利的原则作出界定。但除非该原则与规则文本相一致，他不会适用此类原则。这一原则必须不能与其他被假定要证明其正在执行的规则的原则相冲突，或与其他规则的大部分内容相冲突。权利理论假设规则文本代表着社会对道德权利的认可，其主张任何拒绝这些道德权利的原则无法被运用到裁判中。[2]

"归结权利"还是"诉诸政策"的不同，关系到立法与司法职权的划分。德沃金提出在没有明确规则来适用具体案件时，法官应当努力去"发现"权利而不是溯及既往地"创设"新的权利。[3]创设法律是专属于立法者的权力。无论从政治意义还是理性层面上都是如此。政策与法律产生于社会各种利益的博弈。立法者在制定一项新的法律时，需要充分了解事实，兼顾各种价值，听取不同声音，进行利弊衡量。立法行为因而需要较长的周期、广泛的公众参与、充分的辩论以及民主的决策。司法受制于特定的时空，在具体的个案中仅能对特定的事实和行为进行定性，缺乏由此及彼的基础和正当根据，甚至也无必要性。特定的疑难案件的处理，尽管在一定程度上通过阐释事实和行为的方式，赋予其特定的意义和价值，进而确认行为的"应当"，使之具有一般意义上"规范"的含义，但其更多的是传递一种"发现"权利或法律的程序和方法，即如何根据经验和理性对蕴含在自然与人类社会中的"规律"进行认知。德沃金将"政策的论证"作为立法职能的实现，分析了应如何理解立法的作用，即立法机关作出一项决定是"作为个体目标和意图的折衷来寻求整个社会的福利的"。[4]德沃金将政治决策过程看作是利益群体政治诉求的反映。因为法官并非选举产生，他们既没有职权也无捍卫民主的职责来测算、衡量以及调和各个群体的竞争性利益。相反，司法机关最适合做的是发现已经由立法机构设置的权利。法院要想通过

---

〔1〕 Ronald Dworkin, "Hard Cases", *Harvard Law Review*, Vol. 88, No. 6, 1975, p. 1063.

〔2〕 Dworkin, *Political Judges and The Rule of Law'* 64 Procs of Brit Ac 259, 264-69 (1978).

〔3〕 [美] 罗纳德·德沃金：《认真对待权利》，信春鹰、吴玉章译，中国大百科全书出版社1998年版，第115页。

〔4〕 Dworkin, *Taking Rights Seriously*, Harvard University Press, 1978, p. 85.

权利命题来对疑难案件进行解释，就必须证明基于原则的司法论证和基于政策的司法论证的一般区分，何以在法律论证中的属性论证和细节论证中维持。[1]也即，法官只有深入认识到两种论证方式在裁判依据的属性和具体内容方面的差异，才能对权利命题在疑难案件中的适用进行准确把握。

以"权利"作为判案依据还是以"政策"作为依据的争论，也表现为发现法律与创设法律的争论。具体的权利或许源于公共政策，但权利一旦确立下来，就拥有超脱于公共政策的相对独立性。因而，多数人的利益并不高于个体的权利。法官需要处于一种较好的位置来评价政策。[2]公共道德是否具有拘束个案的效力，不仅要依据道德本身的属性，更需要对个案的可能产生的社会影响作出恰当的评估。

然而，现代法律体系的运行实践中，在个别领域已经出现立法、司法和执法的模糊。一方面，一些不成熟的立法条文，在立法审议中会被"剔除"而待事后以"司法解释"的形式颁行，[3]在形式上表现出司法权对立法权的侵入；另一方面，立法者在制定一般性条文之后却又解决个别具体问题，从而成为潜在的执法者、司法者，如立法机构在《中华人民共和国刑法修正案（八）》醉驾入刑理解中迅速表达意见，导致了立法、执法与司法混淆的公共权力配置的困局。[4]这说明，在立法、执法和司法权力呈现模糊的区域，政策还是权利的区分将会更加困难。

四、法条主义与后果导向（功利主义）

德沃金以哈特的规则概念作为对比，分析"法条主义"和"权利理论"在处理疑难案件上的差异：就法官是否应当在疑难案件中作政治决定的问题上，规则文本理论对此有积极和消极两种建议。就积极建议，它主张法官应当通过努力发现法律文本的"实际"含义来判决疑难案件；就消极建议，它主张法官永远不应根据其自身的政治判断来判决，因为政治决定并不是"法

---

〔1〕 Ronald Dworkin, "Hard Cases", *Harvard Law Review*, Vol. 88, No. 6, 1975, p. 1066.

〔2〕 ［美］罗纳德·德沃金：《认真对待权利》，信春鹰、吴玉章译，中国大百科全书出版社1998年版，第120页。

〔3〕 典型如《中华人民共和国涉外民事关系法律适用法》和最高人民法院关于适用《中华人民共和国涉外民事关系法律适用法》的司法解释之间的关系。在该法的司法解释中，一些条文显然不是对"法律"中条文的解释，而是全新的规定，如先决问题。

〔4〕 刘星："多元法条主义"，载《法制与社会发展》2015年第1期。

律文本是什么"的决定，而是"应当如何"的决定。社会交往中的行为，大多遵循着一定的规范，这些规范或基于习惯或基于权威规定，理性的、符合人类行为习惯的或是构成社会交往基础的规则，在历史长河中得以保留，获得正当性。而非理性的、违背社会交往规律的行为规范则被后来的规则取代。德沃金主张，完全以规则为基础的法律理论是不足以全面解释法律体系的运行的，有必要对该模型补充以建立在道德和政治标准上的法律"原则"。[1]

与此相对应，权利理论坚持至少有一种政治问题恰是法官面对疑难案件时应当提出的，即原告是否可以在法院主张其道德上的权利。规则文本主义对此问题毫不关注。从民主意义上，规则文本理论和权利模式两者都承认人们享有强烈的道德权利可要求法院执行代议立法机构所制定的法律。尽管如此，权利理论否认规则文本是此类权利的全部来源。如果规则文本对一些案件沉默，或者规则文本的表述有多种解释，那么就应当考虑此两种可能的理论哪一种更适合当事人背景性的道德权利。因而，德沃金在疑难案件中"找法"的根本出发点是：法律并非简单的封闭规则体系，而是包含植根于道德和政治标准的原则的。相应地，由于规则不是法律的穷尽，德沃金认为存在着诉讼双方寻求实施的、无法通过简单参考特定现存规则的特定权利。法律义务可能是由一系列原则施加，也可能是由某一确定的规则施加。[2]

德沃金是道德论者，其伦理观建立在个体权利之上而非普遍的福利。[3]然而，道德论也是关于价值选择的主张，因而功利主义的概念在一定程度上包括了道德论。哈特是功利主义者，对于哈特而言，如果两种解释方法能产生同等的福利，则都是可取的；但对于德沃金来说，道德问题总是有客观正确的答案，并且由对他人负有的最具约束的义务所决定。因而，只要法律是道德的，就永远存在着客观正确的答案。

哈特和德沃金都运用了语言实证分析方法，但二者的处理结果明显不同。哈特认为规则的模糊和欠缺不可避免，因而在法条之外"创制"规则是

---

〔1〕 Allan C. Hutchinson, John N. Wakefield, "A Hard Look at 'Hard Cases': The Nightmare of a Noble Dreamer", *Oxford Journal of Legal Studies*, Vol. 2, No. 1, 1982, p. 89.

〔2〕 Dworkin, *Taking Rights Seriously*, Harvard University Press, 1978, p. 44.

〔3〕 Tebbit, Mark, *Philosophy of Law: An Introduction*, 2nd Edition, Abingdon (UK), Routledge, 2005, p. 55.

现实交往的基本要求，这是典型的功利主义思维方式。从父子参加礼拜是否应当脱帽的规则来看，哈特指出以各种形式的示范来传递行为方式存在着诸多不确定性和可能性，以明确的普遍的语言形式传递一般行为标准是清楚的、可靠的。但文字在摆脱了具体规范中的具体特征的同时，也使可能具有法律意义的行为细节被忽略，例如脱帽行为需要模仿到什么程度，是用左手还是右手摘帽子？是迅速摘还是慢慢摘？摘下来后放在座席下还是手中？等等。[1]

德沃金的例证表明，在规则欠缺的情况下，人们仍然可以通过考察规则调整对象的属性、主体的行为方式等因素，"发现"隐含的规则。德沃金深入分析了象棋比赛中选手作出未在比赛规则中明确规定的、但却可能影响对手的行为（如故意激怒对手），具有何种后果、应予以何种处罚，指出尽管某些行为在现有的游戏规则体系中没有明确规定，但通过对比不同比赛的属性（如纸牌和象棋），可以发现这些游戏对当事人行为的要求。在纸牌游戏中，故意激怒对手的行为是可接受的，但在象棋比赛中，该类行为应被禁止。[2]

以原则和权利为疑难案件司法裁判的根据，是对法条主义的发展和突破。以规则的开放结构作为规则调整具有欠缺的理由，在承认人类认知和改造能力存在局限的前提下，根据现时情景进行价值判断，是通过后果导向来补充法条主义疏漏的方法。"发现法律"还是"创设法律"的争议贯穿了疑难案件裁判的始终。哈特曾将美国的疑难案件的审理解释为噩梦与美梦的两极。"噩梦"意指法官经常创造而不是发现他们用于解决争议的法律，"美梦"是说法官从不创造新法而仅是适用已有的法律。这两种观点都是虚幻的，事实上，法官时而做噩梦时而做美梦。[3]德沃金属于哈特所说的美梦家。他坚持认为，即使是最疑难和新奇的案件，法官也必须限于宣称法律"是"什么，而不是其"应当"如何。事实上，尽管大多数法官都试图从现有法律体系中寻找裁判根据，但这种寻找的过程在一定程度上具有创造性。对于宣称"创设"了规则但实际上是"发现"了规则，以及宣称"发现"某一规则但实际上"创设"了规则的这两种做法的界限也往往是时而清晰时而模糊的。

〔1〕　[英]哈特：《法律的概念》，张文显等译，中国大百科全书出版社1996年版，第125页。

〔2〕　Ronald Dworkin, "Hard Cases," *Harvard Law Review*, Vol. 88, No. 6, 1975, p. 1079.

〔3〕　H. L. A. Hart, "American Jurisprudence Through English Eyes: The Nightmare Dream", 11 *Ga L Rev*, p. 989.

第二节 基本视角

迄今为止，所有法律职业的争论以及围绕这些基本争论所形成的学派、方法、理论，几乎都可归结为系列对立的两分法：事实与价值、是与应当、实然与应然、实在法学派与自然法学派、造法与找法、法教义学与社科法学等。

法学的范式，尽管表述各异，但载体具有高度相似性：或以价值为终极目标，如自然法学派；或以规范为唯一准则，如实在法学派；或事实为首要逻辑，如社会法学派。及至近代以来，功利法学、自由法学、分析学派、批判法学也无非是在事实、规范和价值上选择立场，提出主张，发展学说。而二十世纪末期的政法法学、诠释法学和社科法学的划分，以及近几年来社科法学、法教义学的归类，从根本上说也表现为学者在事实、价值和规范上的关注不同。如果再行简化，可以将事实、规范和价值三者的关系表述为事实与价值的对立与联系。因为当事实的属性明确，价值的赋予过程实际上也是规范创设的过程。

事实与价值的关系，在哲学上存在着著名的"两分法"。休谟提出，人们无法从"是"中得出"应当"如何，或者无法从"事实"中推论出绝对正确的"价值"。这一社会科学研究的信条，使作为规范科学的法学也尝试着将"价值"问题剥离，而在类似于真空的场景下研究"规范"。凯尔森的纯粹法学和规范法学即是其例。不过，同习惯、道德、风俗、宗教等社会规范相比，法律源于最高权力。事实的调整和价值的选择在某种程度上体现了绝对的意志性，而较少关涉科学性。不过，十八世纪以来的社会科学理论的反思，在一劳永逸地破坏了种种社会契约理论的规范主义和理性主义的社会观的同时，也使作为社会理论中心范畴的法律从总体上身价跌落。[1]事实的定性是否准确，价值的选择是否正当，规范的创设是否合理，开始成为人们关注的问题。

事实与价值的两分，是传统三段论解释方法的根基。三段论的司法裁判中，司法过程被简化为凭经验寻找相关规则，将规则努力解释为足以涵盖事

---

[1] 参见［德］哈贝马斯：《在事实与规范之间——关于法律和民主法治国的商谈理论》，童世骏译，生活·读书·新知三联书店2003年版，第55~60页。

实，或将事实削足适履地置于规则调整之下。这种裁判逻辑对简单案件尚可应付，但在疑难案件中，且不说规则在制定之初就存在简化事实之嫌，随后的社会发展更会使事实与规范的对应存在间隙。与之相对应，事实和价值的相互融合，则是现代法条主义、后果导向的法律解释方法的理论基础。疑难案件中，适用法条主义解释方法可能导致不公平的结果，此时，需要以效率、福利等价值为目标，通过对事实和行为的重新评估，寻找或创设可以适用的规则。该方法以规则缺失、事实不清或行为定性困难为基本前提，坚持疑难案件从事实和行为出发，充分理解事实和行为的法律意义和效果，从行为理性出发寻找法律、惯例、习俗等规范。

由此，法律适用不仅是规则发现或创造的过程，疑难案件也不仅仅是法官是否享有自由裁量权的争议。如何准确认定事实，正确定性行为，明确阐述规则，从而在法律所设定的程序内达到确定性、正当性和合法性，既关系到法律解释方法在疑难案件中适用的效用，也与法律理论在事实、规范和价值方面的发展相关，还与其他科学在事实、行为和价值上的知识贡献分不开。因而，在分析视角上，疑难案件的法律解释是集认识论、方法论和知识论为一体的法律知识领域。

一、事实、规范与价值

类型化思维是人类认知的一个重要手段。从婴幼儿认知的过程可知，从最早对物体、颜色、行为的语词对应，过渡到拼图或积木时期能够根据颜色或形状来有序组合，是智力的一个显著进步的体现，也是提高认知与行为效率的重要方式。例如，关于物质的认识，无论是古代"金、木、水、火、土"的朴素自然观，还是现代的分子原子论，都建立在观察和实验的类型化思维之上。

与客观物体的类型化不同，对感官反应的类型化，即心理要素的类型化，相对复杂和困难。[1]幼儿很早就学会将苹果或桃子归入水果系列，将蓝或绿归入颜色类别中，但对于快乐、悲伤为何产生以及如何管理却需要经历

---

〔1〕　马赫在《感觉的分析》中，将人类所感知的事物分解还原为三种要素：物理要素，如水、土、颜色、声音等；生理要素，如神经系统、视网膜等；心理要素，如印象、记忆、意志等。[奥]马赫：《感觉的分析》，洪谦、唐钺、梁志学译，商务印书馆1986年版，第262页。

相当长的时间。对于语言类型的认知，则不仅需要时间和经历，还需要个体能够进行意识性地反思。

事实、规范和价值便是以语言为载体的三类不同的社会现象。对于"A欠B一些钱""欠债还钱""A应当立即把钱还给B"这三种表述，如若将其归入特定的类型中，则非经过社会科学训练之人士难以做到。三者之间的区分看似不大，但实则隐含了语言的功能："A欠B一些钱"，这一事实描述，仅对事实作出陈述，不涉及表述者个人看法；"欠债还钱"这一规范陈述，所表达的是已经被广泛接受的制度，无论其是法律、习惯、风俗或是宗教信仰；"A应当立即把钱还给B"这一价值判断，表明陈述者个人的立场和观点，一般并不具有普遍意义。如果陈述者希望强化个体主张，其可以选择准规范性陈述方式，例如"欠债还钱是天经地义的事"。从社会生活中总结出人类的行为规范和价值，并上升为社会一般规范，是法律的描述属性的体现；而在杂乱无章的社会秩序中，以权威创立规则，定分止争，则是法律的规定属性。

哲学关于事实与价值的论争几乎持续了成百上千年。但在法学领域，永恒不变的主题是规范。法律几乎把价值的研究交给了伦理学，而把事实让给了社会学。然而，作为以事实和行为为规制对象、以道德和伦理为行为准则的规范体系，在规范制定、适用的过程中几乎始终与事实和价值关联在一起。三者之间的关系，触及哲学、语言学的基本理论范畴，更是涉及方法论和认识论领域的核心问题。事实、规范和价值，是描述与评价、事实与价值、实然与应然、客观与主观、"是"与"应当"的争论，也是归纳与演绎、抽象与具体、原因与结果等的逻辑方法之争。

在司法环节，事实、规范和价值以另一种语言表述出来。事实、规范和价值三者的关系，可以从法律适用三段论结构视角理解为小前提、大前提和结论；也可以在法律规范结构上看作是前提条件、行为模式、法律后果；或是理解为英美法系案例分析过程中的"事实、分析、观点"三环节。尽管如此，不同的司法实践对三者的重视程度是不同的。作为审判方式差异的"审问式"和"抗辩式"诉讼程序，也反映了不同国家在法院依职权查明案件事实和适用规范方面的不同。

（一）事实

事实在两个层面上被纳入法律的视野。一是立法层面上，特殊的、多样的事实被类型化处理并被抽象为一般事实，作为规范调整的客体；二是在司法层面上，杂乱无序的事实在规范之下被赋予法律意义，归入规范所设定的价值体系中，产生一定的法律效果。行为是产生事实的原因之一，因而对事实的认识也包括对行为客观方面的认识，如手段、后果等。

疑难案件的法律解释中，事实的意义与价值如何？事实与推论、事实与观点应当如何区分？根据事实的推论在多大程度上是允许的？这些问题，不仅关系到诉讼程序的进行，而且直接与案件实体公正相关。

事实的认知方式，是建立在感官和推理基础上的。"耳听为虚，眼见为实"是对不同来源途径的事实的真实性做比较。在司法实践中，对于仅有一方陈述而缺乏必要的证据支持的事实，在证据认定上有更严格的条件。多数的事实并不能为法官或当事人亲历或复制，而只能依靠证据来加以证明。因而，举证责任规则的设置实际上与事实的认定直接相关，即哪一方提供的何种事实证据可以被法院认可。

除了实际发生的事实具有法律效果，可能事实的假设及证明在一定程度上具有反证的效果。"疑罪从无"原则正是基于可能事实的存在，承认某一结果的发生可能存在多种原因。"公平责任"也是建立在可能事实基础上的裁判方案：既然具有侵权可能（甚至有些情况下具有共同过错）的各方当事人都无法证明自己与损害结果无关，任何主体都应承担责任。

相关事实的调查以及事实与观点的区分是案件审判的关键。西方抗辩式庭审过程中常见的"反对"制度，很大一部分源于一方对另一方超越事实证明的盘问或推理的制止。不同的事实之间往往具有关联性、相互验证性或因果联系性。一种事实往往是另一种事实的证据。司法的实证更多依赖于具有法律意义的、足以证明事实的证据。在英美法学抗辩制主导的审判模式下，双方当事人对于案件证据的收集相当广泛，甚至包括证人的犯罪记录、信用等，以证明其证词的可靠性。例如，如果证人曾经作过虚假证言，往往作为用于抵消本案该证人所作证言的可信度的事实。可见，事实和证据的界限，在特定的情形下，依据一定的程序和标准，可能发生相互转化的效果。其在案件中的证明能力，取决于这些证据和事实在相关事实与证据的关联性。

（二）规范

在成文法国家，规则的发现相对于判例法国家要容易很多，但这并不意味着规范的适用如"自动售货机"。相反，在疑难案件的审理上，尤其是欠缺法律规范的情形下，规范的解释由于受制于具体的法律体系的原则、规则，往往不如判例法国家灵活。

简单案件的处理上，规范法学派、实证法学派对法律规范的分析臻于完善。它使人们看到了类似物理学的"真空实验"或类似生物学的"解剖"的研究方法：将价值、事实因素从规范中分离，或将价值和事实视为规范不变的预设（至少是在特定的时期内）。价值问题和事实问题在这些学者看来是立法问题，而规范问题是司法问题。立法问题固然重要，但一旦规范制定出来，规范的价值和所调整的事实就是法官和当事人所无能为力的。承认规范的作用要比质疑它的正当性更为实际，也更为效率。

疑难案件的规范解释，在法律体系内部涉及法官的自由裁量权的行使，在法律体系外部，则与司法权立法权分立的政治体制相关。此外，由于现代社会变迁之迅速，规则不可避免产生滞后性，表现为规范的调整对象所呈现出的特殊性越出一般性事实之池，规范所设定的价值无法满足行为多样性规制之需求。如何根据新的社会实践和社会话语对规范含义进行重建，在新的事物、实践、话语和规范之间建立更加精确的联系，就成为疑难案件规范解释的关键任务。

（三）价值

"价值"一词的含义异常宽泛。在一般意义上，价值指代"有用性"，即能够满足人们需求的某种物品或行为。食物能让人类维持生命，所以对人而言是有价值的；子女和父母能相互给予情感的慰藉，所以父母子女间互相存有价值。因为有价值，所以人们倾向于为有价值的事物定价。因而，"价值"一词在经济学中运用广泛。在哲学领域，价值与道德几乎同义。具有社会普适性的价值，往往超出有形的实体物的范畴，而表现出精神层面的有益性。好坏、对错、美丑、善恶等价值广泛运用于人对事物、自身、行为等的评价上。

法律领域的价值同样表现为关于对错、善恶和好坏的"正义"。自由、平等、安全、公平等价值词汇无非是对人与自然、人与社会之间正当关系的一种表述。财富、尊严、信用是好的，所以法律保障财产权、人身权和正当交易行为；杀人、侵害、偷盗是坏的，所以应受法律的制裁或否定评价。因为人类都有共同的生存、安全、发展等需求，对相互交往的价值的判断就不会有分歧。

Daniel Statman 认为疑难案件的关键问题是价值判断。当道德哲学家和法哲学家在面临道德选择困境时，或者认为存在着一个正确的答案，因此困境并非是真实的；或者试图证明困境的存在，从而提出唯一正确的答案是不可得的。[1] 疑难案件的价值判断是在冲突价值间作出选择。冲突既可能存在于不同价值体系，如言论管制场景下的自由价值与秩序价值冲突，也可能发生于同一价值体系内，如就业、生育、入学领域的形式平等和实质平等的取舍。价值判断还与行为方式和行为效果的争议有关。刑法领域近年来广泛争论的"行为无价值论"与"结果无价值论"，实际上是以犯罪行为作为价值判断的依据、还是以犯罪结果作为价值判断的依据的不同主张。这种分歧也显示出主观与客观因素、特殊行为与普遍规则之间在定罪量刑方面的地位和作用开始发生变化。

二、规则导向与结果导向

案件处理过程中，选择事实、规范和价值中的哪一项为最初或最终的考量因素，形成了在疑难案件法律解释中的规则导向和结果导向的法律解释方法。成文法主导下的法律体系孕育了规则导向的法律解释方法。规范的掌握成为法学教育与法律实践的一条捷径。以法律适用指引为目标的"法学方法"或"法律方法"的著作，常见于大陆法系国家或地区，其多以规范的分析和解释为主。相比之下，判例法国家在疑难案件解决的历史上更倾向于"结果导向"的法律解释方法。衡平法的出现，便是当普通法适用的结果有失公平时，在法官自由裁量权实施的情形下被创设出来的，其本质上是一种价值权衡的法律解释方法。在案件处理的逻辑程序方面，西方国家案例分析尤为注重事实和行为的差异，而不是抹煞或忽略个性差异以寻求与规范相符的共性。

（一）规则导向

规则导向，也称法条主义方法，是成文法系国家传统的法律解释方法。该方法以三段论式的方法著称，即"大前提—小前提—结论"的涵摄方式。该逻辑程序以规范（大前提）为出发点，将事实（小前提）纳入规范的调

---

[1] Daniel Statman, "Hard Cases and Moral Dilemmas", *Law and Philosophy*, Vol. 15, No. 2, 1996, p. 123.

整之下，根据规范所设定的"行为模式"和"法律后果"给出处理意见。规则导向的案件解释方式是经过专业化训练下的逻辑思维方式，往往易于为法官和律师实践。

简单案件的处理，规则导向的方式无疑是高效的，且在公正性方面不会出现明显不足。它以法官和律师的专家化处理为特征，以对事实的本质把握为主要方法，使用高度专业化术语，围绕法律规范对事实进行归纳和概括，对行为进行评价。

在这种专家处理场景中，法官和律师以其专业性知识和近乎中立的态度，如生产线上的工人，娴熟地鉴别呈现在眼前的事实，剔除不符合法律预先设置的内容，将拥有证据支持的和具有法律意义的事实留下进入下一道工序。然而，在决定哪些事实能够进入规范适用环节时，规则导向的解释方法实际上已经提前将规范应用于事实筛选的判断，并直接将其送入最后评价的环节。其结果是，在即时决定适用规范的同时，也一并判断了哪些案件事实具有法律意义以及具有何种法律价值，剩下的只是根据规范的要求，去寻找规范适用的条件而已。

规则导向的法律解释方法以文意解释、目的解释、体系解释为主要的规范阐释方法，司法活动严格遵循三权分立的基本原则，法官的权力仅限于对立法机关制定的法律的解释，或"发现"法律，而不会逾越职权去"创造"规则。在疑难案件的解释中，该方法辅之以漏洞补充、利益衡量等方法，以克服成文法在调整事项上的局限性。从结果来看，尽管规则导向的法律解释方法在疑难案件中并非机械地默认明显偏离社会价值的规范适用，而是采取了一定的补救方法，但由于其仍试图在规范的框架内作出解释，或不免牵强，或偏离公正。

（二）结果导向

结果导向的法律解释方法以功利主义和法律经济分析学派为理论基础，主张在疑难案件的规则适用引发价值冲突时，根据经济学的成本、收益计算，对行为或制度的实施效果进行评估，以一方成本较小并且对另一方产生较大利益的行为作为正当行为的标准，据此判断双方的义务、责任，并根据其最终确定的价值来寻找适当的法律原则或规则。

从普通法的衡平到成文法的利益衡量，从功利主义到法律经济分析，从政策定向到结果导向，尽管在名称上有所不同，但均事关价值冲突与选择这一主题。何种价值才是正当价值的问题一直困扰着法官、律师和学者。基于什么样的理论所作出的价值衡量看起来与法律规范保持一致从而不至于被认为超越了司法权限而侵入立法领域，是结果导向的法律解释方法与规则导向的法律解释方法所长期争论不休的。

（三）事实分析

规则导向和结果导向方法都依赖于对事实的准确分析和科学论证。事实分析作为司法裁判的关键环节，遵循"事实—规范—价值（观点、主张）"的逻辑程序，它首先从事实出发，不预先假定事实的属性（即是否为法律所调整或是否被法律明确定性），充分分析事实、行为及其证据的意义和价值，认识到法律事实与案件事实的差距，尽可能挖掘一切可能的法律事实来还原案件事实和法律关系，以对法律规范的发现、整理和分析提供基本范畴；对规范适用于事实的可能结果进行评价，在不同的观点和主张之间进行权衡与选择，以事实和行为的正当性为判断基础，通过对法律关系过程中各方行为的正当性评估，确立案件的价值标准，包括责任承担方式、类型、程度等。

加强疑难案件的事实分析，可在一定程度上克服规则导向方法的机械性：通过对与事实相关的法律规范做语言学分析，确立事实与规范之间的逻辑关联，并对规范的含义进行阐释，明确规范所指，物化、量化规范要求的事实的证明标准，在事实与规范之间架起沟通的桥梁。事实分析也是后果导向法律解释方法的核心。现代法律以行为人具有一定的理性为制度设计的基础。行为人不知法律存在或不知法律对具体交易设置了较高的标准，都不能成为被谅解或免责的理由。而关于何种行为具有正当性从而可以被赋予权利、何种行为欠缺理性因而被课以义务或责任，是一种价值判断，但却可以通过人类的经验理性予以发现，例如通过对比不同的行为实践来发现。

撇开法律专业人士对案件事实和行为的程式化处理，将问题还原至没有法律与习惯的原始社会早期，假想部落首领在处理成员纠纷时可能遵循的逻辑程序，是行为正当性分析的还原方法。事实与行为的分析，尤其是对双方交往过程中的行为动机、方式、效果等的分析，是在疑难案件中寻找适当规范作出裁判的根据。面临疑难案件，在还原主义理论下，行为导向的法律解释方法提供了一种去繁就简式的处理方法。

三、准确性、明晰性、正当性

事实的准确、行为的正当、规范的明晰、价值的合理是司法过程追求的目标。在法律适用的不同环节，对上述司法实践的对象的要求是不同的。事实的认识，追求其准确；行为的标准，关注正当与否；规范的陈述，要求明确具体；价值的主张，需要公平公正。事实属于客观领域实在的现象，无论是有形物体还是动态行为，均可通过语言的描述或规定来对其进行正确陈述；规范是人类实践文化的产物，介于主观和客观之间，是主观精神普遍化的客观实在，亦可通过语言分析来判断其明晰与否；价值蕴含在对事物或行为效用的判断中，随主体的意志、喜好、性格而各异，但却可以通过传统、习俗、宗教、教育和法律等在特定群体内形成某种程度的共识。

由此，从认知的视角，人们对事实的认知追求的是"如实描述"，而不同于规范的"硬性规定"；对规范的认知追求的是"明确表达"，区别于价值的"良好愿望"；对价值的认知追求的是"正当评价"，与事实认知的"精确发现"不同。对行为的认知从属于事实认知，但却存在于两个层面：一是现象层面，即行为的表现；二是意义层面，即行为具有或应当具有什么样的效果。

在法律领域，价值是被规范设定的，对价值的认知似乎不具有独立性。例如"杀人偿命，欠债还钱"这一规范自然包含着对行为的评价。但在规范发生变化时评价也随之变化，或规范未能及时顺应时代发展时，评价应当不受突破规范。在此情形下，价值评价问题具有相对独立性，开始由规范设定的"是"的领域，转入事实变革下的"应当"领域。

（一）事实的准确性

维特根斯坦说，可以言说的一切，皆可清清楚楚地加以言说；而对于不可言说的东西，人们必须以沉默待之。[1]司法过程是查明案件事实、努力还原案件真相的过程。作为已经发生的事实与行为，唯有通过当事人的陈述、事实或行为的痕迹等证据加以证明。由于主体的认知和记忆偏好，加上语言在描述事实方面的多样性，作为案件真相的被还原的事实最终是建构的事实：或为当事人所建构，或为司法人员所建构，包括警察、律师甚至法官。

---

〔1〕〔奥〕维特根斯坦：《逻辑哲学论》，贺绍甲译，商务印书馆1996年版，前言。

准确事实的不可获得性在司法实践中引发了许多问题。"非法证据排除""证据可信度"等均与此相关。例如，"刑讯逼供"是存在含义分歧和价值争议的事实调查方法。在已掌握事实的基础上，案件的真相缺乏关键性证据，该证据却可能为犯罪嫌疑人掌控，是放弃追踪，疑罪从无？还是采取必要的惩罚措施获取证据？对于所获取的证据，如果具有真实性是否因程序违法而无效？结果导向的法律解释方法或许试图通过评估个体自由与集体安全来解答，但无论怎样的讨论都意味着：事实准确性问题并非简单的事实发现，事实并非中性的存在，而是因获取手段的不同而具有了一定的法律效果。

随着现代影像技术的发展，人类在事实准确性认知方面不断进步，诸如事实的还原、证据的保存、案件的调查等都相对容易。尽管如此，事实之间的关联、事实的因果关系等仍需要建立在真实性和准确性基础之上。

（二）规范的明晰性

法学领域对规范的认知最为深入。一方面，法律规范相比于其他社会规范具有特殊性，尤其是在普遍性和强制性方面；另一方面，法律规范相对而言更加明确具体。关于法律规范的研究，既有微观层面上的结构分析，也有宏观角度的功能界定；既有静态的语言分析，也有动态的实效评价；既有批判的解构研究，也有系统的建构努力。不过，在司法实践中，如何发现与阐述规范、事实是否落入规范的范畴、规范的调整是否周延等问题相比而言更为重要。

司法实践中，规范的认知与规范的解释往往被作为同一个问题提出。司法上的规范解释方法沿袭注释法学传统，从文字含义、法律体系或立法目的来解释规范含义，基本能够满足多数简单案件的规范认知。疑难案件中，依据上述解释方法有时难以找到有说服力的依据来支持某种主张，而需要将规范语词放在社会领域，通过对比日常语言来解释，这便是语言哲学运用于规范分析，即分析法学流派的方法。例如"禁止一切车辆入内"的规定，如果无法从文字含义、法律体系中寻找关于"车辆"的定义或范围，并且探讨所谓的"立法目的"更多是法官以立法者之名来表达个人意志从而不具有说服力，此时就需要借助其他方法来论证"车辆"的含义。语言分析方法以"描述"的方式，将规范含义的解释从规范体系中解放出来，放在社会实践中去解释，使之更贴近普通人的话语体系，因而更能体现规范的社会属性。

疑难案件的规范发现，也与事实和行为的定性及其法律意义分析相关。在缺乏明确的直接的法律规范的情况下，需要根据行为的正当性分析来寻找散见于生活中的习惯、政策、风俗，或是相关典型案例中确立的原则或规则，此种情形下规范的明晰性要求更需要充分的论证。

（三）价值的正当性

价值与规范之间是相辅相成的关系，二者以行为和事实为联系纽带。规范需要以价值来评价和引导行为，价值则需要规范来维持其与事实或行为的依附关系。这种关系表明，当规范或事实发生变化，价值也应随之发生改变，反之亦然。

价值是规范正当性的基础。规范告诉我们的是应当做什么，价值告诉我们的则是什么值得去做。[1]不以正当价值为规范目标的法律是"恶法"，遵守者甚至不能以之作为免责的理由。在规范不能正当地确立价值时，或当规范的价值用语过于宽泛需要限定时（如对某类犯罪规定了弹性的监禁期限），法官就需要根据具体事实和行为作出判断。这在一定程度上给法官的自由裁量权提出了挑战，也给徇私枉法留下了灰色地带。因此，价值客观化的方法一直是法律人努力的事业。

正当价值存在于法律规范中，也广泛分布于其他社会规范中。拉德布鲁赫曾说，日耳曼古代时期，法、习俗、伦理、宗教是融为一体的，法同时是先民的智慧，民族良知的声音，神的意志，因此它不是通过人类的立法制定的。[2]价值的社会属性和共识意义表明，在遍寻法律、习俗、伦理等诸多规范也无法对某一行为作出评价时，回归人类交往的基本样式和主要关注，根据行为各方的交往理性，即主观善意、行为方式、行为过程、行为结果等，对各自的行为进行定性并赋予不同价值，或许是疑难案件事实分析与行为定性的关键。

---

〔1〕 Habermas, "Reconciliation through the public use of reason: remarks on John Rawls's political liberalism", *The Journal of Philosophy*, Vol. 92, No. 3, March 1995, p. 114.

〔2〕 ［德］拉德布鲁赫："法律上的人"，舒国滢译，载方流芳主编：《法大评论》（第 1 卷第 1 辑），中国政法大学出版社 2001 年版，第 491 页。

第二章

裁判要素的认知方法

现代经验论大部分是受两个教条制约的。其一是相信在分析的（或以意义为根据而不依赖于事实的）真理与综合的（或以事实为根据的）真理之间有根本的区别。另一个教条是还原论，相信每一个有意义的陈述都等值于某种以指称直接经验的名词为基础的逻辑构造。[1]

——蒯因

方法是人们通过观察积累知识，并将其运用于新事物认知的工具。不少日常语言中，充满着方法的智慧。"吃一堑，长一智""前事不忘，后事之师""日晕三更雨、月晕午时风"，说的是建立在过往经验之上的知识积累。"耳闻之不如目见之，目见之不如足践之，足践之不如手辨之"（汉，刘向语），"心中醒，口中说，纸上作，不从身上习过，皆无用也"（清，颜元语），"行动生困难；困难生疑问；疑问生假设；假设生试验；试验生断语；断语又生了行动，如此演进于无穷"（陶行知语），更是道出不同的认识方法在知识获得可靠性上的差别。

认知以追求对事物的准确认识为目的，作为认知工具的方法总是服务于特定的目的。而不同的方法实际上是不同观察视角的产物，其与建立在理论和学说之上的知识体系是不可分割的整体。从知识的起源和发展来看，任何一门科学的早期，必定是不成体系、类型粗糙、理论缺乏的。随着语言和文字的产生，知识的积累和传播促进了思想的交流，也直接促成了知识体系的发展，具体科学的术语、理论、范式和构建理论体系的方法开始逐渐形成，并在经过一段时间的沉淀和反思之后迈向成熟。法律知识及司法裁判同样遵循了这种认知发展的路径。

---

〔1〕 ［美］威拉德·蒯因：《从逻辑的观点看》，江天骥等译，上海译文出版社1987年版，第19页。

在人类历史上，大规模的成文法不过几百年的时间，在相当长的无成文法的时期，裁判遵循了"定分止争"的基本思路。所谓定分止争，是在对纠纷进行定性的基础上，以权威或科学的裁判来平息争论。无论是中国古代诉讼的"奏谳"制度，还是英美建立在法官经验基础上的判例法，都体现了在缺失明确法律制度的情形下，如何通过对不断涌现的新的行为进行定性，创立新的规则或修改原有的规则。

在现代社会，仍可能存在下列情形：不同文化、不同信仰、不同教育背景的群体从原有的族群移居到一处新大陆，他们之前遵守的规则无法获得新成员的完全认同。除去具有基本道德属性的法律规则外，多数行为的定性难以在短时间内通过立法或社会共识被普遍接受。或者，即便是在新的国家成立并逐渐通过一系列法律的情形下，仍有相当长的时间内，法官面临着处理无明确法律规则案件的情形。上述情形在历史上的特定时期不同程度地存在。并且，其在现代社会的表现，大到国际移民冲突，小到社会阶层分化，都在本质上对法官的案件处理提出了挑战。

在缺乏成文法的时代和国度，法官断案依靠什么？他们如何来认定是非，辨明曲直，寻找规范，平衡价值？追溯人类社会的纠纷解决起源，不难推论：在早期的纠纷解决中，生活经验和行为规则相对简要，随着社会交往形式的多样，简单的规则才开始受到来自鲜活的社会交往的冲击。例如，"杀人偿命"这一基本法律规范，在早期表现为"以血还血"的同态复仇，后来才逐渐发展为基于不同行为模式而规定不同的后果，如行为方式上表现为攻击与防卫、谋杀与误杀、恶意与冲动，其对应的行为后果也有死刑与监禁免责与受罚等差异。在规范的这一发展过程中，既有社会进步的物质因素所发挥的决定性作用，也是道德伦理进化以及人类对外界和自身认知不断精确化的结果。

疑难案件中，法官的处境类似于早期的法官甚至是原始社会的部落首领。这并无丝毫夸张。现代人除了在知识积累方面具有优势，在智力和基本道德判断上与古人并无显著差别。因而，当事实不清、规范模糊或存在价值冲突时，可以将疑难案件的审理场景设置为波斯纳所说的"初民社会"[1]，采取

---

〔1〕 〔美〕理查德·A. 波斯纳：《正义/司法的经济学》，苏力译，中国政法大学出版社 2002 年版，第 182 页。

"去繁就简"的方法，在传统的法律解释方法之外寻找超越学科界限的问题解决的基本方法，对案件进行剥茧抽丝式的分析。由于此种方法是建立在多数公众的相对普遍的知识之上，如果通过此种方式能论证出一些疑难案件适用的基本程序，就可在司法和社会层面上获得一定程度的共识。本章通过介绍语言学、经济学和社会学方法与理论在认知现象方面的基本视角，对规范理解、价值选择和事实定性方面的争议和解决方法作理论铺垫。

第一节　规范解释与语言学方法

语言的运用可见一个人的世界观、思维方式甚至是价值观。维特根斯坦曾说，语言的界限就是世界的界限。[1]人们对世界的认识是否全面、是否深刻需要通过语言来展现；语言所不能清楚表达的也是社会科学需要更加清晰认识的。

诸如"太阳每天都会从东方升起""所有的天鹅都是白色的""飞马这一概念是否具有实际指称意义""暮星与晨星是否相同"等话题是哲学和语言学长期关注的焦点。事物与概念的区分，或事物与概念的对应，是人类认知的永恒话题。尽管飞马也许在地球上从未存在过，然而，作为一种概念，其或许存在于由人创造的神话故事中，或许只是一种图腾或标识。无论如何，只要能够通过语言或图形将"飞马"阐释清楚，就可以被人接受。因而，哲学家为之癫狂的"名称"或"意义"问题，"唯名"还是"唯实"的区别，在现实生活中似乎并没有给人们造成太多困扰。千百年来，对此类问题一无所知或毫不关心的人们，其生活仍在持续。不仅如此，普通人仍在日常生活中实践着这种哲学思辨的智慧。不过，当人们在使用语言时，出于对语词表达的同一性的逻辑关注，总是将词语和其实在意义联系在一起。索绪尔曾说，作为一个整体，言语具有多面性和多样性，同时跨越几个领域——物理的、生理的以及心理的——它既属于个体又属于社会。[2]语词及其所指是语言功能实现的基本条件。

---

〔1〕　〔奥〕维特根斯坦：《逻辑哲学论》，贺绍甲译，商务印书馆1985年版，第79页。

〔2〕　F. de Saussure, *A course in general linguistics*, McGraw-Hill Humanities/Social Sciences/languages Press, 1966, p. 9.

语词是语言的最基本单位。对语词的理解需要通过其与事物的逻辑关系来实现。因而，语词之间的逻辑关系是语言功能实现的另一基本形式。意义（价值、属性）在任何地方都是相对的并且是依赖语境的。若要就意义问题发表任何有价值的观点，都不可避免地需要从实际意义和实际使用转到潜在意义和潜在用法。[1]同一种语言在不同的语境下，其含义可能大相径庭甚至截然相反，这使语言的场景化解释成为必要。而广义的场景化解释，包含了时间和空间的差异所导致的语义多样。

法律语言介于生活语言和人工语言之间。一方面，法律语言应当源于实践，为普通个体所理解。拿破仑在主持制定《法国民法典》时要求"能让法国的百姓在煤油灯下阅读"，便是尽量将专业化的人工语言还原为生活语言的实践。另一方面，法律概念，尤其是关于特定权利和义务的界定，为立法机关所创设，往往规定了特殊的含义和界限。因而，在法律适用上，简单的案件只需要将生活中的事实转化为法律术语即可达到恰当处理的结果；复杂案件因为生活现实与法律制度的难以对应，故而需要对生活事实进行更为细致的类型化处理以将其归入法律语言体系，或是对法律语言重新审视或阐释使之容纳新的生活事实。无论是在学术研究还是司法实务中，语言的丰富程度都与言说者对事物的认知直接相关。语词的多元是判断法律阐述和法律解释是否全面的一个重要标准。因为语言分析在本质上是逻辑实证。语言分析所涉的事物之间的关系，表现为词汇与事物的对应关系，最终需要根据语词逻辑来判断。对事物所涉的关系论证越全面，论证就越有说服力。

法律语言，既是立法者对社会生活进行认知的工具，同时也是立法者对其描述或规定的话语体系。在此方面，两大法系采取不同的处理方式。英美法系对社会关系的调整，侧重对事实行为的分类与描述，对具体事实和行为的定性更具体、直观；而大陆法系立法，则偏重对事实和行为进行高度概括，注重本质性把握。

情景的多样，人类交往的进化，人类对客观世界改造的深入，是语言不断丰富、语词不断被创造出来的根本原因。法律概念的创设，大抵遵循了语言产生的规律。新的社会关系的调整如果不能依靠原有的制度，就必然要求制度创新，新的法律术语在此背景下极有可能被创设出来。不过，法律语言

---

〔1〕［美］彼得·古德里奇：《法律话语》，赵洪芳、毛凤凡译，法律出版社2007年版，第20页。

在学界和实务界会存有差异。一些偏僻的专有名词的使用，使得语言的可接受性降低。此外，评价性、规定性的语言，对语言的客观性要求和准确性要求较高，与事实会存在一定差距。法律语言一旦形成并固定，就倾向于保守。法院根据成文法的原则对法律进行解释，倾向于将注意力放在文本的解释上（如遗嘱、信托协议、契据、合同、成文法），而非案件的具体情形。这导致语言——而不是行为或场景——成为法律含义的关键。[1]如何去填补这一间隙，是法律解释面临的主要问题。

一、规范范围的语词辨析

"法律是什么"这一问题吸引了上至居于殿堂的法学名家、下至初入法门的学子。自近代以来，西方经典的法理学著作，如奥斯汀[2]的《法理学的范围》、凯尔森的《纯粹法学说》、哈特的《法律的概念》、德沃金的《认真对待权利》、波斯纳的《法理学问题》等，几乎均以这一"经久不绝的问题"作为论著开篇之引论。在历史上，无论是自然法与实在法的争论，还是哈特与富勒的论战，或是德沃金对哈特的批评，根本性的问题都是对法律的本质和范围存在不同的观点和主张。

从案件审判的角度，关于"法律规范"具有何种含义的"语词"分析，以及"法律"是什么这种近似哲学式的拷问，直接关系到裁判的权威性和公信力。从法官的职业能力和法律素养看，严谨而敏锐的法律思维来源于对关键词汇的定性和解释。当案件事实的重要表现特征、行为的实施方式、规范的用语、责任的范围存在着弹性的语意范围，根据语言分析的方法来寻求这些处于模糊地带下的语词在特定场景中的含义，既是法律思维能力的直接体现，也是法律格局观的展现，更是问题解决的根本需要：疑难案件中的法律问题，更多表现为新的或变革的社会关系需要被重新界定，只有置于社会背景中考察，才能准确理解事实、规范、价值的含义。

司法裁判与法学研究具有相通之处。学术研究关于法律定义和范围的认知明确了司法裁判的依据，关于道德、义务和权利的解释奠定了法律职业的

---

〔1〕　Lawrence M. Friedman, "Law And Its Language", 33 *Geo. Wash. L. Rev*, 1964-1965, p. 577.
〔2〕　因不同著作人名翻译不一样，"奥斯汀"和"奥斯丁"为同一人，本书正文中均使用"奥斯汀"。

共同价值观，关于规则结构和效力的分析为规范冲突的处理提供了图景和方案。法律作为一种公共产品，其生产和消费遵循一定的社会规律。在生产环节，学术研究和法学教育深化了规则体系的完善和法律共识的扩大；在消费环节，法律遵守和法律适用反向促进了法学研究和法学教育的变革和创新。以规则的发现、行为的定性、道德和价值的阐明为主线的司法认知过程，同时也是法学研究的内容和任务。而在此认知目标的引导下，理论性的论证便具有了实务价值。

奥斯汀以来的法律论著所处的历史时期是实证主义方法逐渐在社会科学领域流行的时期，也是语言哲学获得长足发展的阶段。通过观察、解释、分析的方法来廓清法律的实际存在，逐渐成为法学关注的焦点。注意到相同的语言在法律领域和社会领域具有不同的含义，法学家们不再对来源于行业之外的不同声音充耳不闻，也不再强硬地主张法律的"规定"属性源于主权意志，实在法是"道德中立"的，从而人为地创设出一种不可接近和难以沟通的彼岸。语言分析的方法从日常语言的使用出发，将法律用语置于社会场景下述说，通过探究规范、道德、权利、义务、责任、制裁等语词的含义，不仅将法律从自然法学说的迷雾中领出，也将实在法学说构建的封闭空间打破。

由此，在司法裁判环节，对不同的具有"法律"名称或特征的、被用于不同领域的"法"的概念作出辨析，目的在于确认什么样的规则才具有法律的约束力，从而应当被法官适用。

（一）"规律"意义上的法：寓于自然和社会中的规则

孟德斯鸠在《论法的精神》开篇即指出，从最广泛的意义来说，法是事物的性质产生出来的必然联系。在这个意义上，一切存在物都有它们的法。上帝有他的法，物质世界有它的法，兽类有它们的法，人类有他们的法。[1]所谓事物的性质，是指事物的属性、自身存在的规律或事物与事物之间的关系。奥斯汀也谈到了自然规律作为一种法则，如制约植物生长或衰亡的"法"。这是一种隐喻意义上的"法"的概念的使用。他认为这种使用导致法理学的内容充满了模糊不清的思辨冥想。物质世界和动物界的法与人类的法的最大区别在于缺乏制裁。[2]因此，这些法律不属于准确意义上的法。其

---

〔1〕［法］孟德斯鸠：《论法的精神》（上册），张雁深译，商务印书馆 1995 年版，第 1 页。

〔2〕［英］约翰·奥斯丁：《法理学的范围》，刘星译，中国法制出版社 2002 年版，第 198 页。

不符合奥斯汀给出的法律的基本要素，即命令、义务、制裁。[1]然而，即便承认制裁是法律属性的不可缺失的一环，采取广泛的制裁的概念，将违反自然或社会基本规律所遭受的不利后果视为是"制裁"的一种形式，这种广义上的法似乎仍可以满足奥斯汀关于法的形式要求，从而具有其语词的意义。更为重要的是，承认"规律"意义上的法，更有利于我们从侧面理解人类的法的意义。如果我们将人类的法律不仅理解为包括命令、义务、制裁等因素，而且理解为是一种事物之间的必然关系，这对于我们从法律的产生和发展过程来理解相关事实、主体以及各种观点在规范形成方面的作用具有特殊意义。

（二）道德、习惯、自然法、神法

西方法谚称，有社会，就有法。法律产生的早期，是习惯、道德、迷信或信仰交织的规范体系。其中的一些规则直到现在仍在作为重要的规范，发挥着法律所不能起到的作用，调整着社会关系。与"自上而下"的法律的产生方式不同，道德、习惯等社会规范遵循着"自下而上"的方式。也正是由于这一原因，道德和习惯表现出不同于有权机关所制定的法律的诸多特点，例如不确定性、非普遍性等。因此，道德、习惯能否作为事实认定和行为定性的根据，需要司法机关结合具体的案件作出审查。

英美法院在市民社会领域有适用习惯的传统。法官根据经验和习惯判案，实际上是根据社会中已经存在的被普遍接受的交往规则来审判。这些规则包含了较为基础的行为标准，如诚信、善良、友爱、对过错行为负责、不侵犯他人财产与领地等。与商业领域技术性较强的规则相比，市民社会的道德和习惯规则较为朴素，是人们在实践交往过程中，根据社会评价而不断调整各方行为的产物。

我国的司法实践中，习俗作为习惯的一种形式，在事实上参与调整了某类社会关系。例如，"婚约彩礼"的制度古已有之，虽然不符合现代社会人人平等、独立的价值观，但由于双方"自由权"（无论一方是否出于真实意愿）在法律上的确认具有更大的价值，所以无法在法律中彻底禁止。这种民俗因婚姻未能缔结或婚姻关系解除所引发的纠纷也是层出不穷。不同地区的法院裁判更是五花八门。所幸的是，在审判经验基础上，《最高人民法院关

---

〔1〕　[英] 约翰·奥斯丁：《法理学的范围》，刘星译，中国法制出版社 2002 年版，第 17~21 页。

于适用〈中华人民共和国民法典〉婚姻家庭编的解释（一）》通过对不同"婚约彩礼"的分类定性，给出了处理方案。[1]在某种程度上，这种对习俗的处理方式与判例法的确立相类似：从典型案例到具体规范的提炼，最后形成具有指导性的法律（判例）。类似的情形也发生在"异乡出嫁女"对农村土地的承包权的规定中。不过，尽管目前的土地承包法对此有明确的规定，但这一问题由于与土地征收、农地改革、城市化、户籍制度改革等问题交织在一起，在各地有不同的处理方式，因而急需通过对审判经验进行总结，区分不同情形或重新修订土地承包法的相关规则。

在道德和习惯的基础之上，法学家发展出自然法，神学家则提出上帝法。道德、习惯、教义、风俗等规范彼此交织，相互影响，逐渐呈现出互通有无的现象。例如，奥斯汀曾主张，"在所有时代、所有地方出现的人类规则，是以上帝法作为基础的。这种普遍性质的人类规则，人们已经将它们称为了自然法"。[2]"神法所设定的义务，可以称为宗教义务。"[3]"上帝法，时常被称为'与生俱来的实践原则'或者'实践理性的公设'。"[4]"宗教义务或说上帝的法律，来源于道德的感觉，或人与生俱来的实践原则，或实践的理性，或人之常情之类的假设，或者理论。"[5]可见，宗教所设定的义务，不仅对于社会道德的维系发挥了重要作用，而且巩固了早期自然法思想的形成。

（三）主权者制定的法律

自阶级社会产生以后，法律便表现为有权机构制定或颁布的一般的、普遍使用的"命令"，或为制定法，或为判例。奥斯汀将人类的法律分为两种类型，政治优势者制定的法律和非政治优势者制定的法律。前一种法律是准确意义上的由人制定的法律，另一种是"不精确意义上的法律"[6]。对"不准确意义上的法律"的探讨，主要是"社会道德规则"。与法律的实然和应然类似，道德也包括"实际存在的社会道德"和"应该如何的社会道

---

[1] 《最高人民法院关于适用〈中华人民共和国民法典〉婚姻家庭编的解释（一）》第10条的规定。

[2] ［英］约翰·奥斯丁：《法理学的范围》，刘星译，中国法制出版社2002年版，第152页。

[3] ［英］约翰·奥斯丁：《法理学的范围》，刘星译，中国法制出版社2002年版，第43页。

[4] ［英］约翰·奥斯丁：《法理学的范围》，刘星译，中国法制出版社2002年版，第47页。

[5] ［英］约翰·奥斯丁：《法理学的范围》，刘星译，中国法制出版社2002年版，第45页。

[6] ［英］约翰·奥斯丁：《法理学的范围》，刘星译，中国法制出版社2002年版，第15~16页。

德",前者是人们完全忽略其好坏的道德规则,后者是需要符合自然法则的道德规则。

大规模的成文立法促进了实在法学的发展,也使得对规范的研究获得了前所未有的成就。与自然法偏重于对"自然权利"的语言阐释不同,实在法侧重"规范""义务""制裁""命令"等语言体系的构建。奥斯汀的"主权""命令",凯尔森的"基本规范""最高规范",哈特的"首要规范""次级规范"等均围绕上述基本概念展开。通过对法律规范的结构和层次的分析,实在法的逻辑、结构、类型、功能、价值及法律适用等问题逐渐清晰。

实在法的基础是法律的主权意志性。一旦法律被制定出来,关于应然的法律的探讨就应止步,而让位于法律的解释。因此,实在法也被理解为"价值无涉"。在法律成文化浪潮的影响下,一个个原则被演绎为具体的规则,以照顾到纷繁复杂的事实和行为;一个个权利或法律概念被创设,以利于法官对进入规范调整范围的案件进行程式化处理。尽管"恶法非法"的观点也得到普遍支持,但受制于政治见解和意识形态的宣传,包括法官在内的个体对于"恶法"的认知存在着较大的局限,从而仅在个别场景下才会引起广泛争论,例如"二战"后对战犯的审判。

尽管如此,主权者制定的法律仍然存在着"供给"上的不足。某类新的社会关系的发生,可能导致现有的规则体系对此沉默。例如,虚假诉讼刚出现时,法官不仅缺乏识别的依据,甚至难以对其进行有效规制。哈特将疑难案件的产生看作是法律规则具有"开放结构"(open texture)所导致的。用于指引行为的判例或立法,无论在大多数普通案件中如何顺利适用,都会在某一点上(疑难案件中)发生适用困难,表现出不确定性。[1]在追求规范的确定性的过程中,逐渐形成了各种以法律规范为核心的法律解释方法。诸如文意解释、体系解释、目的解释等方法,侧重对规范语义、规范间的关系以及立法背景等的考察,采取历史、辩证、比较等方法,体现出明显的"找法"的特性;漏洞填补、利益衡量等方法虽然具有一定的"造法"性质,但法院通过诉求法律的一般原则、部门法的价值等,也将自由裁量权的发挥尽可能地限制在"规范核心"的边缘。

---

〔1〕 [英]哈特:《法律的概念》,张文显等译,中国大百科全书出版社1996年版,第127页。

（四）原则、政策、舆论

具体的法律规则在面临复杂问题时有时会显得捉襟见肘。如何在既有的法律体系内对现有的规范作出解释，或者衍生出新的规范，不仅是法学家关注的焦点，也是司法实践的重心。在无明确的法律规则可依的情况下，一般法律原则、政策或是舆论往往被纳入判决依据的考虑范围内。然而，无论是成文法还是判例法，法官对于原则、政策等的援引无不小心翼翼。原因在于，在西方的政治体制内，革命成功并执政的政府会在革命前后通过向人民许愿或承诺的方式来获得支持，而更多、更有保障的权利无疑是最有号召力的。并且，这些权利的赋予是建立在人民所选举的代议机构同意的基础上的。简言之，只有议会才是权利创设的唯一机构。一旦法院在具体案件的解决中涉嫌创设新的权利，就会被认为是对现有政治体制的突破。这种政治构架据说对于避免独裁能够起到良好的作用。

奥斯汀主张以功利原则作为疑难案件解释的工具。在问题复杂的情况下（疑难案件中），人们应该将具体考虑与一般考虑加以平衡。案件事实复杂多样，其中具体个别的因素也是错综缠绕的，如果不加区分而予以绝对的抽象，就有可能抹煞关键性的事实和行为；如果只根据主导性的规范来对事实和行为进行定性，则会犯下一叶障目、以偏概全之错误。但是，如果考虑到规则创设之初，立法者推论规则所依据的理由，就会发现，认为规则是一成不变的观点是荒谬的。由此，"在问题复杂的情况下，我们自然应该避开规则，直接求助于规则所依据的功利原则，娴熟地运用我们的知识，以及能力，去精确估算具体的结果"。[1]

对于在没有明确的规则指示时应如何判决，德沃金主张，一个适当的判决既可以来自政策也可以来自原则。[2]在疑难案件的法律解释中，德沃金将论证建立在法律、政治、道德、原则、政策、法官个人色彩、法律体制影响、个人权利、社会目标等立体图像上。[3]在"埃尔默案"中，德沃金区分了格雷法官"根据文字"作出的判决和厄尔法官根据"立法者的意图"

---

〔1〕 ［英］约翰·奥斯丁：《法理学的范围》，刘星译，中国法制出版社 2002 年版，第 67 页。

〔2〕 ［美］罗纳德·德沃金：《认真对待权利》，信春鹰、吴玉章译，上海三联书店 2008 年版，第 121 页。

〔3〕 ［美］罗纳德·德沃金：《认真对待权利》，信春鹰、吴玉章译，上海三联书店 2008 年版，第 127 页。

作出的判决的不同，指出"如果制定《纽约遗嘱法》的立法者意在让杀人犯接受遗产，那是荒唐的"。厄尔法官的意见得到多数法院的支持，因此埃尔默丧失了继承权。[1]然而，立法者的意图与审理案件的法官的意图有何区别，法官是否通过假借"立法者的意图"来将自己对案件的处理意见塞入判决中，的确难以回答。除了立法者意图，厄尔法官还找到另一条被德沃金视为解决疑难案件工具的原则：任何人不得从其错误行为中获得利益。以杀害继承人的方式来获得遗嘱的利益的做法应被法律禁止。然而，厄尔法官没有回答，为什么自愿原则（遗嘱人可能在即使遭受不公平对待的情况下也愿意赠与财产）不能作为最高原则来调整该案。

有些时候，尤其是在诸如平等教育权、公众知情权、同性婚姻等热点性的疑难案件的处理上，社会舆论在司法的整个过程中都可能影响案件的裁判。毋庸置疑，对特定案件的舆论和公众观点，无论如何都不能作为法律依据。然而，针对某一事件的长期的、持续性的舆论却有可能作为法律规范欠缺时的规范参考。奥斯汀曾指出，由一般舆论确立或强制实施的规则，不是严格意义上的法律。其之所以在某些情形下被描述为法，是因为人们将"法"或"规则"这些术语进行宽泛类比的缘故。当人们谈论"由一般舆论确立的法"的时候，我们的意思是指这样一个事实：某些不特定的群体，赞同或反对一类行为。而且，因为这种心态的存在，该类群体便有可能给予行为者一些不利的后果。从而致使行为者稳定地、持续地或一致地实施某种行为。这类规则本质上属于"实际存在的社会道德"。[2]虽然实际存在的社会道德并非"严格意义上的法律"，但证明这种道德存在的过程，实际上具有司法论证的效果。当不存在严格意义的法，并且案件必须根据特定的价值或规则来解决时，道德便具有了作为裁判依据的属性。

二、规范解释的语词关系

法律的成文化运动造就了规则体系的庞杂，也使法律的运行严重依赖于权利和义务构建的法律体系。波斯纳指出，规则越是精确，它就越难顺应变

---

〔1〕　［美］德沃金：《法律帝国》，李常青译，中国大百科全书出版社1996年版，第19页。

〔2〕　［英］约翰·奥斯丁：《法理学的范围》，刘星译，中国法制出版社2002年版，第164页、第167页、第179页。

化了的环境。在一个静止社会，法律变化滞后于社会变化并造成一些时代错误的危险很少。初民社会法律体系因此很少见到法律拟制等法律变革设置。[1]在动态的、复杂的社会中，多样的社会事实不断冲破制度的藩篱，不满足于既有的权利和义务，并对法律价值的重新设置提出要求。这一呼求往往直接反映在立法和司法两个层面上。在立法层面，通过人民代表提出法案推动法律改革；在司法层面，以司法解释、案例指导等方式来确认新事实在已有规范框架内的属性。[2]

由最高人民法院频繁颁布的司法解释和案例指导意见可见变革的社会关系对现有法律体系冲击之迅速与巨大。可以肯定的是，这些司法解释和指导意见多是在对各级人民法院的审判经验进行总结的基础上提出的。因而，对于特定的法官和律师而言，在处理疑难案件时，如何循着司法解释和案例指导意见的思路来发现应予以适用的规范，显得格外重要。至于在理论和实践上，此种发现应被界定为"找法"还是"造法"，并不重要。

（一）"消减到核心"的还原方法

语言多样化是实践丰富的必然结果。但作为一种精神现象，语言的发展也在一定程度上独立于客观实践。当某一领域语言发展到一定阶段之后，就会产生语言瓶颈，进而出现语词同义反复、相互交叉，甚至彼此抵触的情况。

法律作为一种语言体系，其概念的体系已经庞大到不堪重负的地步。这一体系正逐渐增加司法运行的成本，任由其继续发展下去，它不仅未能使制度更加健全反而可能在一定程度上造成混乱。但另一方面，尽管一些关系到公民发展的重要权利的语言被广泛讨论，诸如健康权、平等就业权、受教育权等，但法律体系之门对此始终未能完全敞开。不过，这些权利领域所涉范围异常宽泛，涉及不同的法律部门，也与政治体制的重新架构相联。因而可以预见，在没有充分准备的情况下，一旦仓促纳入法律体系，将可能带来权

---

〔1〕［美］理查德·A. 波斯纳：《正义/司法的经济学》，苏力译，中国政法大学出版社2002年版，第183页。

〔2〕司法解释在我国的另一个作用是，将立法法案中暂时不成熟的规范从法律条文中抽出，先行实现对相对成熟的条文的审议通过。之后以解释的形式颁布不成熟条文。《中华人民共和国涉外民事关系法律适用法》的司法解释即是其中一例。该法的司法解释的不少条文具有基础性，理应在法律中予以规定。

利话语的冲突。在某种程度上，正是因为追求法律的精确性，才导致法律体系的日益臃肿；也正是因为追求法律的精确性，才致使法律在特定问题上的缄默无语。

法律过多关注事实细节的定性，尽管有利于减少司法裁量权的空间，但却无法克服因细节的不断涌现而使法律体系不堪重负的问题。欧美国家在商业领域的立法业已暴露出这方面的明显问题。哈特曾在《法律的概念》中提到如何理解"禁止车辆驶入公园"的规范含义，其之所以给法官造成解释的困难，在于"车辆"这一词汇所指代的事物范围非常广泛，卡车、汽车、摩托车、电动车、自行车，甚至玩具车、滑轮车、旱冰鞋等也都可归入这一词汇语义下。然而，这一规则在精确性方面的不足，实际上来源于语言表达的不准确。而这种不准确的根本原因在于事物分类的厚度增加。因而，在这种认知之下，相应的立法建议自然集中在规则最初制定的层面：或者对车辆的分类进一步细化，例如"禁止机动车驶入公园"，或者列举具体车辆，如"禁止一切机动车、非机动车驶入公园"，都可以解决语词不对应所造成的模糊困难。

实际上，立法与司法承担着不同的职能：立法通过对具体事实和行为的抽象，采取归纳方法制定出一般的普遍性规范；司法采取演绎的方法将一般性规范适用于各种特殊的事实和行为。如果试图通过规则细化来对自由裁量权的行使作出限定，实际上是立法权对司法权的侵入。因为这种限定无形中使一些未被纳入的情形产生适用困难。在实际的疑难案件中，法院所面临的案件事实远远超过立法者所设想。因而，在法律解释视角下，根据规则的调整目的进行解释（如公园秩序的维护；人身或财产安全；或是其他），也必须置于特定场景下作出判断。例如，如果自行车对于公园的草坪具有破坏作用，如果滑轮车影响本就拥挤的公园，那么就可能都被纳入"车辆"的范畴。

针对疑难案件的规则解释，德沃金提出了"消减到核心"的解释规则，即，如果一条规则是不确定的，需要对此规则的现状进行改变，而改变的程度应当通过解释，消减到语言包含的"无可争辩的核心"。[1]法律的进化始

---

〔1〕　Ronald M. Dworkin, *No right answer? In Law, Morality, and Society: Essays in Honour of H. L. A. Hart*, edited by P. M. S. Hacker, Joseph Raz, Clarendon Press, 1977, p. 68.

于原则和基本的道德观念，规则与具体制度是原则的分解或者程序化。但过度的分化可能使法律陷入规则的丛林中，迷失法律最初的价值追求。适度的消减，是一种以价值为目标的整体性回归，而不是单纯法律术语的减少。消减也意味着法律与政治、法律与社会问题的系统关联性的强调。其结果是以问题为导向，在解决问题过程中，突破实体与程序、公共与私人的界限。消减到核心还意味着在疑难案件中对庞杂的规则体系进行梳理，还原到一些基本的术语上，这些语言或表现为行为方面的基本原则，或表现为价值方面的选择标准。例如，就哈特所提到的事例，"消减到核心"的语词分析的关键不是车辆本身，而是"公园"与"驶入"，"车辆"与"公园"，以及"车辆"与"驶入"等词汇之间的关系。在法律解释学中，事物之间的关系是体系解释或目的解释方法的主要范畴，在语言学中可以界定为语词关系的分析。

（二）语词同一性的判断与处理

语词关系理解的另一重要方法是判断语词是否具有同一性。蒯因指出，绝大多数的定义依赖于同义性，而不是使用一个词汇去解释另一个词汇。两个可供选择的定义词可以同等地适合于某一解释的任务，但却可能不是彼此同义的。因为它们在特有语境内部可以互相替换，但在别处便可能存在分歧。[1]人们在谈论中所使用的语词是否与其意图所指的事物相对应，以及该语词是否为社会共识或至少为另一方所接受，是包括判决在内的表达的有效性、准确性、科学性的基础。

规范的表述不可避免地产生模糊，这是人类立法所不能摆脱的困境。哈特指出其中的原因，一是我们对事实的相对无知，二是我们对目标的相对模糊。[2]在社会科学领域，尽管人类永远无法达到对自身行为及其效果的精确认知，并且在目标的设置和实现上始终面临理想和现实的冲突，但在制度的构建上，如果人们能够准确地将事实与语词相对应，并能使用不同层次的同义语词来阐释目标，则规范的精确性可大大增强。

疑难案件产生于同一性的对应困难。法律分析和推理的价值在于对疑难案件中事实与规范的同一性、规范与价值的同一性提供解释。简易情形下，语词的对应相对容易。该情形下的语词含义已经成为无可争议的知识被固定

---

〔1〕 ［美］威拉德·蒯因：《从逻辑的观点看》，江天骥等译，上海译文出版社 1987 年版，第 24 页。
〔2〕 ［英］哈特：《法律的概念》，张文显等译，中国大百科全书出版社 1996 年版，第 128 页。

化，成为某一领域的基础性或前提性知识。疑难情形使语词对应发生错位。布莱克本曾说，当我们没有意识到可能存在不同想法时，我们有权利说我们在对某事做认真思考。但是当我们意识到存在不同思考的可能性时，我们就不再拥有相同的权利了。[1]复杂情形下，不同思考的可能性，使每个人都有权主张自己观点的优越性，其结果导致个体的思考往往难以成为绝对的真理。

复杂情形中人们反应不同是因为他们有着不同的生活方式。社会语境、文化、实践和教育都是不同的。在共享着相同生活形式的人所组成的亚群体中，他们对某一现象的反应很少有分歧，因为人们所经历的相同的情形已经演化为"简易情形"。[2]这些情形下的规则和价值已经在相当程度上被社会确认。简易情形产生于共同话语或共识，而与事实的复杂程度无关。在一个群体内似乎是显而易见的问题，在另一个群体内可能争论不休。认为法则的封闭体系可以永久持续下去并能解决任何想象得到的冲突，是一个没有根据的乌托邦式的幻想。事实是每个法则体系都有漏洞，仅当特殊事件把漏洞引出来时，人们才能注意和发现漏洞。[3]不过，需要承认的是，语词和内容之间存在间隙的概念并没有想象的那么多。大多数语词能够明确指代具体事物。当学者思考为什么"一个概念和它的内容之间没有空隙，而在一个语词和它的意义之间却存在漏洞"[4]时，我们应当意识到它所指的只是有限的疑难情形，将这一问题用于分析简单情形是徒劳无益的。

法律领域的简易情形源于法律术语的"规定"属性。对权利、义务、责任等术语的严谨的、精确的界定，并且在理论上通过对性质、特征、功能、意义等的进一步描述在法律共同体内部形成了关于法律术语、制度、体系的共识。疑难案件的产生则往往存在于相关术语的界定尚不充分或知识共同体难以达成共识的场合下。在最高人民法院十大典型案例之一"邓某某诉某速

---

〔1〕 S. Blackburn, *rule-following and moral realism*, on Wittgenstein: *To follow a rule*, edited by Steven H Holtzman and Christopher M Leich, Routledge and Kegan Paul, London, Boston and Henley, 1981, p. 170.

〔2〕 [美] 布赖恩·比克斯：《法律、语言与法律的确定性》，邱昭继译，法律出版社2007年版，第56页。

〔3〕 Friedrich Waismann, *The Principles of Linguistic Philosophy*, St. Martin's Press, 1965, p. 76.

〔4〕 C. McGinn, *Wittgenstein on Meaning*, Oxford: Blackwell, 1984, pp. 146-147.

递公司、某劳务公司一般人格权纠纷案"中〔1〕，案件纠纷源于招聘过程中对女性的性别歧视，法院最终判决招聘单位的行为构成歧视，对原告作出精神损害赔偿。然而，判决在权利基础上却将其定性为"侵犯一般人格权"纠纷。这不免使人产生疑问：难道就业平等权不能成为一项独立的民事权利吗？是否因为"宪法司法化"的困难阻碍了法院作出类似判决？法律源于政治，政治和社会的变革带来权利的扩张。从生存权、平等权、自由权等第一代人权扩张到劳动权、休息权、社会保障权等第二代人权，再到环境权、发展权等第三代人权经历了漫长的过程，可见，这些权利从政治层面进入宪法领域，再从宪法进入法律并被司法机关具体适用，并非一帆风顺。时至今日，法律领域内的诸多基本权利，仍然处于初始界定状态，在权利内容、权利主体、侵权形态、法律救济等方面远未具体。

三、法律知识的语言共识

毋庸置疑，如果人类能够精确地掌握所有事实或信息，就可以拥有预测未来的能力。科幻影片《永无止境》和《超体》展示出超强开发大脑在预测未来方面的可能，也从侧面揭示了现实人类在认知方面的片面和局限。主体对事实的看法、价值的主张乃至生命的意义的认知都是建立在知识的基础上的。由于认知能力和认知层次的差异，导致对某一问题的认知呈现群体化、区域化、分层化等特性。分歧不仅体现在价值上，也体现在事实上。

作为整体的社会关于法律的共识始终处于一个较低的层次，根本原因在于法律语言的专业性构成了普通人进入的障碍。因而，法律领域的共识依赖于整个社会关于法律本质、价值、功能的认知的整体提升。缺乏这一必要的共识基础，必然会发生立法忽视民意、舆论影响司法、执法难以一贯、守法缺乏信仰的情形。当然，要求所有社会成员都系统地学习法律既不现实，也不可能。但建立在知识基础上的法律共识，却可以通过区分法律语言的专业化与大众化来实现不同层次上的共识。这一努力，首先要建立在对学科语言本体价值的认识之上。

---

〔1〕 某劳务公司在某网站上发布招聘信息，标题为"某速递员3000加计件"，任职资格：男。邓某某在线投递简历申请该职位，于2014年9月25日到某速递公司面试，试干两天后，双方达成于10月8日签约意向，但最终双方并未签约。10月19日邓某某给对方负责人李某打电话询问不能签合同的原因，李某确认因为邓某某是女性所以某速递公司不批准签合同。

（一）语言分析方法的本体论价值

自然、社会、心理、情感、行为等是几千年来人类认知的主要对象，其大致可分为主观世界与客观世界。前者包括对人的思维、理性的认识，后者涉及对自然存在、社会结构的认识。长期以来，哲学家对世界认知的途径主要有两种。一是以逻辑思辨的方式对人类历史累积的知识进行消化，二是通过经验来认识新的事物。第一种方式产生于被动接受教育。无论是原始社会族群内部的口口相传，还是近现代社会的私塾或大学以书本作为知识的载体，都是对已经被广为接受的知识的传承。对这些知识，人们往往倾向于稍加思索地接受而不刨根问底。因为如果坚持事事"眼见为实"，时间成本与机会成本均不允许。诸如"太阳是一个巨大的燃烧中的恒星"的命题对于普通人而言无需质疑或验证，不仅如此，接受这一命题有益于开发和利用太阳能。此种对知识的研究和学习方法，使用的是"历史学"或"文献学"的方法，通过分析以往知识背后的含义，采用归纳、比较、演绎、类比等方式，挖掘、建构新的知识。第二种方式产生于主动认识。一方面，有些前人的知识具有不确定性或非科学性；另一方面，在现实世界中，也有新的事物等待人类去发现。这些都需要以观察和实验的方式去认识。现代人研发科技产品与远古人制造石器工具大概相同，都需要在不断的实验和修正中强化对事物的认知。

这两种认知方式在认知的准确性和客观性问题上长期争论不下，其中一个重要原因是，该两种方式支配下的认知结果，并没有涉及认识的基本工具问题。如果说认识是基于逻辑或经验，那么逻辑和经验又以什么为基础？是凭空产生还是有所根据？这两种认知方式在事物认识上表现出的以"客观与主观""普遍与特殊""逻辑与经验""理性与感性"等为各自特征的巨大分歧，是否是无法逾越的？或者只是认知的此岸与彼岸？

这一问题在十九世纪末期尤其是二十世纪以来，随着语言哲学的发展而逐渐有了某种答案。语言学转向的成功之处在于它涉及了元认知方式。所谓元认知就是对认知的认知，是关于个人自己认知过程的知识以及调节这些过程的能力，是对思维和学习活动的知识和控制。语言学既将语言作为认知工具，也将其作为认知对象。在语言哲学下，逻辑和经验都是科学认知的两种方式，它们统一于语言分析。逻辑和经验方法在认识结果上的差异，并不是这两种方法自身的缺陷，而是其借助分析的工具——语言——的不精确或场景限定导致的。逻辑与经验论证都需要建立在语言基础上，其结果也需要以语言方式表达出来。如果语言所指的事物或所表达的情感与实际事物或真实意思有所出入，则无论逻辑还是经验都不能提供准确知识。反之，如果逻辑与经验表达能够恰当地限定其场景，则客观与主观、普遍与特殊、事实与价值等哲学难题可大大化解。

借此，语言学成功地将困扰人们的方法问题转换为语言的使用场景以及表达的精确性问题。关注语言的场景以及语言的表达方式就是关注语言的受众，从而在具体知识的普遍与特殊、主观与客观、事实与价值的属性认定上寻求减少分歧的表达方式。

（二）司法共识的形成

法官和律师都面临着说服的问题。法官的判决需要说服当事人，更要说服公众；律师的代理词则既要说服法官，也要说服委托人。德沃金指出，疑难案件中法官面临两难：一方面，由于事实和规范的模糊，法官难免犯错，既然如此，他们就不应该做任何努力去决定摆在他们面前的当事人的制度化权利，或者只应当根据政策来决定疑难案件，或者根本就不做决定；另一方面，既然法官是易犯错误的，他们就应当把疑难案件所提出的制度化权利的问题提交给其他人去解决。但是，没有理由认为任何其他特定的群体具有更好的道德判断能力。[1]律师同样处于矛盾之中：一方面，基于代理当事人的立场，需要尽可能地收集证据来维护当事人的利益，这要求其有意忽略或摒弃某些对本方当事人不利的事实和规范；另一方面，对于相反证据、事实和规范主张的反驳，也不意味着律师自身在法律知识共识上与法官产生分歧，而只是通过这一方式将自己关于事实的可能性及其处理的方案呈现于法庭之上。因此，在案件判决形成前，法官、双方当事人实际上通过主张、证明、沟通、辩论等环节，努力达到对案件的法律共识的一致。

信息社会是个令人鲁莽和冲动的时代。例如，关于某些热点案件的舆情之所以经常发生"反转"，是因为人们在事情的来龙去脉和前因后果完整呈现前就仓促评价，但当了解到大致经过后又匆忙改变观点的缘故。疑难案件的事实和法律语言向社会传递的过程中，因各种因素导致信息传递的不完整、不准确，是造成司法与舆论分歧的重要原因。在诸如"许霆案""彭宇

---

〔1〕〔美〕罗纳德·德沃金：《认真对待权利》，信春鹰、吴玉章译，中国大百科全书出版社1998年版，第172页。

案"等疑难案件的社会舆论方面,公众所了解的事实和司法确认的事实有着相当大的出入,然而,这些事实却因舆论对特定话语的偏重而致使代表事实的法律语言一直难以进入公共话语中。在"大学生掏鸟蛋案"[1]中,由于司法机关积极回应社会质疑,通过对舆论的语词"鸟蛋"与案件"鹰隼蛋"的对照,对当事人闫某主观认知与先前行为的解释,消除了公众异议,不仅维护了法院判决的权威性和公正性,而且通过有效地将与保护濒危野生动物相关的法律语言传递给社会,在一定范围内形成了关于该领域的法律语言的共识。在"电梯劝烟猝死案"[2]中,二审法院通过详细还原案发的整个事实,在法律适用上大胆突破"责任均摊"式的"公平责任"原则,指出杨某劝阻吸烟行为与段某死亡结果之间并无法律上的因果关系,一审判决以段某在与杨某发生言语争执后猝死为由适用公平原则判决杨某补偿死者家属15000元的做法,属于适用法律错误。这一判决的作出,在一定程度上扭转了当下"公平责任"原则在民事纠纷中的滥用,[3]也为公共空间内基于社会道德和政策而实施的社会交往确立了行为依据。

对话语环境的误解和误入,是观念冲突的发源。无话可说和话不投机都是对话者之间话语体系严重冲突的表现。这种冲突不仅表现在日常生活中,也出现在专业领域。所谓"代沟""同行相轻"等现象说明,话语冲突的背后也是阅历、经验和知识体系不同的结果。诺贝尔经济学奖得主罗伯特·奥曼曾提出一个博弈论模型:如果争论不欢而散,那么必然有一方是虚伪的;若是两个理性而真诚的人讨论问题,结果必然是达成一致。[4]在面临公众和司法机关就法律信息的获取出现严重不对称的情形时,司法机关唯有更加充分地还原事实并更加严谨地论证和阐释所适用的法律方可达成司法共识。可见,法律语言体系的专业性并非无法进入与理解,随着人们对信息的鉴别趋于理性,在有效的沟通方式与沟通语言的帮助下,疑难案件司法共识的形成将越来越有成效。

---

〔1〕 河南省辉县市人民法院刑事判决书(2014)辉刑初字第 409 号;"河南高院介入大学生掏鸟案",载《法制晚报》2015 年 12 月 3 日,第 A16 版。

〔2〕 河南省郑州市中级人民法院民事判决书(2017)豫 01 民终 14848 号。

〔3〕 参见本书第五章第四节的相关论述和案例。

〔4〕 Robert J. Aumann, *Agreeing to disagree*, *Annals of Statistics*, Volume 4, issue 6, 1976, pp 1236-1239.

第二节 价值衡量与经济学方法

一个多世纪前，霍姆斯法官曾说，对于法律的理性研究而言，现在是研究法律教义的学者的时代，而未来属于统计学家和经济学家。[1]一个多世纪后，尤伦教授也说：在未来，渊博的法学家需要知道一些经济学、历史、政治学、实证技巧、人类学、社会学、基础科学或者更多的知识。[2]作为二十世纪七十年代以来最具争议但也最具有影响的学说，法律经济学的创始人波斯纳对法律经济分析方法的价值作了总结：二十世纪后二十五年法学理论方面最重大的发展也许是经济学被不断广泛地运用到法学研究的各个领域，包括那些既很基本但又明显不具有经济性的侵权、刑法、家庭法、程序法和宪法。[3]

对制度价值的经济分析或评估，是波斯纳法律经济分析的主旨。例如，在程序法中，通过对调查资金的来源、证据收集效率、当事人对诉讼结果的态度、诉讼成本的承担等的分析，来比较"审问制"和"对抗制"在解决纠纷方面的效用。[4]在方法上，大多数法经济学研究偏重于立法研究，似乎与司法问题无关。然而实际上，在司法程序中，当事实或行为没有明确的规则可依，并且通过语言分析也无法从习惯、风俗等社会规范中找到判决的根据时，那么，就需要从事实和行为理性中推论出规范，经济学方法无疑提供了选择的空间。另外，当案件涉及对有关法律规范的层次和效力进行审查，或者对规范的合法性的质疑，需要根据一定的标准进行评估时，法律经济分析方法同样可以提供分析视角。例如，美国联邦最高法院在"马修斯诉埃尔德里奇案"（Mathews v. Eldridge）中，就政府征收的程序是否正当提出判断

〔1〕 Oliver Wendell Holmes Jr. , "The Path of the Law", 10 *Harv. L. Rev*, 1897, p. 469, "For the rational study of the law the black-letter man may be the man of the present, but the man of the future is the man of statistics and the master of economics. "

〔2〕 Thomas S. Ulen, "The Impending Train Wreck in Current Legal Education: How We Might Teach Law As the Scientific Study of Social Governance", 6 *U. ST. Thomas L. J.* 302, 2009, p. 303.

〔3〕 [美] 理查德·A. 波斯纳：《法律的经济分析》，蒋兆康译，中国大百科全书出版社1997年版，第三版序。

〔4〕 [美] 理查德·A. 波斯纳：《法律的经济分析》，蒋兆康译，中国大百科全书出版社1997年版，第678~680页。

标准。法院主张，在决定某一程序对控告政府剥夺其财产的某人是否正当时，法院应该考虑到财产价值，以及由于忽略特定程序保护而造成错误剥夺的概率和保护成本。[1]

　　显然，疑难案件中，当规则不明确时，法律经济分析方法就发挥出优越性。法律经济分析属于还原主义方法，通过回归规则起源，反思民主立法程序的理性，论证规则及其对行为的规制是否具有正当性。由此，法律的经济分析不仅对于分析现存的法律制度是否建立在理性或价值基础上具有助益，从而判断是否因不符合效率原则而应予以修改，而且在具体行为的正当性分析上也形成了相对系统的理论。

　　将价值问题规约为效率（efficiency）或效用（utility），是法律经济分析方法的主要特点。该方法认为，只要肯在思维上下功夫，任何制度都可以解释为以效率或效用为目标。波斯纳的《法律的经济分析》定位于"用经济学阐述法律问题的教科书"，因而对各类不同的法律问题，诸如财产、契约、婚姻、侵权、犯罪、企业、证券、程序等都从经济学视角下的效率原则来解读。尽管其中有些分析遭受批评，但法律的经济分析作为一种方法，在制度和行为的价值评估和选择方面所具有的工具价值，在特定法律领域开始发挥越来越大的作用。

一、效用作为价值评价标准

　　价值问题是困扰人们上千年的心理现象。好坏、是非、对错、美丑、善恶等因主体的欲望、动机、兴趣、情绪、意志、信念、理想等的主观取向不同而各异。尽管如此，社会价值观的形成总是遵循了大致相同的进路。例如，在相距遥远的两个国家，虽然发展程度不同，但社会中都形成了一些供成员遵守的行为标准，如习惯、风俗、教义、道德、法律等。这些制度包含了特定时期社会群体的价值取向。在人类迁徙所带来的文化交流中，价值观在彼此冲突中得以重新调整，其中，尤以后来上升为法律制度的平等、正义、公平、自由等最为重要。尽管如此，"大写的价值"因其含义过于宽泛最容易在不同的人群中产生分歧。一国法律中的公平可能不被另一国所认同。

---

　　[1]　[美]理查德·A. 波斯纳：《法律的经济分析》，蒋兆康译，中国大百科全书出版社1997年版，第718页。

社会的发展很大程度上是建立在价值认同之上的。小到家庭关系的维系，大到国家的治理，都需要成员在大多数事项上持有相同或可协调的见解。现代社会在多元文化的冲击下，人们过多强调了价值的多元和分歧，而忽略了构建统一价值的方法，致使共同价值观的形成严重依赖政治口号、话语灌输或意识教育，而不是在人们最易接受的经验和逻辑基础上由浅入深地建构。价值观建构的恰当路径是，从行为发生原因角度去分析主体持有不同或相同价值的原因及其社会效果，揭示价值形成的方式和规律，总结主体在价值选择时的倾向，科学认识价值的个体主观性和社会客观化程度。

（一）价值产生于行为的效用

价值的产生遵循了优胜劣汰的自然法则。一种价值之所以被认为是好的，乃是因为持有该价值的主体相对于其他主体而言，更容易生存和发展。例如，一般而言，友爱相对于冷漠更容易得到他人帮助；野蛮和凶残可能会给行为人带来暂时的利益，但从长远和普遍来看行为人大多会招致来自个体或集体的反报。由此，无论是道德、宗教还是法律，都从不同角度确立了正直、谨慎、善良、诚实、友爱等行为标准是一种好的价值，并将欺诈、疏忽、侵犯等作为坏的标准而予以禁止。因为一种行为会引起其他主体的反行为，人们在长期实践的过程中，渐渐形成了关于行为对错好坏的价值认同。行为的价值产生于交往，在交往中，人们从外界对自身行为的反应中获得了关于行为价值的认识。

功利主义的产生，使价值的认知从个体层面进入社会层面。"功利"一词一直有不好的名声。一方面，人们将功利看作是不肯脚踏实地而是投机取巧的做法；另一方面，在哲学层面上，功利主义者所追求的社会最大化福利被认为过于理想而无法实践。在老功利主义的影响下，经济学关于效率和效用的认识也在较长的时间内被法学忽视。对于价值的产生，人们有两种认识：一种是先验论，认为诸如道德、正义、美丑等价值是人与生俱来的感觉；另一种是建构论，主张价值是文化建构的产物，是非、对错等观点的形成受到习惯、风俗、教育等诸多因素的影响。先验论有其支撑证据，例如母爱是包括人类的所有动物界的共性，几乎所有的母性动物都会不顾一切地保护自己新出生的子女，也因此才有了物种的延续。这种观点在现代社会随着生物医学的发展而遭受质疑，科学表明母性动物在怀孕到分娩后的一段时间内会在体内产生一种激素，在该激素的作用下，关爱的价值才体现得淋漓尽致。相反的证据表明，一个人会因其出生环境的不同而具有不同的价值观。书香门第与山野村夫在价值上的认同相去甚远。美洲印第安人的凶残也并非源于其对生命的漠视，而是因为他们的价值观中从来没有尊重生命这一内容。或许，当他们剥下白人的头皮时，内心所产生的罪恶感并不比狩猎一只梅花鹿更多。建构论是价值的实践论，主张价值是后天输入的结果。性善与性恶的争议，在建构论看来是一个场景问题：近朱者赤，近墨者黑。所以古有"孟母三迁"的故事，今天也不乏"学区房内有高邻"的告诫。

然而，建构论过于强调外界输入，而忽视了价值的自我生成。人的价值观无疑会受到周围事物和人群的影响。然而，价值意识的最重要来源却是主体的内心意志。先验论的主张固然脱离现实生活，但在价值具有心理因素这一方面具有特别意义。人类在实践过程中，是否能够意识到自身行为的意义和价值，并根据他人对该行为的评价和反应，强化或修正自身的某些行为，是价值产生的重要的环节。而下列两种情形都无法使主体产生对社会性价值的认同：一是对行为理性的无意识。主体对于行为的方式和后果缺乏反思，对于行为所引起的肯定或否定的评价缺乏正确的判断，从而也无法形成关于行为正当性的认知。其价值观往往被人云亦云的社会话语所操控，从而容易受到情感、舆论或政治的左右；二是对价值的有意忽视。与前一种情形不同，主体能够认识到自身行为的意义和后果，也能够对行为的社会评价形成清楚的认知，但却依旧我行我素，拒绝根据社会价值观来修正自身行为。不过，在人类发展历史上，这类人群始终属于特殊人群，其或居于殿堂之中可以不问百姓疾苦，或因性情乖戾而被公众所唾弃。

因而，无论我们使用"功利"还是"效用"，通过考察主体价值生成的内在机理可知，出于在自然和社会中生存与发展的需要，基于交往行为正当性的判断和反思的价值认知，是各种社会性价值演变并最终接近的原因。在普遍认同的行为规范经由习惯或立法确立的过程中，对行为正当与否的判断，则进一步强化了功利主义和效用的视角。

（二）效用是各种价值比较的标准

物质丰富给人们带来了选择困难。在琳琅满目的商品面前，尽管"一分价钱一分货"的经验不断被证明是正确的，但在经济条件受限的情况下，人们往往会选择"物美价廉"的商品，这便是"效用"最具说服力的经验法则。类似的情形也出现在婚姻市场、就业市场中。在价值比较的过程中，价格、功能、美观、实用、舒适等各种价值彼此竞争，主体根据自身的喜好而作出选择。

在冲突的价值中，主体是选择自由价值的个体实现，而降低秩序价值的整体规划；是选择平等价值的独立，而放弃等级价值的忠诚；还是选择公平价值的唯一，而忽视效率价值的补充，大多是基于"效用"进行衡量的结果。效用本身也是一种价值，但当其他价值发生冲突时，效用即成为衡量的标准。在价值选择过程中，人们基于短期利益与长远利益、个体利益与集体利益、收益与损失等的比较，实际上都是基于对效用立场的考虑。奥斯汀曾如此评价效用原则在价值选择中的作用：

> 如果各方都是听凭自己的耳朵，而不是以功利原则作为指引，或者他们都在求助于没有意义的抽象之物，或人类无法感觉的虚构之物，或他们嘴边只挂着"人的权利""主权者的神圣权利""不可剥夺的自由""永恒不变的正义""原始契约或协议"和"不可侵犯的宪政原则"之类的口号，那么，任何一方，都没有用自己的目的的有益价值，去对比适用暴力手段追求目的而带来的损失。他们，也就不会适用求同存异的方式，去消除彼此之间的意见分歧。一个所谓的神圣权利，一个所谓的不可剥夺的权利，显然是没有什么价值可言的……清楚地进行思考，而且言之有物，对于我们人类来说，的确是颇为重要的。[1]

大写的"自由""正义""权利"在规则产生的早期发挥了奠基性的作用。然而，当一种自由和另一种自由发生冲突，例如言论的自由与免受语言暴力的自由，公共道路通行的自由与治理交通拥堵的权力，教育资源获得的平等与基于区域的差别对待等，在这些价值之间作出选择，就需要建立可简约为"利弊"分析的价值比较上：诸如给予一种权利的利益与限制另一种权利的成本的比较；限行或限号的便利程度与任意行驶所造成的拥堵的程度的比较；个体层面的教育公平或社会层面的教育资源共享的利益比较，等等。简言之，价值的决策不能仅仅通过"民主""民意"来决定，或是被舆论左右。

在疑难案件的处理上，冲突价值的比较和选择较为棘手。一方面，根源

---

〔1〕 ［英］约翰·奥斯丁：《法理学的范围》，刘星译，中国法制出版社 2002 年版，第 70 页。

于规范的法律价值是否在判决中实现是案件能否被当事人认可的关键，因此，为所选择的价值寻求规范依据是疑难案件中法官孜孜以求的；另一方面，规范的缺失是案件疑难的一个症结，因而在此情况下的价值选择需要在创新规范的前提下发生，法官因此不得不冒着逾越司法权界限的风险。并且，当各种情形交织在一起时，究竟是经济上的效用还是精神上的效用应当优先予以考虑，是基于个案的当前效用还是基于对同类案件的未来指导价值，这难免受到一定主观因素的影响。

二、制度价值的评估

长期来看，成熟制度的形成大多需要经过实践的反复检验，并随着社会发展而逐渐完善。与其他社会规范相比，法律在产生程序上具有更强的意志性，尽管如此，法律制度的正当性也并非无可置疑。制度是否正义，能否满足社会关系调整的需要，应在制度的实施中去验证。好的法律能够促进社会关系的有序发展和社会公德的形成，坏的法律必然会导致社会的退步和精神文明的瓦解。

在各种制度的实施过程中，规制与反规制是永恒的主题。人类行为会受到理性制度的规制，也会受到非理性制度的约束，无论如何，人们总会经过从不适应到适应的转变。在此过程中，规制与反规制促成了制度的完善及人类行为的自觉，最终使人类从个体的不自由向集体的秩序过渡，最终实现社会层面上个体的新自由。根据哈贝马斯的观点，这种自由是通过社会成员的自我反思，提高其自我意识能力，引导社会成员摆脱制度化的压制和控制，从而实现人的解放的。[1]这也是多数法律制度获得正当性的必经过程。

在疑难案件中，制度的评估意味着赋予法官重新配置权利和义务的权力。这显然超出了司法自由裁量权的范围。不过，这种评估并非任由法官在各种案件中行使，而只限于经过谨慎处理仍不能发现明确规则的案件，在此情形下，对已有相关制度的评估对于解决纠纷是必要的。法官在评估中需要考虑：法律的初始分配，是将权利分配给 A，还是将义务施加于 B，是采取激励做法还是采取惩罚措施，是给予侵权者某种权利还是规定受影响者忍受的义务。例如在大气污染纠纷中，给予污染者排放权，本质上意味着受影响

---

[1]　[德] 哈贝马斯：《认识与兴趣》，郭官义、李黎译，学林出版社1999年版，第1页。

者有容忍的义务，尽管其健康权也同样为法律所重视。法院在制度的评估过程中实际上发挥着立法者的角色。在欠缺规范的情形中，相关事实和行为的定性犹如初次进入立法视野，需要法院综合考虑不同利益攸关者的权利，并就判决的后果作出评估，确保裁判对于当下案件和未来同类案件的公平与正义。

（一）制度对行为规制的有效性和正当性

法律以行为为规制对象，法律的实效因此建立在对行为的适当指引上。某一行为是应当给予肯定评价还是否定评价，是采取授权做、允许做还是禁止做等方式，设置何种权利、义务、责任和惩罚来确保行为得以实施，对于法律制度能否发挥预设功效具有基础性作用。另一方面，法律的实效也建立在制度的正当性上。符合人类道德和行为规律的法律制度更容易被遵守，而违反自然和社会发展规律的法律总是经不起时间检验。有效性不等同于正当性，制度是否有效的评价是根据行为与规则的契合度来判断的，制度的正当性则是根据制度的内容和功能是否符合自然、社会和人类行为规律来判断的。

法律是一种评价机制，即关于某一行为应给予肯定或否定评价的机制。然而，对某类行为的评价采取激励或惩罚哪个效果更好，却没有在经济学者中形成一致意见。有人主张趋利避害是人类本性，人们对于损失（如50元）比获得同等的收入（50元）更不高兴。换言之，双倍的不高兴。因此，惩罚的效果要优于激励。但也有人认为奖励的效果更好。例如，父母对孩子行为的评价效果较好的是 X 行为可以得到赞赏，而不是 Y 行为应被惩罚。

在公法领域，西方国家的辩诉交易制度也是建立在效率基础上的。我国实施的"认罪认罚从宽制度"与此类似。这不仅是出于司法成本优化配置的考虑，也是对传统刑罚制度的反思。对于特定类型的案件，如果根据现有的证据不足以认定犯罪嫌疑人有罪，虽然经过一定的调查有可能作出此种认定，但这样做会增加司法成本，并且仍存在无法证明的可能。在此情况下，一方面强行定罪可能造成冤假错案，另一方面"疑罪从无"又可能放纵犯罪。认罪从宽制度在一定程度上解决了这种困境，尽管在多数情况下存在着漏罪或处罚较轻的可能。不过，进一步反思刑罚制度的正当性，就会发现法定刑关于刑罚的幅度并非正当到无可置疑。而关于刑罚的目的，包括死刑制度存废等问题也已在学界和社会上讨论多时。辩诉交易和认罪认罚制度能够引起人们对这些问题的深入思考。

在法官行为以及诉讼程序上，制度评价方法也得到运用。在指导性案例"韩某某诉内蒙古九郡药业有限责任公司等产品责任纠纷管辖权异议案"中，最高人民法院针对"发回重审的申诉方主张与原审法院因无管辖联结因素而提起的管辖权异议"作出的裁定体现了效率原则：如果在重审中当事人仍可就管辖权提出异议，无疑会使已稳定的诉讼程序处于不确定的状态，破坏了诉讼程序的安定、有序，拖延诉讼，不仅降低诉讼效率，浪费司法资源，而且不利于纠纷的解决。[1]对比英美法系存在的诉讼周期过长、案件久拖不决的现象，这一裁定在诉讼价值的取向上具有重要意义。

在制度正当性层面上，"恶法亦法""恶法非法"的争论在"二战"后引起哈特、富勒、德沃金等顶尖法学家长达数十年的论战，同时引起人们对法律的道德属性的关注。毫无疑问，在国家机器的保障下，"恶法"也会在一定程度上被遵守，然而，这种遵守顶多让人产生畏惧而不会形成对法律的信仰。法律的权威除了需要依靠强制力，更需要建立在主体的价值认同的基础上。因而，在涉及制度正当性的问题上，法官个人对法律是否正当的认知直接影响案件的处理。例如，在实施法律所要求的行为而造成他人损害的情形下，如果该法律事后被认定为"恶法"，那么个人因信奉"恶法"而造成他人损害是否应承担责任？与此相关的问题是，"恶法"与"善法"的标准是什么？在被有权机关认定为"恶法"之前，主体是否有资格对其作出判断？再如，在法律规避的案件中，如果当事人规避的是一个时宜性的法律或政策，如限购令，并且采取形式合法的方式，如通过假离婚或假结婚来获得购房资格，那么，对于该制度的正当性和行为的合法性之间的关系应如何认定？

诸如此类的问题，由于受制于多重主客观因素的影响，往往会因一种价值的先入为主而成为决策依据。但如果法官能够在决策时考虑到多种冲突价值的存在，并从制度的效用、行为在促进社会道德方面的作用等视角出发，是能够相对容易地将部分价值排除在外，从而在相对有限的冲突价值中作出选择的。

（二）案例制度的效用评估

从人类遵守规则的习性来看，越是明确的规则就越容易被遵守，并且也

---

〔1〕 最高人民法院（2013）民再申字第27号。

就越能产生示范效应。因而，成文法较习惯法更具有效率，在实现法律的社会调整功能方面也更具优势。

立法是自上而下的制度形成方式，这种方式有优点也有弊端。从形成来说，立法的方式符合效率原则，不仅体现在法律的产生周期相对于习惯而言要短，而且从法律的体系化、规则的明确性以及司法的效率性方面都具有明显优势。但在制度的正当性方面一直难以周全。无论是民主立法还是专家论证或是公众参与等方式，均具有价值认定的片面性。因而需要通过后续的立法修正、编纂、废止等方式与时俱进。在经济学上，立法被解读为国家通过提供或安排"公共物品"（法律）来促进效率，以纠正诸如外在性这样的市场失败。因为由私人市场产出这些物品的数量不是最优的。[1]私人市场下的法律提供，是建立在判例法的逐渐发展和自我更新的基础上的，需要较长的时间才能"筛选"出高质量的规则。

判例法是自下而上的制度形成方式，也是波斯纳所说的"私人市场"所产生的公共物品。判例法和成文法制度的形成环境不同：一种是国家主导下的立法，另一种是私人自治的产物。波斯纳认为判例法（普通法）更易于实现效率，因为成文法往往在制定过程中成为某些产业或群体利益的体现。[2]在判例法的发展过程中，具有先例价值的案例所确立的规则往往经其他法院援引而得以在不同的情形中加以检验，因而规则的正当性也随之增强。就社会成本控制而言，有人主张应确保案件的审判结果符合成本收益原则。但也有人主张，从司法成本控制角度，"一种减少决策成本的重要方式是基于先前案例作出评估，而不是对相对成本和收益进行特定评估"。[3]基于案例的决定可以减少决策成本，还可以产生可接受的低错误成本，对于我们理解法律的属性及其优缺点具有重要意义。

然而，并非所有领域都适合以案例制度来调整社会关系。在英美国家，在土地、家庭、婚姻、继承、侵权等民事领域，由于历史的原因仍保留了案例制度。而在证券、保险、金融、银行、贸易等经济和商事领域，也越来越

---

〔1〕［美］理查德·A. 波斯纳：《正义/司法的经济学》，苏力译，中国政法大学出版社2002年版，苏力译序，第103页。

〔2〕［美］理查德·A. 波斯纳：《正义/司法的经济学》，苏力译，中国政法大学出版社2002年版，苏力译序，第102~103页。

〔3〕Cass R. Sunstein, "Behavioral Analysis of Law", 64 *U. Chi. L. Rev*, 1175, 1997, p.1189.

多地采用了成文法，案例只补充成文法未涉及的事项。从守法的视角来看，成文法无疑能够提供更加明确的行为规范，但从司法的角度来看，判例法却为法官区分不同情形运用自由裁量权给予了方便。

在疑难案件的法律解释上，案例制度能够发挥更好的作用。疑难案件在事实定性和价值衡量上不具有普遍性，试图根据疑难案件的裁判依据抽象出一般性规范不仅无法实现规范效率的原则，反而会造成立法资源的浪费。仅为极其有限的情形立法，也会造成法律体系的庞杂，进而加深法律规范的冲突。案例制度的指导意义在于，其并不笼统地对一般性的事实进行评价，也不从这些事实中推导出唯一的规范，而是旨在提供解决疑难案件的方法和视角：在何种情形下，法官可以突破已有的规范，对事实和行为进行更加细致的认定，从社会交往中发现规范，进而设定各方的法律关系并作出评价。

三、行为价值的判断

对不同的行为进行定性并赋予价值是立法和司法的关键性步骤。从知识的发展来看，对人类自身行为的关注直到近代以来才逐渐进入系统化的状态。在哲学占据人类知识主要来源的时期，人类行为被视为应具有同一性和普遍性，或者源于经验的共识，或者来源于理性的演绎；在神学主导人类知识的时期，行为被各种宗教教义类型化为善与恶、好与坏等简单的道德法则；在法学、社会学与经济学成为独立的学科之后，关于行为属性的认知逐渐丰富，行为的意义和价值得以扩充。法学运用权利、义务、责任、违法、侵权、犯罪等概念将道德、善恶、好坏等予以具体化；社会学用行为中性、价值无涉等概念解构价值，将关于行为的认知还原到生理或心理层面上，进而为价值差异的弥合寻找基础；经济学使用理性、效用、概率等词语来解释行为的特征、效果、趋势，使行为认知和对行为的评价走向相对客观主义。

与法律侧重"规定"、社会学侧重"描述"不同，经济学在描述的基础上进行规定，将对行为的指导和建议建立在对行为的认知基础上。人类行为受自然与社会、生理与心理、文化与风俗、身份与立场、经历与智力等各种因素影响。在立法层面上，法律的"规定"和经济学的"预测"，以一般性的行为为对象，可能无法照顾到具体的行为的特性；在司法层面上，社会学的"描述"尽管关注了行为的细节，但也产生是否"相同行为被同等对待"

的质疑。如果打破法律对事实和行为所作的一般性的类型设定，根据具体案件中行为人的主观意志、行为的客观影响等进行裁判，整个法律制度就会变得不确定，相同的案件就会被不同处理，而司法的成本更会大大增加。[1]因而，无论根据什么标准来评价行为，是以绝对权威的主权意志，还是根据约定俗成的道德，或是福利至上的功利，都难以全面地、准确地评价行为的意义与价值。

现代经济学发展了功利原则，将是否有效用的判断建立在精确的统计与数学计算的基础上。价值观的问卷调查是其中一种方式。价值观调查问卷通常用于对特定群体的价值观进行调查，在对调查问卷进行统一分析的基础上，得出其中相对优先的价值观。因在事实发现方面的作用，这种方式被广泛运用于立法。然而，泛泛地、笼统的价值观问卷调查存在着先入为主的价值判断。调查者在调查之前，实际上就已经预先根据其自身的价值主张设定了希望获取的信息。与这种主观性较强的方式相比，数据和信息的收集和分析提供了相对客观的事实。通过对一定时间内特定人群的行为（如购买同类商品的价格、退换货原因、犯罪类型等）的统计，得出主体在行为选择方面的倾向。不过，这种大数据的"价值"实证也不可避免地带有主观性因素。对于什么时期、什么范围内的数据进行分析，对于哪些共性因素予以保留等都取决于数据的收集者。数据未必是绝对客观、实在的，能够准确反映现实和"事实"的。数据有时候也会骗人，因为数据本身并没有告诉我们，它的存在意义如何。尽管如此，经济分析方法通过回归行为的原因与效果，通过探究行为的可能性来对当下的行为进行定性，较好地解释了行为对于主体的价值和意义。相对于法学视角下的专有名词泛化为公共语言（如权利、义务、侵权等）而导致的某些领域价值共识的瓦解，以及社会学视角下的具象的增多致使共相的消融并反过来导致的具象意义的分歧，经济分析方法不仅揭示了大多数人在多数场景下的行为特性，而且为不同价值主张的主体之间的相互交往提供了行为规则。

---

〔1〕 例如，两个案件中，两名行为人针对其各自的受害者实施了同一种行为，即诈骗，但其中一名受害者因此自杀，是否可以根据后果来量刑；或者两个行为手段相同的故意杀人案件中，行为人在出身、教育、成长的社会环境等方面形成鲜明对比，是否可以据此作出区别对待等，反映了社会学在面临一般性规则认同上的尴尬。

（一）功利主义

在疑难案件的法律解释上，功利主义开启了行为认知的先河。边沁认为，若一个行为在道德上是"对"的，当且仅当它是在所有可能选择中最能够促进社会的最大福利（快乐）时，功利主义被视为是一种后果论（consequentialism），即能够带来好的结果的行为就是好的行为，道德上的对错因而也就只在乎行为所产生的结果。奥斯汀将规范放入行为认知中，将其作为行为与功利的中介，限定了功利原则的适用场景：功利主义虽然在规则的价值认定上具有意义，但在个体行为的指引上，却不能成为标准。

规则是从人类行为的趋向（规律）中推论出来的，我们的行为却不是基于直接求助于一般功利原则本身而作出的。功利仅仅是在最终的意义上成为我们行为的尺度。在日常个别活动的意义上，功利并不是我们行为的尺度。功利，是我们行为所须遵守的规则的直接标准。但是，它却不是我们具体个人行为的直接标准。我们的规则，的确是以功利为圭臬的。我们的行动，则是以规则作为准则的。[1]

在奥斯汀看来，即使我们的行为和一般功利原理保持了一致，那也是因为我们的绝大多数行为是由与规则相互联系的道德感所指引的缘故。[2]换言之，人们只需要根据规则所设定的行为模式进行行为即可，而不需要在每次行为之前都去计算，"如果我的行为的确是与一般功利原则保持一致的，我的行为便是间接地由精确估算行为后果的思考所指引的"。[3]

最著名的功利主义的例子是"列车难题"，这一事例在法学、伦理学、政治学等领域不断被提及。假设有一列列车正在高速行驶，列车长如果继续行驶，将会导致5人丧生。假若他换轨，便能救回该5人，但会导致1人丧生。功利主义者会选择换轨牺牲1人救回5人。然而，如果列车是按照预先设置的行程行使，并且该5人系违反规则待在轨道上（如在轨道上嬉戏），而另一轨道的1人有正当理由处于轨道上（如轨道修理工），或如果一条轨道上的5人是大学生，另一条轨道上的1人是拾荒者，则基于效用的功利主

---

〔1〕　[英] 约翰·奥斯丁：《法理学的范围》，刘星译，中国法制出版社2002年版，第60页。

〔2〕　[英] 约翰·奥斯丁：《法理学的范围》，刘星译，中国法制出版社2002年版，第64页。

〔3〕　[英] 约翰·奥斯丁：《法理学的范围》，刘星译，中国法制出版社2002年版，第65页。

义就面临来自规范的规则正义的挑战。是牺牲规则正义来换取所谓的较大社会福利，还是累加各种效用以修正个案正义，显然已经超出简单的生命数量计算的范畴，也会引起激烈的价值讨论。而现实生活中的事例往往更是错综复杂。

（二）行为的经济分析

功利主义遭到道德哲学家批评，如奥斯汀所主张，功利主义应作为规则的最终价值目标，而不是具体行为的标准。功利主义适合对"分配正义"层面上的行为正当化进行衡量，即适用于立法或宏观的政策制定，而一旦逾越到具体案件的处理（校正正义）上，则有可能导致以集体正义的概念替换个体正义。

作为功利主义的高级版本，法律经济分析从一开始就对功利主义的整体福利观进行批判。波斯纳指出，经济学并不等同于功利主义，至少不是边沁牌号的"最大多数人的最大幸福"那种功利主义，相反，经济学与功利主义是对立的，经济学强调个体本位，因此是自由主义的，而功利主义是集体主义。[1]在波斯纳看来，功利主义没有确切的界定福利总量的范围和对象。功利主义也缺乏系统的理论和方法去评价某一行为的"效益"或"福利"。例如，刑讯逼供是不公正的，即便从错判的数量与惩治犯罪的比例上有利于整个社会福利，但仍无法得出刑讯逼供正当性的结论。然而，功利主义者却承认如果刑讯一个人为拯救整个人类所必须，那么刑讯此人就具有正当性。但是，一旦作出了这种让步，逻辑上就没有终点了。如果处死 2 个无辜者来拯救两亿美国人，或处死 10 个人来拯救 300 万芝加哥人，或处死 20 人来拯救芝加哥某社区 6 万居民，又该如何？[2]不过，这并不意味着经济分析方法完全放弃功利主义关于社会福利总量的主张。在某种程度上，之所以反对一切目的的刑讯逼供，是因为任何刑讯逼供的例外都会导致该制度的适用被无限放大，其结果是任何人都可能成为潜在的受害者。

诺贝尔经济学奖获得者、美国芝加哥大学经济学和社会学教授贝克尔在《人类行为的经济分析》中指出，尽管人类行为千差万别，但从根本上都以

---

〔1〕〔美〕理查德·A. 波斯纳：《正义/司法的经济学》，苏力译，中国政法大学出版社 2002 年版，苏力译序，第 3 页。

〔2〕〔美〕理查德·A. 波斯纳：《正义/司法的经济学》，苏力译，中国政法大学出版社 2002 年版，第 58 页。

效用最大化为目标。而经济分析是效用最大化、偏好稳定和均衡分析的三位一体，可以对人类行为作出统一的解释。传统上由法律学、政治学、人口学、社会学及社会生物学等学科考察的人类行为，都可以运用经济分析予以考察。[1] 凯斯·R. 桑斯坦等人 1998 年在《斯坦福法律评论》上发表《行为法律经济学的进路》一文，首次提出"行为法律经济学"（Behavioral Law and Economics）概念，对传统经济学理性人的假设提出批判，指出人类实际行为较传统理性选择理论所抽象出的经济人模型存在着一些基本差别：有限理性、有限意志力和有限自利。这三项特征共同构成了行为经济学所塑造的"互惠人"模型的基础公设。基于此，在行为法律经济学的规范层次上，凯斯·R. 桑斯坦等提出了对自由主义的"反家长主义"主张的适当限制，即"反—反家长主义"（anti-antipaternalism）。传统经济学反对家长制的法律对个人自由的干预，认为理性经济人能够自主行事和最大化其自身利益。但现实情况是，人类有限的理性、意志力以及自利表明，干预是一个经验和实际性的问题，某些程度和某种类型的国家干预不再毫无意义。[2] 尽管行为法律经济学者将其系列论文收入《行为法律经济学》一书中，试图构建该学派的基本理论框架，但波斯纳却尖锐地指出，行为主义经济学"只不过是理性选择经济学的反面——不能用理性选择经济学予以解释的社会现象的残留物"。[3] 不过，这在某种程度上承认了经济分析方法对于某些法律制度和人类行为的解释力的有限性。实际上，任何一种解释方法都不是万能的，承认方法的局限是科学认知的态度。

与功利主义将效用作为唯一价值的主张不同，法律的经济分析容许效用、自由乃至平等这些相互竞争的价值之间的协调。这种态度也意味着财富的最大化并不是影响法律的善或正义的唯一概念。虽然功利主义似乎在以集体福利之名大举侵入个人自由的领域，但不折不扣地坚持个人自由或自主，而完全不顾社会多数人的幸福或效用，同样让人无法接受。因此法律的经济分析

---

〔1〕　［美］加里·S. 贝克尔：《人类行为的经济分析》，王业宇、陈琪译，格致出版社、上海三联书店、上海人民出版社 2008 年版，第 1 页。

〔2〕　［美］凯斯·R. 桑斯坦：《行为法律经济学》，涂永前等译，北京大学出版社 2006 年版，第 59 页、第 63 页。

〔3〕　［美］理查德·A. 波斯纳：《法律理论的前沿》，武欣等译，中国政法大学出版社 2003 年版，第 271~272 页。

努力把功利主义传统和康德主义传统（自由主义）以某种形式结合起来。[1]

第三节　事实定性与社会学方法

　　中国传统法律文化的象征是獬豸，为中国上古传说中的一种神兽，它似羊非羊，似鹿非鹿，头上长着一只角，当人们发生冲突或纠纷的时候，獬豸能用角指向无理的一方，甚至会将罪该至死的人用角抵死，令犯法者不寒而栗。作为古代神裁制度下产生的著名神兽，它又被称为"法兽"。帝尧的刑官皋陶曾饲有獬豸，凡遇疑难不决之事，悉着獬豸裁决，均准确无误。2010年，最高人民法院公布了两组卡通形象，两位身着法袍的法官和一只蓝色的獬豸，寓意司法的公正。

　　中国关于法律的图腾也有神明裁判之寓意，在疑难案件处理中，当法官无法查明案件真相的时候，即借助神的意旨来认定是非曲直。据传獬豸拥有很高的智慧，懂人言知人性。它怒目圆睁，能辨是非曲直，能识善恶忠奸。如果撇开神秘色彩，假设獬豸在历史上真实存在并被用于裁判，其极有可能是一种具有察言观色本领的动物，因为"懂人言知人性"，所以能够对人在陈述案由和主张、辩论时的表情、心理和语言等进行真假判断，从而辨别是非曲直。这在某种程度上类似今天的测谎仪。由于历史久远，今天我们无从得知獬豸的故事是否属实，以及在审理案件中其到底发挥了怎样的功能。不过，运用察言观色的方式进行审讯的制度在我国历史上的确存在过，如西周时期所创立的辞听、色听、气听、耳听、目听的"五听"制度。因此，如果将獬豸与"五听"制度放在一起，则这种神明裁判的色彩可能具有一层科学的因素。

　　《折狱龟鉴》卷六中，记叙了运用此种方法调查事实的实例。"汉黄霸巧断娣姒竞子案"记载："前汉时，颍川有富室，兄弟同居，其妇俱怀妊。长妇胎伤，匿之。弟妇生男，夺为己子。论争三年不休。郡守黄霸使人抱儿于庭中，乃令娣姒竞取之。既而长妇持之甚猛，弟妇恐有所伤，情极凄怆。霸乃叱长妇曰：'汝贪家财，固欲得儿，宁虑或有所伤乎？此事审矣。'即还弟

─────────────

〔1〕　［美］理查德·A. 波斯纳：《正义/司法的经济学》，苏力译，中国政法大学出版社2002年版，第65页。

妇儿，长妇乃服罪。"《疑狱集》记述的"李崇还儿案"与此类似。两者与古代印度佛教故事端正王审断"两母争一儿案"和基督教经典《旧约全书·列王纪上》"所罗门审断疑案"类似。

裁判和察言观色都源于事实发现的困难。在今天，无论是神明裁判，还是察言观色都不能作为法院审判案件的根据。即便是测谎仪的运用也受到多方面的限制，其需要被测人的事先同意，并且测量结果也只能作为辅助证据。因为无法排除一些心理素质极高或极差的人，致使察言观色或测谎仪对其难以适用。

现代审判制度已经将事实查明和举证责任交由当事人或公安部门。法院在大多数情形下不再承担事实调查之责。不过，如果案件事实不清，法院仍面临着在何种程度上、以何种方式查明事实的问题。是根据举证规则来分配事实证明的责任，据此判断负有证明责任的主体在无法举证时应承担败诉之责？还是通过重新设计举证规则以对疑难案件的证明责任作出划分？或是由法院来主导疑难案件的调查取证？或是在已有事实的基础上，进行适当的推论？

事实是联系权利与诉讼的纽带。诸如无罪推定、非法证据排除、举证责任倒置、公平责任等诸多重要制度无不与事实的认知相关。事实的精确认知，包括分类、定性、赋值等不仅是立法的前提环节，也是疑难案件司法的必经环节。在司法过程中，事实涵盖了行为，二者的定性广泛涉及证据、规范、意志、意义、价值、可能性等主客观领域。解释的困难，看似是关于语词的困难，但实际上困难来自规则如何适用于事实。[1]

在事实、规范和价值三要素中，前述语言学方法侧重法律规范的界定，经济学方法侧重行为价值和制度价值的评估，而社会学方法则侧重事实和行为的描述及其意义。尽管自休谟以来的哲学和社会学都主张不应从"事实"中"推论"出价值，或事实认知应当"价值无涉"，但作为法律三要素体系中的事实和行为，必须以与特定价值或意义的关联为目标，进而使包含该价值或意义的规范具有正当性或合理性。

一、事实的维度

事实即事物或事件真实的情况，关于事实的陈述不存在"好坏"或

〔1〕 A. W. B. Simpson, *The Ratio Decidendi of a Case and the Doctrine of Binding Precedent. In: Guest, A. G. (ed.) Oxford Essays in Jurisprudence: a Collaborative Work*, 158. Oxford University Press, 1961.

"对错"之分，而只有"真伪"之别。从法律的角度，对事实真伪的判断是决策的前提。这不仅体现在立法对一般性事实的归纳，也表现为司法通过各类证据来证明事实的存在。

根据事实的类别及呈现领域的不同，有些事实相对容易验证并且不易引发分歧，例如不动产坐落、当事人的身份等；有些事实可以验证但需要一定的成本，例如侵权损害的程度、公司的资金状况等；有些事实在特定科技水平上无法验证或充满争议，如转基因食品的安全性、DNA技术出现前的亲子关系等。

事实的特质还表现为其与观点的差异。尽管由于喜好或认知能力不同，人们对事实的认知会有真伪程度上的差异，但事实描述和观点表达仍有着明显的不同。事实描述以客观形式陈述事物和事件的状态，不会涉及主体的价值主张、个人喜好，虽然有表达错误的可能，但却是可以通过掌握信息或数据来加以修正的。而观点陈述则是主体对具体人、事、物的看法或评价，依赖于感官和心理认同，具有明显的主观倾向，从而较难在主体间形成广泛共识。英美法庭上的辩论，控辩双方相互"反对"（objection）的一个重要内容是围绕"事实"还是"观点"进行。如果一方律师的提问具有诱导性，或是在推理上超出简单的事实，另一方律师就会提出抗议。事实可以作为证据，而观点只是对方当事人或律师的看法和判断，不能作为陪审团或法官考虑的因素，因而反对具有排除的效果。

事实认定是案件审理的第一程序。在法律上，被纳入法院审查范围的事实与实际事实存在一定的差距。在法律语言上，是法律事实和生活事实的差异；在日常语言中，是可知事实、意义事实和不可知事实、不可证明事实、无意义事实的差别。简言之，并非所有的事实都具有法律意义，也并非所有与案件相关的事实都可以被还原。不同事实的法律意义，既是法律规范预先设定的，也需要在具体案件中结合具体情况加以认定。

事物之间的联系犹如色彩图。介于红绿两种颜色之间的色调可能偏红或偏绿，但有的完全无法用红或绿来描述。为色彩使用的便利，需要对其命名。事实和行为的定性同样如此。介于两种属性的行为之间的事实，或者根据其量化的特征将其归属于其中一类行为中，或者将其定性为新的事实，通过立法或司法予以确立。对事实的定性与分类是规范制定与适用的前提。事实以何种方式呈现，具有何种效果；行为有哪些表现样式，以行为为基础的社会关系如何构建等，均是进行法律判断的前提。事实的认知，是建立在法律概念之上的。事实和行为的属性，或者可以根据现有的话语体系去理解或定性，或者超出现有的话语体系，重新赋予其意义。

（一）主观事实与客观事实

事实是客观存在的，人们对事实的认识只是因为认知能力或视角不同而存在差异。"横看成岭侧成峰，远近高低各不同"，虽然是个体的主观判断，但同时也指出事实所可能具有的不同层面。

在哲学层面上，主观事实和客观事实的认知存在本质上的不同，它事关世界的本体问题以及人类对世界的认知能力。如果世界是不可知的，并且严重依赖于人的主观认识，则哲学所致力于建立的普遍性意义体系就会瓦解崩溃。正如主观经验论所显示的，"我思故我在"，"你未看此花时，此花与汝同归于寂；你来看此花时，则此花颜色一时明白起来，便知此花不在你的心外"。在现实生活中，上述两种认识似乎并无本质区别。承认世界的客观存在与承认人的认知能力有限并不矛盾。既然人的认识能力有限，无论是集体性的认知还是个体性的认识，都不可避免地受时间、空间、文化、价值等因素的影响，因而主观因素在事实中的融入只是程度的问题。语言表达的差异必然表现在对世界的认知上。

然而，客观性与主观性的差异在意识上会产生根本性的分歧。在本体论上主张世界是客观实在的往往在认识论上偏向绝对客观主义，倾向于绝对标准的实现。反之，主张事实受客观条件、主观意志制约的观点，往往在事实定性方面持开放的态度，对影响事实定性的各种因素都能进行评估。例如，关于刑法上"持刀抢劫"事实的认定，客观主义和主观主义会采取不同的进路。客观主义采取行为主义思路，关注刀具是否为管制刀具，是否在抢劫过程中实际使用；主观主义采取结果主义思维，考虑受害人是否知道持刀事实存在，例如受害人被捆绑蒙住眼睛的情况下，如果不知道持刀的事实，则可能不构成持刀抢劫。

法律规范的规定属性使得客观主义与主观主义在事实领域的争论更加激烈。规范对可以纳入法律程序考察的事实的要求是严格的，即应当满足客观性、准确性、唯一性、排他性；但一些生活中的事实却是未经过加工的，往往充满了不确定性、模糊性、多变性和可能性。要想清楚地了解某一具体案件中是否存在"非法证据"而需要排除，就必须对警察在整个办案过程中的包括语言在内的所有行为进行全面审查，从而将语言和行为都置于法律所规定的正当程序中去辨别其价值和意义。[1]然而，有些时候，这一事实发现可能超过案件本身，而与当事人相关的既往事实相关。例如，对仅有当事人陈述的证据的效力认定上，可能涉及当事人以往言辞或行为的诚信证据。可见，事实可能远远超出案件本身，当一种事实需要证明时，另一种"事实"就会不可避免地被引入本案中。而该另一"事实"是否足以证明本案事实，则含有当事人主观或是法官主观的因素。"非法证据"因而并非简单的规范分析，而是事实的定性问题。

（二）法律事实与生活事实

在法律成为社会建制的重要手段后，自然和社会中的事实就具有了三种意义：一是具有法律效果的事实和行为，即法律事实，表现为能够在主体间产生一定的权利和义务，如占有土地的事实，侵害他人人身的行为等；二是不具有法律效果的事实和行为，即非法律事实，如恋人间的人身关系，见死不救的行为等；三是法律事实与非法律事实之间的相互转换，如市场上自由的买卖行为可能因为在特定时期而受到限制，如限酒令等。特定事物也可能在某个时刻从禁止交易变为合法交易，如大麻在美国的部分州的认定。从社会发展进程以及法律在社会生活中的作用来看，生活事实逐渐被纳入法律的调整范围从而具有了特定的意义与价值。立法即是赋予生活事实以法律意义的过程。

在司法层面上，法律关系成立及存续的过程中涉及大量的事实和行为，或具有法律意义，或间接产生法律效果，或不具有法律意义。当事人对这些事实效果的认知及陈述可能会直接影响其委托律师对法律关系的定性；法官对双方所提供的事实的选择性筛选，也影响着裁判的结果。哪些事实具有法律意义，具有何种意义，不仅是检验律师和法官知识素养的关键，也关系到法律所设置的调整目标能否实现，而这些都需要建立在事实的清晰陈述和准确还原的前提下。因此，律师在疑难案件中的作用在于充分挖掘具有法律意义的事实，无论是案内还是案外。法官的作用则更加明显：一方面法官需要明确案件中所有确定的事实的法律意义，不先入为主地进行倾向性选择；另

---

[1] 例如，在美国刑事案件中，警察在办案过程中是否使用了具有种族歧视的语言可能会导致犯罪嫌疑人行为定性的改变。

一方面也要对可能的事实有一定的预判，以便将局部的片面的事实放在关联整体内全面考察。西方国家司法系统对于事实的发现有多种处理方式，其中一种为事实的承认。如果控方无法清楚还原事实以及查明当事人的犯罪动机，控辩双方可就事实达成协议，签署《控辩双方同意案情事实文件》（Agreed Statement of Facts），在此基础上进行行为定性。

　　法官是否拥有调查事实的权力或职责，或是否可以在庭审中对当事人的举证提供建议或帮助，尤其是对举证处于弱势的一方？这涉及法院职责的定位。如果认为法院在国家治理中应发挥积极的作用，就会在诉讼程序中采取审判制模式。法官不仅在庭审中拥有主导性的权力，而且也负有调查取证的职责。在此种审判模式下，何种生活事实具有法律意义，与法官在案件调查中的职权具有一定关系。反之，如果法院仅负责解决各类纠纷，处于中立地位，诉讼程序就表现为对抗制模式。律师在诉讼程序中居于主导地位，法官仅对当事人所提出的事实进行判断，不负有调查取证的职责。何种生活事实具有法律效果，完全依赖于当事人以及律师的判断。案件真相如何，真正的事实怎样，并不是法院所追求的目标，而是当事人努力的方向。

　　指导案例因其在具体事实认定和规则适用方面的"指导"作用，使典型司法判例逐渐发挥隐性立法的作用，这难免产生司法裁量侵入立法领域之嫌。在此情形下，有观点认为，将相关的事项留给立法机构来决定更为可取。因为一些规则所涉及的范围，只有立法机关根据其权限和资源，通过大量调查才能有效地认识，并在此基础上制定相对公平的规则。[1] Wolfgang Friedmann 教授举出共有过失的事例来说明法官应有意保持消极的情形。他注意到"共有过失不同于比较过失，大多数美国法院完全背离过错责任的基本原则以及当代立法的基本趋势"。在他看来，"该领域的司法改革是不可能的，因为法院不能在不阐述分摊原则的情况下将比较过失替换为共同过失"。在大多数过错责任承担的案例中，法院造法面临的一个主要问题是保险公司的责任分担问题。法院造法会影响到整个复杂的但又是部分规制的保险税率体系，可谓牵一发而动全身。但走到另一极也是困难的，即基于事故中一方

---

　　〔1〕　Roger J. Traynor，"Hard Cases Can Make Good Law"，*The University of Chicago Law Review*，Vol. 29, No. 2, 1962, p. 233.

存在重大过失而要求其承担完全责任。[1]因而，在共有过失问题上，立法机关最有资格处理相关问题。该事项的决策需要在广泛研究的基础上作出细致的规范或实质性的管理，这些都是法院无法适当和有效承担的。[2]但是，问题在于，立法机关并不是事实发现的机构，法院也并不存在要求立法机关对事实进行筛选并对具体情形作出决策的机制。[3]

将事实的意义交由当事人来发现和阐述，是法院在案件中保持中立的基本要求。法院对一方当事人在事实发现和论证上的指导，会造成对另一方当事人的不公。我国法院审判制度经过二三十年的发展，也逐渐向"对抗制"模式接近。不仅因为这是一种节约司法成本提高司法效率的审判方式，更与法院在调整社会关系中的地位相关。人类受认知能力和行动理性的限制，往往难以准确无误地还原已经发生的事实。生活事实与能够被纳入法院考虑的法律事实，永远存在着或大或小的间隙。将调查取证的部分权力赋予法院，是在律师制度尚不发达、民众的法律意识不强因而无法理解什么样的生活事实能够产生法律意义的情况下，不得已而为之的手段。而且，法院主导的"家长式"的纠纷解决模式不仅会将个体民众应当承担的事实调查的成本转嫁给社会，而且不利于民众法律意识的养成，并会造成其对法院的过分依赖。因此，当社会发展到一定阶段，法律职业的分工协作相对固定，法官的职责就会从调查事实转向审查事实。由案件当事人来决定哪些事实和行为具有法律效果，尽管在具体的个案中会造成一方因疏忽而导致举证不能，从而承担不利后果，但从长远来看，有利于其在吸取经验或教训的基础上，将案件中的法律事实迁移到生活事实中，更好地理解生活事实的意义，并在社会交往中通过实践来固化具有法律意义的生活事实。当然，在一些专业性较强的领域，时至今日，民众基础性的法律意识也不足以使他们具有此种能力，因而仍需要律师的帮助。这是专业领域社会分工的必然。

（三）确定事实与可能事实

在诉讼程序上，"事实"往往被"证据"这一概念替换。口头的、书面

---

〔1〕 Friedmann, Legal Philosophy and Judicial Lawmaking, 61 Colum. L. Rev. 821, 841 (1961).

〔2〕 Roger J. Traynor, "Hard Cases Can Make Good Law", *The University of Chicago Law Review*, Vol. 29, No. 2, 1962, p. 233.

〔3〕 Edward Levi,"An Introduction To Legal Reasoning" University of Chicago Law Reisew, Vol. 15, No. 3, 1948, p. 522.

的、声音的、影像的、实物的、痕迹的等各种证据都旨在还原事实。没有充分的证据，事实就无法被当事人以外的包括法官在内的第三人知道，当事人的权利、义务和责任就无法准确认定。"以事实为依据，以法律为准绳""无罪推定""非法证据排除"等法律规范和制度，均涉及证据与事实的关联。

证据技术在二十世纪的进步使得人类对事实的认知较过去上千年有了显著的飞跃。指纹、血液、DNA、声音、影像等技术在事实证明上的准确性，改变了过去的神明裁判、滴血认亲、辞听色听等不确定的证明技术，因而可以降低冤假错案的发生概率。现代影像技术在日常生活中的广泛采用，也使事实的意义和价值从事后证明的层面延伸到事前证据的保存上，被广泛运用于具有法律意义的行为的实施，如合同签订、事故现场证据保存、在场与不在场证明等。

不过，尽管司法有明确的规程可依，但受制于办案人员的专业素质、情感情绪、动机目的等主客观因素，在如何理解可以证明事实的证据方面，仍存在着相当的不确定性。在呼格吉勒图案[1]中，尽管根据当时的证据技术以及法律对证明标准的要求，足以认定呼格吉勒图构成强奸罪和故意杀人罪的证据不足，应以"疑罪从无"原则判决其无罪。但在"严打"的司法背景下，原本可以在公安、检察和法院之间形成相互制约的法律机制失去效用，法院也失去对其他司法环节的最后控制，最终酿成错案。

由此可见，事实是否"确定"是一个存在分歧的问题。"确定"意味着不存在任何合理的怀疑。如果案件的事实并非该案的唯一解释，而是存在多种可能性，则无法满足确定性标准。在刑事法律中，我国由"疑罪从轻"走向"疑罪从无"，经历了较长的时间。海南陈满案、湖南曾爱云案、广东陈传钧案、福建念斌案、河北王玉雷案等在今天之所以因"疑罪从无"而避免成为另一个呼格吉勒图案、聂树斌案、佘祥林案，关键不在于事实还原技术的进步，而是法律理念的进步。只要科技未达到还原一切过去发生的事实的程度，法院所掌握的事实就永远只能是接近真相。

可能事实的存在及证明是刑事上"疑罪从无"以及民事上"事实的反

---

[1] 呼格吉勒图犯故意杀人罪、流氓罪再审刑事判决书，内蒙古自治区高级人民法院（2014）内刑再终字第 00005 号。

向认定"〔1〕的重要论证方法。尽管证明标准是客观的，但要对每类案件的事实还原程度都作出细致规定是不可能的。在多数时候，如果我们从正面去认识司法机关对事实的证明程度，可能会认同法院关于事实的定性；但如果从反面去思考是否有无法解释之处、是否存在其他的可能情形，就会对事实的认知持谨慎乃至敬畏的态度。可能事实的承认是建立在人类认知能力有限的前提下。可能事实的法律解释是可能情形的假设和验证，例如，当案件的证据缺乏时，通过对造成案件结果的多种原因的假设，排除在限定条件下不可能的情形，将余下的可能情形放在其他条件中继续检验，最终建立起关于某一事实的证据链体系。可能事实的法律解释仍需遵照严格的案件查明程序，而非放纵任何可能情形去任意误导我们的思维，将我们引向不可知论或中庸之道。

"发现事实"这一表述，容易误导人们只关注其表面含义，实际上它仅表明可能性的发现。在"章莹颖案"中，作为真相的事实直至今日也没有被"发现"，然而，这并不妨碍法院根据其他诸如上网记录、车辆信息等对犯罪嫌疑人以"绑架致死罪"来审判。在重建事实情景时，如果律师首要关注的是辩论而不是关于事实审理的启发，是不明智的。一般情形下，必须由充分的证据来支撑法律事实。然而，在多数情形下，充分事实被等同于能够证明某一事实的聊胜于无的可能性。在民事案件中，在审查证据过程中，法官只需审查所主张的事实是否相对于不存在更可能发生。上诉法院只需审查初审法院是否合理地推论出所主张的事实具有高度可能性（在刑事案件中，几乎是确定性）。一旦法院从事此种审查，即便是疑难案件，也会得到恰当的处理。"疑难案件出坏法"的根本原因在于，法院对事实的判断没有根据清晰和令人信服的证据，或事实认定必须建立在"超越合理怀疑"这一规则的基础上（在民事案件中达到"证据优势"的标准）。〔2〕

英美刑事诉讼制度上"超越合理怀疑"（Beyond Reasonable Doubt）原则，是以可能事实的排除为基础的。根据该原则，在刑事案件中，检控的一方必须要证明其提出的主张已超越合理怀疑，即不能在理性自然人心目中存

---

〔1〕 参见本书第五章第四节关于彭宇案判决的可能法理的内容。

〔2〕 Roger J. Traynor, "Hard Cases Can Make Good Law", *The University of Chicago Law Review*, Vol. 29, No. 2 (Winter, 1962), p. 227.

有任何疑点，方能判定被告有罪。合理怀疑一方面是对现有证据的质疑，另一方面来源于对可能事实的怀疑。个体对特定事件可能性的判断，是通过思考此类事件"应当"如何对待而形成的。[1]这种判断依赖于人类对大类事件的更好和更快的记忆，依赖于他们对同类事件的联想，也依赖于特定的程序 A 是否能产生特定的事件 B 的判断。[2]在合理怀疑原则下，事实的精确性随可能性的显现而逐渐实现，一些可能性被排除，一些可能性变为实在性。

《疑狱集》中有这样一个刑事案件：句章县有妻子将丈夫杀死，为掩盖罪行，火烧庐舍，谎称丈夫被火烧死。丈夫的亲属怀疑，讼于官府，妻子拒不承认。县令张举"取猪二口，一杀之，一活之，乃积薪烧之，察杀者口中无灰，活者口中有灰。因验夫口中，果无灰，以此鞫之，妻乃伏罪"。[3]这种实验的方法对于事实认定可谓独树一帜。从该案简明扼要的叙述来看，县令兼法官的逻辑推理值得称赞，正因为该推论事实的验证，迫使犯罪嫌疑人主动交代更多的证据，从而在推理证据（事实）与调查证据之间形成链条，进而断定犯罪行为的存在。不过，案件并未说明夫家怀疑的理由、庐舍及尸体被烧毁的程度、杀害手段等情节，这些细节或因无明显特异之处而被记载方省略，或因相关事实已被当事各方认可而未被提及。然而，如果在县令进行实验之后妇人仍不承认，且在没有其他证据的情况下，似乎仍难以断案。原因在于，诸多的可能性被忽略：丈夫或被其他人谋杀，或因房屋失火而惊吓致死，或因昏迷而未吸入烟灰于口中等，这些都是实验方法所无法证明的是否存在"先杀而后烧"的事实，或是该种死因与妇人杀人之间的关联。

由此可见，在某些领域，可能事实的司法价值高于确定事实。确定的事实对于规范的实现具有直接的意义，可能事实则对于避免规范的错误适用起到了"安全阀"的作用。在司法过程中，在确认某一事实时通过反思是否存在可能事实，以自我反问式的方法来强化或反驳事实的准确性。

---

[1] Christine Jolls, Cass R. Sunstein, Richard Thaler, "A Behavioral Approach to Law and Economics", 50 Stan. L. Rev, 1471, 1997–1998, p. 1538.

[2] Cass R. Sunstein, "Behavioral Analysis of Law", 64 U. Chi. L. Rev. 1175, 1997, p. 1188.

[3] 和凝：《疑狱集》卷 1。

二、行为的正当性

在自然和社会现象之外，人类的另一个重要认知活动是自身的行为，总结经验，反思教训，并以经验法则的方式将有益的行为固定下来，将有害的行为作为禁忌，进而在未来的交往中更有效地行为。

从行为规则的产生来看，人类社会与动物界具有相似之处。动物界有丛林法则，通过自然选择，在物种内部和物种之间形成了某种行为规范，诸如一种动物如何与其他动物保持和平或是如何通过群体性的行为来抵御其他动物的袭击等。人类社会也存在各种行为规则，广泛分布在习惯、风俗、道德、宗教、法律以及各种群体性规范中。类似于自然法则，人类社会规范的形成同样是在交往中协调产生的。对于何种行为被社会认可并被确认为一般准则，是人类在反复实践中不断累积经验并最终确立下来的。各个时期智者的启示不过是对这些经验的总结和推广。

在自然界，昆虫会根据外界环境来调整自身的行为，而高级的哺乳动物更是能够在面临人类捕杀或其他动物的攻击时形成自卫意识。无论科学家将这种意识定义为神经反应或是大脑记忆，哺乳动物的确形成了丛林法则的基本认知，并通过基因与行为示范将这种认知传递给后代。因个体差异，动物对丛林法则的掌握会随个体的神经、体力、智力的不同而不同。这一点在人类社会体现得更加明显。人们不仅在应对自然界的危险方面积累了丰富的知识，而且在社会交往领域形成了全面的知识。这些规则除了来自于对行为手段和行为结果的认知，还受到情感与信仰的支配。因此，就人类行为的基本规则而言，不仅满足了生存的基本生理需求，而且也对交往层面上的精神需求予以了考虑。

就法律制度而言，行为准则以法律规范的形式确立下来，就具有相对于其他社会规范的优势。这种优势不仅表现为以国家强制力来保障、普遍适用性、明确性，更主要的是表现为一种形式的正当性，即体现的是一种集体意志，而不以个体的认知或意志为有效条件。因而，规范的正当性是预设的，而不像习惯或道德规则需要经过长期检验而被证明有效。尽管在现代民主国家很少会发生"恶法"的争议，但法律是否能够发挥实效、是否对人们行为或生活的指引产生便利，仍是法律正当性无法回避的问题。

在司法程序中，对行为正当性的考量主要在两个层面上发生：一是在行为属性明确的案件中，根据规范对已证实的行为进行评价，符合规范要求的行为即具有正当性或不正当性；二是在疑难案件中，对尚未被规范所调整的行为进行法律意义的评价，或是对与规范行为相关的行为进行法律评价。对法律规范之外的行为的解释，需要从社会交往的角度理解行为的正当与否。这种解释是社会学意义上的行为解释，涉及行为方式、动机、结果、意义等方面。法官在解释中实际上发挥着立法者的作用，但并非以规范创设为目的，而是在首要阶段对事实或行为作出明确的界定。

（一）还原方法

人类行为纷繁复杂，试图以一种理论概括所有行为的表现形式是徒劳的，正如波普尔所说，"一种可以解释一切可能发生的事物的方法，碰巧可能正是什么也解释不了的"。[1]尽管行为是几乎所有社会科学关注的核心问题，围绕行为的理论，无论是生物学的条件反射，心理学的行为主义，或是经济学的博弈论，以及社会学的越轨行为等，都只能在某一方面揭示行为的特性，而无法对所有领域的、超越时空的、不分群体的行为提供普遍的、标准化的解释理论。

关于行为认知始终处于发展中。一方面，在一般意义上，人们不会因为个体的情绪、心理差异等导致行为认知具有不确定性而对其失去探索的兴趣；另一方面，就特定的主体而言，随着交往的深入，通过观察其他主体的行为，在模仿、对比、反思过程中逐渐形成场景下具体行为正当性的认识。还原的方法将人类社会复杂的政治、经济、宗教、文化等领域的行为化繁为简，挖掘出其背后的驱动因素和产生机理，人们可以顺着这些行为的枝杈找到树干，对整个树木的面貌形成印象，进而对细化至枝叶的纲目科属作出界定。

在思想渊源上，还原方法源于经验论。休谟曾提出回归到人对世界的本能反应的状态，主张任何哲学家都"不能背离日常经验来引导人们，或提出不同于人们日常生活的行为规则"。他认为人类有两种不同的观念，即印象（impression）和思想（idea）。印象是指对外部世界的直接感知，思想是印象的集合。印象是储存在头脑中的思想的直接源泉。休谟反对任何无法追溯到

---

〔1〕　〔英〕卡·波普尔：《历史主义的贫困》，何林、赵平译，社会科学文献出版社 1987 年版，第 170 页。

相应的感官观念的思想和观点。他提出，要"摒弃所有无意义的荒谬言论，这些言论长期主导着形而上学思想并导致其声名狼藉"。根据经验论，行为的认知应当源于人们对自然和社会的本能反应，关于行为的理论应当能够追溯到神经、情绪、心理等感官的反应。

奥斯汀在《法理学的范围》一书中采取了还原方法来论证行为正当性。他假设一个孩子出生后，很快被抛弃在荒野之外，一直到成年都是与世隔绝的，因而成了野人。奥斯汀认为，当野人因为饥饿而从某个猎人手中抢夺猎物并不惜采取暴力的方式时，是会感受到良心责备的。但当其为了保护自己的猎物而采取暴力手段时，其并不会感受到良心的责备。不过，奥斯汀并没有进一步论述其结论得出的根据，他认为作为人类，野人也应具有"与生俱来的实践原则"或"道德感觉"。[1]然而，情形可能恰恰相反，驯养的和野生的犬在面对毫无进攻意图的人类时，反应是不同的。大多数动物的行为是后天环境的结果。野人的生存环境决定了适合其生存的行为法则是丛林规则、物竞天择与优胜劣汰。因此，依靠自身力量从自然界、动物界获得食物是其唯一的目标。在动物界，这一目标之下再无任何的道德考量。而在人类社会，对于变态杀手，可能其在首次侵犯他人财产或生命时会产生道德感，但随着犯罪次数的增多，其罪恶感必然会逐渐降低，直到沦为"杀人不眨眼"的冷漠杀手。实际上，如果将奥斯汀的例子稍作变动，从交往行为理论角度我们可以得出相反的结论：人的道德感觉并非天生，而是通过后天的交往产生的。假如野人为了夺取猎物攻击猎人（人类）不仅没有成功，反而被制服，久而久之，就会产生关于财产权以及围绕财产权的夺取行为正当与否的认识，这或许更容易被理解为道德的起源。

哈特以日常生活中的事例来说明正当行为的传递方式。一位父亲在去教堂做礼拜之前对其儿子说：任何大人和小孩进教堂时都必须脱帽。另一位父亲进入教堂时一边脱帽一边告诉儿子：看，在这种场合这是正确的行为方式。哈特认为以各种形式的示范来传递行为方式，存在着诸多不确定性和可能性，例如脱帽行为需要模仿到什么程度，是用左手还是右手摘帽子，是迅速摘还是慢慢摘，摘下来后帽子是放在座席下还是手中，等等。与此相对

---

〔1〕〔英〕约翰·奥斯丁：《法理学的范围》，刘星译，中国法制出版社2002年版，第108～112页。

照，以明确的普遍的语言形式传递一般行为标准是清楚的、可靠的。作为一般行为指示的特征是文字确认的，在文字上摆脱了具体规范中的其他特征，而不是与其他特征一起存在示范中。[1]此种关于正当行为的还原，揭示了从行为样式到行为标准的演变过程：示范的语言表述是"描述"的方式，传递的是个别的行为样式；规范的语言表述是"规定"的方式，传递的是关于一般行为标准的信息。

还原方法具有较强的自然主义色彩。在方法论上主张观察、实验、逻辑归纳等实证方法。在疑难案件的法律解释上，当特定行为的属性未被法律明确规定时，从简单的交往关系的发生、进行、冲突可能、各方反应、第三方评价、利益攸关方影响、各方事先与事后认知、相关的潜在规则、具体场景、主体的认知能力等来分析各方行为的正当性。然而，还原方法不同于场景分析，对交往关系中场景和主体行为的考察，是基于不特定主体的考察，换言之，是对某类场景下主体的"应然"行为的探究，通过确定某类行为的"应然"，来发现或创设该类行为的基本规范，进而来判断当下案件的"实然"行为，而非对某一场景下的"实然"行为进行直接认知。

（二）场景理论

与探索"应然"层面上的普遍性行为相对应的是研究"实际"场景和语境下的具体行为的正当性。对"应然"行为进行探讨的可能，来源于人类行为的理性：趋利避害使得大多数人类的行为具有相似性，人际关系中的友善、依赖、诚信等很大程度上是基于对自身利益的考虑。在这些价值观指导下的人类行为，在社会进化过程中逐渐取得了趋同性。从各国的政治、经济、文化、宗教等社会建制可见，尽管在具体制度的设计上千差万别，但政治上的民主与专制、经济上的自由与管制、文化上的求真与求美，道德与宗教方面的友善与敬畏，都是不变的主题。因此，各种文化和传统的人们，通过交流能够逐渐找到共同的兴趣、爱好，或者能够产生理解与共鸣。

如上所述，普遍性行为的探究，旨在发现或创设行为的标准，在疑难案件缺乏对行为的定性共识以及缺乏明确的法律规范的情况下尤为必要。而具体行为的认识，既可能发生在规则不明的情形下，也可能发生在规范明确的情形下。例如，我国法律规范虽然已经明确规定了"过失致人死亡"的要

---

〔1〕　［英］哈特：《法律的概念》，张文显等译，中国大百科全书出版社1996年版，第125页。

件，但对于某一行为是过失、故意还是意外事件的判断，仍需要在特定场景下，根据案件当事人的主观认知、客观场景以及各方行为等来进行。

哲学方法倾向于根据重要程度，将影响事件运行的各因素区分为"决定""作用""基础""辅助"等类型，或"内因"与"外因"。然而，环境和场景因素在行为影响上究竟是"外因"还是"内因"，却并无统一的认识。一方面，人们追求"出淤泥而不染""众人皆醉我独醒"的人格独立状态；另一方面，"近朱者赤，近墨者黑"却以大量的经验事实证明环境在个体人格的养成中居于非常重要的地位。实际上，正是习惯、风俗、传统、文化、教育、语言等环境因素塑造了主体的人格，进而决定或左右了其行为的方式。然而，习俗、教育、文化等在个体经历中处于变动状态，且主体因认知、情感、需求等不同而选择性地接受，因而主体的行为具有一定的偶然性、临时性、场景依赖性。因果关系的认定因而是整个社会科学界最为复杂也最难以给出普遍性指引意见的问题。

现代立法的精细化发展考虑到了特殊场景下的行为类型，将此前需要由法院根据具体情形予以自由裁量的事实和行为以规范的解释、定义、条款、条件、例外等形式明确规定，以规范的统一性取代了个案分析的多样性。行为模式的场景化发展使得规范体系变得庞杂，也导致规范的抽象功能减弱：越是试图对特殊场景下的行为进行覆盖，越导致无法以一般规范对同类行为进行有效解释。实际上，一些规范的条件、条款和例外试图对场景下的疑难行为进行定性，但结果却导致顾此失彼。例如，对离婚案件中夫妻共同房产的定性，尽管考虑到了婚前婚后的时间因素、父母双方出资情形、房产证署名等场景和情况，但与此同时也将夫妻双方付出、婚姻持续时间、一方机会成本等因素排除在外，从而造成了不同形式的法律规避甚至某种程度的社会价值观危机。由此可见，适当划分立法和司法的界限，既不应由法院以"自由裁量"为名侵入立法权的界限，也不应允许立法机关以"规范具体化"为名侵入司法权的领域，这对于两项权力的正常行使具有格外重要的意义。

三、纠纷的清晰度

在事实明确的前提下，确定纠纷的焦点、双方的主张和分歧、是否存在共识或达成共识的可能等，是司法程序进行的关键。在经过定性环节（法庭调查）后，相关的生活事实和行为被筛选过滤，具有法律意义的事实和行为得以进入下一个环节。在当事人之间就事实的经过和发展，行为过程及互动、主体的认知和意志、事实和行为的法律后果等进行认识（法庭辩论）后，对共识和分歧进行归纳，并对纠纷的焦点作出梳理，以通过更深入的沟通来实现纠纷的清晰度。

（一）利益与诉求（诉讼理由）

在对事实和行为进行定性，以及对事实和行为的法律后果进行归属的过程中，各方主体并非价值中立的，而是以现行法律为评价根据。事实上，在决定是否通过第三方机构来解决纠纷之前，当事人对于是否有足够的理由来请求权威人士（例如古代的族长）或权威机构就有大致的认识。这一认知在现代源于法律对权利的保障和义务的强制，在古代则表现为对利益的维护和对侵犯的制止。

在英美国家，没有成文化的民法典来详细、完整地规定公民的财产、人身、家庭等民事权利，判例法所发展出来的权利规则和原则因过于庞杂而难以被普通民众所理解。尽管如此，国民的权利意识仍然较强。这得益于生活中无处不在的利益主张、不得侵犯的提示，以及广泛分布在道路、交通工具、商场等公共场所的行为规则，诸如"私人住宅不得侵入""任何时候不准停车""残疾人专用，违者罚款 250 元"等标语时时提醒人们正当行为及其可能的有利或不利后果。

"权利"一词，在法理学中有所谓自然权利、自主、利益等认识，[1]关于权利的本质或者被视为"上帝赋予"，即天赋人权说，或者被解释为具有历史、阶级的属性，如马克思主张的"社会经济关系的一种法律形式"。然而，进一步追溯到社会关系产生的本质，即人与人之间的交往行为，正当性的行为就成为权利和义务的产生基础。在社会学角度，要求他人实施特定的行为，即主体的权利；他人不得实施特定行为，即主体的义务。由此，在大陆法系上的权利类型，无论是财产权、人身权、隐私权的实际划分，还是对世权、形成权、私权与公权等理论类型，最终在司法层面上都可以解释为一方要求他人实施特定的行为以保护其专属利益的方式。换言之，在实践层面上，一方行为的不适当性才是另一方权利产生的根源。

由此，在作为诉讼理由的利益主张中，如果抛开现有诉讼法所确立的

---

〔1〕《法理学》编写组：《法理学》，人民出版社、高等教育出版社 2020 年版，第 132 页。

"案件受理条件"以及实体法所确立的"权利体系",基于行为是否正当的质疑和挑战不得不说是一种恰当的诉讼理由。一方面,它是现有"诉讼理由"制度的理论根基,另一方面,在"诉讼理由"体系无法解决涵盖特定的诉讼主张时,可以用基于行为正当性的诉讼来给当事人提供救济。

(二)共识与分歧

在纠纷解决中,归纳当事人的共识和分歧,是整理争议的焦点并将案件处理集中在特定事实和行为的调查上的前提。

案件处理中,那种认为"当事人只对事实负责,法律问题交由法官"的主张是不确切的。人们对事实的认知深深建构在制度中。对事实的描述因而也是规范性的。我们的兴趣和价值取向已经深深刻在我们对事物的看法中,试图消除渗透价值的事实是徒劳之举。[1]无论是在法庭调查还是法庭辩论环节,当事人对事实的主张和行为的评价实际上是建立在法律、习惯、风俗、群体性规范等制度之上的。如哈贝马斯说,当我们描述事实时,实际上这种事实已经包含了我们的主观价值,它很可能是我们根据自己的喜好所"筛选"出来的事实。因此,如果经验性的陈述(通常不被质疑其真实性)错综复杂地交织着价值的因素,那么否认明确表达此种价值的评估性陈述的真伪也是没有意义的。[2]

当事人对于事实的认知必定存在着分歧。即便是现代音像技术可以还原事件的经过,当事人也会产生基于不同目的的对事实理解的分歧。例如,对于录音或是录像中的遗嘱,即便是满足法律所规定的形式要件,仍可能面临来自多方面的效力争论:遗嘱人的行为能力是否有缺陷;是否受到胁迫或不当影响;遗嘱中的模糊语言应作如何理解等。在证据证明力方面的分歧,也是事实认定的另一障碍。法律无法对各式各样的事实的证明提供统一标准,而只能笼统地列举书证、物证、证人证言等证据。

证据的真实性、有效性和关联性是法庭辩论的中心。在某种程度上,整个诉讼都是围绕对证据证明能力的辨别和判断进行的。证据的真实性涉及是否存在伪造证据;证据的有效性主要与证据的获得方式是否合法相关涉,非法的证据即便是真实的也会被排除在法官的适用范围之外;证据的关联性是

---

[1] Jürgen Habermas, *Truth and Justification*, The MIT Press, 2003, p. 214.
[2] Jürgen Habermas, *Truth and Justification*, The MIT Press, 2003, p. 214.

指证据是否足以还原相关事实。这三项证据要求，是对具体证据的证明力进行判断的标准，对于整个案件事实而言，我国的诉讼体制表现为是否"事实清楚，证据确实充分"的认定上。在此，不存在证据不足驳回起诉的问题，如果一方提供的证据不足以支持其主张，需要承担败诉的责任。驳回起诉意味着当事人可以就同一案件继续收集证据并再次提起诉讼，这不仅浪费司法资源，而且会导致相关的社会关系一直处于不稳定的状态中。在刑事案件中，"疑罪从无"的原则也是证据不足以证明事实的处理原则。

因此，对于纠纷是否清晰的共识，不仅存在于当事人对事实的共识，而且存在于法官就证据是否足以证明事实的认知。法官必须清楚地知道，案件属于哪类纠纷、是否有明确的法律规范可依、事实是否清楚、行为定性是否无疑，以及案件疑难的处理方式。

第四节　规范、价值与事实的关联

本章前三节将语言学、经济学和社会学分别作为规范、价值和事实的解释方法，从一般认识论出发，阐述其在日常生活中的运用，进而说明疑难案件的法律解释应当遵循化繁入简的方法。作为法律科学的基础要素，规范、价值和事实（行为）的认知并非孤立而是彼此关联的。人类的行为与价值经过上千年的进化，在各种社会制度的作用下，已经很难分清哪些是价值导引的行为，哪些规范中性的价值，哪些是价值无涉的事实。因而，将三者隔离起来进行研究的做法，不仅无法实现类似自然科学的真空式研究，而且会导致一叶障目不见泰山。在历史上，那些追求"道德中立""价值无涉"的法学研究，并非否认规范、价值与事实的相互关联，而是将重心放在一种要素上或是将一种要素视为另一种要素的附属，例如凯尔森在"纯粹法学"中虽然主张法学研究应以法律规范为唯一的研究对象，严格区分法律问题、政治与社会心理问题，将价值判断排除在法学研究之外。[1]但实际上，纯粹法学理论不仅在法律规范的效力上采用了"位阶"这一价值，而且在论证规范为中心的实在法的科学性时，也暗含了规范的明确、体系、普遍适用性等

---

〔1〕〔奥〕凯尔森：《法与国家的一般理论》，沈宗灵译，中国大百科全书出版社1996年版，作者序，第2页。

价值。

在规范、价值和事实领域，可以清晰地看出二元现象的存在。社会规范与法律规范、大众价值与法律价值、生活事实与法律事实这三组范畴，彼此沟通、相互影响、难分难解。生活中的事实是价值负载的，包含了主观的见解和判断，而法律事实要求确定性，将一些带有主观判断的事实排除在外，或避免对不具有普遍表征的动机、目的、喜好妄加评议。那些具有社会意义和价值的事实，即能够在主体之间形成关于行为主张的要求的事实，经过人们的反复实践而形成习惯，或经由立法而成为法律规范，包含了特定时期主流的、具有约束力的价值主张。

法律命题是语言命题的一种。语言命题可分为描述、规范、评价等类型，法律命题大致也可作上述区分。法律命题是对行为和事实的描述、规范和评价。从而，不同类型的命题所要求的论证程度也是不同的。描述性法律命题，如事实和证据的确定，需要建立在经验的共识、科学认知以及统计数据等基础之上；规范性法律命题，如制度下的行为要求，是以权威或惩罚（集权惩罚或分散式惩罚）为成立要件，以社会对某话语的认同为前提的；评价性法律命题，如对事实或行为的价值的赋值，是以主体在知识和经验上的共识为统一基础的。

事实、规范和价值三要素共同致力于法律正当性的实现。法律正当性有两方面，一是外在正当性，或形式正当性，即国家意志或权威的保障；二是内在正当性，即实质正当性，表现为事实认定准确、规范制定科学、行为赋值合理。在立法层面上，对事实的准确认识，是以法律语言对事物的精确表达为前提的。规范的科学与价值的理性，需要以对事实的准确归类和对行为的准确定性为前提。

在司法层面上，对于一般案件的处理，对事实的认识和对行为的定性，首先需要建立在现有的法律体系所作出的对事实类型化的概念以及对行为定性的基础上，因为它以经验知识（成文的规范或沿袭的判例）的形式提供了解决案件的通常做法（获得法律界普遍认可）。如果不以规范为事实分类和行为定性的先行标准，法官就需要对个案的事实和行为重新进行认识，司法的成本将会大大增加。然而，当社会的变革带来事物的变化，新事物的量的属性逐渐累积而成为质的特征，就会在所涉的主体间产生争议并形成疑难案件，此时，对事物的重新界定（新的命名或更细致的类型化）和法律赋值就成为必须。

我们生活在一个意见分歧、价值多元、立场各异的社会中。任何一个事件都可以基于个体与集体、私人与公共、自由与安全、公平与效率等二元视角，给出不同的甚至截然相反的解决方案。进入二十一世纪以来，中国的社会结构和社会关系发生了巨大变革。主体、行为、交往、事实、价值的多元化对传统法律规范的确定性产生了冲击。权利义务等法律语词、事件行为等法律规制对象难以与社会现实一一对应。法律价值随之引发质疑，法律信仰渐遭侵蚀。重新确立法律规范的"语词"与现实社会的"事实"之间的对应，是将法律的"规范"分析和"社会"分析相结合，从"事实"准确和"行为"正当中发现"价值"正当的可尝试的途径。

一、跨界思维

理解事物的起源，是我们正确认识事物现状的途径。然而，在很多情况下，一些我们无法追溯起源的现象被我们理解为迷信或是愚昧，从而关闭了对其认知的窗户。例如，中国传统风俗将某些特定的动物与不祥联系在一起，实际上很多与人们对声音、色彩或气味的美感相关。悦耳的声音、鲜艳的色彩和清香的气味是人类感官易于接受的，能够满足这些需求的动物就被视为吉祥，反之则为不吉；再如，关于梦境的解释吸引了古今中外人们的极大兴趣，中国民间流传的《周公解梦》并没有分析梦境形成的原因，而是将梦境中的现象根据当时人类认知的水平，给予肯定或否定评价。弗洛伊德开创了"梦的解析"理论，将梦境描述为"理解潜意识心理的过程"。不过，现代医学和生物学越来越多地认为，梦境也与身体机能的运行状态有关，身体器官在某一时间运行失调，往往会触动大脑神经，产生令人不愉快的梦境，这可以解释有些人睡觉时将双手交叉叠放在胸前为什么更容易做噩梦。根据医学和生物学的梦境研究，反观中国古代的《周公解梦》，尽管其无法解释梦境形成的原因，但似乎仍以一种原始的经验和观察的方法给出一个复杂现象的简单回答。

与形而上学相比，经验论在历史上大多数时期都有相对较好的名声。原因在于，根源于经验论的还原方法是一种实证的态度。还原方法是"问题导向"思维，将传统上专属某一领域内的问题还原到问题的初始状态，综合运用各种可能的工具和方法，打破人为设置的学科领域与界限，多角度、跨学科、全方位地观察和分析问题。

法律的驱魅也需要从根本上理解"魅"产生的根源。一是法律思维优越性之魅。法律思维培养系统性、精确性、严谨性思维，这些思维方式相对于其他学科而言在纠纷和问题的解决中具有一定优势，能够帮助法官和律师从纷繁复杂的案件事实中找出关键信息，准确定性事实和行为，找出关联规范，评价行为后果，给出法律意见。然而，法律思维并非最优思维。同其他学科思维相比，法律思维具有一定的保守性。一旦法律人形成关于事实和行为的定性、规范的含义、价值的主张之后，往往较难发生改变。相比之下，经济学与社会学思维因为关注的社会领域往往存在着规则缺位的情形，因而在规则创新或行为突破方面更加灵活。二是法律规范优越性之魅。法律规范相对于道德、习惯、宗教等行为规范，具有明确性、普遍性、强制性等特征，对于社会价值观的塑造和国民精神的培养更加有效。但法律规范并非调整社会关系的唯一规范，也非最佳规范。道德、伦理、信仰等规范对于市民社会人际关系的维系是内生的作用机制，并在一定程度上强化了建立在相同价值之上的法律规范的作用。而且，散见于社会实践中的非法律规范，也是未来法律规范的可能源泉。在疑难案件中，当缺乏明确的法律规范时，从习惯、道德、伦理、普遍性实践中寻找规则，既是纠纷解决的需要，也是发现事实和行为理性的体现。三是法律价值唯一性之魅。法律价值作为立法者对事实和行为的评价，是联结行为与规范的纽带，也是社会行动塑造的重要工具。然而，以法律价值为唯一评价体系会导致两种偏狭：其一是认为存在着终极的、普世性的法律价值，认为民主、自由等价值具有所谓的基本要素和本质特征；其二是认为法律规范对行为和事实的评价具有唯一性，应在司法过程中严格遵守。

跨学科的方法将法律规范置于社会规范的体系中考察，在多元多变中的价值主张中定位法律价值，从其他学科思维中汲取营养以补充法律思维的弹性缺乏、视野局限等问题。实际上，法律学科的自满与优越更多地来自于行业内部的自说自话与各自为营。作为整体的法律科学，自二十世纪初期开始，就致力于将其他社会科学方法运用于法律认知上，在学术研究领域与司法实践领域形成百家争鸣的局面，诸如功利法学派、分析法学派、法律经济学派、后现代法学派、女权主义法学派等多采取了跨学科思维方式，将法律作为社会建制中的一种，将司法困境的解决作为政治、经济、文化、心理等复合性问题来提出。在此范式的影响下，法律认知逐渐形成了"社科法学"与先前占据主导地位的"教义法学"分庭抗礼，并逐渐从理论上的认识论分歧，走向司法实践的方法论差异。

二、实证方法

在笔者的另一本著作中，笔者详细阐述了规范、事实和价值的实证可能及其方法。[1]规范的实证是分析实证和逻辑实证，主要建立在语言哲学基础上；事实的实证以描述和定性作为主要方法，在行为正当性论证上运用还原的方法；价值的实证以经验、还原为发现工具，以建构为塑造手段。

在一般社会科学领域，实证方法的内核是知识论。即知识的来源途径有哪些，什么知识是有用的，什么知识是可靠的。知识论是方法论的高级阶段，是认识论、世界观、方法论的升华。在知识论的范畴内，事实问题与价值问题，客观世界与主观世界，本体与方法都获得了统一或协调。就一门学科而言，方法关注的是具体视角下的问题发现、分析和解决，系统的方法运用导向理论的建构，从而形成关于某一领域的系统知识。传统上，关于知识论的学问被认为具有文献学或历史学的属性。金岳霖先生认为，"知识论不教人以求知的方法，也不训练学它的人如何去求知。除了在这学问范围之内有所发现外，研究它的人没有别的创作，更不至于有任何实行问题"。[2]这种将知识论与方法论相区别的主张，侧重于知识的史料价值和历史传承，具有明显的"求真"态度和非功利精神。尽管如此，知识论的形成却是方法论运用的结果，是方法论水到渠成的结果：将知识范畴限定在人类基于不同官能的"描述"，而避免对这些知识作出"评价"，本身就是一种实证的方法。

不过，知识的价值并非如维特根斯坦所说，是"通过语言来对抗我们智力迷惑的战争"，[3]而是世界观和方法论的高级形态。从实践角度，人类迄今为止的所有知识，如文化模式、合法制度以及社会结构等，是贯穿在交往行为当中的理解过程、协调行为过程以及社会化过程的浓缩和积淀。如哈贝马斯所说，生活世界当中潜在的资源有一部分进入了交往行为，使得人们熟

---

〔1〕　潘德勇：《实证法学方法论研究》，中国政法大学出版社 2015 年版。

〔2〕　金岳霖：《知识论》，商务印书馆 2000 年版，导言第 7 页。

〔3〕　L. Wittgenstein, *Philosophical Investigatons*, Basil Blackwell Press, 1953, p. 47.

悉语境，它们构成了交往实践知识的主干。经过分析，这些知识逐渐凝聚下来，成为传统的解释模式；在社会群体的互动网络中，它们则凝固成为价值和规范；经过社会化过程，它们成为立场、资质、感觉方式以及认同。产生并维持生活世界各种成分的，是有效知识的稳定性、群体协同的稳定性，以及有能力的行为者的出现。[1]简言之，知识的意义在于认识世界，理解自身，懂得交往，学会欣赏，努力向善。

法学实证很长时间内被看作仅是规范的实证，价值和事实不被重视。规范法学派将价值排除在外，分析法学派以预设的事实为分析要素，自然法学派、社会法学派等虽然重视价值与事实，但却很少提出能对司法进行指导的理论和方法。功利法学派、法律经济学派虽然关注行为与价值，却较少地将其与规范相关联。这些学派往往在选择与其他学派对立的立场来发展自身的观点时，有益或无意地忽略了规范、事实和价值三者的实证关联。

休谟认为我们不能从"事实"的语句中得出"价值"。例如，对于杀人是否正确，我们不能从"人们希望活着"这一描述性（descriptive）句子中得出"我们不应当杀人"这一规范性（normative）句子。如苏格拉底纠问式方法所显示的，杀人的理由如果正当，规范将有所不同，例如行刑或战争中杀人。对于是否应当逃税，我们同样不能从"许多人都在逃税"中得出"我也应当逃税"。同样的事实（描述性句子）可以有多种规范性解读。例如，"越来越多的人乘坐飞机，所以应当修建更多的机场"这种表述也属于试图从"事实"中得出"价值"的结论。休谟反对这种简单的推论，是因为其在价值判断上未能遵循开放的思维。一方面，越来越多的人乘坐飞机，并不是"修建更多的机场"的唯一、充分条件；另一方面，"修建更多的机场"未必能够解决越来越多的人乘坐飞机的问题，并且可能产生新的问题，例如环境或资源使用等。进一步说，"事实"与"价值"的问题，是描述与评价、实然与应然、客观与主观的争论，也是归纳与演绎、抽象与具体、原因与结果等的逻辑实证方法之争。因此，只做忠实的"描述"，而将"评价"的权利交由读者，更是十九世纪以来社会科学在方法上的取向。

然而，将"描述"与"评价""真理"与"价值"截然区分开来是不可

---

〔1〕　〔德〕于尔根·哈贝马斯：《后形而上学思想》，曹卫东、付德根译，译林出版社 2001 年版，第 82 页。

能的。描述和求真的过程中不可避免地掺杂作者的价值判断。最重要的是，如果坚持"不从事实中推论价值"的教条，人们只能一方面对日益激烈的价值分歧束手无策，而另一方面对制定用以建构价值的规范踌躇不决。

"实证"一词，在词义的界定上有多个视角。从该词产生的本义来看，用事实证明、以经验证实是其在方法上的要求；从理论起源来看，它是在反对形而上学的认识方法中产生的，具有客观性、准确性、实用性等目的性指向；从现代主张来看，主要指以事实的定性和定量分析为目标的社会调查、统计、回归等技术性方法。不过，任何方法都具有两面性，实证方法也不例外：一是方法自身的立场，即实证的内涵；二是方法与其他方法的区分或对立，即实证的外延。方法的内涵不清则无法成为一种话语或主张，方法的外延模糊则会产生指证不明等问题。法律的实证，既需要标榜自身，也需要与其他方法"划清界限"。如果"实证"一词缺乏观察事物的完整理论体系和方法，而只是单纯去观察事实，不去探讨事实的维度和效度，那么它除了造就孔德所说的"博学的经验主义"，[1]并不能告诉人们有用的和确定的知识，更无法为行动提供指引；如果"实证"一词无法回答其与规范分析、文献研究在知识获得的确定性和有用性上有何优越性，就无法在既有方法所获得的知识的基础上实现知识增量。因此，在规范、事实、价值领域运用实证方法，应明确该领域现有知识的获得途径和质量，根据设定的目标开展。

三、程序进路

无论是法学研究还是法律实践，合格的法律人似乎总是具有某些共同特征：系统性思维、理顺事实的能力、面向过去与未来的规划力、良好的沟通与表达、善于把握本质、果断的执行力……法律人的思维因而被认为更加理性和严谨。上述思维本质上可概括为"程序性思维"。在案件分析中，事实调查、主张之论证和法律适用分别以事实、规范和价值（评价）为主要分析对象。

法学教育培养了解决问题的思维和方法。在案例分析中，法律思维遵循了纠纷事实认定、当事人的关系分类、行为定性、法律规范适用、处理说明

---

〔1〕 孔德认为，单纯的博学，虽有实在的知识，但杂乱无章的事实知识中如果不包含规律，是不足以指导我们的行动的。参见苏国勋："由社会学名著想到的"，载《读书杂志》2007 年第 4 期。

（论证）等几个环节。在英美国家判例法教学中，将其简化为事实、分析、法律适用三个环节。实际上，生活中的大多数问题的解决，也遵循了这一程序和思路：要解决的问题是什么？为什么会产生此类问题？怎么去解决？这三个问题，即英文中 what、why、how 的疑问，代表了大多数人在各式各样的社会交往中，处理各类纠纷、矛盾、冲突的基本程序和思路。人类认识自然、改造世界和融入社会总是遵循着一定的方法，这些方法是在经验基础上由无数人甚至无数代人的智慧凝结而成的。人们不断总结、修正、发展为人处事的方法，并形成规范性的俗语，诸如，分清主次，循序渐进；找准关键，对症下药；脚踏实地，按部就班等。这些做事的程序和方法，是问题是否能够得到恰当处理的关键。

问题导向的思维方式在历史上是相对于形而上的抽象、本质、普遍性的认知而提出的。在法律领域，问题的发现是法律方法的第一步。司法层面上的问题即事件的起因和表现：事实是什么，事件的经过如何，有哪些证据予以支持，对事实有哪些不同的理解；行为是否为法定或约定，行为的细节是否足以导致对其有不同定性，行为的原因及其主观与客观表现如何等；纠纷的焦点是什么，双方的主张和分歧在哪里，是否存在共识或共识的可能等。问题解决的方法在经过人们反复实践后，被上升为普遍性的程序性规范。各种程序即问题解决方法的模式化。程序的模式化带来了效率，但也存在着风险：缺乏理性的程序不仅在认定事实、提供解决方案方面使人陷入逻辑混乱，而且难以实现实体正义。

程序的还原，是我们判断业已确立的程序是否正当，能否有效解决问题的一种反思。架起实体法与程序法之间的关系，并非是权利和义务，也不是事实和证据，而是人们试图通过正当程序要解决的问题。如果该程序对于发现案件事实，查明事实的起因和过程，以及对于事实和行为的定性不冲突，就是正当的程序；反之，如果程序前后颠倒，将适用者引入逻辑循环，导致资源浪费在无关紧要的细节方面，就会产生"眉毛胡子一把抓""按下葫芦浮起瓢"的结果。如果程序避重就轻，有意将可能导致某一结果的程序淡化或忽略，轻则误导问题处理方向，重则造成处理结果的异化。

显然，在法律问题的解决上，程序性进路是事实、规范和价值的综合考量。从程序运行的过程来看，其好比是生产线。首先，价值是程序的产品。沿着特定的程序，实现法律所设定的价值，是一切程序的目标。程序正义具有的仅是工具价值，是"按照某种标准和条件整理争论点，公平地听取意见，在使当事人可以理解或认可的情况下作出决定"。[1]其次，事实是程序的材料。程序以事实的鉴别和行为的定性为内容，每一程序都与特定的工作内容相关联。程序并不设置鉴别事实和定性行为的具体标准，这些标准来源于实体法规范。最后，规范（实体规范）是程序的工具，规范提供了事实鉴别和行为定性的标准，也为事实和行为的意义和价值提供了最终的评价。

由此可见，程序远非机械的程式，对程序意义的理解和反思能够改进问题解决的方法，从而直接影响到解决结果。司法程序形式上区分为事实调查、主张之论证和法律适用三个环节，应在实体上与事实、规范和价值三要素一一对应。事实调查环节的程序，规范和价值体系下已经预先设置了意义事实与行为；法律适用环节的程序，事实与证据的效度则直接影响了法律后果的判定。

四、微观视角

任何学科都经过了从宏观体系的建构向微观领域发展的过程，这是人类认识自然和社会的必经过程。无论是自然科学还是社会科学，均遵从了从一般到具体，从普遍到特殊的认知方法。例如，经济学的宏观形态是集政治、经济为一体的古典经济学著作，其微观形态则表现为贸易、金融、投资等具体领域的论著；社会学的宏观形态是以现象、行为为一般分析对象的一般哲学，微观形态则进入具体的宗教、文化甚至具体的事物领域，如货币的哲学；[2]法学的宏观形态表现为法理学或法律学派，微观形态表现为具体部门法的认知。

宏观的社会科学以机构、组织、社会、群体等为研究对象，关注集体性人格、社会行为、普遍价值观和制度等；微观社会科学则以个体、事物、事实、行为等为研究对象，关注具体事实、个体行为、特定事物。成熟的社会科学总是在宏观理论体系构建与微观实践运用之间往返以相互促进，以宏观体系的基本原则为微观实践指引方向，以微观实践的丰富来完善和修正宏观

---

〔1〕 季卫东：《法律程序的意义——对中国法制建设的另一种思考》，中国法制出版社2004年版，第17页。

〔2〕 例如，德国社会学家、哲学家格奥尔格·齐美尔擅长研究一些被忽视的微小事物，是形式社会学的开创者，曾著作有《货币哲学》。

理论。

　　法律的宏观理论体系涉及对法学理论与学派、法律的本质和价值、功能和效力等的研究；微观实践体系包括法律解释与法律推理、规范分析与价值权衡、事实发现与行为定性等。离开宏观理论对规范层级、效力、结构的研究，司法实践就会面临杂乱无序、交叉重复、彼此矛盾的规则体系；缺乏宏观理论对正义、自由、民主等价值的应然追求和实然解读，司法就会失去衡量具体规则价值的标准；归因宏观理论对事实和行为的关注，司法更加重视审判过程中事实的证明和行为的定性。因此，正是宏观理论所确立的法律原则、价值、目标发挥着含义统摄、价值主导、法意设定等作用，微观层面上司法才能在遇有疑难案件时，通过回归原则、利益衡量、探寻立法本意等方式，发挥司法能动性，给出适当的解决方案。

　　规范分析、价值评判和事实定性在疑难案件中正是以宏观理论为根基的微观认知。然而，微观视角的司法却应当对宏观的法律理论保持必要的克制。如果毫无区分地将普遍性规范运用于所有案件而不考虑当事人在个案中的动机、行为方式、行为效果，尽管表面上满足了"同等情况同等对待"的法律原则，坚持了法律客观主义，但却可能导致民众无法从日常语言中感受到司法正义；如果采纳一般的抽象标准，则无法对不同情形下，基于当事人身份、职业、年龄、认知能力、教育程度、特定交往场景、交往对象等的不同作出区别对待，从而在司法层面上纠正因社会分层所导致的社会实质不公；如果在具体的案件中用大写的"正义""自由""平等"作为判决的论证根据，就难以使当事人和公众信服。

　　当然，如果完全采取场景主义，而忽视宏观视角的普遍性和客观主义，也会滑向主观主义和唯心论。过度追求个案的特殊性，意味着赋予规范所能涉及的各种因素，如主体（身份、认知等）、行为（动机、方式、后果等）、条件（时间、地点、场景等）、对象（事物、相对人、言行等）等以法律意义，无论其在现有的法律体系中是否已被设置为具有此种法律意义。这无疑加重了司法的负担与成本，不仅对于一些审判业务繁重的法院来说遥不可及，而且也容易因法官个人的认知和情感而影响同一因素的赋值，从而造成规范框架下的行为模式和法律后果的崩溃，最终导致规范的普遍主义荡然无存。

　　在认识论上，认知始终处于矛盾统一体中。当形而上学思想面临无法解释具体现象的困境时，在现代科学发展的推动下，人们转向了具体语境的对象认识，并试图在相对有限的领域内确立普遍的知识。然而，当语境下的相对普遍主义逐渐自封自足时，就开始拒绝外在思想的进入与改造，从而难免遭受来自语境之外话语的质疑。如哈贝马斯所说，语境主义把一切真值要求都限制在局部的语言游戏和传统上接受的话语规则中，并把所有理性标准吸收到仅仅在原地适用的习性或惯例中。结果便是人们对理性地位确定之后所提出的普遍主义要求不断表示疑义。将一切有效性范畴的决定权都收归已有的专家文化，也不再能免受实践之于理论的根本优先性的干扰。[1]

法律是规制行为、建立秩序、解决纠纷的话语。这种话语随着社会结构的复杂程度加剧而愈加庞杂。一般说来，简单与统一的话语产生于主观与客观世界相对单一的时空，而话语分歧往往与物质和精神的丰富直接相关。由此，法律话语的分歧在于主体所处的场景不同，包括空间的、时间的、主体的、对象的，也在于视角的区分，包括规范层面、事实层面、价值层面。语境的分歧还表现在研究方法或关注对象上：经济分析方法的语境是效力、事实、数量、比例关系；语言分析方法的语境是规范、判例、权利、义务等；社会分析方法的语境是机构、组织、群体、行为、事实等。

由于关注过多地转移到场景和视角差别，容易产生存在即合理之嫌。所有的价值差异似乎都只是立场不同而无优劣之分；对于法律的理解也只是视角的差别。因此，在特定类型的案件中适当平衡宏观理论与微观实践具有重要意义。在疑难案件中，因现有的法律对事实、规范和价值的界定并不清楚，基于场景的法律要素赋值无论是从法律发展的角度，还是从法官自由裁量权的实施，以及基于案件公平处理的考虑，都是至关重要的。

---

〔1〕〔德〕于尔根·哈贝马斯：《后形而上学思想》，曹卫东、付德根译，译林出版社2001年版，第48页。

第三章

规范的解释方法

想象一种语言就好比想象一种生活形式。[1]

——维特根斯坦

司法裁判的过程，在大多数情形下是"规范阐释"的过程。这是因为现实中的纠纷，多为简单案件。"三段论"式的裁判方式基本上能够满足此类案件的事实认定和法律适用。疑难案件的出现，打破了"三段论"按部就班式的法律适用程序。其对规范的适用性提出了挑战，以"规范阐释"为内容的法律解释方法无法就规范欠缺或规范适用不公提供满意的解决方案。法条主义裁判方法因而被认为仅适用于简易案件。[2]但事实并非如此。

以"规范阐释"为内容的传统的法律解释方法与法律的属性形成对应：第一，法律规范的抽象性，要求具体案件的适用应建立在对规范含义的"文意解释"上；第二，法律是主权者意志的体现，为探寻"立法者真实意图"的"法意解释"提供了理论根据；第三，法律作为国家确认的行为规范体系，以权利和义务方式确立了各类社会交往的模式和后果。行为体系的日益庞杂以及可能存在的矛盾，使得以澄清某一行为的准确要求的"体系解释""利益衡量"成为必要。传统的解释方法在涉及规范的调整范围、内涵、规范间的关系等方面时都需要通过语义分析、立法背景考察、逻辑分析等工具来阐释其准确含义。因侧重法律条文的解释，相对于以价值为目标的裁判方法，此种解释方法被称为"法条主义"裁判方式。[3]

---

〔1〕〔英〕路德维希·维特根斯坦：《哲学研究》，陈嘉映译，上海世纪出版集团 2005 年版，第 11 页。

〔2〕苏力："法条主义、民意与难办案件"，载《中外法学杂志》2009 年第 1 期。

〔3〕孙海波："'后果考量'与'法条主义'的较量——穿行于法律方法的噩梦与美梦之间"，载《法制与社会发展》2015 年第 2 期。

确定性是现代司法价值的首要追求。人类社会的行为规则是维系特定社会秩序所必须的。规则的实现不仅对当事人而言是正义之归属，对社会来说也是秩序之根基。司法的不确定性会造成人们对规则效力的怀疑，从而降低法律的权威，导致社会秩序的瓦解。丧失法律的信仰或畏惧，其危害远远甚于个案不公。对法律确定性的追求，传统上借助于规则"实然意义"和"应有之意"的探寻。自法学成为较早的学科和职业以来，对法律的解释就遵循着以规范含义的探寻为中心的方法。古罗马的注释法学派开启了规范解释的先河，法学家对法典的解释丰富了法律的规则，也促进了法院审判实践的发展。这种实践在此后的上千年主导了司法环节的法律解释。

十九世纪以来，法律工具主义理念盛行，社会领域内的立法鳞次栉比，"法条主义"的解释方法逐渐无法适应社会发展的节奏，显示出拘泥于条文的机械和僵化的状态。如基尔希曼所批评的："法律的原则、概念并没有得到更为清晰的表述；分歧非但没有减少，反而增多了，即使人们通过最为艰苦的研究工作而确信已经获得了不可动摇的结论，可是不消十年，争执又会重新开始。"[1]工具主义的负面效应逐渐显现：社会交往的程式化和规则化提供了交往正当性的标准，但不幸的是，工具主义的膨胀导致它似乎通过提供唯一"正确"的行为准则而取代了多样的社会生活。而法律解释在追随法律工具主义过程中表现出的信心百倍，更是起到了添薪助柴的作用，最终引起了二十世纪初期学界对实在法功能的反思，促使了一大批法学流派的产生，如法律现实主义、批判法学派、新自然法学派、分析法学派等。

对法律形式主义及以规范为中心的解释方法的变革产生推动作用的主要来自两股潮流：一是规范外部要素的引入，即事实、行为、价值、心理、意志等因素被纳入立法和司法环节中；二是规范内部认知的革新，即以语词的指称、功能和意义的精致分析和解释，来建立规范与事实、行为之间的实质联系。第一股潮流成功推动了社会法学、批判法学、后现代法学、法律经济分析等学派的产生，第二股潮流则产生了分析法学，其成功改良了实在法学，使其在语言分析的基础上获得了新生。

---

〔1〕〔德〕J. H. 冯·基尔希曼："作为科学的法学的无价值性——在柏林法学会的演讲"，赵阳译，载《比较法研究》2004 年第 1 期。

从认知程序来看，实在法学将法律作为特殊的规则，人们根据规则的属性、功能、价值、结构等得出认知规则的方法。分析法学将规则看作一种语言，通过与日常生活用语的对比，对法律语言的类型、功能、意义、效果等进行还原，将法律词汇的使用与具体的对象和行为相对应。面对现实主义法学关于法律规范僵化保守的批评，分析法学不仅丝毫没有退步，反而在概念阐释的道路上开辟出一条新路。不过，分析法学着重语言在日常生活中的实际所指，把事物、事件、行为等的认知与语言认知相结合，实际上也与传统的规范认知有所不同。

本章分析法条主义裁判方法在简易案件和疑难案件中的法律适用。分析实证法学将语义学引入规范法学领域，在一定程度上暴露出实在法的不足，也为解决此种不足提供了思路：或在疑难案件中允许法官造法，或根据法律体系内的基本原则作出裁判。在理论上，分析实证法学根源于语言哲学，而语言哲学的发展与逻辑实证密不可分。缺乏法律逻辑或法律推理，大多产生于缺乏对法律语言关系的把握。虽然日常生活中大多数人对本质与现象、可能与现实、偶然与必然、现象与规律、形式和内容、主体和客体、特殊与普遍、质与量、种与属、原因与结果等的基本逻辑关系都有大致的认识，但只有部分人能在具体的事物中形成清晰的逻辑。如果忽略这些统领词汇关系的逻辑方法的使用规则，在语言表达上轻则出现语义重复、缺乏层次的问题，重则导致逻辑混乱、含糊不清。在司法裁判中，语言分析和逻辑实证对于案件事实关系的梳理和规范的阐释更是彼此关联。

第一节　修辞学与释义法：有关裁判的逻辑推理

律师在法庭上的精彩辩论往往被形容为"口若悬河""唇枪舌剑""言辞犀利"等。不过，有时这种形容会走向另一个极端，"巧舌如簧""强词夺理""信口雌黄"等词语充满了对律师辩论的反感和怀疑。随着法律认知的提高，虽然人们不再认为律师为犯罪嫌疑人辩护是"为虎作伥"，也不会认为只要替"弱者"辩护就是"伸张正义"。然而，认为律师可以曲解法律甚至操纵法律的仍大有人在。而每当疑难案件产生舆论分歧时，对法院审判公正的质疑更是甚于口诛笔伐。案件诉讼的当事人，一方面对于专业性与技术性很强的法律问题充满困惑并期望得到律师和法官的帮助，另一方面对于法院和律师是否会滥用语言优势又持有疑虑。

然而，任何人都不会认为律师和法官在法庭上通过援引法律条文或是先例，以支撑其某种观点或作出某种决定是一种"诡辩"。在诉讼程序中，双方律师的辩护是否被采纳最后要接受法官或陪审团的检验，而法官的判决则可能受到上诉法院的审查。饱含激情的、辞藻华丽的、演讲式的法庭陈述和辩论如果不是建立在逻辑严密的、表达清晰的论证之上，只是哗众取宠的表演，难以在事实认定和法律适用上产生法律效果。撇开用于博取同情或唤起共鸣的法律修辞，真正具有实质意义的仍是那些冗长的、深奥的、生僻的法律词汇及法律条文。

法律语言最早是作为一种话语或修辞被特定群体传授的。辞令学作为社会分工尚未形成时期的知识体系，包含了从事政治、经济、法律、社交等领域的基本术语及其表达方式。随着专业领域的形成，辞令学逐渐从学科知识转向语言与逻辑的认知，此后成为语言学和逻辑学的早期形态。而法律领域则随着人类交往的扩展而形成独立的社会科学部门，并逐渐发展为规范性的话语体系。

一、辞令学方法：社会关系的铸造与雕饰

亚里士多德在《修辞学》一书中说到，演说者要能作逻辑推论，要能分析人的性格和美德，还要能分析人的情感以及产生情感的原因和方式。所以修辞术实际上是论辩术的分支，也是伦理学的分支，伦理学应当称为政治学。我国学术界已经习惯将 rhetoric 翻译为修辞学，实际上，rhetoric 在古希腊、古罗马时期是关于进入公共领域的话语的学习，是关于公共领域的政治、道德、法律等词汇的学问，而不仅仅是说话或表达的艺术。因而，翻译为"辞令学"似乎更为贴切。辞令学在当时广泛涉及几乎一切社会领域，其是社会科学尚未分化时的总称。

（一）知识学

关于法律评论、法庭辞令的最早的传统，无论是在法律语言的学习上还是将日常语言用于劝说和诱导行为上并无区别。以希腊和罗马为代表，传统辞令的最显著特征是其学科和事项范围的异常宽泛。辞令是对所有公共演讲的研究，其最核心的内容是就语言的场景（受众）及其功能（实践上的——政

治、法律、意识形态的）的适当性进行高度详细地分析。对亚里士多德来说，辞令学可以被界定为"发现任何领域的劝说的可能形式的工具"。因此，辞令学的规则并不限于某一具体特定的领域的适用上。换言之，辞令学是普遍性的，它是有关行为的科学的分支，可被恰当地称为政治学。[1]

对于西塞罗而言，辞令学是研究有用的演说的学问，即"那些适合听众身份及其感兴趣的话题的演说，是那些因与现实相关而具有说服力的演说"。[2]对早期的辞令学家来说，辞令学是将演说作为行动研究，即可以劝说行动的演说。因系统地使用语言和辩论技巧，从而使话语具有相关性和效力。"雄辩……不仅使听众知道应当做什么，而且使之去做他们应当做的。"[3]这种思想对当代语言学"以言行事"的观点的提出，以及语言类型中"规定性""评价性"语言的认知，具有特定的意义。

早期，辞令学学习的目标是进入公共领域。最早的辞令学涵盖了非常广泛的学科类别。通常辞令学研究哲学（辩证法、推理、证据）、政治、法律、语言和社会心理等。在任何一个领域，其目标都是实际性和功能性的：在有限的共和的政治环境中，以及在城市不同的议会和裁判庭的制度与机构中，语言是进入公共话语领域的权力。[4]法律的研究是辞令学的一个分支。法律辩论也未区别或优越于其他辩论。有关辩论的语言工具和方法的辞令学研究也像其他领域一样运用于法律演说中。

（二）从知识学转向修辞学

尽管辞令学具有诸多优点和明显的吸引力，但仍在特定的历史和地区存续很短时间。作为研究语言和法律的方法，其在欧洲语言学和早期法理学的发展中都不是主流。甚至辞令学最成功的实践者也承认它是危险的，因为辞令学所关注的可能性不是真理。它说出了辞令与知识的区别：劝说不是确信，类比（隐喻）不是本质（必要/唯一）。[5]西塞罗就曾认为，辞令是实践和实践者的工具，它是公共演说的艺术和批评，它并不被视为当然的真理，

[1] Aristotle, *Rhetoric* (1886) 9 (Bk I. i. 1355-56).
[2] Peter Goodrich, "Law and Language: An Historical and Critical Introduction", *Journal of Law & Society*, Volume 2, Number 2, Summer 1984, p. 175.
[3] St Augustine, *On Christian Doctrine*, 1956, p. 323; Cicero, Topics 166-169a.
[4] Peter Goodrich, "Law and Language: An Historical and Critical Introduction", *Journal of Law & Society*, Volume 2, Number 2, Summer 1984, p. 175.
[5] Aristotle, Metaphysics (1957) 4 1006 b 13.

而是积极的和主题式的辩论，以此确定历史和政治群体的需求和选择。[1]

欧洲十六世纪至十七世纪理性主义哲学的兴起恰与辞令学的衰落相合。辞令学在这一时期变为关于语词修辞的分类、风格分析，即对语言使用的表面的、审美的和非本质特征的研究。辞令学因此被哲学和文献学取代，后者研究权威的、单向的和明确的话语，其意义被视为具有体系性，来源于上文并能引申出下文。[2]辞令学的衰落同时也是其被逻辑学吸收的过程。其时，辞令学被贬称为"第二位的语言"，如"居所"曾被用于指代"租借的房子"一样。辞令学被认为偏离规范语言学，进而偏离知识哲学。知识哲学被假设是"第一位的语言"，其中，字词的含义是单一和真实的。含义通过注释传统被理解，暗含词语的意义也有源流或权威出处，或是著名学者最先规定的含义，通过分析和注释来重获其含义。[3]这种关于专门性词汇的语义探寻方式，在法律领域可追溯至罗马时期的注释法学派。

在法律与宗教文本中，可以发现很多词语的含义。通过将主流语言分析范式引入当时的实证主义哲学，可以观察到，历史上重要的法律制度得以在此种注释传统下延续，并且逐渐被采纳到后世的成文法中，通过参照这些立法模本，立法者得以对社会实践进行注释性或解释性的控制。罗马法在十一世纪到十二世纪的欧洲被逐渐接受，并成为当代法律传统的基础，是文本研究范式的典范。在博洛尼亚建立的第一个法学院，其主要的学习内容是研究抄本，即新发现的国法大全。注释家在查士丁尼法典中创设的法学方法是高度哲学性的，是以假定民法文本具有神圣的、权威的效力为基础的。换言之，西方国家第一个被研究和讲授的法律并不是本土性的，而是神谕性的。它是包含在一系列文本中，应被理解为包含一个完整的和系统性的原则体系，被视为理性的体现，并作为"所有演绎的源泉"而存在。[4]

尽管教条主义危机和极端法律变革时期，经常伴随成文法地位的日益衰

---

[1] Peter Goodrich, "Law and Language: An Historical and Critical Introduction", *Journal of Law & Society*, Volume 2, Number 2, 1984, p. 176.

[2] See, J. Kristeva, *Desire in Language* (1982) ch. 1; M. Foucault, Power/Knowledge 1980, pp. 78–133.

[3] 现代研究中，对语言含义的探究抛弃历史或权威出处，根据现实另行建立起一套语言系统的最大困难在于无法获得专业领域人士的认同。不同的文体（语言）有其特定的受众群体。

[4] P. Vinogradoff, *Roman Law in Medieval Europe* (1929) ch. 2, 4.

落，或法律术语的废弃，在此过程中，相反的或非正式的实践有可能导致法典成为遗迹，然而，对文本解释的连续性却一直传承下来。尽管法典或成文法与实践的相关性程度总是处于变化状态，但精英阶层关于法律解释具有启示性的学问却是不变的。[1]

（三）修辞学的审美与创新

辞令学形成于人们在个别领域创设话语、建构社会话语体系的时期。尽管辞令学在今天早已分散在不同的法律领域，法律修辞学是否成为一门学问也尚待检验。[2]国内近年来对法律修辞学的研究日渐清晰，并能结合中国实际对中国古代的法律修辞资源进行总结，对古代立法表达与司法判决中的修辞特色，尤其是中国古代司法裁判书在不同历史时期展现出不同的修辞意蕴进行系统研究。在现代，政治、社会意义上的修辞也在以新的方式潜入法律领域，一定程度上影响了既有的法律修辞。

对这些修辞的功能、价值、优势、弊端的正确认识，是立法、司法领域提高法律制定与适用精确度的重要前提。修辞具有语言的内容与形式。在法律领域，修辞体现了语言精确化的要求；在文学领域，修辞则是法律语言的张力。不过，法律语言一旦固定下来，摆脱辞令学在语言运用上的修饰和审美风格，就倾向于保守、晦涩。因而，尽管具有专业性和严谨性，但法律语言的表述风格却广受批评。法学论文被批评为"语言晦涩，充斥着无用的理论性文章，包含太多的注释等"。[3]早在1936年，著名法学家兰德尔教授就因为不满法律期刊的文风和内容，而决定不再向法律期刊投稿。[4]对于改变法律语言的风格，弗莱德曼教授认为应从法学教育开始，"法律语言的传统经由法学院更新和自我复制"。法学院应当通过更加重视法律风格的社会与

〔1〕 Peter Goodrich, "Law and Language: An Historical and Critical Introduction", *Journal of Law & Society*, Volume 2, Number 2, Summer 1984, p. 178.

〔2〕 近年来，舒国滢教授、焦宝乾教授等在法律论题学、修辞学等领域开展了深入细致的研究，重新还原了法律史中这一重要的语言发展阶段。参见舒国滢："寻访法学的问题立场——兼谈'论题学法学'的思考方式"，载《法学研究》2005年第3期；焦宝乾等：《法律修辞学：理论与应用研究》，法律出版社2015年版。

〔3〕 Richard S. Harnsberger, "Reflections About Law Reviews and American Legal Scholarship", 76 *Neb. L. Rev.* 1997, p. 681.

〔4〕 22. Fred Rodell, "Goodbye to Law Reviews", 23 *Va. L. Rev.* 38, 1936.

历史基础来开创优良文风的先河。[1]实际上，在法律实践领域，在法律论证的严谨与法律修辞的审美之间维持适当的平衡，更是法律确定性与灵活性、权威性与可接近性、保守性与开放性之间调和的关键。

在今天，法律辞令学已发展为法律学、法律语言学（the language of the law）、法庭语言学（forensic linguistics）等具体领域。法律语言的认知因此在两个方向上前进：一是侧重语言学的视角，关注法律语言的产生、发展；法律语言的沟通功能、简洁与效率作用；法律语言在法律职业化进程中的作用；社会变迁对法律语言风格的影响等。[2]另一种采取语义学进路，侧重法律语言的功能；法律语言的具体所指；对法律规范的表述进行研究。例如，指出法律的"模糊"旨在赋予法官或行政部门以自由裁量权。当司法或执法的具体情形相对复杂，立法就会通过此种方式来实现法律对社会生活的弹性调整。与此相反，法律的"冗杂"则是为了限制自由裁量。因为成文法需要被严格解释。成文法的语句越严格，法院通过解释来修改成文法的难度就越大。[3]

二、释义法：分析实证学派的理论渊源

人类所创造的语言与其描述的现象之间具有特定的联系。在认知自然的过程中，一些表达基本语意的词汇被创设出来。苹果、松树、梅花鹿等名词与具体的事物相联，跑、跳、飞等动词与具体的动作相对应，红、绿、蓝等形容词与具体事物的颜色相对应。随着人类社会的形成和发展，有关情感描述的词汇，例如喜爱、憎恨、恐惧等被定义为人们对某事物的态度，而有关人际关系的词汇，例如独立、亲疏、远近等则被界定为对某种生活方式的态度。尽管语言的创设是人类集体行为的结果，后人很难准确地探寻先人在创设语词过程中的逻辑和思考，但将语言的产生过程视为人们通过感官对外界和自身描述的产物，词汇所表达的具体含义便可相对准确地"还原"出来。

法律概念的准确含义是法律解释的重要内容。法律术语的产生也与事

---

〔1〕　Lawrence M. Friedman, Law and Its Language, 33 *Geo. Wash. L. Rev.* 563 1964-1965, p. 579.

〔2〕　Lawrence M. Friedman, "Law and Its Language", 33 *Geo. Wash. L. Rev*, 1964-1965, pp. 564-572.

〔3〕　Lawrence M. Friedman, "Law and Its Language", 33 *Geo. Wash. L. Rev*, 1964-1965, p. 575.

物、行为、情感等相关，如财产权、人身权的概念产生于对事物的主张和权利，侵权、犯罪的概念产生于对行为的评价，公平、平等、自由等概念产生于对情感和价值的选择。尽管许多法律概念已经在法律框架内作出规定，但其内涵和外延会随时代的发展而相应变化。如果社会关系发生变革，但法律概念的含义仍维持原规范体系内的含义，就无法涵盖现实社会中的现象。传统上，法律概念的解释在法学界以"规定"的形式作出，概念的界定者往往不从人类对概念使用所要表达的基本认知目标的角度去下定义，而是从概念体系中寻找，结果往往陷入解释学的循环。例如，关于"合同"的概念，如果将其界定为"做或不做某事的承诺"，则此种界定是采取日常语言的定义方式，容易为普通民众理解。但如果将其界定为"设立、变更、终止民事权利义务关系的协议"，则需进一步阐释权利、义务、协议等法律语言，才可被普通民众接受。维特根斯坦曾警告：一个命题必须用旧的词告诉我们一种新的意思。语言不能描述本身反映在语言中的东西。我们不能用语言来表现本身表现在语言中的东西。[1] 将法律概念与具体的现象相联系，考察法律概念的含义是否明确表达某类事物、某个行为或某种价值的特征及意义，是法律解释的途径以及法律共识的基础。

（一）日常词汇的释义

边沁最早注意到人类所学习的语言现象与其所描述的现象之间的不同。他创设了一种特殊的元语言模型来构建分析普通语言。边沁所创立的关于语言性质和意义的系统理论是其思想的基础。他首先区分了两类词汇，一类是对理解任何其他词汇或其意义并非必要的词汇；另一类是其意义承担着必要的和或多或少直接或隐含其他词汇含义参照的词汇。第一类词汇，因其代表或指代现实世界的事物，通过定义赋予其意义，并且这一程序可以起到替代其他指代同一事物的词汇的作用。由于抽象的词汇在被感知的经验中无参照，无法以此方式赋予定义，而必须从其与其他词汇或词汇群中衍生含义。这与罗素所说的完全象征词汇和不完全象征词汇具有相同含义。完全象征词汇是具有独立含义的词汇，不完全象征词汇是必须置于其他象征词汇中才能予以理解的词汇。[2] 边沁的语言分析方法就是从这些代表或指向实际现象的

---

〔1〕 ［奥］维特根斯坦：《逻辑哲学论》，贺绍甲译，商务印书馆 1985 年版，第 41 页、第 45 页。

〔2〕 Whitehead & Russell, *Principia Mathematica*, Cambridge Press, 1964, pp. 66–84.

词汇开始，然后使用它们去阐明抽象词汇的意义。

边沁认为，语言本质上是关于事物的交流工具。交流的最根本的概念是边沁所命名的"实体"（entities），即在话语中使用实际名词时有关对象的名称。实体可以分为两类，可感知的和推论性的。可感知的实体是可以通过感官直接认识的，而无需推理和反思；推论性的实体，是无法直接通过感官证据认识，而需要通过理性程序加以推论的实体。树木、岩石、桌子等事物是可感知的实体，月球等实体，对于大多数人而言是推论性的实体，因为其存在只有被实际观察和感受时才能被确信。在边沁看来，所有的实体都既是真实的也是虚构的。他将真实的实体界定为"在对话的场合，以及为了对话的目的，存在是真正可以被归因的"。虚构的实体，尽管通过语法也可以赋予其存在，但并非真正的现实的存在。边沁认为，所有的知识都来源于感知，因而所有虚构的实体都直接或间接从某些真实的实体中衍生出含义。他指出，不仅每个具有实质意义的词汇也有非实质性的意义，而且每个具有非实质意义的词汇也有或曾经有过实质性意义。[1]因此，为了解释一个虚构的实体，必须指出该词汇所具有的意义与一个或多个真实实体意义之间的关系。他所建议的将虚构实体与真实实体相联系的方法是，选取予以分析的词汇，即虚构实体的概念，之后将其放到一个句子中，再应用到另一个句子中，如果在该两个句子中具有同样的含义，就可找到相应的真实实体的名称的主要和特征性的词汇。

边沁将此称为释义法（paraphrasis）。这一主张包括三部分，主语是可能成为真实或虚构的实体；谓语是何种属性可归于或赋予该实体；系动词是心理活动的表现，借此，归因与赋值可以实现。当一个命题的主语是某个虚构实体，谓语是赋予该虚构实体的某一属性的名称时，关于某一实际行动或状态的特定类型的印象（image）就会在心灵中呈现。边沁将这种印象称为拱形、象形或原型印象。将这类印象归于一个虚构实体的过程，称为范型（原型化）。原型印象表明，"词汇所具有的实质性的印象，采取了古老的意义，包含了表意因素"。[2]边沁所说的词汇"古老的意义"，是通过追问某一词汇（虚构实体）在普通人的语言中的另一种表述（谓语，具有该词汇属性

〔1〕 J. Bowring, *The Works of Jeremy Bentham*, Thoemmes, 1995, p. 329.
〔2〕 J. Bowring, *The Works of Jeremy Bentham*, Thoemmes, 1995, p. 127.

的另一明察）方式发现的。例如，土地财产权的概念是一种虚构实体，其"古老的意义"可以理解为"主体对土地享有的不受他人干扰的权利"，无论是以篱笆、看门狗或是"不得侵入"的标示等形式，表达的均是土地财产权权利人在原始权利主张上"我的""你的"的区分。

边沁进一步指出，大多数的错误、模糊、不一致，产生于我们语言的主谓结构强迫我们断言虚构实体的存在，以便于用其进行交流。他举例说明这一问题：许多人都无法耐心听取那些关于他已经习惯言说的事物的有争议的观点，因为他将其视为其权利。当主张虚构的实体存在时，并没有较小程度的价值，也没有给予较低的褒奖，主张完全被作为证据接受。并且，所使用的词汇强度和频率越高，该证据的完全性和结论性就越被尊重。[1]这说明，习以为常的概念往往因人们的共识而忽略其表意上的不精确。尽管认识到这些风险，边沁仍然认为使用虚构实体的词汇是不可避免的。因为精神思想可以被言说的唯一方式是指称它们，正如其是物理上或是实际上存在的事物一样。

（二）法律词汇的释义

人们通常认为，任何词汇若具有意义，必须指向可通过感官经验认识的现象。那么对于诸如权利、义务、费用等词汇在现实世界中并无参照的情形，实证法学家通常有两种处理方式。一种方式是通过将这些词汇与事实联系起来，使用诸如功能性定义的方式赋予其含义，如边沁和霍姆斯所做的。

许多法律概念，如权利、义务、责任等并不与实际事物直接相关，属于边沁所说的虚构实体的范围。他建议，为了阐明法律问题，这些虚构实体必须通过释义程序，回归其实质性的对应物上。[2]边沁认为最基本的法律概念是义务的概念，因为诸如权利和责任的概念都是建立在此概念基础上的。义务这一虚构实体所产生的真实实体是"痛苦"。用边沁的话说，"义务是加在人身上的负担"。义务的原型印象，是"一个顺从的人，遭到来自严重的身体上的强制，使其知道在此情况下或者禁止做任何事情，或者实施被要求的行为"。说某人受到某一义务的约束，就是使用这样一种原型印象，即他

---

〔1〕 J. Bowring, *The Works of Jeremy Bentham*, Thoemmes, 1995, p. 328.

〔2〕 Joseph C. Smith, *law, language, and philosophy*, 3 U. Brit. Colum. L. Rev, 59, 1967–1969, p. 68.

被一条绳子或带子捆绑去实施特定的行动。这种对义务的理解与汉语中的"役"以及由此衍生的"地役""兵役"等含义有异曲同工之处。

霍姆斯也指出不应满足于词汇的空洞形式。"如果我们希望保持实际的和真实的东西，所考虑的不能只是词汇，或至少应不断地将词汇翻译为其所代表的事实。"[1]除非词汇被"翻译"为实际经验，否则就是无意义的。任何无法用事实来衡量的词汇，从需求的角度看，都注定要宣布破产。[2]布瑞德曼将法律概念还原为行为。他认为任何概念都不过是一套行动概念，对应于各自的行为体系。例如，"长度"一词可以界定为测量行为，即用特定的测量工具来测量某一物体的行为。[3]

与此相反，另一种方式是主张权利义务等法律概念无意义。瑞典法学家哈格斯多姆采取的是后一种立场。它批判了边沁、奥斯汀关于法律是主权者命令的概念，指出这一事实基础并不符合人们所意指。哈格斯多姆认为，权利、义务、责任等概念的早期起源是神秘力量，在古代被认为是通过履行特定的"仪式"创设和赋予的。因此，当某人认为他有法律上的权利，他就被认为具有针对特定人或事物的超自然的力量。除此之外，权利与义务都无意义。因此，尽管哈格斯多姆认为法律建构是形而上学的观念，不具有意义，但其发挥着重要的心理上的功能。[4]显然，哈格斯多姆也采取了"还原式"或"追溯式"的方法，不过在追溯的源头上采取了不同的主张，认为权利和义务并非是"命令""事实"或"行为"，而是心理的"畏惧"或"信仰"。这种语词与心理的对应，或许可以理解为特定民族早期文字或语词产生的特定形式。

（三）释义学的方法意义

将法律概念解释为与事实、行为、价值相关的做法，是对传统法律概念认知的突破。也是摆脱概念法学教育弊端的有效路径。法学被视为与枯燥的法律条文打交道的学科，对概念的"死记硬背"也成为法律学习的必经阶段。当案件面临需要对某一法律条文的术语进行解释时，惯常性的做法是以教科书上的定义或是学者的理论为支撑。然而，对权利和义务的理论界定往

---

〔1〕　O. W. Holmes, *Collected legal papers*, Harcourt, Brace and Houe, 1920, p. 238.

〔2〕　F. S. Cohen, the legal conscience, 1960, p. 48.

〔3〕　P. W. Bridgman, *The logic of modern physics*, Beaufort Books Press, 1927, p. 5.

〔4〕　Joseph C. Smith, *law, language, and philosophy*, 3 U. Brit. Colum. L. Rev, 59, 1967–1969, p. 75.

往是多视角的，有的从功能角度出发，有的从属性角度认识，有的从表象层面分析，有的从学科视角切入，诸多的学说和理论虽然提供了多方位的认知，但却在某种程度上偏离了认知的本质，将概念与其实际所指淹没在非本质性认知中，增加了对法律概念本质认知的难度。

法律概念大量分布在主体与客体、权利与义务、行为与动机、事实与价值等领域，诸如自然人、企业、行政主体、知情权、告知义务、缔约过失、应当知道、损害、不可抗力等概念，具有较强的虚拟属性，虽然在多数情况下已由法律明确界定，但也不乏界定不清、解释循环或词义泛化的情形。在一般情形下，歧义性概念尚可根据法律条文或法学理论作出解释，但在疑难案件中，这种解释常常陷入解释循环。将概念还原至语言所指称的事物、现象、行为、情感等术语，有助于在理解概念的日常语义的同时，对概念的核心性要素有更加准确的把握。

在法律解释中，释义学方法的性质也存在着争议。如果不考虑法律机构的实践性和阐释性立场，就难觅法律存在及内容的方法。[1]然而，除了公开的立法草案、说明、建议稿、解释、指导性案例等，法律机构的阐释性立场往往较难探寻。研究者以"立法者如果遇到此种情形就会如何或就不会如何"的分析，在一定程度上是试图以个人立场代替立法者立场。

第二节　规范法学方法：裁判的形式合理性

人们对习以为常的事物总是缺乏足够的重视。语言即是其中最重要的一例。尽管人类使用语言已有几千年历史，但早期的语言认知表现为语法、辞令等语言现象的学问，而较少涉及语言的功能、意义等语言方法的认知。现代语言学的产生是在十八世纪初期，距今也不过两百多年时间。然而，在短短两百年的时间，语言哲学的发展却对人类社会科学认知产生了翻天覆地的变化。语言分析为传统哲学的核心问题，如世界的本原、主体的理性、认知的方法、价值的生成等的重新认知提供了新的方法和视角，因而也被认为是二十世纪哲学社会科学思潮的一个重要转向。

---

〔1〕　［英］拉兹："纯粹法学的纯粹性"，李诚予译，载葛洪义主编：《法律方法与法律思维》，法律出版社 2016 年版。

在微观层面，个体的话语体系显示了其身份、地位、立场、品位、人格、性格，等等。人是语言的产物，语言的能力决定着思维和行动。一方面，主体对话语具有选择权。不说脏话并不意味着不理解脏话的含义，而是该语言被主动过滤了，主体选择了文明待人；另一方面，话语的掌握与特定思维的养成相关。文艺思维、法律思维、数学思维等均与长期接触某一语言相关。即便大话与空话也是某些领域的交际语言，如果不通过一定时间的学习，也很难熟练运用。语言的丰富程度决定了个人对世界的认知程度。如果要了解机械方面的知识，就需要对动力、摩擦、机床、制造等术语充分了解；如果要具有教育的理念，就要对教育理念、教育方法、学习动力、学习方法、知识价值等概念形成体系性认识。主体对某一领域语言掌握的多少，反映了其自身知识体系和价值体系的构成。不同的当事人、律师、立法者、法官作为独立的个体，对法律概念的掌握也必然有所不足或有所偏好，因而会在法律思维的严谨性与法律认知的系统性方面有所差异。现实主义法学派即是从这一角度出发，主张法律认知的过程中不可避免地充斥着主观因素，法律原则、规则和判例都不具有普遍意义，"纸上的法律"不同于"现实的法律"。卢埃林曾指出，初审法院在认定事实上有两方面困难：一是证据和证词往往是不准确的，二是法官和陪审员对同一情况会产生不同的认识。法律确定性只是幻想。[1]作为现实主义法学的激进后代，批判法学派对法律的概念体系进行了彻底的解构，将概念所确立的普遍性意义置于特殊场景下考察，指出其在语言张力上的不足和规范确定性的缺陷。[2]

在宏观视角，概念体系的完备对国民法律意识的养成和国家法制的健全具有基础性的意义。系统的领域知识是建立在概念之上的。而概念作为人们对事物的指称，总是与现实社会的人、事、物、行为等一一对应、种属关联。在法律领域，法律概念与政治、经济、社会概念交叉重叠，例如，宪法的国家主席、政权、民主、选举、权力，商法的公司、法人、股东、董事、资本，民法的契约、婚姻、继承、财产、侵犯等概念均来自法律所调整的广泛社会领域，对这些领域的人、事、物、行为进行建章立制，必然首先对其内涵和外延进行界定。而在这一过程中，一些概念的含义会在法律层面上被

---

〔1〕　付池斌：《现实主义法学》，法律出版社 2005 年版，第 37~39 页。

〔2〕　付池斌：《现实主义法学》，法律出版社 2005 年版，第 199 页。

认可并固定下来，一些概念会被过滤掉某些含义并重新被赋予法律上的意义。在此，一些模糊的、大写的概念在特定场景中被使用，而概念实际指代为何的问题却不被考虑。因此，为实现观察和交流便利，在某些共识的基础上进一步讨论的需求变得必要。韦伯的"术语学"的方法，是在这一领域的成功尝试。在当代的立法实践中也可见其实际运用。[1]

在构建某一学科的知识体系的过程中，概念方法发挥了不可替代的作用。但概念会随社会结构和社会关系的不断发展而产生精确性不足的问题。概念如儿童的衣服，八九岁的童装无论如何没法穿在十几岁少年的身上。社会的发展带来新的概念，以往的概念也会因为新的交往形式而发生变化。由于事物关系和行为关系的改变，概念相互之间也在含义上呈现此消彼长的关系。概念体系在快速发展的社会中，如同百年老屋于风雨中飘摇。

在法律领域，概念统一—概念分歧—概念共识是法律制度发展完善的必经之路。立法对法律术语作出统一规定，司法过程中的疑难情形导致概念适用的分歧，通过立法的完善或司法的解释，重新对概念进行界定，最终实现概念在新的场景下的共识。

一、概念的系统性功能

概念产生于人类对事物的指称。人类在长期的进化中，学会通过控制发音来表达意思，并逐渐对诸如事物、行动、颜色、状态、空间、时间等的描述取得共识，形成名词、动词、形容词、副词、介词、连词等语言要素。在语言的产生过程中，有理由相信一些有具体所指的，并与人类生活直接相关的词汇，如果子、鹿、狼、石头、手等最先被创设出来；一些描述行动的词汇，如跑、跳、爬、吃、看等，会在肢体姿势的演示下产生；而一些抽象的名词，用以表述空间和时间的词汇，如上下、里外、前后、刚才、去年等，则是随着人类活动范围的扩大和记忆意识的强化而创造出来的。不过，由于年代的久远，加之语言现象并未引起早期学术研究的关注，任何试图揭示语词产生顺序的研究都只能是一种猜测。不过，可以确定的是，与人类对认知的过程同步，词汇和语言的发展过程也是认知确定性不断加强的过程。

---

〔1〕 ［德］马克斯·韦伯：《论经济与社会中的法律》，张乃根译，中国大百科全书出版社1998年版，第13~15页。

概念还建构了人类对外界和自我的理解。概念和语言作为传递信息的工具，是社会化的产物。在社会交往过程中，个体既是语言的创造者，也是语言的传播者。语言是在人类实践中逐渐形成的，其存续的一个重要条件是群体和社会的延续性。在大众语言的冲击下，一些方言和少数民族语言面临着失传或绝迹的风险，一方面是由于言说群体的减少，另一方面也是由于这些语言对新的社会现象无法提供更为准确的、有效的信息所致。特定领域的法律语言同样面临此种危机。正如民法、经济法、行政法等部门法在不同时期的勃兴所显示的，当一种法律在社会转型时期获得显著发展，该领域内的法律概念就会被创造并渗透到相近领域。而一旦新的社会变革来临，不合时宜的法律概念就会被使用者遗忘或废弃。

语言表达的目标是实现共识。较易形成共识的领域是共同的话语系统和群体。语言传递了千百年来人类积累的智慧。不在人类社会中成长，野人的智力或许与猿类更为接近。特定的话语群体赋予参加主体特定的身份。在社群中，如家庭、学校、公司、政府机构、教会、社区、法院等，身份是主体获得群体认同的前提条件。这些身份是建立在共同话语的基础上的。因为身份被认同，个体才能对群体的价值产生认同感和归属感。没有身份的认同，人的原始的恐惧、孤独就会主导人的情感。在此意义上，法律语言、法律职业共同体身份、法律人的话语体系及信仰，都是建立在语言认知的共识上的。

（一）描述与规定：确定性思维

语言的表达形式灵活多样。人们基于不同的视角，对语言的类型可做不同的分类。例如根据日常功能划分，可分为传递问候的语言、提出行为要求的语言、抒发感情的语言、述说见闻的语言等。奥斯汀从语言对行为影响的角度，将语言分为表意话语、施事话语、施效话语。通过划分语言中动词的类型，来对"以言行事"的效果进行分类。[1]将复杂的语言形式还原到人

---

[1]　"施事话语"是奥斯汀言语行为理论的核心，他根据不同的动词把"话语施事行为"分为五大类：判决式（verdictives），一般由宣判、估计、发现等动词表示；执行式（exercitives），一般由任命、命名、建议等动词表示；承诺式（commissives），一般由承诺、发誓、保证等动词表示；行为式（behavitives），一般由感谢、欢迎、抱怨等动词表示；阐述式（expositives），一般由确认、回答、接受等动词表示。这些动词"阐明了我们的语句如何同论证或谈话的过程相适应"。参见 J. L. Austin, How to Do Things with Words，《如何以言行事》，外语教学与研究出版社 2002 年版，第 100~150 页。

们使用语言的三类主要目的：一是表达善意或表明无恶意的语言用途，常见于问候性语言；二是传递信息的语言，常见于述说见闻；三是表达观点的语言，主要表现为评价性语言。传递信息的语言也称描述性语言，通常着眼于过去的事实和行为，以真实为主要价值标准。虚假的信息和事实产生错误的决策和失败的行为，因而被经验排斥。评价性的语言分为两类，其一是对过去事实和行为的看法，其二是对未来的事件和行为的预测。该类语言或者表现为个体对具体事实的看法（如对某项政策的评论），或者表现为对群体的一般性经验规则（如习惯、法律、道德等）。

法律是一种群体性的评价性语言。法律规范结构中的"假定"（前提条件）、行为模式、法律后果对应了事实、行为、价值三要素，立法者选择生活中能对社会关系的形成或变革产生影响的事实和行为，赋予其法律含义，并规定其法律效果。占有的事实会产生什么样的对抗效力、正当防卫行为是否构成犯罪、善意施救但造成被救助人伤害的行为是否侵权，以及诸如此类的情形是否产生权利、义务和责任等，均通过法律的规定而具有一定的法律后果。

概念的规定性，将分歧的观点统一在规则之下。尽管人们可能对死刑是否应当废除、自首是否可以从轻处罚、土地使用权可否抵押等存在分歧，但一旦立法作出明确规定，分歧便仅限于学界的争论，法院裁判只能依据相关法律规定作出。相对于其他社会科学，法律的最大特点是准确性。例如，法律人虽然认可"专制"和"民主"不同，但其标准在法律人看来是缺乏明确性的。政治学、社会学会提供专制和民主的样本，但这些样本不过是融入了观察者个人喜好。没有法律的规定，我们甚至根本无法就财产应当私有还是公有达成一致意见。

形式主义法律方法的一个极致是只承认法律规定的有效性。法官只需根据法律的规定作出判决，而无需考虑规则是否正当、适用的结果对个案当事人是否公正。反对者会质疑这种排除一切讨论的方法，将其视为法律专断主义的典型。支持者则从形式正当性、法律的稳定性、可预见性等角度对此加以论证。然而，这些论证在反对者看来并没有直接回答他们所关心的问题——机械的适用法律忽视了个案公正，并且法律本身也需要与时俱进。实际上，形式法学的优点是在各种对立的、不可调和的主张中，提供了议论主体之外的第三方的解决方案，即法律的规定。尽管这一方案可能存在着缺陷，但其产生过程却是较大范围内民主的结果，并且，大多数类似的争论在立法时已经存在并被考虑到。在价值多元的社会中，即便是共同生活多年的夫妻也可能因为总统选举、明星离婚、政策施行而意见相左，甚至分道扬镳。如果缺乏明确的、足以平息争论的规则，这些本身属于观点、主张、价值判断的争论，结果只能是一方迫于某种压力或同情的考虑而妥协，很难出现一方被另一方彻底说服的情况。

法律的规定性带来了确定性，不过，这并不意味着任何规定都充满了主观恣意。无论是立法环节的事实调查，还是司法环节的行为定性，都建立在对生活事实的实际描述之上。准确的定性和定量分析，是对事实和行为进行规定的基础。

（二）归纳与演绎：系统性思维

概念构成了整体。法律体系内既包括权利、义务、责任、行为、事实、程序、诉讼等"大写"的概念，也有财产权、人格权、违约责任、犯罪、管辖等"次级"的概念，还有知识产权、隐私、解除合同、故意杀人罪、上诉程序等"法定"的概念。可以说，法律作为由概念构建而成的体系，就是关于概念的含义、特征、关系、区别、限定等的学科体系。

立法层面上，法律概念的层级化建立在逻辑严密的种属关系之上。在大陆法系，民法的上层概念是物权、债权、人身权、知识产权；中间概念是物权下属的所有权、使用权、担保权等，债权下属的合同、侵权、不当得利、无因管理等，人身权下属的身体权、人格权等，知识产权下属的著作权、商标权、专利权等；民法的下层概念则是担保权下属的抵押权、质权、留置权，侵权下属的一般侵权与特殊侵权，人格权下属的自由权、隐私权、名誉权等。在英美法系，尽管公私法不分，但法律概念的种属关系仍然存在。从普通法的产生来看，最先被创设的概念是令状（writ）、命令（order）、救济（remedy）、错误行为（wrong）等。令状的下属概念包括权利令状和特权令状等。权利令状又可进一步分为作为"起始令状"的对物诉讼令状（不动产诉讼）、对人诉讼令状（动产诉讼）、混合诉讼令状和作为"司法令状"的拘捕令状、移送卷宗令状、调查取证令状、强制出庭令状等。在对人诉讼令状中，不断发展出主要包括债务令状、非法留置动产令状、非法强占动产令状、契约令状、查账令状、直接侵权令状、间接侵权令状、赔偿损失令状、侵害遗失物令状等在内的类型。[1]可见，无论是大陆法系还是英美法系，法律的概念体系都遵循由高到低的顺序发展。具体的权利往往处于一系列上层概念体系之下。这就为具体权利概念的理解提供了产生来源、保障目标、体系地位等不同视角解释的可能。在疑难案件中，当具体规则无法应对特定事实时，可以依循概念层次寻求上级概念、原则的适用。

在司法层面，事实和行为定性的关键是发现是否有相应的"权利"和"令状"，然后循着该权利和令状收集整理相关法律规则。大陆法系的"权利"发现相对容易。例如，在买卖合同纠纷案中，买方"解除合同的权利"的行使首先需要根据交易类型从合同法、产品质量法、食品安全法、消费者权益保护法等法律法规中寻找直接依据；其次，要将"解除合同权"概念中的"合同目的不能实现""根本违约""重大损害""预见"等术语置于案件中考察；最后，与"实际履行""损害赔偿""不可抗力""重大失衡"等制度对照分析，从其他概念的条件和界限中进一步明确"解除合同的权利"的条件、例外、限制等。英美法系的"权利令状"表现为具体的个案。同样以买卖合同纠纷的解除合同为例，英美法系思考的程序则为：首先，对买卖合同的事实作出认定，从中发现双方争议的焦点、解除合同的主张、反对解除合同的理由、买卖合同标的、交易过程等。其次，假设属于房屋买卖，则收集"不动产诉讼"相关的"令状"，对比本案与先例中的事实，在"争议理由""主张""交易类型""行为特征""证据"等方面寻找相似情形。这一过程可能涉及多个先例对同一事实的认定。也可能涉及同一先例对事实的多个方面的认定。最后，通过比对，发现解除合同的事实和行为表征以及解除合同权行使的具体条件和制约因素，如"重大违约""实质性损害""预见或应当预见"等，结合本案的事实和行为的定性，作出判决。

通过对比不同法系基于概念的司法裁判过程可见，法律概念在法律运行中发挥了逻辑推理的功能。大陆法系的概念方法在逻辑程序上是从规则到事实，再到评价的过程，是一种"规则导向"的法律方法，概念对于思维的引导发挥了关键性的作用，因而属于演绎的方法；英美法系的概念方法遵循了"事实—价值—规范"的程序，是"事实（行为）导向"的法律方法，概念

---

[1] 胡永恒："普通法上的令状制度及其影响"，载公丕祥主编：《法制现代化研究》，南京师范大学出版社2009年版，第151~153页。

是思维的总结和归纳的结果，是归纳方法的运用。

（三）建构与解构：批判性思维

概念建构了法律体系。没有专门性的法律概念及对其严格的界定，无论是成文法还是判例法，都无法对社会关系分门别类地调整。法律通过平等、正义、民主、自由等术语建构了社会的基本价值观，构建了特定的政治秩序；法律也以权利、义务、责任等术语塑造了行为方式，建构了特定的经济秩序和社会风俗。"自由""民主""有权做""根据法律"等大量法律词汇已经进入人们的日常生活，发挥着构建理性社会秩序的功能。

法律概念作为"规定"事实和行为意义的工具，具有约定俗成的效果。任何试图探讨或反思概念命名的科学根据的努力，不是庸人自扰，便是吹毛求疵。生活事实并不完全以人的意志为转移，无心之举可能被评价为"危险行为"，从而应当承担法律后果。被法律赋予意义和价值的事实在某种程度上只是一种共识或民主立法的产物，无法提供给人们如自然科学般的确定依据。例如，各国关于"婚姻年龄"的规定、关于"完全行为能力年龄"的规定、关于"禁治产"制度的规定、关于餐饮业取得执照方可售酒的规定等，或产生于风俗、其他便利（如受教育年龄），或源于法律移植、借鉴等，若要给出确切的事实性或科学性根据是相当困难的。诸如此类的规则更多需要人的信仰而非质疑。除非社会结构发生改变，例如教育水平的提高增强了人们的认知能力，从而使对相关群体的保护性规定变得不必要，由国家来决定什么是"好"的生活已属多余，否则这类规则便具有不可反驳性。

不过，以词汇的精确分析作为案件解释的基本方法，具有保守的特性。过去的历史与事实背景下的规范和评价，对于今天的某些行为可能仍具有意义，但对于另一些特殊的案件来说，如果削足适履式地适用，不仅忽视了事实的多样性和进化属性，也无法对行为作出正确评估。马车时代的交通规则无论如何也难以满足汽车时代事故解决的需要。概念的封闭和自足属性，产生了排外的效果，一定程度上阻碍了对事实和行为进行还原式分析的动机和努力。

对概念方法缺陷进行的反思以及在此基础上的修正，构成了概念法学的当代形态。解构概念方法因而在对立的立场上丰富完善了方法本身。耶林曾经对概念法学方法的缺陷作过五条概述：过度关注抽象的法律概念，脱离了概念所适用的现实生活；对应该考虑在内的社会利益与个人利益，以及在使用和发展法律概念过程中所碰到的其他实际问题视若无睹；确信能够认识某一法律规则或概念的本质和法律结果，甚至将事实等同于法律；无视法律的目的与效果，导致概念因受实用性考虑而被"扭曲"；法律推理错误的模仿数学方法，并通过逻辑推演来获取法律概念的内涵。[1]这种评价显然夸大了概念法学的缺陷。作为生活规则的总结，概念法学为认知法律和适用法律规范提供了思维的起点和目标。如果没有概念在事实认定、行为定性、价值评价上的指导，司法过程将会是任意武断的。

哈特认为，耶林的批评实际上错误地理解了法律概念的性质，将其视为"不变的"或"封闭的"概念体系。那种认为"我们居住的世界只具备一定数目的事物特征，并假设我们知道这些事物特征的所有联系模式，才可以先于所有可能性立法"的假设并非现实，法律制定之后，事物会发生变化，因而所有的法律规则和法律概念都是"开放的"。当面临一个不曾预料到的案件时，我们必须作出一个新的选择，并以此改进我们的法律概念，使它们更符合社会所预期的目的。[2]因而，从法律体系发展的角度看，概念是不断丰富的。当新的疑难案件出现时，概念体系随之发生改变，或是新的概念被创设，或是原有的概念被赋予新的含义。

批判性思维并非凭空产生。概念法学的批判方法强化了不同场景、不同立场下的观察差异：从个体到国家的视角，从静态到动态的视角，从客体到主体的视角，从法律适用到法律制定的视角。其在批判的过程中，也在尝试着建构不同于传统视角的新的法律认知。

【劳动关系还是雇用关系】互联网便利了劳动市场的沟通，也促生了一种介于中介与实体公司之间的"平台"公司的产生。A担任B公司旗下互联网私厨平台"好厨师"App的厨师一职，月工资5000元，每天工作时间从上午10时至晚上6时。A称未与公司签订劳动合同，公司也没有为他缴纳社会保险，同时也没有支付加班费，没有休年假。一年多以后，公司解除了与他的劳动合同。B公司称双方签订了商务合作协议。A通过其旗下的"好厨师"App平台，根据客户需求提供服务，是否接单及工作时间由A自行掌

---

〔1〕［英］H. L. A. 哈特：《法理学与哲学论文集》，支振锋译，法律出版社2005年版，第281页。
〔2〕［英］H. L. A. 哈特：《法理学与哲学论文集》，支振锋译，法律出版社2005年版，第283页。

握，其不坐全班，亦不接受公司管理，通过接单获得奖励，双方并非劳动关系。且双方在协议中有明确约定，承认彼此双方构成的法律关系为商务合作关系，A无需接受公司管理，在平台客户处提供临时厨师劳务服务且提供服务地点由客户指定，与公司之间不存在人身隶属关系。协议中的合作方式有两种。一种是客户点名要求厨师上门服务，产生的客户支付费用由A自行收取，平台不参与分配。另一种是平台调配A，为其派单提供客源，平台按单和约定比例收取渠道费用。公司只对A的劳务成果进行监督，并按协议约定的收益方式及平台接单奖励办法向A支付劳务合作费、超单奖励、好评奖等。

劳动关系的特点是，用人单位制定详细的试用、培训、接受管理、奖惩等制度，且有量化工作报酬的规定，而并非固定的工资。一方面，如果公司利用网约工这一新的用工形式，从事着本质上诸如家政公司的劳务派出服务，试图规避劳动合同法的强制性规定，应认定事实劳动关系的存在。毕竟企业的经营不同于私人偶尔雇人从事一次性劳动。从已有证据看，A从事劳务单一、持续时间长，有理由作出以上认定。另一方面，如果公司达到一定规模，网约厨师服务只是其平台的一个组成部分，并在用工方面与劳动关系有明显不同，则可认定为雇用关系。

二、规范法学的解释方法

规范法学方法与概念法学方法是不同法律领域但高度相通的用语。概念法学方法通常在法学教育领域使用。规范法学方法在传统上被视为一种"法学方法"或"法学研究方法"，主要侧重于立法层面的理论供给或资料整理，在方法上类似于文献研究方法。规范法学方法在法律概念的界定、规范的功能和价值、制度的产生和发展、法律条文的理解等方面具有独特的优势，其对法律的本质、性质、功能的关注使其偏重于本体论研究，但在司法层面上，规范法学在法律解释上的各种方法，如文意解释、体系解释、目的解释等，往往将视角限制在法律体系内部，关注规范的字面含义、法律的整体性、立法背景性资料等，而未从规范的社会语境出发，对规范的法律解释置于规范所致力于规制的事实、行为、价值的视角，通过区分不同规范在调整功能和规制目标上的差异，对解释的力度和效用形成全面的认识，以及根据不同的精确性需求，对概念、条文和制度进行不同程度的解释。

规范法学将事实与价值的两分法运用于法律规范何以具有效力的论证中。对于为什么应当严格遵守法律规范，凯尔森回答道：这一问题的答案永远不是一个"是"的陈述，即"事实"的陈述。它只能是"应当"的陈述，即"规范"的陈述。换言之，规范效力的原因永远不能是事实问题，规范创设的行为的意志也不是事实，而只能是一个规范，或另一个更高级别的规范。从某事"是"什么的陈述，无法得出某事"应当"如何的陈述，是一个基本的逻辑原则，正如从某事"应当"如何的陈述也无法得出某事"是"什么的陈述一样。[1]可见，凯尔森高级规范的前提是，规范效力无法从事实中推论，而只能根据规范的层次推论。凯尔森并没有解决法律义务的含义问题，他的解决方案是循环性的。凯尔森创立了空洞的规范结构，其称之为纯粹法学。因为它独立于道德、社会、经济、政治或心理因素，因而是空洞的形式。凯尔森认为，它可以适合任何法律体系的内容，无论是好的坏的、公正的不公正的、民主的专制的。凯尔森"价值无涉"的主张是将孔德以来的社会学实证方法运用到法学研究的结果，其理论根源于休谟的两分法，乃试图借鉴自然科学的方法，构建如精密仪器般的法律体系，将事实认定、价值评判、规范层次等作为各自封闭运行的机制。这种理论在任何时候都只能是理想主义者乌托邦式的愿望。精细到任何事实、规范和价值的立法，不仅会带来巨大的立法和司法成本，而且不能有效解决终将在未来发生的疑难案件。

法教义学是概念法学的现代名称。法律概念所具有的准确规制的需求（精确性思维）、整体考虑的要求（系统性思维）、辩证分析的主张（批判性思维）既体现在法学教育中，也蕴含在法律解释方法中。概念法学解释方法对以规则为核心的法律概念进行语言学、社会学视角的解释，并非局限于概念语意的分析，而是在事实上形成以"规则—事实—价值"为主线的系统法律解释进路。概念的解释因而遵循了由点到面、从个别到整体、从事实到价值的路线。

疑难案件中，规范法学的解释方法不仅需要对概念本身的含义作出界定（点），还需要对相关法律概念的联系（线）、法律概念所构成的社会关系（面）以及概念与生活世界的交织（体）作出全面把握。概念的解释犹如

──────────
〔1〕 Kelsen, *On the basic norm*, 47 Calif. L. Rev., 1959, p. 107.

一个立方体，要对其全貌有清晰认识，需要根据情形采取"点—线—面—体"的三维立体视角。如图所示：

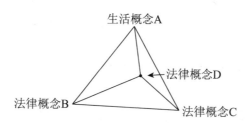

生活概念A

←法律概念D

法律概念B　　　　法律概念C

（一）概念的含义（文意解释方法）

在法律条文中对概念进行定义，是现代立法的普遍做法。例如，《中华人民共和国公司法》第 57 条第 2 款的规定，"本法所称一人有限责任公司，是指只有一个自然人股东或者一个法人股东的有限责任公司"。再如，《中华人民共和国刑法》（以下简称《刑法》）第 22 条第 1 款规定："为了犯罪，准备工具、制造条件的，是犯罪预备。"还有一些概念属于不完全概念，如《中华人民共和国劳动合同法》第 14 条第 1 款规定的"无固定期限劳动合同"，即"用人单位与劳动者约定无确定终止时间的劳动合同"，该定义并不能使人明确何谓"无固定期限的劳动合同"。而"约定"一词，似乎更是将定约的主动权交给占据优势的用人单位。不过，在接下来的条款中，条文进一步规定了劳动者可以提出无固定期限劳动合同的情形，如劳动者在该用人单位连续工作满十年的；用人单位初次实行劳动合同制度或者国有企业改制重新订立劳动合同时，劳动者在该用人单位连续工作满十年且距法定退休年龄不足十年的；连续订立二次固定期限劳动合同，续订劳动合同的。由法律规定的概念，无论是完全概念还是不完全概念，概念本身的语词一般较少产生争议。"自然人股东""法人股东""工具""条件""无确定终止时间""连续工作满十年"等语词，尽管在具体情形的认定方面会存在分歧，但语词本身的含义是明确的，解释属于事实范畴，与规范含义无关。

规范本身存在歧义的情形，表现为规范对同一事实的界定前后冲突。例如，2003 年《最高人民法院关于适用〈中华人民共和国婚姻法〉若干问题的解释（二）》（以下简称司法解释二）第 22 条第 2 款规定，当事人结婚后，父母为双方购置房屋出资的，该出资应当认定为对夫妻双方的赠与，但父母明确表示赠与一方的除外。而 2011 年《最高人民法院关于适用〈中华人民共和国婚姻法〉若干问题的解释（三）》（以下简称司法解释三）第 7 条第 1 款规定："婚后由一方父母出资为子女购买的不动产，产权登记在出资人子女名下的，可按照婚姻法第十八条第（三）项的规定，视为只对自己子女一方的赠与，该不动产应认定为夫妻一方的个人财产。"尽管有人将司法解释三"产权登记在出资人子女名下"解释为对司法解释二的进一步限定，但法院在共同房产处理上的实践转向却表明两个司法解释存在着冲突。在司法解释三出台之前，父母为结婚的子女购买的房屋，即便是产权登记在一方名下，也被视为对双方的赠与，因而在离婚诉讼中被法院认定为共同房产。但在司法解释三出台后，法院则将该类情形认定为个人财产。显然，尽管人们可能对此种情形下房产认定背后所折射出的社会价值观进行辩论，但司法解释三无疑在"夫妻共同房产"的认定方面更加具体而具有可操作性。2021 年 1 月 1 日正式实施的《最高人民法院关于适用〈中华人民共和国民法典〉婚姻家庭编的解释（一）》第 29 条，对子女登记结婚后父母出资如何认定，修改为有约定的，按照约定，没有约定或约定不明的，推定为对夫妻双方的赠与，这与已失效的司法解释二和司法解释三都有明显的不同。无论如何，新的司法解释总算解决了此前的规范冲突。

事实上，很多传统上存在较少争议的概念在现代社会新型交往形式的影响下，已经逐渐突破其原有的含义。例如，关于"过错"的概念，传统法律制度主要集中在侵权领域中规定。但近年来很多案件显示，在邻人、路人、友人之间，基于一方的过错而产生的生命权、健康权、身体权的纠纷中，即便无明显的侵权行为，但当事人如果没有尽到适当的注意义务，导致邻人、路人或友人受到伤害，也要承担一定的民事赔偿责任。相关案件的判决中，无论是使用"公平责任"，还是"过错"的概念来归责，均是对传统过错概念的扩展。

【过错责任：注意义务的缺失】林某夫妻二人接到邻居李某夫妇的邀请去打牌。当时林某 2 岁的孩子无人照看，但经不住邀请的林某夫妻二人带着孩子，一起去李某家打牌。开始打牌时，林某将孩子抱在怀中，因孩子喜欢动手摸牌，遭到其他牌友的呵斥。林某将孩子放下，任其在屋内玩耍，后孩子走到屋外玩耍，不幸淹死在门外的池塘中。该水塘为村里集体所有，位于李某家门口，李某夫妇常年用这口水塘浇灌菜地，是水塘的使用者和管理者。水塘旁既无安全警示标识，也没有采取防护措施。林某认为，李某夫妇和村委会均应对儿子的溺亡承担责任。村委会认为，水塘是历史遗留下来的，每家每户都在使用，孩子溺亡系因林某夫妻二人监护不力，村委会不应承担责任。李某夫妇认为，自己家并没有承包经营这个水塘，自家也没有对水塘进行过修缮，因此不应承担赔偿责任。法院在审理中认为，事发水塘蓄有长约8米、宽约4米、深约2米的水体，且曾于二十世纪九十年代发生幼童溺亡的事件，具有一定的现实危险性。该水塘虽因历史原因形成且并未被承包，但该水塘位于李某夫妇的田地附近，李某夫妇较他人亦更为频繁地使用该水塘，享受该水塘带来的便利。基于权利义务的一致性，李某夫妇应对水塘设施的安全性承担相应的管理义务。而村委会作为事发水塘的所有人，对该水塘亦应履行相应的管理义务。鉴于事发时，幼儿系不足3周岁的幼童，其对危险未有足够的认知。作为监护人的父母对儿子溺亡事故的发生，存在直接过错，应当承担主要责任。法院判决，原告监护人林某夫妇承担八成责任、李某夫妇和村委会各承担一成责任，各赔偿5万余元。[1]

这一案件及判决对于道德、过错、所有权等相关概念的含义都产生了深远影响。首先，它改变了农村传统上对道德观的认知，将法律上尚未明确的权利和义务引入农村纠纷的处理中。以往的类似事故中，村民对于农村公共池塘中发生的事故，往往将责任归于自身对子女的监管失责上，不仅很少责怪他人，更不会因此"归咎"于村委会。该案以"权利"和"义务"作为出发点，对土地使用权人和土地所有权人的管理行为进行定性，将"过错"概念用在物权的管理上，具有创新性。其次，该案在法律对集体土地所有权无明确规定的情形下，从所有权概念中派生出管理责任，对农村集体土地所有权概念的表述，首次触及权利附带义务，对于所有权的行使、管理具有积极意义。集体土地所有权的权能在法律中一直没有得到清晰的界定。集体所有权除在个别场合下（如土地征收）的主体地位较为显现，在多数情形下都被视为"虚设的权利"。而对集体土地所有权所附带的义务的认识，更是鲜有提及。判决具有溯及未来的效力，对于农村集体财产的使用和管理具有示

---

〔1〕　湖北省武汉市江夏区人民法院（2015）鄂江夏五民初字第00161号；武汉市中级人民法院（2016）鄂01民终292号。

范效应。

在另一起案件中，过错责任产生于主体的不作为，法院的判决同时也为现代人际关系的准则设置了新的标准。

【注意义务的程度：适当提醒还是极力劝阻】 家住某小区 301 室的高某回到家，发现没有带家中的钥匙，无法进门，而妻子又在外地。高某遂敲开楼上 401 室邻居全某的家门，要求从全某家的窗户跳到自己家中窗户外的一个小平台上，然后从自家窗户回家。全某和家人认为高某的行为具有危险性，并对高某作出了提醒。但是高某坚持取道全某家的窗户回家。全某便将高某带到儿子的房间，并提醒高某脱下鞋套，防止跳下去的时候滑倒。但是，高某跳下去时，不慎掉到楼下，当场死亡。高某的家属认为全某没有阻止高某的危险行为，提起诉讼要求全某对高某的死亡产生的损失承担 50% 的责任，赔偿 40 余万元。

该案经法院调解，双方达成协议，全某同意补偿高某的家属 12 万元。法院认为，本案从法律的角度讲，全某应否承担责任，取决于其是否构成侵权，是否存在过错或者过失。全某履行了一定的提醒和劝阻义务，但是，经过对案情分析和事发现场的勘察，结合事发的时间等因素，高某所要从事的行为具有巨大的危险性，这种危险性直接决定了高某的生死，虽然高某作为成年人应当预见到行为的危险性，但出于回家的急切心理，可能会忽视这种危险性，或者自信危险不会发生，在这种情况下，全某作为邻居在为高某从事高度危险行为提供便利时，仅仅是提醒行为可能存在危险是不够的，在当时的情形下，全某应极力阻止高某从事这种危险行为以避免悲剧的发生。[1]

该案法院最终以调解结案。不过，试想如果当事人无法达成调解协议，法院面临必须作出判决的困境：一方面是社会公众对该案的看法，认为全某作为邻居在反复劝说无果后不应对高某的死亡承担责任；另一方面是现行法律对此问题缺乏明确的规定。在诉讼理由上，高某的家属提起侵权（生命权）诉讼，意味着其需要举证全某存在过错。过错概念是本案法律解释的关键。过错的认定需要建立在对双方行为的判断上。高某作为完全行为能力主

---

〔1〕 "忘带钥匙翻窗坠亡　邻居借道反赔十二万元"，载《文摘报》2013 年 7 月 30 日，第 3 版。

体，并且在案发当时精神状态正常，未处于饮酒等意识不清的状态，假设高某并非在全某房屋而是在公共场合实施跳窗行为，全某经阻止也无法劝服高某，则其无需承担任何责任。但在本案中，全某对其所有的房屋的管理和使用负有义务，在邻居高某提出借道时应予以制止，因未能有效制止而造成对方死亡，负有一定的过错，判其承担一定的责任符合法律正义的要求。

（二）概念的关联（体系解释方法）

专业领域的知识直接表现为该领域的词汇以及词汇之间的关系。基本词汇既是知识的索引，也是知识的主干。例如，在房屋买卖领域，如果掌握诸如朝向、楼层、采光、通风、容积、物业、首付、贷款等主要词汇，在进行交易过程中就会相对顺畅。当然，如果要成为专家，或是职业化的房屋中介，仅在头脑中有这些概念是远远不够的，还需要有房地产方位、周边设施、未来发展、投资前景、居住环境、楼盘特色等相邻或相近的词汇，以及对这些词汇之间的关系有深入地理解。同理，在法律领域，权利、义务、责任、犯罪、抢劫、违约、赔偿等概念是大多数普通人都能理解或使用的词汇，但这些概念背后的种类、要件、实现条件、彼此关联、主体与客观因素等却非法律人所不能通达，也因此产生了熟练掌握这些词汇、准确把握词汇内部关系、精准辨别词汇的外部影响因素的法律职业群体，包括法官、律师、检察官、法律学者等。

人类社会所创设的概念的含义，大多数是场景赋予的。语言对现实存在的事物的描述或主观情感的表达存在着多样性，因而产生概念的场景限定性。在一些未被广泛接受为共识的领域，或未经法律上升为权威意志的表达的领域，概念具有相对的弹性和任意，人们仅能就概念的内核达成简单一致，一旦场景变化关于概念外缘的理解就会产生分歧。例如，仅有继承权、遗嘱的规定是不足以解决所有的遗嘱继承问题的，还必须对遗嘱的类型、作出形式、效力差别等进行认知。不仅如此，与遗嘱有关的其他概念也应当纳入法律分析的范畴中，包括遗嘱人与继承人之间的关系，自由意志的认定和继承权的赋予的联系，侵害行为和遗嘱权实现之间是否存在因果关系等。

法律概念的界定还需要建立在法律概念与非法律概念的关系上。疑难案件的法律解释，不同于简单案件的概念解释，是"词汇界定"到"词汇界限"认知的过程，即，不仅要明确本词汇的内涵和外延，还要理解本词汇与其他词汇的关系。概念之间的彼此关联，根源于主观、行为、环境、对象等之间的相互作用与因果联结。在高度发达的人类社会，这些关联最终都需要用语言来描述。在描述的过程中，有时模棱两可，有时词不达意，有时以讹传讹，有时以偏概全，这些都是导致描述不准确的原因。而学术研究或社会观察的价值，正是从准确使用词汇开始，来还原这种已经发生的社会关系。

【柯某一等诉柯某二、王某房屋买卖纠纷案】 柯某田夫妇系山坡乡村民，1985 年建砖混结构两层房屋一栋，登记在柯某田名下，未办理房产证（该地区农民在农村集体土地上所建房屋未颁发产权证）。夫妇二人育有柯某一、柯某二等五个子女，子女结婚后均别居他处。2008 年、2011 年柯某田夫妇相继去世，其继承人未对遗产进行处置。该房屋由柯某二管理和使用。

2011 年 3 月，柯某二与王某签订《房屋买卖、水田转让承包合同书》，约定：楼房作价 70 000 元出售给乙方，签字付款 40 000 元，余款 30 000 元于 2012 年付清。柯某二、王某在合同上签名，村民柯某吉、山坡乡村干部金某、村民柯某华在合同上签名见证，金某并经手加盖了山坡乡山新村村民委员会公章。合同签订当日，王某支付柯某二购房款 40 000 元，柯某二则将上述房屋钥匙及房屋、田地相关证件、资料一并交付给王某。王某夫妇原系重庆市城口县的农村人口，1997 年举家迁至山坡乡租借村民柯某乡房屋和田地从事农业生产，但其户口仍登记在原籍。2004 年王某取得该村 2.1 亩土地的承包经营权证。2011 年 4 月，柯某一等兄妹四人以祖产未经继承人同意擅自买卖，侵犯继承人合法权利为由，遂将柯某二、王某诉至法院。在诉讼过程中，王某要求支付购房尾款 30 000 元，被告柯某二拒绝接收。

在案件审理过程中，王某提出，柯某二卖房时声称兄弟姐妹都在武汉，不要此房屋，父母也将房给他。柯某二的兄弟姐妹没有书面承诺，王某本人没有他们的电话就没有问他们。柯某二拿出了相关证件，王某就买了这个房。王某在法院组织质证时声称，证件在柯某二手中，他敢卖我就敢买。被告柯某二提出：父母去世后，王某就问我房子卖不卖。他说可以卖，后来就签协议卖了。当时没有考虑要经过兄弟姐妹的同意。按照农村一般的规矩，父母的房屋就是老幺得。[1]

---

〔1〕 湖北省武汉市江夏区人民法院，（2013）鄂江夏民二初字第 00060 号。

本案例从性质上来看属于农村房屋买卖纠纷。案件涉及土地管理法、物权法以及农村房屋买卖的习俗等法律及规范的适用。案件包含诸多法律概念的界定，如"善意""登记""合理的价格""继承""公示公信"等，也涉及对一些生活概念的定性，如邻里见证、加盖公章、继承风俗等。该案的关键在于被告王某是否构成"善意取得"。2007 年发布的《中华人民共和国物权法》第 106 条第 1 款对善意取得作了规定，无处分权人将不动产或者动产转让给受让人的，所有权人有权追回；除法律另有规定外，符合下列情形的，受让人取得该不动产或者动产的所有权：（1）受让人受让该不动产或者动产时是善意的；（2）以合理的价格转让；（3）转让的不动产或者动产依照法律规定应当登记的已经登记，不需要登记的已经交付给受让人。在该条文中，"善意""合理的价格""登记""不需要登记"等概念需要结合相关法律制度、传统风俗来理解。

一般而言，善意可以有三种不同程度的表现：不知情、被告知、主动确信。最低层次的善意是"不知情"，即不知道房屋是共有，并且从房产证登记的户主名称上（假设是柯某二）也无法知道房屋共有的情形。在这种情况下，简单的"不知情"就可以达到善意标准，即便事实情况是房屋为共有。然而，本案中不存在这种情形。因为王某夫妻在该村居住多年，对房屋的情况了解，并且登记为柯某二父亲的名字，所以这一标准不适用。中间层次的善意是"被告知"的善意。柯某二在出售房屋时告知王某夫妻，"他的兄弟姐妹都在武汉，不要这个房屋，他父母也将这个房屋给他"，而且，这一事实柯某二在庭审中也没有否认。这是否构成善意？从交易实践来看，在共有房屋的交易中，买受者仅凭卖方提出的已经取得其他共有人同意的口头之词就进行交易的情形比较少见，并且其交易的有效性往往不会被法院认可，因而也不构成善意。较高层次的善意是"主动确信"的善意。较为常见的做法是买方主动征得其他共有人的书面同意书，或要求卖方提交其他共有人的书面同意书并附加身份证复印件。这也是在城市房屋交易实践中被法院认可的"善意"方式。这种方式的作用在于，即使事后房屋共有人主张书面同意书系伪造，但"善意"仍有可能被认可。在"周某某诉杨某某等房屋买卖案"中，法院认定夫妻一方伪造另一方的签名出售共同房产的行为是有效行为，不得撤销。[1] 由此，本案中王某夫妻不能仅凭柯某二的口头之词就认定其他房屋共有人同意。中间层次的"善意"因此无法适用，而应当以较高层次的"善意"为标准。善意不同于"非恶意"。非恶意属于最低层次的善意，即"不知情"。王某所谓"证件在柯某二手中，他敢卖我就敢买"的态度，也间接表明其对房屋交易的瑕疵属性有一定的认识。

善意是否因身份和习俗的不同而应有所区别？答案是肯定的。善意需要结合当事人的具体身份、所处的环境等因素综合判定，王某夫妻在该村居住十几年，对于房屋的权属和原告家庭情况应当知情。王某夫妻在"该村村民"这一身份上的特殊性，导致"善意"或"注意义务"的标准与一般交易者不同，应有所提高。但善意是否也因农村房屋与城市房屋的交易习惯的不同而有所区别？或者因农村居民在房屋交易上确信的方式不同（如找邻居或村民委员会见证）而使王某夫妻认为其相关行为已经达到"善意"的要求？换言之，善意标准是否因为交易习惯而应被"降低"考虑？

在"登记"要件方面，交易过程中，"被告柯某二、王某及村民柯某吉、山坡乡山新村干部金某、村民柯某华在合同上签名见证，金某并经手加盖了山坡乡山新村村民委员会公章"。这一传统农村房屋的"公示公信"方式，实际上等同于登记过户，尤其是在一些农村房屋无法办理登记的情况下。其效力在于，在卖方所出售的房屋的权属无争议的情况下，可以对抗第三人甚至善意第三人。之所以能对抗善意第三人，是因为农村社会在很大程度上是熟人社会，房屋交易具有一定的透明度，其对第三人善意的要求更高，即要求其主动查看房屋，包括询问周邻。因此，"邻里见证""加盖公章"的方式，并非"善意"的要件，而是"公示公信"的一种方式。从某种程度上说，本案符合农村房屋买卖的"公示公信"标准，属于"不需要办理登记手续的"情形。尽管如此，善意标准不会因为这些交易习惯而被"降低"考虑，因而，不能将公式要件的简化认定为买方的善意。"父母去世，农村房屋该老幺所有"的习俗，也不能用于认定买方的"善意"。即使在农村确有此习俗，但一旦其他房屋共有人主张，则该习俗应让位于继承法。并且，物权的排他效力也具有绝对性。

---

[1] 辽宁省沈阳市皇姑区人民法院［2003］沈民（2）房终字第560号。

（三）概念的实然与应然（目的解释方法）

在日常语言中，大量的概念无法被清晰地界定。尽管人们可以通过词典对词汇下定义，并且采取规定和描述相结合的方式使之形象化和具体化，但在构成某种词汇的要素的数量上，却难以设置一条明确的界限。正如词典可以告诉我们"朋友"的定义是什么，但却无法对构成朋友关系的"情感"的类型和数量进行量化。因而朋友关系可以分为多种，患难朋友、酒肉朋友、一见如故的朋友、高山流水般的友谊、投名状式的兄弟，等等。由于朋友关系的评价夹杂着个体的情感因素，对朋友"应当"如何相待的认知也就缺乏普遍性标准。同理，"恋人""邻人""亲戚""同事""师生"等的人际关系也都无明确的标准。

不过，在法律已经介入其中的领域，诸如"夫妻""父母子女""买卖双方""雇主与职员"等社会关系，尽管在现实生活中不乏模范事例，或也有臭名昭著的样本，但大多数情形下人们仍然难以就"好的"或"坏的"标准达成一致意见。但与朋友、同事等非法律关系不同的是，法律关系存在着最低程度的"应然"标准，这一标准通过权利和义务对法律关系的各方行为设置了准则。

法律关系通过权利义务的规定而具有定性或定量的特点。例如，婚姻法关于夫妻关系的规定，既有夫妻婚姻自由、一夫一妻、男女平等的一般性的"定性"规定，也有对婚姻关系的效力、夫妻在家庭中的地位、夫妻财产关系、准予离婚的情形等细致性的"定量"规定。传统的法律关系分析，只从主体、客体、内容三要素的角度分析，而没有从要素间的"关系"的视角进行观察，如主体间的关系、主体与客体的关系、客体与客体的关系、主体与权利义务的同一性或相斥性关系等。通过要素间关系的分析，可以更加清晰地认识法律关系的"应然"与"实然"。

【半费之诉】公元前400多年的古希腊哲学家毕达哥拉斯善辩，专门教人如何辩论，当时有个优秀的年轻人欧提勒士跟他学辩论术，可是他家境贫寒，毕达哥拉斯允许他先缴纳一半学费，学成之后再缴纳另一半学费，合约是："欧提勒士毕业之后打的第一场官司，如果打赢了就代表学成了，那时就交另一半学费；如果输了就不需要交学费了。"欧提勒士毕业之后，一直没有机会打官司，因此一直不交另一半学费。于是毕达哥拉斯起诉要求其支付学费。欧提勒士听了之后回答说："如果法官判我输，那么按照我们的合约，我不必交学费；如果法官判我赢了，那么按照法官的判决，我也不需要付你学费了。"毕达哥拉斯却说："如果法官判决你胜诉，那么按照我们的合约，你得交学费；如果法官判我胜诉，那么按照法官的判决，你也应该付我学费。"

"半费之诉"困扰了法律界与逻辑学界上千年，引起了无数法律人的兴趣，对其解答也是众说纷纭。然而，虽然法律问题未必只有唯一正确的答案[1]，但在有限的可能方案中，却往往存在一种在各种方案的对比中稍胜一筹的解决办法。这是在人类理性的基础上，在疑难问题上的最佳处理方式。

本案涉及对当事人合同中的相关概念进行解读。首先，法官需要解释"第一场官司"是否包括与教师之间的"官司"。如果不包括，则该案件的条件不满足，因为学生尚未有机会打官司，约定的条件不成熟，毕达哥拉斯应根据合同约定耐心等待。法官可以该合约的条件未实现而驳回起诉；如果"第一场官司"包括与教师的诉讼，或者该第一场官司不是关于索要学费的官司，例如是有关借贷或侵权的纠纷，则法官的裁判也不困难，将其作为两个独立的案件予以处理即可。然而，该案的疑难恰恰在于，诉讼请求（学费）是否应当满足，需要根据学生在与其他人的诉讼，或学生在与教师之间的其他诉讼中是否胜诉来判断。因此，案件的审判陷入逻辑循环：是否给予学费需要根据合同的支付条款来定，而合同的支付条件却与案件的结果直接关联，且相互矛盾。

尽管如此，通过对案件事实的定性可知，该案当事人订立合同的目的是通过诉讼来检验教学效果，如果学生能够胜诉，则证明教师的教学有效果从而需要支付学费，反之则不应支付。因此，诉讼应不包括教师和学生围绕学费索赔所提起的案件。因此，在对事实进行定性的基础上，法院应对事实的核心"第一场官司"作出解释：认定合约条款中的"第一场官司"不包括学生与教师本人关于学费的诉讼，从而合同的条件尚未成就，驳回诉讼。

概念的解释方法除了适用于法律概念，对于生活语言同样适用。法律相对于其他社会制度而言，具有明确性。这一特点是通过概念的规定性完成的。在

---

　　[1]　波斯纳在《法理学问题》中贯穿全书的问题是：法律问题是否有正确答案？参见［美］理查德·A. 波斯纳：《法理学问题》，苏力译，中国政法大学出版社1994年版，第48页。

已存在社会共识的领域，法律将普遍接受的习惯上升为法律；在存在分歧的领域，法律通过明确概念的含义来确立统一的认识。如果对法律概念的理解存有分歧，则通过文意解释、体系解释、目的解释等方法探寻概念的应有之义。

法律之外的概念，尤其是人们在社会交往过程中使用的非法律概念，或因主体表意不充分，或因情势发展超出预想，也会在主体间发生分歧。然而，一些非法律概念旨在产生一定的法律效果。因缺乏法定的统一标准，其具有何种法律效果，需要依循基本的逻辑思维，从语言本意、上下文语境、表意人意图等角度进行阐释。

【打油诗遗嘱】2003 年 7 月，年过七旬的张某过世，之前立下一份"打油诗"遗嘱："本人已年过七旬，一旦病危莫抢救；人老病死本常事，古今无人寿长久；老伴子女莫悲愁，安乐停药助我休；不搞哀悼不奏乐，免得干扰邻和友；遗体器官若能用，解剖赠送我原求；病体器官无处要，育树肥花环境秀；我的一半财产权，交由老伴可拥有；上述遗愿能实现，我在地下乐悠悠。"2011 年 8 月，张某的妻子于某打算把房产过户到自己的名下。房产登记部门工作人员告知，要想将房子过户到她的名下，还需得到三个子女的认可。两个女儿并不反对母亲继承房产，但儿子坚决不同意母亲一个人继承房产，他觉得这是父亲留下来的，理应有他的一份，要过户得加上他的名字。于是，对于张某遗嘱中"我的一半财产权"所涉及的住房，指的是"整个房子的一半"，还是"属于父亲份额的一半"，家人之间产生了争议。儿子认为，父亲所述应理解为母亲应该继承属于父亲那部分房产的一半，而不是整个房产的一半。于某坚持认为，这套房子是其与丈夫的共同财产，自己应拥有整个房产（包括属于丈夫的另一半房产）。[1]

本案中，张某书写的遗嘱内容合法，且被告方对该遗嘱真实性无异议，因此张某的遗产应按上述遗嘱处理。而针对遗嘱中"我的一半财产权，交由老伴可拥有"所指的到底是"整个房子的一半"还是"属于父亲份额的一半"，法院认为应按照张某立遗嘱的本意来理解，结合遗嘱全文以及张某立遗嘱时的身体状况、张某与于某夫妻感情深厚等因素综合分析可知，张某是

〔1〕"'打油诗'版遗嘱惹争议，母子咬文嚼字争房产"，载 http://www.chinacourt.org/article/detail/2012/01/id/471760.shtml，最后访问时间：2021 年 6 月 13 日。

将其享有房子的二分之一产权给于某继承，即于某应取得张某的全部遗产。最终，法院判决房子的产权归于某所有。

概念的理解分歧给社会交往造成了障碍，从而增加了社会交易成本。然而，试图一劳永逸地解决概念分歧的努力从未成功过。在法学研究历史上，纯粹法学理论就试图通过创设自给自足的法律体系，以尽可能地将法律概念人为地规定某种特定的要素或含义，使其最大限度地减少对逻辑研究以外的事物的需求，包括政策、道德、文化等。然而这种方法盲目地预先决定了未来一系列案件。如果法律概念的含义总是随着社会发展而变迁，从而让人难以适从，那并不是人们设计概念的理性不足，而恰恰是社会发展对理性解释能力提出的进一步要求。哈特曾说，人类的立法者不可能掌握关于未来所有可能情势的全部知识。这意味着所有法律规则和法律概念是"开放的"，当面临一个不曾预料到的案件时，我们必须作出一个新的选择，并以此改进我们的法律概念，使它们更符合社会所预期的目的。[1]

第三节　分析法学方法：裁判的实质合理性

人类社会的进步表现为语言的发展和积累。个体的发展在一定程度上也取决于其语言掌握的数量和熟练程度。根据个人所受教育和经历，其所接触的语言包括日常用语、专业语言、母语与外语，等等。这些语言解释和说明了人类生活的各个领域。在掌握"语言"这一根本指标上，所有的人类知识均可找到共同的源头。无论是自然科学还是社会科学，政治学还是经济学，法律还是艺术，都最终表现为语言的差异。而从语言这一源头出发，人类可以重新辨别哪些知识是干流，哪些知识是支流；哪些知识流入浩瀚的海洋，哪些知识源于未知的宇宙。

语言是人类认识世界的产物，世界因而可以还原为语言。尽管世界上存在着不计其数的语言，但不同语言所指向的对象却大体可归为主体、客体和价值，即，对人类自身的认识（主体；人生观）、对外界的认识（客体；世界观）、对人类行为和世间万物的意义和价值的认识（方法；价值观）。使用什么语言来表达人类所认识的客观世界和主观世界，在二十世纪之前并未

〔1〕　[英] H. L. A. 哈特：《法理学与哲学论文集》，支振锋译，法律出版社 2005 年版，第 283 页。

受到足够的重视。客观世界的认知被认为与自然科学发展相关，主观世界则被认为与人的情感和意志相关，这二者几乎从未被置于语言分析的角度加以认识。自二十世纪始，人们开始认识到，思想和观点的分歧在本质上表现为语言的分歧和模糊，而语言的分歧和模糊从根本上来说是话语场景的差异和语言不够精确所致。因此，二十世纪哲学的转向，在一定程度上是关于认知的本质问题（认识论）的一种新的视角，通过语言分析来明确话语场景，进而实现对科学的精确认知，成为语言哲学的重要方法。

　　将语言问题作为认知的本体问题，是人类追求精确认识世界与人类自身的一个重要进程。在自然科学领域，数学作为精确的语言已经为社会进步带来了可观的成就；而在社会科学领域，类似的语言并未出现。不过，社会科学借助语言的共识来实现表达和认知的客观性。语言不仅是认识世界的结果，也是人类认识世界的方法。它既是知识本身，也是认知的工具。语言哲学的基础是语言使用的规则，其前提是语言的使用场景，核心是语言的领域及其意义。追问语言的意义是知识的本质问题。

　　法律为各种社会制度设置了标准，包括政治、经济、文化等各个领域。这些领域对法律问题的知识贡献巨大，并推动了法律的变革。但这在某种程度上也改变了法律的话语体系。规范、权利、义务、责任、过失、故意等法律概念被置于不同的场景下去重新界定，制度、福利、效率、政策、社会效果等语言，都试图在既有的法律框架下谋求更多的话语权。当然，权利、权力、义务、责任等在特定时期和特定国家的法律体系内总量相对固定，某一领域的话语的增长必然意味着其他领域的减少。因此，平衡的技艺也就广泛发生在公共、私人、实体、程序、个体、集体等诸个层面上。

一、描述方法："消减至核心"

　　语言从产生到相对固定经过了较长的时期。正如不同语言的沟通或翻译最初可能需要借助肢体语言，早期语言的产生也应该离不开手势等来促进相互的理解。在荒无人烟的小岛上，在只有鲁滨逊和星期五的社会中，词汇和语言的单调无法避免。在通常情形下，两个人的行为默契甚至足以替代语言。语言在不同个体、群体、民族、国家发展的不均衡，语言表达也必然导致理解的分歧。分歧在表面上表现为语言指称和语法的不同，实际上则折射出不同主体认知对象、认知程度以及认知方法的差异。以语言现象为视角观察自然、社会、主体以及一切人类创造的文明，既是一种特定的方法，也是一种本体认知。语言哲学主要研究语言，将人们对事物的感觉、看法和观点还原成语言现象。语言哲学的集大成者维特根斯坦主张，哲学的本质只能在语言中寻找。在《逻辑哲学》中，维特根斯坦说道，"一切可以言说的东西，可以明确地言说"，"人们不能言说的，应保持缄默"，高度概括了语言在认知世界方面的本体和方法功能。

（一）分析哲学

尽管在古代也有学者注意到语言的使用问题，但直到二十世纪，对语言的思考才成为哲学的中心问题。"二战"以后，以奥斯汀和维特根斯坦为代表，在英国的牛津大学和剑桥大学分别形成了日常语言分析哲学的牛津学派和剑桥学派。牛津学派和剑桥学派在立场和方法上存在许多一致之处：（1）反对设计某种完善的逻辑或人工语言，而应注意日常语言本身的复杂性；（2）都主张要对日常或自然语言进行分析性的研究；（3）在分析中强调语言使用的具体语境；（4）注重联系语境来探讨同样的语词或不同的语词的具体细微的使用差别；（5）主张只有通过语词的分析，才能够在语词层面上认识社会现象。维特根斯坦提出的著名论断是："一个词的意义就是它在语言中的使用。"[1]语境原则被作为语言哲学中一条非常重要的原则。要准确理解某一语词的含义，必须把它放到特定的语言环境中。

奥斯汀对语言讨论的操作主要有五个步骤。第一步是研究领域的选定，主要选择未受传统哲学"践踏"的领域。第二步是尽可能完整地收集所有惯用语和词汇资源。比如在研究"责任"时收集的语词有自愿地、漫不经心地、疏忽大意地、笨拙地、意外地等。收集语词应由一个小组完成，其方法有：自由联想；查阅相关文献、科学手册、法律案例、使用词典等。第三步是小组协作讨论在什么地方用这个词的情形。第四步是系统整理所取得的结果。第五步是依据结果检验传统哲学对语言表达式的使用。奥斯汀的方法在整体上被他称为"实验技术"或哲学上的"田野工作"。这种分析技术的最大意义在于，语词的区分不仅说明人们通常构想世界的方式，而且暗示新的可能性并有助于我们保持开放的头脑。更重要的是，这种方法所给出的区分比哲学家所构想出来的区分更丰富、更可靠，有助于我们避免哲学家易犯的

---

〔1〕 ［奥］维特根斯坦：《哲学研究》，李步楼译，商务印书馆1996年版，第31节。

简单化的二分法的错误。[1]

分析哲学的兴起具有深刻的时代背景。一方面，在物理学、生物学等自然科学不断取得关于微观世界认知的巨大成就下，哲学作为人类探索世界最早的学科，在十九世纪后期一直停滞不前；另一方面，自孔德创立实证方法以来，社会科学领域的认知准确性得到较大提升，但实证方法侧重于知识来源的经验性和实践性，并未对知识的"真实性"和"共识性"给予较多关注。分析哲学方法给社会科学带来新的生机。哈勒将其称为新实证主义，并指出，老实证主义者的感觉、经验和思想之分析被新实证主义者的语言（借之我们可以描述感觉、经验和思想）之分析所取代。[2]

（二）分析法学

在法律领域，哈特将语言分析方法运用于法律概念的分析中，开创了分析法学派。哈特认为，在不同类型的社会关系之间，许多重大的差别往往不是直接显现出来，而需要通过考察相应"词语"的标准用法，来分析这些词语如何与具体的社会情景相联系，从而清晰地把握其中的重大差别。[3]

在《法律的概念》中，哈特并没有将分析仅限于"法律"这一概念，而是广泛论述命令、规则、权利、义务、责任、习惯、道德、正义等术语，通过分析这些法律概念在日常语言使用中的具体所指，对其核心要素进行提炼，以促进相关概念的认知共识。哈特将这种语言分析方法称为"描述社会学的尝试"，因为这种论述方式并非观点的强加，而是取材于人们日常的语言使用方式和行为习惯。哈特所思考的问题，有很多都是关于词的意义的问题，例如"被强制"与"有义务"之间的区别，"遵守法律"与"习惯行为"之间的区别等。其思考的前提是：如果不去区别两种不同类型的"陈述"所具有的决定性差别，我们就既不能理解法律，也不能理解其他形式的社会结构。针对奥斯汀"法律是主权者的命令"这一观点，哈特考察了法律、命令、指令、习惯、威胁、服从等语词的内在区别后指出，法律不是简单的主权者的命令，法律本身是多样性的，它既包括义务性规范，又包括授权性规范。追求法律的一

---

〔1〕 杨玉成：《奥斯汀：语言现象学与哲学》，商务印书馆 2002 年版，第 32~35 页。

〔2〕 〔奥〕哈勒：《新实证主义》，韩林合译，商务印书馆 1998 年版，第 21 页。

〔3〕 〔英〕哈特：《法律的概念》，张文显等译，中国大百科全书出版社 1996 年版，序第 1 页。

律性反而会模糊在法律的各种常见形式和措辞之下的真实的法律性质。[1]

事物的多样、场景的差异、语言的匮乏，使得概念对现象（事物、行为、颜色、气味等）的描述出现"裂缝"。当人们赞美景色时，往往对从"美"到"更美"的描述力不从心。因为许多经验概念有一个非常重要的特征，即我们无法设立能适用于所有想得到的可能事物的语言规则。不管我们的定义有多复杂，我们还是不能将它们精确化到可以分工适用于各个方面，精确化到任何一种给定的情况。"假设我碰到了一样生物，看起来像人，话说得像人，举止像人，但只有一条腿，我能称之为人吗？""黄金这一概念似乎被界定得极精确，譬如以黄金特有的光谱序列进行确定。但如果我们发现一种物质看起来像黄金，符合黄金所有的化学测试，却发出一种新的辐射的话，又怎么称呼呢？"因此概念不可能有最终的和穷尽一切的定义，即使在科学领域也是如此。如维特根斯坦所说，"词的应用并非处处受规则的约束"，"我们不具备关于某个词的每一种可能的应用规则"。既然人们无望消除不可预见情势出现之可能，就决不能自信其已经掌握了所有的可能性。当新情势出现时，我们只能再定义并精炼我们的概念去适应它。[2]

德沃金认为，法律人在使用某些词汇时，并非都对词汇的含义清楚明白并能以简洁的形式表达。例如，就因果关系的词汇"引起"而言，法律人都以大致相同的方式使用"引起"这个词，一旦他们了解有关事实后，就会对法律上哪些事件曾引起另一事件的见解形成一致看法。但其中的多数人对作出这些判断所用的标准并不清楚，甚至根本不知道其正在使用的标准。那些认为所有法官都遵循着判断法律命题的语言标准的哲学家，也许是在无意中提出了确认这些标准的理论。[3]在德沃金看来，只有遵循同样的标准，我们才能进行有意义的讨论。尽管对边缘情形会产生分歧，但是对于核心情形不会产生分歧。[4]在此基础上，德沃金主张还原式的语词分析方式，即，如果一条规则是不确定的，需要对此规则的现状进行改变，而改变的程度应当通

---

〔1〕 谌洪果："通过语言体察法律现象：哈特与日常语言分析哲学"，载《比较法研究》2006年第5期。

〔2〕 [英] H. L. A. 哈特：《法理学与哲学论文集》，支振锋译，法律出版社2005年版，第284~285页。

〔3〕 [美] 德沃金：《法律帝国》，李常青译，中国大百科全书出版社1996年版，第29~30页。

〔4〕 朱振："什么是分析法学的概念分析？"，载《法制与社会发展》2016年第1期。

过解释，消减到语言包含的"无可争辩的核心"。[1]

分析实证主义的还原方法是描述性的，而非规范性的，致力于法律陈述的还原分析。还原论实证主义者多方求证法律陈述是关于命令、强制之类的行为，以及对法院判决进行预测性陈述。这种方法与其他一般法律解释方法有共通之处：当人们对于某一法律概念的理解存有分歧，并且难以通过法律背景资料予以权威解释时，采取还原的方法可以考察概念的起源和本质，厘清其最核心的含义。但还原论也遭受一些批评：概念及其所指称的事物会随着时空演变和发展。同样是柑橘，在不同的地域口味不同，名称也有差异。同样是"平等"，在不同的时期和地区，被赋予的内涵也大相径庭。各种看似相似、相近、并列或平行的表述，实际上在不同的场景具有不同的含义。还原论在试图筛选出语词最核心的含义的同时，也必然不恰当地剔除了能表现出事物多样、情感丰富的修饰、限定、区分等的表述。将法律理解为命令、制裁、权利和义务等核心概念，的确对于理解法律的本质具有重要意义，也为特定情形下规则是否应具有法律的属性和功能提供了标准。然而，宗教、习惯、法律、道德、行政命令、法院判决等规范性文件，就其在行为指引方面的功能上，差别并不显著。并且，在现代社会关系复杂多变的时代背景下，其在疑难案件的司法裁判中，更是体现出彼此融通相互支撑的特点。

二、语境原则：时空限定

"世界上没有两片绝对相同的叶子"。当人们在使用某种语言时，是在表明对特定时间和空间内的现象的印象和观点。通过限定时间和空间场景，人们可以对某种场景下的人、事、物的认知达成一定程度的共识。离开特定的场景，描述的"真"和评价的"诚"就会受到质疑。人类关于生物、物理、地质等的认识仅在地球范围内是有效的，一旦超出这一范围，诸如基因、引力、大气与海洋等的语言都将被重新修正。在社会领域，尽管民主、平等、自由、程序等价值理念已被现代文明普遍承认，但不同国家、地区在一些具体制度上还存在差异，甚至在资深的政治家或法学家中还对部分内容是否属于平等或民主存在分歧。

---

　[1]　Ronald M. Dworkin, "No right answer? In Law, Morality, and Society", Essays in *Honor of H. L. A. Hart*, edited by P. M. S. Hacker, Joseph Raz, Clarendon Press, 1977, p. 68.

语境原则是语言分析的基本原则，如果不把断言或命题置于特定的语境中，就无法理解其真实性、有效性的程度。[1]不同的语境对语言表达的"真实"性的要求是不同的。例如，"公司的账户显示买方尚未付款"这句话，如果是公司不同部门就是否发货进行沟通，那就根本不涉及用证据证明其有效性的问题。反之，如果是买卖双方就是否付款或是否发货产生争议，就是一种需要证据来证实的陈述。在存在表意默契的场景下，对于简明扼要的表述，局外人可能有多种理解。如果希望避免分歧，可以对行为的理由给予充分的阐述，通过逻辑分析，罗列各种可能性，从而使判断建立在信息充分的基础上，最大程度地获得准确认知。"我给 Y 一些钱"这个命题在情态上是比较含混的，根据不同的语境，可以将这个命题分别理解为承诺、坦白或预言：我向你保证，我将给 Y 一些钱；我告诉你，我给 Y 一些钱；我可以告诉你，我会给 Y 一些钱。[2]在不同的时间和空间场景下，同一语句或命题所传递的信息是不同的，因而需要将命题置于具体的场景下去理解。

法律中的概念争议经常是含混的，因为概念或理论的提出者没有明确地界定理论的目的和语境，这导致参与理论争论的学者有相互误解的危险，并且其论证将是各说各话。[3]哈特对语言哲学的运用方法是通过考察语词的具体使用语境来达到的。"在各类型的社会情境之间或社会关系之间，有许多重大的差别通常并不是直接显现出来的，通过考察相应语词的标准用法，考察这些语词如何取决于具体的社会联系，就可以最清晰地把握这些重大的差别。"[4]语境原则因而是哈特法律语言观的首要原则。[5]

哈贝马斯认为，场景的变化促成了法律范式的转变。法律范式（自由主义法律范式、家长式法律范式）首先是在法院的典范性判决中发现的，并且通常等同于法官默认的社会图景。法官在论证其判决时，对于社会图景的看

〔1〕［德］尤尔根·哈贝马斯：《交往行为理论》，曹卫东译，世纪出版集团、上海人民出版社2004年版，第36页。

〔2〕［德］于尔根·哈贝马斯：《后形而上学思想》，曹卫东、付德根译，译林出版社2001年版，第66页。

〔3〕［美］布赖恩·比克斯：《法理学：理论与语境》，邱昭继译，法律出版社2008年版，第35页。

〔4〕［英］哈特：《法律的概念》，张文显等译，中国大百科全书出版社1996年版，第1页。

〔5〕哈特从四个方面论述了法律与语言的关系，即，（1）语境原则；（2）多样性原则；（3）语言的模糊性；（4）语言的施事效用。参见谌洪果："通过语言体察法律现象：哈特与日常语言分析哲学"，载《比较法研究》2006年第5期。

法就构成了他确定事实并把事实与规范相连的语境。语境的改变产生于社会的变迁、人类交往行为的变化、社会政治和经济体制的调整等。在语境变化中，非正式制度通过立法、司法等途径上升为正式制度。例如，在意外伤害案件中，法院不单单要考虑侵权的规则体系，更要注意到对以下问题的理解：事故发生率和事故的社会成本，市场定价机制的运作方式，个人明智行为的能力，企业形式的科层合理性，契约标准条款的效果，法律制定当时以及今天关于增长或分配的意识形态。这不仅包括经验性观察（汽车事故的数量），而且还包括对事件的评价性刻画（在特定情境下是否存在自由选择）以及对于所描述事件的不赞成或同情（一个"精明的"交易或一个"不幸的"损失）。[1]因此，由简单适用法律条文或套用先例，到通过立法详细规定特殊情形，以及在司法中考虑法律之外的事实的意义，法律范式便产生了从自由主义向国家主义转变、从教义法方法向社科法方法转变的过程。

（一）空间场景

"场所支配行为"（locus regit actum）是一句古老的拉丁法谚，意指婚姻、遗嘱、契约等的调整应由行为发生地的法律来调整。这一原则在国际私法领域被广泛运用，当发生涉外民事法律纠纷时，法院原则上适用行为地的法律来评价当事人的行为。在一般意义上，该原则可以扩充至对一切不同于给定语境的场景下的行为给予特殊考虑的需要。所谓不同于给定语境，是指场景或行为超出立法者制定法律时，作为一般性素材而上升为法律规范三要素之"前提条件（事实）""行为模式""法律后果"的范畴，完全无法通过演绎或类推的方式进行涵摄。在此情况下，司法者不得不承担立法者的职能，对事实和行为进行初始评价，并赋予其法律价值。

现代社会，不少人类行为已远远超出传统法律的类型化范畴。例如，网络言论的界限直到今天仍然相对模糊。在基本的宪法权利的概括（如自由权、平等权）和具体的社会、经济权利的列举之间始终存在"裂缝"，某一行为向右可归入宪法权利，向左却无法归入具体权利，甚至会构成违法或犯罪，此类情形在现实社会中逐渐增多。在对行为进行评价的过程中，各个领域都试图获取一定的话语权。单纯的法律视角对于此前从未出现的新的情势

---

〔1〕〔德〕哈贝马斯：《在事实与规范之间——关于法律和民主法治国的商谈理论》，童世骏译，生活·读书·新知三联书店 2003 年版，第 489~490 页。

的认定，不可避免地具有片面性。判决基于人性、政治、社会的考量在一定程度上反映出各种话语的争论。

【洞穴奇案】五位探险队员在洞穴探险中发生山崩被困，由于没有按时回家，故营救几乎是立即展开，营救途中有十个营救人员死亡。探险者只带有勉强够吃的食物。在被困的第二十天，营救人员与他们取得无线电联络，被困者知道尚有最少十天方能被救。专家告诉他们在没有食物的情况下再活十天是不可能。八个小时后，被困者再问专家如果他们吃掉其中一个人是否可以再活十天，得到的答案是肯定的。被困者问以抽签的形式决定谁该死亡是否可行，包括医学家、法官、政府官员、神学家在内的人都保持缄默。之后他们自愿关上了无线电。在进入洞穴的第二十三天，其中一名同伴被杀死吃掉。被杀害的人是最先提出吃人及最先提出抽签的人。大家曾反复讨论抽签的公平性。在掷骰子前，最先提出抽签的人（之后的被害者）撤出约定，期望再等一星期，其他同伴只询问他是否认为掷骰子是公平的，受害者并无异议，其他人替他掷骰子，结果是对被害者不利。营救在被困洞穴后的第三十二天成功。

法院陪审团作特别裁决，只证明事实，有罪与否留给法官断定。初审法院已判处被告有罪并处死刑，案件到最高法院的上诉审。在此案中，法官不允许自由裁量。[1]

洞穴奇案是著名法学家富勒提出的法律虚拟案例，是一宗同类相食案，并牵涉陷入绝境、抽签、公众同情、政治因素、紧急避险抗辩及赦免等事实，他以五位法官的判词反映五种不同的司法进路和法学流派。此案曾被达玛窦称为法理学经典。[2]洞穴奇案虽然是虚拟案例，但却存在现实版本（参见本书第四章），并在今天依旧存在着发生的可能，如矿难或探险被困。

五位法官的判词如下：

---

〔1〕 Lon L. Fuller, "The Case of the Speluncean Explorers". *Harvard Law Review*, No. 62, Vol. 4, 1949, pp. 616-645.

〔2〕 D'Amato, Anthony, The Speluncean Explorers – Further Proceedings, *Stanford Law Review*, Vol. 32, 1980, pp. 467-485.

法官	论点	阐释
特鲁派尼（Truepenny）	法典规定任何人"故意剥夺了他人的生命"都必须被判处死刑，法律是清晰的，没有可以抗辩的理由，法官应该遵照法律条文宣判[1]	行政机关有权决定是否对犯罪人给予特赦。法官可以在特赦请愿书中签名。这可以使法官既不侵害法律的文字含义和精神，也不会产生背弃法律裁判的后效[2]
	有罪，但寻求行政长官的特赦	
福斯特（Foster）	如果法院判决这些人犯罪，那么我们的法律就被审判为有罪，[3]因而不应定罪。其一，被告在杀人时处于"自然状态"中，所以自然的法则适用于其行为。自然法则允许牺牲一人救助他人。其二，法律的适用具有功能属性，判处死刑的目的是起到威慑作用。类似于自我防卫不受处罚，刑法的主要目的在于阻止人们犯罪，而不是惩罚[4]	法令或司法先例里，应该根据它显而易见的目的来合理解释，法律应正确传达众议院的意志，故需期望法院具有同样的智商，纠正明显的立法错误及疏漏
	联邦所颁布的法律（包括所有的法令和先例）都不适用于本案，能代替实在法裁决此案的是"自然法"	案件发生在联邦领土外，没有人会认为我国的法律适用于他们，因为领土原则是假定人们在同一个群体内共存，而实在法也是建基于人们可共存的可能性之上，故此案在道德上也可如地理上一样脱离法律的约束，案发时他们非存在文明社会的状态，而是处于自然状态
	无罪	

---

[1] Lon L. Fuller, "The Case of the Speluncean Explorers", *Harvard Law Review*, No. 62, Vol. 4, 1949, p. 619.

[2] Lon L. Fuller, "The Case of the Speluncean Explorers", *Harvard Law Review*, No. 62, Vol. 4, 1949, p. 620.

[3] Lon L. Fuller, "The Case of the Speluncean Explorers", *Harvard Law Review*, No. 62, Vol. 4, 1949, p. 620.

[4] Lon L. Fuller, "The Case of the Speluncean Explorers", *Harvard Law Review*, No. 62, Vol. 4, 1949, p. 624.

续表

法官	论点	阐释
唐丁 （Tatting）	质疑洞穴中的人何时成为自然法的管辖范围。[1]被告没有资格适用自然法	如果有人一直在洞穴里生活，他是在生日那天还是被救那天才是真正满岁？身为执行联邦法的法官，也未曾处于自然状态中，并没有解释和选用自然法的权力
	刑法尚有其他目的	除了阻止人们犯案之外，刑法有"报复"及"恢复"两种功能，况且案件仍有威慑作用，如果洞穴中的人知道这犯了谋杀罪，很可能会将杀人延后一点，以致在被救前不必吃人[2]
	不同于正当防卫	正当防卫并非"有意"杀人[3]
	判决是一种两难	以十个人的性命去拯救他们之后又判他们死刑显得荒谬，支持他们无罪的决定又不健全，只仅仅是推理方式合理，任何一个考虑皆被另一考虑制约
	撤销判决	
基恩 （Keen）	是否履行特赦非法官所考虑（回应特鲁派尼）	法官不是向最高决策人发指示，也不是考虑他做或不做什么，是应受联邦法所控制的
	立法者规定谋杀案可能并非有一个目的（回应福斯特）	威慑、改过等字眼可能非存在于立法者的头脑中，可能只是立法者认为谋杀是错误的，应该惩罚犯罪人，可能仅仅是令人没有暴力威胁生活开心一些，也有可能是古代存在人吃人的诱惑，故祖先特别禁止，总而言之，我们不知制定谋杀罪的目的，因此更说不上漏洞

---

〔1〕 Lon L. Fuller, "The Case of the Speluncean Explorers", *Harvard Law Review*, No. 62, Vol. 4, 1949, pp. 627−628.

〔2〕 Lon L. Fuller, "The Case of the Speluncean Explorers", *Harvard Law Review*, No. 62, Vol. 4, 1949, pp. 628−629.

〔3〕 Lon L. Fuller, "The Case of the Speluncean Explorers", *Harvard Law Review*, No. 62, Vol. 4, 1949, p. 629.

续表

法官	论点	阐释
基恩 (Keen)	法院应将案件的法律因素从道德中区分开来〔1〕	洞穴中的人道德上的对错问题非法官所讨论,法官遵从法律而非个人道德观念,而被告的确是违反了谋杀法,我们不应自行揣测造法者之意,甚至创新法,这是极度危险的
	反对法院根据"自我防卫"进行解释	如果立法机关对自我防卫作出如此修正,将会导致更严格的法律体制〔2〕
	有罪	
汉迪 (Handy)	主张采取务实的、常识性(common - sense)的方式,而非抽象的法律理论	百分之九十以上之大众认为被告无罪,如果此案交由陪审团仲裁,极有可能会连有罪判决的论点也被忽略。其实无论是不起诉、陪审团作出无罪判决抑或是死刑特赦都是充满个人情感因素的,政府是被民众,而非舆论或抽象理论统治,统治者、被统治者及法官应情感一致,才可保持弹性〔3〕
	无罪	

结局:由于法官意见不一,初审法院最终维持有罪判决和量刑,所有被告将被处以死刑。

洞穴奇案的虚拟判决广泛涉及本书上下文所论述的法律程序、形式正义、实质正义、还原方法、法条主义、目的解释、法官造法、功利主义、社会舆论、政策等司法裁判过程的考量因素。该案在事实、规范和价值三方面都呈现出疑难,法条主义、后果导向、原则裁判等裁判方法均遭受到来自其他方法的有力反驳,反映出事实和行为属性的模糊、价值权衡的困难。此类案件最终必然从普通的刑事案件转为政治案件,需要由立法机关作出决定,

---

〔1〕 Lon L. Fuller, "The Case of the Speluncean Explorers", *Harvard Law Review*, No. 62, Vol. 4, 1949, p. 632.

〔2〕 Lon L. Fuller, "The Case of the Speluncean Explorers", *Harvard Law Review*, No. 62, Vol4, 1949, p. 637.

〔3〕 Lon L. Fuller, "The Case of the Speluncean Explorers", *Harvard Law Review*, No. 62, Vol. 4, 1949, p. 640.

或是由立法机关对法院的审判作出审查。

（二）时间场景

法律对行为的意义和价值的评价总是基于特定的社会交往，然而，法律关于行为的类型化及其精确调整的要求，会因时代发展而产生对新的事实和行为适用的困难。尽管启蒙思想家的著作很早就已传播，但奴隶制、种族隔离、等级制度等在人类历史上持续了上千年时间，自由、平等、正义等理念直到二十世纪后半期才逐渐在各文明国家中确立下来，并且至今仍在某些国家中难以真正实施。

在法律未发生变化时，对相同情形予以相同对待是正义的基本要求。然而，"相同情形"这一概念却是抽象的产物。由于主体、客体、对象、时间、空间等因素的差异，没有任何两个独立的事件和行为是"相同"的。每个事件和行为都在原因、结果、产生、发展等方面具有区别于其他事件和行为的特征。多样性是绝对的，同一性是相对的。人类作了如此之多的探究来肯定我们应该具有某种确定性，然而每一个新发现都破坏了我们对过去的确定性的信心，原因在于我们所处的语境和我们的历史。[1]不过，绝对的多样性是极端的怀疑主义，或者导向不可知论，或者走向现象主义。出于认知的需要，人们需要对事件和行为的本质特征进行归纳，对非本质性特征进行有意的忽略，将事实和行为进行适当的归类，并赋予某类行为以特定的法律意义和价值。

在就哪些因素应当成为事件和行为的"本质"要素进行认知时，往往存在着冲突。上文所述的空间因素是其中重要的一个，时间是另一个影响定性的关键要素。德沃金在《法律帝国》中提到的"麦克洛克林案"是区分时间因素在事件定性上的典型疑难案件。

【麦克洛克林案】1973年10月19日中午，麦克洛克林和4个孩子在英格兰的一次汽车事故中受伤。麦克洛克林夫人傍晚从邻居口中得知这一事故，便立刻前往医院。在医院里，她发现在事故中，三个孩子受重伤，一个孩子已死亡。她在精神上受到了严重打击，随即状告由于疏忽大意而酿成事

---

〔1〕〔英〕韦恩·莫里森：《法理学：从古希腊到后现代》，李桂林等译，武汉大学出版社2003年版，第14页。

故的司机，并要求精神赔偿。她的律师指出，英国法院以前有先例判决，给予由于看见其近亲受到重伤而在精神上受到刺激的人以精神损害赔偿。但在所有的这些案件中，原告不是在事故现场，就是在事故发生后几分钟内就赶到事故现场的。麦克洛克林夫人的律师援引先例，说明麦克洛克林夫人处境与他们相同，应有权获得赔偿金。

在英国，遵循严格的先例原则，责成法官必须遵守某些其他法院早先的判决。一审审判法官认为，先例原则仅适用于那些与先前案情非常类似和"恰当"的过去判决。远离事故现场而遭受精神刺激是该案与前案的重大区别。对事故现场受害者的近亲属造成精神损害是可以合理预见的，但对一个在后来才看到事故所造成的结果的母亲所遭受的损害就不是如此了。

麦克洛克林夫人不服判决，提起上诉。上诉法院确认了初审法官的判决。但是上诉法院认为母亲在医院看望受伤的家人，伤害是可以合理预见到的。但先例已经确认了精神损害的责任范围，扩大责任范围，将不在现场的亲属的损害包含在内，不符合"政策"，会给整个社会带来不利后果。它会促进更多的精神赔偿诉讼，增加法院的案件积压问题，同时给一些人们提供可乘之机。

麦克洛克林夫人不服上诉法院的判决，上诉至上院。上院的议员们认为，上诉法院的"政策"理由并非充分合理，也不具有充分的法律依据。故推翻了上诉法院的判决并下令重新审理此案。议员们认为，上诉法院所说的那种政策理由，在某些情况下足以区别先例的界限，并能由此证明法官拒绝把那些案件的原则扩大到更广泛的责任领域是正确的。但是他们又认为，在该案中，这些政策理由并非充分合理，也不具有充分的法律依据。他们倒并不认为诉讼"如洪水般地涌来"的危险会异常严重，他们说，即使对那些在事故发生几个小时后声称受到伤害的人所提的要求，法院也应能辨别其真伪。法院并不能保证有力的政策论证何时可能用于限制精神损害赔偿的范围，而是可能使它成为一个悬而未决的问题。[1]

精神损害赔偿的主张取决于当事人是否受到精神刺激，而当事人意志坚强的程度并不是可以测量的，事故所造成的受害人伤亡的状况也各不相同，

---

〔1〕　［美］德沃金：《法律帝国》，李常青译，中国大百科全书出版社1996年版，第26页。

因而，事发当时身处现场更容易遭受精神刺激的认知并不是绝对的，而只是相对于一般情形而言如此。在此基础上作出的规范，即"事故中精神损害赔偿的请求主张，应限于与伤亡者同处事故现场的近亲属"的规定，虽然可能导致出现在具体事故中补偿不具有正义的质疑（如对于精神意志坚强的未受到精神损害的处于事故现场的当事人予以补偿，但对于精神意志薄弱的在事后受到重大刺激的当事人未予以补偿），但法律的价值选择难免顾及其一而忽略其他。未在事故发生时看到事故受害人伤亡状况，在事故发生后赶到医院的当事人，被法律默认为经过一定的"时间差"，对于事故信息有一定的了解，从而有一定的心理准备，对于受害人的状况有一定的预见。

（三）相同情形的认定

先例在时间和空间上与手头案例的差异，使得任何对先例的援引，既需要考虑特定的场景因素，也需要对两个案例的基本要素作出对比。在此过程中，"相同情形"的认定是关键环节。"同等情形同等对待"的形式正义是一种原始的、朴素的正义形式，因为其拒绝对规则进行道德层面的评估。这意味着，即便规则在价值的确立上有所偏颇，但只要在同样的案件中对当事人做同等处理，则法律的公平正义即可被感知。

【医疗纠纷案】 在 Mulloy v. Hop Sang 案中，被告的手在交通事故中严重受伤，他被送往最近的医院。原告医生对他做了检查。在检查的过程中，被告告诉原告只需要将他的手"固定"，并且明确指示不要截肢，因为他希望由 60 英里之外的他所在城市的自己的医生来做此决定。原告医生认为截肢不可避免，于是为了避免血液感染而在被告处于麻醉状态下为他截肢。被告拒绝支付账单并且针对原告的诉讼提起了医疗侵害的反诉。法院驳回了原告的诉讼并且认定医疗侵害的责任存在，尽管"手术是必要的并且以高度满意的方式进行"，但该案的被告明确拒绝。[1] 在 Marshall v. Curry 案中，原告起诉被告医生医疗侵害，因为被告在疝气手术中移除了原告的一只睾丸。被告成功地证明，由于那只睾丸已经病变，其移除对于挽救原告的生命是必要的。法院拒绝根据虚拟暗示同意的意见来处理本案，相反指出，在无法预见

---

〔1〕 S. C. Coval, J. C. Smith, "Rights, Goals, and Hard Cases", *Law and Philosophy*, Vol. 1, No. 3, 1982, p. 471.

的紧急情况发生时，生命受到威胁，医生有义务"为挽救患者的生命或确保其健康而采取行动"[1]。由此可见，具体情形的差异决定了规则能否适用。而情形差异在本质上表现为"同类情形"的类比判断。

在上述两个案件中，"同意""危害生命的情形"是两个重要的特征。S. C. Coval 和 J. C. Smith 提出一个虚拟案例，介于二者之间。患者接受一种手术，要切除其胃部溃疡部分。患者明确指示医生，不要对他进行输血，即便是有生命危险。医生回答手术并不复杂，不需要输血。在手术过程中，患者由于无法预见的复杂情况出血，医生为了挽救其生命，对无意识的患者进行了输血。患者随后起诉医生医疗侵害。该案与 Mulloy v. Hop Sang 案相同，存在着明确的"拒绝"，但与之不同的是，存在着生命危险；另一方面，该案与 Marshall v. Curry 案相同的是，存在着生命危险，但 Marshall v. Curry 案却无明确的拒绝。S. C. Coval 和 J. C. Smith 在研讨会中，将该案件提交给 70 名法官要求其根据利益平衡规则给出意见，结果是原被告获得的支持对半。[2]

如果试图从判例中寻找规则的话，不难发现，虽然先例中的目标彼此冲突，但仍可以找到一些相对一致的序列模式。一方面，法律并不强迫人们寻求医疗救助来维持其健康或生命，也不要求人们听从明智的预防措施来保持健康。另一方面，法律详细地规范医疗实践并且禁止许多有害或无价值的治疗形式。因而，在社会价值业已确立的情形下，具体案件中应根据何种价值裁判，更多的是根据当事人自身的选择，"同意"在一定程度上成为责任认定的核心要素。这一基本原则在我国目前医患关系日益紧张以及医疗纠纷增多的背景下，具有重要的启示价值。医院是否进行了过度检查和过度医疗，不仅仅是专业性问题，更是医疗伦理问题。这些问题的解决一方面需要法律予以规范，另一方面也需要建立在患者知情同意之上。

上述案例所涉及的自由原则在不同的制度中以"自愿""同意""知情"等形式体现。判断一方行为正当与否的界限在于行为对象的自由是否被干预，或者，个人自由的限制是否是其自愿。在社会化的交往关系中，个人基

---

[1]　[1933] 3 D. L. R. 260 (NSSC). p. 275.

[2]　S. C. Coval, J. C. Smith, "Rights, Goals, and Hard Cases", *Law and Philosophy*, Vol. 1, No. 3, 1982, p. 474.

于某种判断，会主动或被迫同意失去某种自由。如果个体被迫做某事是因为其处于弱势地位或对另一方产生依赖，则另一方的行为在某些情形下具有非正当性。当然，双方自愿的行为在何种程度上能够成为正当的根据，是随时代发展而不断演变的，如相约决斗、包养协议、免责条款等在现代社会均受到法律的严格控制。然而，在法律无明文禁止的领域，自愿原则的认定就具有基础价值。

三、话语规定：以言行事

"描述"与"指称"是语言的重要功能之一。这一功能在认知法律现象和解释法律制度上具有重要意义。语言这一集体行为的产物，通过对法律语言的产生（立法或判例）、固定、变革、泛化、异化等的解释，确定法律语言的准确含义。分析法学的另一个特征是依托现代语言哲学来引导行为的实施。维特根斯坦曾说，语词即行为。日常语言的运用，在一定程度上是个体对事物喜好、行为倾向、价值主张的反映。个体的身份、地位、人格既反映在其语言中，也是语言的产物。奥斯汀认为，在语言表现出来的多种不同的功能中，有一项功能经常被哲学家们所忽视，即通过语言对人类行为方式进行规定和塑造的功能。不过一旦我们想理解社会生活，尤其是法律中的某些事务时，这项功能就显得非常重要。哈特举了一个基督教受洗礼的例子。在这个重要的时刻一句话出现了——"我在此给这个孩子取名为 X"，陈述这些词的效果是改变了先前存在的社会情形，由是，现在的"正确"方式是以名字 X 指称该小孩。在此与社会惯例成对比的是，使用语词不再如最经常的方式那样去"描述"世界，而是带来"一些变化"。真实陈述一个承诺句的情况也是这样。"我答应用我的车把你送到车站"，并非在描述什么，而是一个对说话者"设定"道德义务的陈述，它对说话者有约束力。很显然，语言的这种用法对法律而言是极其重要的。我们可在立遗嘱人的遗嘱中看到这种用法："我在此将我的金表留给我的朋友 X"，也可在立法者的法令措辞中发现它，譬如"在此规定，如……"。[1]

在语言学范畴内，语言的陈述句、疑问句、祈使句、感叹句四大类型被用于表达对事实的描述、对事实的调查、对行为的要求、对现象的评价。不

---

〔1〕 ［英］H. L. A. 哈特：《法理学与哲学论文集》，支振锋译，法律出版社 2005 年版，第 285 页。

同的语言类型对语言的表意功能、行事功能、施事功能的要求是不同的。陈述性语言以描述的"真实"为目标，疑问性语言以问题的"准确"为条件，祈使性语言以规定的"清晰"和"可行"为前提，感叹性语言以评价的"一致"为基础。例如，当人们在谈论某个地区的冲突时，对冲突事实的描述应当以"真实"为目标，对冲突细节的追问可以在时间、地点、人物、方式等视角"准确"提出，对冲突解决的方案应以"清晰"为根本保障，对冲突影响的评价应能代表一定群体的价值主张。

法律语言多数表现为祈使句，即要求行为人做或不做某类行为的语句。祈使句具有强烈的"规定"属性，因而也是某种社会秩序"建构"的手段。不过，法律语言"规定"属性的实现，需要建立在对事实准确描述的基础上。伯尔曼的一段话，形象地说出了"描述"前提下法律语言的特点。当小童说："她先打我"，这是刑法；当他说："你答应我的"，这是契约法；当他说："玩具是我的"，这是财产法；当他说："妈妈说我可以"，这就是宪法。[1]

（一）事实的建构

在某种程度上，"麦克洛克林案"是一种常理的推论，认为远离事故现场而遭受的精神刺激与身处事故现场所遭受的精神刺激不同，是基于经验的判断，而非原理的论证。类似的推理中，法官面临着两难：一方面，真实事件的难以还原要求法院必须根据"经验""常理"进行推论，而不能拒绝当事人的诉讼；另一方面，社会价值的多元瓦解了社会共识，据此作出的推理，无论采取何种立场都会遭受某些社会群体的质疑。这种分歧会随着社会结构和社会交往的复杂化而愈加不可弥合。疑难案件采取调解结案的政策性建议不仅会造成对诉权的干预，而且会造成司法成本的浪费，这在一个司法资源本身就稀缺的国家是难以适用的。唯一有效的方式是缩小"司法事实"和"媒体事实"的差距，并增强公众对司法事实的认知。

（二）行为的建构

二十世纪八十年代发生于日本的"邻人诉讼"案件，也引起了人们对法

---

〔1〕 McGinnis, John, O., "Harold Berman's Revolution in Western Legal Thought, Part I", available at http: www. libertylawsite. org/2012/05/30/harold-bermans-revolution-in-western-legal-thought-part-i/, 最后访问时间：2021 年 6 月 25 日。

院关于行为定性和社会关系建构的广泛讨论，从侧面反映了社会对于"常理""共识"认知的分歧。

【邻人诉讼案】原告和被告是居住在新开发的住宅小区内的两户邻居，两家住房相距不远，平时就有往来。一天，原告三岁多的小孩像往常一样来找被告同龄的孩子玩。原告（妻子）要外出购物，而自己的孩子却不愿同去。当时双方母亲都在场并说了话，而平常两个孩子在一起玩时两家父母也有分别代为照管的情形。结果原告让孩子留下继续玩而独自去购物，被告则在可以看到孩子们的家中打扫卫生。不料在被告没有看见的七八分钟空隙内，两个孩子跑到了离被告住宅约40米的小池塘边，原告的孩子下水玩耍时被淹死。发生此事之后两家的关系恶化，原告遂向法院起诉被告，请求赔偿因孩子死亡而造成的损失。该案的争点主要集中在当事人双方关于帮助照看小孩的默契是否构成契约法上规定的"准委托合同"关系；如果不能构成合同关系，被告是否因负有"充分注意"的义务并存在过失而应承担侵权行为责任。法院经过审理后作出一审判决，认定"准委托合同"关系虽然不成立，被告仍应承担一定的侵权责任。对引起的全部损失双方均有过失，原告方的过失为七成，被告应负三成的过失责任，所以必须向原告支付500万日元的损害赔偿金。不料该判决一出立刻在社会上引发了一场轩然大波，报刊电视等媒体纷纷以例如"对善意邻居的严酷判决""给邻人互助关系的兜头冷水""再也不能轻易帮助他人照看孩子"等标题发表评论和追踪报道。原告短短时间内收到了大量谴责其起诉和要求赔偿的电话和信件，一部分甚至有威胁恐吓的内容。在被告上诉后，原告因不堪这些谴责乃至恐吓而请求撤诉，而开始不同意撤诉的被告在遭受同样的压力后也只得放弃继续争议。以致日本法务省破例特意发表正式声明，表示提起诉讼是每个公民享有的基本权利之一，呼吁全社会尊重这项人权。

类似案件所引发的风波似乎表明，对于建立在"善意""互助"等基础上的社会关系，单纯使用权利义务的范畴及金钱赔偿的法律技术来处理，存在着很大的局限性或副作用。因而，有学者指出，受理此案的法院本应花更大的力量来劝告当事双方实现诉讼上的和解，或者本来就应把该案件视为适合调解的纠纷类型而交付法院内的民事调解制度去处理。[1]不过，这种回避问题与纠纷的做法并非长久之计。现代社会的格局与人际关系随着社会风险的增加而发生相应改变，传统的街坊邻居的交往规则已然发生改变，无论是委托人还是受托人，都应当清楚地认识到自己行为的意义和后果，从而在作出决策时保持理性。而法院在遇到类似的疑难案件时，更是需要勇气和担当去"创造"未来的行为规则。

第四节 小结：规范解释中的价值和事实问题

二十世纪世界哲学有两股潮流。第一股潮流以维特根斯坦和海德格尔为代表，强调语言学的世界解释性，即我们对现实的认知经常是被我们的语言或概念体系所过滤了的，并且也只有借此才能实现这种认知。这损害了客观性概念，因为其将人类置于"存在"或语法规则的支配下。第二股潮流以蒯因和戴维森为代表，在客观性的方向上走得更远。它采取了经验主义的视角，未能公平对待语言使用者的参与视角。哈贝马斯还指出存在第三股思潮，即康德学派的实用主义，以普特南、达米特、阿佩尔等为代表的哲学家，包括他本人。这一派学者不仅将语言学转向严肃地看作是方法论转向，而且看作是实用主义转向。第三派观点的支持者对于语言的建构属性和真理的客观主张都能平等对待。[2]

在《交往行为理论》中，哈贝马斯认为，传统语义学的根本缺陷在于它只注意到了语言的"描述"功能，即表现客观世界中的事物和事态，而忽略了其"调整"功能，即主体间因为言语行为而发生的相互关系，语言仅仅被认为是信息工具。哈贝马斯认为，话语具有双重功能，分别为"陈述性"（以言表意）的和"以言行事"的两个层面。陈述性是指话语在语义学分析层面上所具有的信息、内容，以言行事则是用话语来做事，即通过话语交往建立人与人之间的关系。陈述性话语功能与以言行事话语功能虽具有一定的独立性，但二者并不能单独存在。话语的陈述性内容必须通过以言行事的方

---

〔1〕 王亚新："'判决书事实'、'媒体事实'与民事司法折射的转型期社会——南京市鼓楼区法院（二〇〇七）第二一二号案件（'彭宇案'）评析"，载《月旦民商法杂志》2009年第24期。

〔2〕 Jürgen Habermas, *Truth and Justification*, The MIT Press, 2003, p. x.

式才能得以固定。[1]

丰富的语言、准确的用词、流畅的表达，是人类认知的基本目标。语言是个体良好人格和品行的折射，是严密逻辑和较强沟通能力的表现。无论是知识的专门化还是综合化，语言的娴熟、逻辑以及创新程度不仅发挥着方法上的作用，而且直接影响着知识的体系。语言因而既是方法论，也是本体论。如维特根斯坦曾说，语言的界限意味着世界的界限。[2]

语言不仅是一个人知识素养的体现，而且是其行为方式和价值观的载体。在一种语言的熏陶下，主体的行为和思想会受到潜移默化的影响。可见，语言应当是人格的展现和真实意志的流露。但在现实生活中，人们有时词不达意，有时言过其实，有时表里不一。经验告诉我们，在使用语言进行交往时，有人坦诚，有人虚伪，有人强势，有人自卑，也有人具有多重人格，在不同的场合变幻语言风格，以达到不同目的。哈贝马斯用"戏剧性行为"来描述这种语言行为，即每一个个体都要在社会这个大舞台和观众面前表演自己，背诵着早已准备好的"台词"让观众去领会他的"潜台词"。[3]了解语言在不同的场景、主体、对象中的使用规则和实际效果，认识到人类在掌握语言方面的不足和局限，人们就会区分语言的使用者而有区别地交往。因此，语言能力的鉴别在某种程度上也是交往理性认知的前提。

法律学是关于法律语言认知的科学。从法律概念的学习，到法律术语的怀疑，再到赋予现象以法律意义和后果，都离不开对单独的法律概念、交织的法律术语、体系化的法律制度的认识、理解、批判与重构。无论是概念法学的认知、法教义学的解释，还是规则导向的法律方法，其本质都是以法律语言作为认知对象，将语言所指称的事物、行为、价值置于一般或具体事实中考察。法条主义裁判方法并非以规则的认知和解释为终点，而是以规则为认知的出发点和重要的基点，通过建立最低限度的共识，来实现对案件解释更进一步的一致。

---

〔1〕 刘晗："哈贝马斯基于交往的话语理论及其规范问题"，载《上海交通大学学报（哲学社会科学版）》2010 年第 5 期。

〔2〕 [奥] 维特根斯坦：《逻辑哲学论》，贺绍甲译，商务印书馆 1985 年版，第 79 页。

〔3〕 [德] 尤尔根·哈贝马斯：《交往行为理论》，曹卫东译，世纪出版集团、上海人民出版社 2004 年版，第 85~99 页。

一、描述性方法的价值与事实

关于人类所指称的事物与语言之间的关系，在哲学史上有著名的"唯名论"与"唯实论"之争。它讨论的是关于事物的概念（共相）与实在事物之间的关系，及概念与事物出现的先后顺序等。唯名论有几个核心的论证，其中一个被称为"玫瑰问题"。极端唯名论者认为，玫瑰有各式不同的颜色、外形与香味，因此，玫瑰这个共相概念是不存在的，只是文字性的概念。不存在某种完美的玫瑰，只有个别的玫瑰，因为感官及思考，被归纳出玫瑰这个共相概念。概念论者认为，玫瑰虽然有不同的外形及香味，但因为在不同玫瑰之中拥有相同的特质，我们才可以由感官经验，推导出一个玫瑰的共相。在理性中的玫瑰共相，它不依赖于个别的玫瑰，它有自己的性质，因此可以独立存在。从早期关于事物本质与现象、普遍与特殊的争论可见，在认知过程中人们对事物的分歧，在某种程度上就已经表现为语言的分歧：唯名论和概念论者都承认事物的独特属性差异，但对于是否采用独特概念来表达持有不同的观点。可见，概念与指称的对应，是语言分析的基本方法。

（一）在描述中统一

在《词与物》中，福柯不把语言当作符号的总体，而是把话语作为系统地形成这些话语所言及的对象的实践来研究。[1]在福柯看来，某一领域的知识能够成为独立的科学，并非是因为它有独立的对象或概念，而是由"某种风格、某种陈述行为的稳固特征所标志"，这就将包括自然科学在内的知识划分纳入语言学的考察范畴之内。"陈述行为的稳固特征"意味着专业化和成熟性。[2]

哈特在《法律的概念》中对此方法的运用给予反复地例证，如"车辆"的类型及范围等。法律所指的概念，究竟包括哪些类型？是根据规则的目标、立法者的意图，还是规范的含义来理解？显然，这种规范含义的理解，已经不单纯是规范文字含义的解释了。相反，它之所以被哈特称为"社会学阐释"或"描述"，是因为它对概念和规范的考察，追溯至其产生之初，通

---

〔1〕〔法〕米歇尔·福柯：《知识考古学》，谢强、马月译，生活·读书·新知三联书店2003年版，第53页。

〔2〕〔法〕米歇尔·福柯：《知识考古学》，谢强、马月译，生活·读书·新知三联书店2003年版，第36页。

过考察规范制定的目标，从而对规范中的术语含义进行重新审视，以理性人的视角来探索"应然"的规范是什么。使用语言分析方法对法律概念的考察，实际上远远超过了对法律规范含义的解释，而是将事实、规范、价值综合其中。

描述的方法采取日常语言分析进路，通过对普通人所使用的语词含义进行要素分解，将概念的意义"消减到核心"，以在特定群体间达成共识。语言行为主义属于还原主义的理论结构。[1]描述的方法是还原主义方法，其本质在于对一些表面上存在共识但实则严重分歧的概念的统一提出有效的方法。波斯纳也曾运用还原主义方法来假设"初民社会"的交往，并指出其在现代社会中仍有使用的价值：消费者和商人并不用经济学家使用的术语来描述自己的活动，在这方面他们和原始人是一样的。经济学的解释力是独立于经济活动者的清醒意识的。[2]

（二）在描述中质疑

语言并非先于人类的经验认识而产生的。然而，在语言产生后，语言在人类认识世界中却往往作为一种预设而存在。这种预设的核心是我们识别事物的能力，其基础是语言的表达功能。[3]尽管如此，我们对于世界的经验知识和我们的语言学知识必须被视为是相互独立的。一方面，语言使我们认识现实成为可能，另一方面，我们处理现实的实践反过来促使我们修改我们的语言实践。语言并没有完全决定我们可以认识的世界的内容，或世界对我们而言意味着什么。相反，我们从经验中学习，经验性的知识可以让我们修订我们所使用的术语的含义。这也是为什么哈贝马斯将语言具有"揭示世界"的功能界定为具有"弱先验性"的原因。[4]

在蒯因看来，本体论已经不是关于事实的问题，而是关于为科学选择一种方便的语言形式、一个方便的概念体系或结构的问题。关于本体论的基本争论能够进而翻译为关于语词和怎样使用语词的语义学争论。[5]然而，魏斯

---

〔1〕［德］于尔根·哈贝马斯：《后形而上学思想》，曹卫东、付德根译，译林出版社2001年版，第21页。

〔2〕［美］理查德·A. 波斯纳：《正义/司法的经济学》，苏力译，中国政法大学出版社2002年版，第154页。

〔3〕Jürgen Habermas, *Truth and Justification*, The MIT Press, 2003, p. xiii.

〔4〕Jürgen Habermas, *Truth and Justification*, The MIT Press, 2003, p. 21.

〔5〕［美］威拉德·蒯因：《从逻辑的观点看》，江天骥等译，上海译文出版社1987年版，第15页。

曼却警告我们：不管人们认识到一个事物有多少特征，该事物与其他事物有多少联系，以及对其存在历程做过多少陈述，都无法达到对事物的描述详尽到无纰漏的地步，也就是说，达到对知识的进一步增长不可能的地步。任何真实的事物都是不详尽的。人们关于它的描述只是不停地拓展，不存在什么最大化的描述。[1]描述的价值因此充满了悖论，无论是以统一为目标还是以异见为追求，最后都发现无法完全实现自我或在一定程度上成全对方。尽管如此，在描述的过程中，人们得以对习以为常的概念进行重新审视，从而更加清楚对于这些概念我们有多少共识多少分歧。

语言分析方法对重要的法律概念的分析，如权利、义务、责任、道德等，从词汇所代表的事实或心理情感角度来解释，以达到认识上的客观共识。不过，试图使用诸如权力、心理效应、情感陈述等抽象的，甚至更具主观性的术语来解释这些法律词汇，有时会陷入解释学的无限延伸或循环。其一，这种客观性认识的追求能否实现是个疑问。其基本的假设是人类的语言是在指称事实的过程中产生的，因而词汇与事物应当能够形成一一对应。然而，现实情况是，语言不仅具有描述的属性，也具有规定的功能，即约定俗成的效力。试图探寻所有词汇的现实对应物，在动机上具有正当性（寻求对词汇的准确理解），并且在一些词汇领域可以实现当初预想的目标，但在某些词汇领域的适用，势必导致词汇解释或词物对应的牵强附会或主观任意。即使是自然界，也并非所有事物都可以用"属于其自身的语言"来描述。普特南指出："并不存在一种属于世界自身的语言。存在的只是人类作为语言使用者为了不同目的而发明的语言。"[2]普特南反对那种认为世界是由物体或事实构成，其存在独立于人们的概念建构，以及它们可以被明白无误地以一种方式表达的观点。他认为人类不会形成独立于其意识的关于事物存在的或真理陈述的观念。这些观念同样无法独立于赋予其意义的程序和实践。[3]其二，二十世纪六七十年代之前关于法律概念的语言分析侧重于认识论，而未能在方法论上走得更远。概念分析对于立法或司法的价值如何体现几乎没有涉及。以语言分析方法来解释和分析疑难案件的范例在立场上也不鲜明。语言

---

〔1〕　F. Waismann, *language strata*, *logic and language*, Basil Blackwell, 1961, p. 27.

〔2〕　H. Putnam, Pragmatism, Oxford, 1992, p. 29.

〔3〕　H. Putnam, "Why Reason Can't Be Naturalized," *in Realism and Reason*, 1983, p. 230.

分析方法到底应当如何运用、其与传统的法律解释方法（文义解释、体系解释、目的解释等）的区别何在、其在案例分析中的程序和逻辑如何等问题都远未涉及。因而，在研究方法上，多数语言分析采取了历史学、文献学的研究方法，对语言分析以及法律语言分析的观点、思想、理论、学说进行系统梳理，以还原和建构这一领域所涉及的知识体系为目标，对学者的观点进行求真式考证，而不在于提出作者自身的看法。在此背景下，文献的关注恰是研究者的关注，因而，语言分析在知识论上以"发现"知识为主，"生产"或"创造"知识的功能较弱。而其对法律的本质、效力、功能、道德的属性、权利义务的起源等问题的认识，在一定程度上从属于哲学认识论。

二、规定性方法的价值与事实

将认知重心从经验方法转入语言方法，源于哈贝马斯对知识的"问题解决"功能的重视。我们对于世界的认识最初是在我们的应对中产生的，在这一过程中，世界经常作为一种阻力呈现在人类面前。这意味着"世界存在的方式"并不简单取决于人类。相反，现实以无形的方式制约着我们的实践，这为寻求客观性的坚实概念提供了立足点。

当人们对定义或某些语词的适用存在重大分歧时，如果他们没有希望通过进一步的讨论来达成共识，人们就会一直怀疑争论者实际上不是谈论相同的事情。[1]例如，就"法律"一词而言，律师与法学家所谈论的可能是不同的事情。尽管法律有相对稳定的单一指称，以使大量的相互联系的制度程序每天都以法律之名运转。然而，即便如此，当法律人在交谈中谈论"大写"的法律（许多社会共同的法律制度）时，并不意味着他们不再相互谈论特定的法律（特定时间和特定地区运转的规则和程序）。[2]

（一）法律语言的专门化与共识

语言的功能在于交流，法律也不例外。关于法律的术语并非绝对由法律界所专有，很多的词汇，例如犯罪、法官、合同等已经进入日常领域，为普通人所理解。

---

〔1〕 S. L. Hurley, *Natural reasons*, Oxford University Press, 1989, pp. 30-33.

〔2〕 ［美］布赖恩·比克斯：《法律、语言与法律的确定性》，邱昭继译，法律出版社 2007 年版，第 61 页。

使用技术性语言或专门性术语的一个首要的和明显的理由是效率。[1]如果法律抛弃那些可能被认为抽象、生僻、做作、模糊的词汇，如要约、紧急避险、显失公平、管辖异议等，则法律职业群体就会在确定这些词义上忙得不可开交。任何一个面临共同问题或具有共同利益的群体都倾向于发展出一套专门性的词汇，以便于群体内的交流。语言深深植根于文化，共同的经验促生了表达这些经验的方式。如果母语中缺乏关于某一经验的适当概念，则为了节省时间新的概念就会被发明出来供群体使用。大多数的法律术语是语言的捷径表达，以满足法律实务者的功能性需求。[2]晦涩、冗长、文风糟糕是美国学界对法律语言的总体评价。[3]法律书籍充斥着数量惊人的白话式的糟糕文风，以及拙劣的、浮夸的、高深的、沉闷的、晦涩的赘述。灵活运用简单的交流语言这一习惯并未在受教育者中养成。生硬的语言、大而空的词汇、矫饰的短语在我们的文化中似乎都与智慧和身份相关。在英美国家，错误地使用较长的拉丁词汇是受到有限教育的体现，不幸的是，正确但枯燥和不必要地使用此类词汇却是受到良好教育的表现。对有文化的人而言，较为保险的方式是简洁表达。无论这种病态文风的原因是什么，它并非法学的错误，也非法律职业所特有的缺陷。[4]

语言模糊有时是立法者故意使用的工具。模糊性的语言可以用在法律指令中，以推迟最终的决定。[5]法律的任务和职能也可以通过语言的严格或宽松来安排。一项模糊的命令，可以增强那些在作出命令之下的政府阶层的自由度。[6]在此情况下，模糊性的语言实际上被用作一种授权的方式。何种立法适合采取模糊性语言？一般来说，反垄断法的语言往往具有较强的模糊性。例如，限制交易的契约或企业联合是非法的，实际上是立法机构将解释的权力交给了法院。当法院有权根据法律来解释何种情况构成"限制交易"时，立法机构就会拒绝给出任何确定的指南，因为这会控制法院的权威。

〔1〕　Lawrence M. Friedman，"Law And Its Language"，33 *Geo. Wash. L. Rev.* 563，1964－1965，564.

〔2〕　Lawrence M. Friedman，"Law And Its Language"，33 *Geo. Wash. L. Rev.* 563，1964－1965，565.

〔3〕　Lawrence M. Friedman，"Law And Its Language"，33 *Geo. Wash. L. Rev.* 563，1964－1965，572.

〔4〕　Lawrence M. Friedman，"Law And Its Language"，33 *Geo. Wash. L. Rev.* 563，1964－1965，572.

〔5〕　Lawrence M. Friedman，"Law And Its Language"，33 *Geo. Wash. L. Rev.* 563，1964－1965，573.

〔6〕　1Brown v. Board of Educ.，349 U. S. 294，301（1955）. This opinion dealt only with the formulation of decrees. The basic decision was laid down in the first Brown decision，347 U. S. 483（1954）.

法律语言的冗长也被认为与法律体制中的分权相关。英美的成文法非常细致。当可以将六个同义词一线排开时，就从不使用一个词汇。尽管这是一个恶习，但道理非常简单。成文法在英美法系向来被法院蔑视。成文法被"严格解释"，意味着法院对立法机构所制定的法律成功地主张了重新加工和重新表述的权力。[1]成文法的用词越严格，法院通过解释更改成文法的含义就越困难。而且，如果成文法的语言足够明确，法院可能必须根据立法机构的旨意行事。因此，当立法机构意识到法官有专横地解释成文法的权力时，就会相应地将同义词一个个地简单堆砌，以试图涵盖所有可能的情势。例如，工业委员会应当确定、规定和发布此类合理的标准、规则或条例，以确保对使用油罐卡车或油罐拖车来存储、处理、使用和运输用于燃料的液化气和用于为此类气体加臭的设备的设计、建造、放置、安装、运作、修理和维持的安全。[2]上述条文的主要内容是工业委员会应当制定严格的规范来确保液化石油气处理的安全。相比之下，如果立法机构感受不到来自敌对的司法体系的压力，就会以根本不同的方式制定法律。[3]

（二）法律语言的分化与歧义

语言表达总是超越语言本身的界限，并且与现实中的事物发生联系。[4]在另一些情形下，语言借用的情形导致语言的泛化，从而使语言的所指产生模糊。在具体领域，人们为了追求表意准确（以言表意），或出于更精确行事（以言行事）的需要，往往对事件和行为进行更加细致的区分，给予类型化的命名。将语言的产生和发展还原至起始状态，人们就会发现：当一种新的事物出现时，需要对其加以命名或指称，词与物之间的关系得以建立；其后，与该事物具有相同或相近关系的事物不断被纳入观察者的视野，在此作用下，词汇或者被重新界定，或者产生新的词汇，原有的关系被重新阐释直至达到一种相对稳定的状态；随着新事物的不断增多，以及词汇被借用到不同事物的情形越来越频繁，一些词汇的含义越来越宽，以至于可以同时指代多个事物，对词汇具体所指进行解释就成为必要。这一过程，伴随着语言功

---

〔1〕 See, e. g, Stone, The Common Law in the United States, 50 *Harv. L. Rev.* 4，113–126（1936）.

〔2〕 Wis. Stat. §§ 101. 105（2）（1963）.

〔3〕 Lawrence M. Friedman，"Law And Its Language"，33 *Geo. Wash. L. Rev.* 563，1964–1965，575.

〔4〕 ［德］于尔根·哈贝马斯：《后形而上学思想》，曹卫东、付德根译，译林出版社 2001 年版，第 105 页。

能的分化和加强，并随着市政、商业、贸易等的发展，在这些领域内不断产生专业化的语言，这就是学科形成并发展的内因。

然而，一方面，人们希望无论语言如何发展，其在表意和行事方面的根本功能都应当相对固定：将语言与具体事物（主体、行为、客体）相对应。一般情形下，词与物是一一对应的。只有单一物才被赋予名字。我们不给一个事物起两个名字，或者给两个事物起一个名字。另一方面，不存在我们能够用来描述可以命名的事物的总和的方法。人们无法完全了解逻辑的必然性必须属于每一件事物的某些属性。[1]从而，在对事物进行命名的过程中，充满了偶然与任意。由此，某一领域的体系化程度越高，并非意味着其语言已经达到相当完善的程度，反而可能表现为语言的庞杂与混乱。

法律语言的分化，根源于社会关系的变革。当马车时代的交通规则无法解决汽车时代的交通事故时，就推动了侵权话语体系的发展。人类生活和交往空间的扩展，改变了自然的存在状态，也为人与人的交往制定了新的规则。在规范意义上，现时语言的开放性造成继有语言的不确定性，法律规范以语言特别是固定化的语言为基本单位，其所指称之事物因时代发展获得新的意义，二者不可避免地发生抵触。哈特提出语言所固有的"开放性结构"无论是在成文法还是在判例中，都会暴露出某种程度的不确定性，从而使法律的不确定性出现，因此，语言的不确定性就是导致法律不确定性的主要原因。哈特注意到，语言对事实和行为的描述存在着局限。"即使我们使用以言辞构成的一般化规则，在特定的具体个案中，该规则所要求之行为类型仍旧可能是不确定的。"[2]

法律的规定，特别是法律对事实和行为的定性存在着逻辑风险。被下定义的对象越丰富，其可供考察的不同方面越多，那么根据这些方面所下的定义可能就有越大的区别。[3]"在科学上，一切定义都只有微小的价值。"[4]"所有的定义都只是有条件的、相对的意义，永远也不能包括充分发展的现象的各方面联系。"[5]如此多的告诫，似乎意味着人们应当谨慎定义。然

---

〔1〕 ［奥］维特根斯坦：《逻辑哲学论》，贺绍甲译，商务印书馆1985年版，第11页。

〔2〕 ［英］H. L. A. 哈特：《法律的概念》，许家馨、李冠宜译，法律出版社2006年版，第121页。

〔3〕 《列宁全集》（第38卷），人民出版社1959年版，第254页。

〔4〕 《马克思恩格斯选集》（第3卷），人民出版社1995年版，第12页。

〔5〕 《列宁选集》（第2卷），人民出版社1956年版，第808页。

而，语言的发展在大多数时候并不受个体意志所控制。在日常生活中，我们理解语句并无困难。这是因为我们理解语句中的每个单词并能从整体上理解语句的语法结构。证实的问题仅产生于新的单词组合的情形中。[1]语言的分化、澄清、统一具有客观属性，群体法律意识的整体提高，才是共识增多分歧减少的根本途径。在这一情形实现之前，法律语言必然反复经历从分歧到统一，从共识再到歧义的过程。

在知识和信息爆炸的时代，人们不仅需要借助现代信息工具掌握一定数量的资讯，更要通过对事物原理的追溯，获得一定的思维方式。从而在方法与知识、原理与细节之间维持适当的平衡。如奥斯汀指出：对原理的无知，和对细节的无知，存在着巨大而重要的区别。一个人如果对原理一无所知，没有从事过正确推理的实践，就是愚蠢和不可理喻的。一个人即便不知道具体的事物或细节，但也依然可以从对他的理解具有暗示作用的前提出发，进行正确的推理，依然可以准确地评价别人从这些前提出发所得出的具体结论。[2]

三、法律命题的类型及其解释

任何领域都有其语言体系。宗教的语言体系是善、正义、正当、超自然；哲学的语言体系是世界、自我、认知方式；政治的语言体系是国家、政府、政党、权力、集团、斗争；法律的语言体系是程序、规范、事实、价值、平等。在法学体系内部，不同的学派和理论实际上也表现为不同的话语的侧重。例如，自然法的语言是正义、平等等价值；实在法的语言是原则、效力等规范；社会法的语言是行为、纠纷等事实。语言体系本质上是知识体系，代表着知识、技能、方法、思想，能够解决物质世界或精神世界的问题。因而语言体系也是权力、垄断、权威的基础。每一种语言体系都蕴含着权力的分子。在某一领域内创新或开创新的语言，就拥有了该领域的话语权或权力。

法律与语言的发展是并行的，法律与权利的关系恰是语言与思想的关

---

〔1〕 Friedrich Waismann, Verifiability, In Antony Flew（eds.）, Logic and Language. Blackwell, 1951, p. 36.

〔2〕 ［英］约翰·奥斯丁：《法理学的范围》，刘星译，中国法制出版社 2002 年版，第 82 页。

系。法律的形式与语言的语法和逻辑紧密相关，而法律的内容则与道德和政治密切相连。[1]在法学研究中引用语言学的目的在于通过对语言功能的考查，发现其在法学研究中运用的可能，用以帮助理解法律现象或促进法律运行。法律语言的认知，可以在多个层面上进行：解释语言与规范的对应，包括规范的含义、对事实和行为的指代、价值的选择等；解释语言与行为的关系，包括书面语言的可能行为、可能行为与实际行为、语言对行为的塑造、行为的语言表述及定性等；解释话语与权力的关系，包括法律与政治、法律与舆论、话语与认知的关系等。

日常语言存在不同的句型或命题，其表述或证明的方式各不相同。哈贝马斯将语言学中的陈述句、祈使句、疑问句、感叹句等定义为描述命题、规范命题、解释命题、评价命题。描述命题普遍都是用来陈述事实的，因而可以从命题真实性的角度加以肯定或否定；规范命题是用来证明行为的，因而可以从行为方式的正确性（或公正性）的角度加以肯定或否定；评价命题（或价值判断）是用来估价事物的，因而可以从价值标准（或"善"）的适当性的角度加以肯定或否定；解释命题主要是用来澄清诸如言说、分类、计算、演绎、判断等具体活动的，因而可以从符号表达的可理解性或全面性的角度来加以肯定或否定。如果陈述形式不同，论证的意义也会发生一定的变化。对描述性命题的论证意味着对实存事态的证明；论证规范性命题，则是对行为或行为规范的可接受性的证明；论证评价性命题是对优选价值的证明；对解释性命题的论证规则，是要证明符号表达合乎规则。[2]

对事实真实性的证明，需要能够提出可还原或可复制的认知程序或工具，根据该程序，足可以证明事实的存在；对规范有效性的证明，可以从行为合理性的角度加以证明，例如行为是否产生某种价值，如更大的收益或避免损害等；对价值判断适当性的证明，即某种价值选择是否合理，是否具有相对优越性，可以从价值标准的适当性来加以分析。泰勒对"价值评价标准"和"价值排序"作了区分。例如，"某个美国总统是否是'好'总统?"对于好的含义，可以有不同的标准。如果类比的是历届美国总统，那么这个

---

〔1〕　T. T. Clark, "Some Analogies between the Development of Language and Law", 31 *J. Jurisprudence*, 1887, p. 1.

〔2〕　[德] 尤尔根·哈贝马斯：《交往行为理论》，曹卫东译，世纪出版集团、上海人民出版社2004年版，第39页。

总统达到比一般总统高的水平，即为好。此时，"好"是一个表示等级之词。如果类比的是一切可能的（想象）的总统，那么就要提出理性化的总统标准。"好"是没有精确的标准的，完全取决于评价者所使用的是何种标准，该标准被界定得如何明确，在何种意义上可以检验其现实性。[1]

在法律解释上，命题的真实性、道德行为规范的正确性，以及符号表达的可理解性或全面性才是普遍的有效性要求，才能接受话语的检验（可以成为某种话语）。[2]司法裁判的有效性，包括裁判是否具有可接受性，则可以根据裁判所选择的符号表达是否可理解，以及裁判是否全面来判断。不同的法律命题的认知要求与命题所表达的对象直接相关，而不是源于特定的理论或学说。如维特根斯坦所言：逻辑不是理论而是世界的反映。逻辑探究意味着一切规律性的探究。逻辑之外的一切都是偶然的。[3]

---

〔1〕 P. W. Taylor, *Normative Discourse*, Englewood Cliffs, 1961, 7f.

〔2〕 ［德］尤尔根·哈贝马斯：《交往行为理论》，曹卫东译，世纪出版集团、上海人民出版社2004年版，第42页。

〔3〕 ［奥］维特根斯坦：《逻辑哲学论》，贺绍甲译，商务印书馆1985年版，第88~90页。

第四章
价值衡量的方法

我们想不到有什么事件是不能靠诉诸某些"人性"的癖好而得到动听的解释的。但是，一种可以解释一切可能发生的事物的方法，碰巧可能正是什么也解释不了的。[1]

——波普尔

如果法律规则明确并且法律适用并不明显不当，则法官可以根据成文法或判例予以适用。但在有些情形下，法律无明确规定，或者虽然有明确规定，但规则的适用会带来明显不当的结果。在此情况下，法院需要根据正义原则或社会道德对规则的适用作出限制，并对案件的事实和行为进行定性，从价值的一般形成原理出发，找到其应予适用的规则。结果导向的司法裁判方法意味着在疑难案件审理中，法官事先已经有了案件结果的思考，然后根据该结果寻找可以适用的法律原则或规则，给出裁判。

立法者制定法律时所处的时代背景、社会关系、事实认知等表明，规范的滞后性和不完整性是不可避免的。哈特所谓的规范"开放结构"问题，在立法技术上表现为立法者对事实和行为"类型化"的不足，当然这种不足是相对于规范制定后的社会而言的。当一种新类型的事实出现，或由立法时的"小概率"事件发展为"大概率"事件时，原有的规范要么对此类事实忽略，要么因当时的利益格局尚不清晰而不便进行"价值判断"，此时就需要重新将此类事实置于法律规范的"一般事实"中，作出更加全面的类型化，在定性的基础上选择可能的价值，并反推"规范"。

后果导向的裁判方法因而产生司法造法以及司法是否侵入立法权的质

---

〔1〕 〔英〕卡·波普尔：《历史主义的贫困》，何林、赵评译，社会科学文献出版社1987年版，第170页。

疑。有时，所有产生于案情简介的相关数据和一切补充性的研究为法官提供了决策的资源，使其能够发现关键性的价值判断。有时，法官清楚地知道在当事人提供的事实之外如果没有更多的信息，他就无法作出知情的决策。在此情形下，法官就应尽可能地在通过确保当事人公平的程序下作出知情的决策。这需要法官对相关事实进行立法程序的思考。尽管大多数学者主张法官应将其司法调查集中在传统的争议解决的范畴，但这并不妨碍法官在疑难案件中考察相关的立法性事实（legislative facts），并将相关程序和方法用于阐明案件的争议。[1]

后果导向的裁判方法首要的是价值的评判和选择问题。在疑难案件中，往往存在着潜在的价值冲突：根据规则指向的法律价值与社会价值或法院可欲之价值产生抵触，需要采取一定的法律解释方法，将主流社会价值或法院可欲价值上升为法律意志。主体感知的差异性和文化的多元性，在一定程度上限制了价值认知的统一性，使得客观价值的探讨受到相当程度的制约。尽管如此，关于价值实证的方法和学说仍然在一定程度上提升了人类价值认知的水平，从而可以用于疑难案件的价值判断，并在后果导向的法律解释中发挥论证的重要作用。

后果导向的司法裁判具有较强的自然法色彩，其适用于既有法律对特定案件的规制不足或规制不当的情形中。这种情形产生于法律的滞后性以及对社会现实变化的不敏感的情况下。在英美法历史上，衡平法就是为解决判例法的缺点而设计的另一套法律系统。和普通法相比较，衡平法较为着重事实的公正，较少拘泥于形式。英文的"衡平"（equity）即"公平"之意，表示法院在适用普通法可能导致不公平时，根据公平正义的理念作出判决。自然法学说在法律史上被认为与抽象的正义学说相关。在法律实践领域，人们倾向于认为自然法学说在法律意识和思维的养成方面具有意义，在法律制定层面上发挥着潜在的价值主导功能。但在司法层面上，自然法思想往往被视为缺乏准确性、可预见性、一致性，即使是在"二战"后对战争罪犯的审判中，自然法的复兴也受到实在法的猛烈批判。不过，现代自然法学说已经发展到一个新的阶段，侧重于法官的自由裁量权的实施以及判决的论证。从学

---

〔1〕 Roger J. Traynor, "Hard Cases Can Make Good Law", *The University of Chicago Law Review*, Vol. 29, No. 2, 1962, p. 236.

说到方法、从理论到实践、从立法到司法的转向，是自然法在二十世纪取得的重大进展。在疑难案件中，法院在论证价值选择的依据和理由时，实际上是在运用自然法方法对暗含于社会现实中的规范、价值进行发现的过程，无论人们将这一过程称为"法律发现"还是"法律创设"或是"自由裁量""司法能动"，均无法否认自然法思想在其中的潜在作用。

价值的同质化和高度抽象化导致价值的分歧往往不易被发现。人们之所以就某一价值的属性产生分歧而无法统一，是因为他们能够开发出所有符合通常所理解的价值特征的价值理解方式。但对于这些价值理解方式如何彼此相融，如何彼此关联，对其各自的意义以及对它们是否在某种原因上导致价值冲突，却充满分歧。[1]现代自然法学说采取一系列的理论与方法来论证和还原法律价值，其中很多建立在假设或是模型之上，例如"无知之幕""初民社会""理性人""道德的实践""感官与生理基础"等。将正义、公平等价值问题"还原""归结"或"量化"为情感、利益、感知等客观事物或行为，在一定程度上解释了大多数人类行为的价值取向。

第一节　道德论与自然法：价值的还原实证

对价值的认识，既是文化的建构，也是感官等生理的差别反映。没有受到任何文化影响的人，也会产生某些价值认识。这些价值是与其感官和大脑直接相关的。例如，追求感官的舒适是一种本能，舒适作为一种价值，产生于生理机能。几乎所有动物都对疼痛敏感，从而都有趋利避害的行为本性。人类有时刻意讨好他人也是一种本能，即为了消除紧张的氛围，使自己周围的环境更加安全。各种事物中，对某一类型的偏好，源于感官、身体与大脑对事物的某种需求。从运动的喜好到饮食的偏好，从交友的倾向到择偶的标准，更多地反映了生理的需求，而不单纯是文化的建构。

拉兹提出，四种价值具有相对普遍的意义：（1）纯感官感知的愉悦。感官和感知的愉悦是许多文化愉悦的基础。（2）自然现象的艺术价值。如日落的美，并非所有个体都能意识到自然风景的美，认识该价值具有文化依赖的属性，也与主体的阅历相关。（3）工具性和促进性价值。其价值在于为其他

---

〔1〕　Joseph Raz, *The Practice of Value*, Clarendon Press, 2003, p. 55.

价值的实现提供条件或便利。例如自由价值对于好的生活的作用。（4）人的价值。即人的生命对于自身和他人的意义。道德价值，以及建立在道德价值之上的品德、权利、义务，经常属于最后两类。[1]如果我们能够发现价值生成的基础，并找到价值的相互关联，就会相对容易地发现价值分歧的原因，并对价值的共识方法形成一定的认识。从价值产生的方式来看，我们可以将价值分为：（1）原生价值，即感知器官与大脑对原始事实的直接反映。（2）继受价值，即通过文化、习俗和教育后天习得的价值。（3）调和价值，即通过交往而产生的价值，是行为人通过交往对原生价值和继受价值的调整。原生价值和继受价值是受动性价值，表现为主体对外界的消极承受。调和价值是主动的、积极的、高级形态的价值，是主体根据自身需求主动选择的价值。调和价值的关键在于互动与交往。一个人采取什么方式让另一个人接受自己并不存在统一的程序，而是取决于具体的场景、双方的感官价值和文化价值的互动。

把价值还原为人的感官本能，是一种个体层面的价值感受，表现为肉体对外界刺激的肯定的和否定的评价。如身体遭受侵害产生疼痛感是"坏"的，饥饿时食物是"好"的。在精神层面上，价值感受也有一定的生理基础。绘画的艺术在于通过颜色空间布局满足视觉的需要；音乐的艺术在于通过声音的变化、轻重缓急长短等来满足听觉的需求；同样，味觉、触觉、嗅觉等价值需求都是某一感官通过某种方式得到满足的结果。将价值归于文化现象和交往行为的产物，尽管会忽略个体不同而产生表述准确性的差异，但法律现象的认知以及由此产生的法律适用，在大多数情形下以普通主体的感知为根据，适用"少数服从多数"的原则，因而可以将个别性价值差异区别对待。将价值的发现和论证还原为感官和文化属性，是一种还原论（reductionism，又译为还原主义、简化论与化约论）的方法。该方法认为复杂的系统、事务、现象可以通过将其化解为各部分之组合的方法，加以理解和描述。价值问题因主观性强，并且受文化影响较大，采取还原法有利于把握其本质。

---

〔1〕 J. Joseph Raz, *The Practice of Value*, Clarendon Press, 2003, pp. 34-35.

一、原生价值：价值的感官来源

感官体验事物的过程，也是个体价值的生成过程。味觉的酸甜苦辣，视觉的美丑凶善，触觉的柔软细硬，听觉的轻重缓急，均是通过个体的经历而形成的。因为人类感官功能的相似，所以才有价值的相似。尽管存在细微差别，但在共同的感官体验中，人们形成了对大多数事物共同价值的认识。不过，仍有例外情形。没有任何两个人能够对同一苹果的酸甜度给出完全一致的看法。洛克区分事物的首要属性和次要属性：首要属性指事物的范围或形状，如大小、重量、运动、数量等，这些属性能够为感官客观地复制，从而在主体间形成共识；次要属性是关于颜色、气味、味道、声音等的属性，感官无法复制这些内在于事物的属性，主体的认识因人而异。

环境是价值生成的外因。例如，特定地区的饮食直接影响了居民的味觉，在当地能够产生相当程度的味觉价值认同。然而，当这种饮食在其他区域流行，就会产生在其他区域居民间味觉价值的分歧。而且，随着环境变迁，人们无法预见到特定时期的少数例外是否能演变为未来的多数。在这种变迁中，共同价值认知也相应得到修正。正如我们不再惊讶于色盲和色差，我们或许也会逐渐对人们的审美、品位甚至性取向采取开放与包容的态度。

（一）价值的感官属性

价值概念是历史产物，在特定历史时期出现或被创设。例如，简单的情感愉悦，像人们对喜欢的颜色、味道等的感知，这些愉悦是内在的，而这些价值在人类的器官、大脑、神经系统未达到今天的发展程度时就被人所感知。因而，情感愉悦可以说是一个历史和社会的产物，但也可以认为人类在有这一概念之前就有此种愉悦。[1]情感愉悦的事例提醒我们，任何关于价值的社会依附的理论都可能是局限的。价值并非都产生于社会实践，存在着诸如情感愉悦的价值，其社会依附性是很低的。[2]与动物的本能相似，人类的情感愉悦也是外界或行为对人的感官、身体、神经产生的积极的刺激，如美丽的风景、可口的食物或身体的动静给人带来的精神上的愉悦。这些价值并不依赖于社会实践，而是具有一定的本能属性或自然属性。

---

〔1〕 Joseph Raz, *Value*, *Respect*, *and Attachment*, Cambridge University Press, 2004, p. 64.

〔2〕 Joseph Raz, *Value*, *Respect*, *and Attachment*, Cambridge University Press, 2004, p. 65.

价值的自然主义与还原主义的极致是弗洛伊德的性欲学说。弗洛伊德把人的动机归为饿、渴、睡、性等，其中性欲占主导地位。弗洛伊德将大多数人类的行为都归因于生理的需求，将性欲主导下的个体称为"本我"。但他同时又认为，"本我"往往受到道德、社会法规等现实条件的制约（这就是"超我"）。尽管其理论的大部分细节已经被心理学界抛弃，但其理论的框架和研究方式影响了后来的心理学发展，并为基础性的人类行为提供了重要的解释工具。

（二）价值生成的生理基础

在生物学领域，巴甫洛夫的条件反射理论为行为的自然属性提供了一种解释。人类的神经和感官在受到来自外界的刺激时，会直接通过身体动静等行为方式表现出来。现代心理学和医学研究揭示了梦境何以使人感知真实的原因：因为现实与梦境都作用于大脑。人对场所、语言、事物的情感、触觉等都来源于大脑皮层。因而，一旦某种情感或触觉在现实中被激发并储存在大脑皮层，其在梦境中在不同时间、场景下的反应才显得真实。

对外界的认知，表现在通过各种感官获得反应在大脑中的刺激。大脑对视觉、触觉、听觉反应的敏感度和精确度，是自然界和人类社会物竞天择、优胜劣汰的规律。人类通过感官对场景的本能反应，如形状、颜色、运动、气味、声音、温度等，都会在不同的主体间产生差异。人体对温度、气味、颜色的感知是不同的，这些差异产生于感官的不同或大脑的差异。某些语言能够激起某些主体的反感，但对于其他人可能没有任何影响。这种差异取决于主体对某一种现象认知的敏感程度。共识或产生于共同文化的影响（习惯、法律认可、权威服从等），或产生于自我约束（利益、畏惧、善良等），但却又通过人类（或动物）共有的生理机能形成一致认知。

【一块钱的愤怒】2017年2月18日中午，武昌火车站附近发生一起残忍的凶杀案。因为胡某认为店老板一碗面多收了他一块钱，发生冲突。胡某拿起店里的菜刀将老板杀死，并割下其头颅扔到垃圾筐里。

面馆经营者姚某在食客吃完面付钱的时候，本来招牌上写着四块钱一碗的热干面，他收了五块钱一碗，多收了一块钱。经营者的做法源自中国商业传统。春节前，一些坚持营业的小食店、理发店等，会把单价适当提高，而顾客也会理解。本案中的姚某在春节前就已经把每碗面提高了一块钱。事发时虽然已经过了正月十五，但他还没来得及将价格回落。与胡某同行的三个人中，另两个人没有质疑，22岁的胡某向面馆经营者提出了异议，"牌子上写着四块钱一碗，你怎么要多收几块钱？"

姚某当即吼了胡某："我说几块钱一碗就几块钱一碗，吃不起你就不要吃。"胡某与他争执了起来。激烈争执的时候，姚某一把掐住了胡某的脖子，把他抵在了墙上，被胡某的两个同伴劝扯开了。不知什么原因，姚某和胡某又开始争执起来，而且越来越激烈，胡某再次被姚某揪住衣领抵在墙上。

胡某随后冲到店内的案板前提起一把菜刀，挥刀就砍伤了姚某的一条腿和一条胳膊。姚某瘫软在地。但此时胡某已经杀红了眼，拎起姚某，往屋外面拖，拖到一辆汽车边上，姚某靠在车上已经动弹不得，胡某对着他的胸口连砍几刀，最后残忍地割下其头颅。事后证明凶手胡某是四川大巴区人，属于二级精神残疾。他的父亲介绍，"他的病时好时坏，发作起来就没法管"，而且发病时连他父亲都打。

在本案中，面馆经营者姚某，尽管在整个事件过程中也存在过错，但是他的一句恶言，成为刺激一位精神病患者发作的导火索，也给自己带来杀身之祸。而从胡某的角度来看，由于精神疾病，其对特定时期和地区的商业风俗缺乏了解，又因姚某轻蔑或侮辱性的语言而备受刺激，反映了主体的价值获得与其对某一种现象认知的敏感程度相关。在"马加爵案""林森浩案"[1]等系列重大刑事案件中，犯罪人因对受害者的挖苦或冷漠心生不满就痛下杀手，从根本上说是缺乏对社会人际交往的基本价值的认同，缺乏对生命的尊重。

二、继受价值：价值的文化基础

在基本的生理需求层面上对"好"的价值的追求之外，还有人类在追求精神愉悦层面产生的对"美"的价值追求，对"善"的价值追求。美丑、善恶的价值形成建立在认知、文化、教育等实践的基础上，是文化的建构和制度的产物。马克思曾说："对于一个忍饥挨饿的人来说并不存在人的食物

---

〔1〕 上海市第二中级人民法院（2013）沪二中刑初字第110号。

形式……忧心忡忡的穷人甚至对最美丽的景色都没有什么感觉。"[1]

（一）审美价值的形成：实践与对比

通过对比不同的风景、不同的社会交往，人们可以发现其中的差别，从而找到适合自己感官与知觉的价值，如喜欢的音乐、欣赏的风景、可口的食物、知心的朋友等。对比越明显、对比的类型与范围越广泛，价值体系的形成就越相对稳定。诗人对山川日月的歌颂产生于对不同时空事物的类比，登泰山而小天下即是此理。

情感的产生在某种程度上依赖于行为者将所见所闻所思与记忆中的事物相对比。这种共鸣在现代社会更容易产生，归因于书籍和影像等的传播。美的价值影响感官，进而作用于情绪。例如，关于风水的知识，具有一定的价值论基础。风水的"好坏"是建立在对不同场所风景的对比上，或是自然环境对人生理与心理的影响上。在科学意义上，风水无非是宏观外界对人的影响。

文化价值是在实践中产生的。音乐、美术能引起人强烈的共鸣，原因在于特定的听众和观众对类似动情场景的经历和感受。走出一种情感的最好方式是经历多种情感，克服某种恐惧的最好方式是在类似场景中锻炼。在美学价值中，人的感官所经历的色彩形状丰富多样并处于变动中，不存在最蓝的天、最绿的山、最急的河，因为人关于美的价值始终处于变化中。价值产生于对比和联想，产生于个体对价值的敏感。当人被某种价值感动时，本质上是感官、记忆等生理反应的结果，即个体因为在某些情景下联系到了自己所熟悉的某种场景。因而，如果人们对某种价值不敏感，或超越某种价值，就不会共鸣或情感泛滥。

在文学、艺术、音乐等文艺作品中，同样也都源于人类将事物、场景、心境与具体的词汇相关联，采取直接的还是间接的、隐含的还是明确的、开放的还是封闭的等诸多表达方式。是否能在欣赏者心中产生共鸣，则取决于欣赏者对这些词汇和事物的认知。在中国古代诗词中，只有欣赏者经历过特定场景，才能理解词汇所包含的特定的情绪。例如，元代马致远在《天净沙·秋思》中使用十个看来不相关的词汇，营造（描绘）了一幅凄凉的秋郊夕照图：枯藤老树昏鸦，小桥流水人家，古道西风瘦马。夕阳西下，断肠人在

---

〔1〕《马克思恩格斯全集》（第 42 卷），人民出版社 1972 年版，第 126 页。

天涯。而孤立地使用这些词汇，或将这些词汇置于其他场景中，例如"盛夏的夜晚大家围绕着一棵百年老树乘凉"，或"曾经的茶马古道现今成为著名的游览景点"，都不会产生诗词中的意境。可见，诗词的意境必须置于场景中才能得到恰当地阐释。

音乐，是通过节奏、旋律、和声、调式和调性等组织要素所构成的"声音的秩序"。音乐的这样一种性质，使它与宇宙万物之间具有普遍而紧密的内在联系。音乐能够使现实生活和现实世界的每一画面、每一场景立刻意味深长地显现出来。[1]音乐除给人以心情的体验外，还能以对号入座的情景使人产生联想。音乐的轻重缓急似乎就像自然界的微风细雨或霞光万道，抑或是暴风骤雨或骄阳如火，它能让人平心静气，让人遥思凝想，也能让人慷慨激昂。音乐能让人产生时空感，不时地让人亲近和疏远。忽重忽轻、忽远忽近、忽快忽慢、忽高忽低的由耳入心的旋律，能让人瞬间有如气吞山河，瞬间又觉似沧海一粟；有时能让人产生个人轻快跳跃之感，有时又有千军万马浩浩荡荡之势。在音乐中，人们会发现如同无法准确地认识世间万物一般，我们不知用怎样的词汇来表达所听到的声音。同一个节奏以不同的和声或调式奏出，给人带来不一样的心境，也正犹如我们在不同的语境下使用同一词汇所表达的含义是不同的。而音乐能够带给什么样的主体以不同感受，则与主体的人生阅历或其对自然对社会万事万物的感受有关，甚至是以其为基础的。在此意义上，音乐实际上是与事物、与词汇相对应的。

从语言学视角，音乐所对应的词汇或为真实实体，或为虚构实体。声音是人类最初情感和意思的表达。例如，欢快的口哨给人以愉悦和轻松，公共场合任意的发声（例如哈欠）让人觉得轻浮。声音在现代社会仍是语言和感情表达的重要工具。"哈哈""呵呵""啊""嗯"等既是文字语词，也是原始声音语言延续至今的产物。但在今天的互联网语言中，这些语词借由图片或动画而获得了新的含义。早期的语言以声音作为表情达意的工具。音乐的声调、频率等能够反映出情绪、情境，因此音乐可以激发出人类最原始的本能性的关于情绪的记忆。

（二）知识与审美价值

价值认知具有经历性。人生的不同时期，生活的经历等都影响着对价值

---

〔1〕　舒国滢："法律与音乐"，载《法制资讯》2014年第12期。

的认识。少年充满梦想，处于是非价值构建的最好时机；青年具有热情，团体价值可获广泛认可；中年开始反思，多元价值逐渐形成；老年智慧积淀，价值返璞归真。杨绛先生在《一百岁感言》一文中也提到价值的冲突与转变："在这物欲横流的人世间，人生一世实在是够苦。你存心做一个与世无争的老实人吧，人家就利用你欺侮你。你稍有才德品貌，人家就嫉妒你排挤你。你大度退让，人家就侵犯你损害你。你要不与人争，就得与世无求，同时还要维持实力准备斗争。你要和别人和平共处，就先得和他们周旋，还得准备随时吃亏。少年贪玩，青年迷恋爱情，壮年汲汲于成名成家，暮年自安于自欺欺人。"可见，个体的价值认知并不是固定的，而是与外界环境变化紧密相关。

文化价值的差异根源于个体知识结构的不同。但知识的习得并非价值生成的充分条件。对价值的理解需要知识的彼此关联。特定的价值往往是混合的价值，包含着各种价值的理想融合，以及各种客体所处的不同关系的标准。关于此类价值的知识需要理解不同价值的混合以及其存在对其他价值实体的影响。此类价值的复杂性及其结构厚度难以完整表达，知识的彼此关联和暗含性导向理解层面。其运用到形成观点或决策上，即为判断。[1]知识的结构性厚度（体系）决定了理解是深层次的知识。拉兹指出，理解在两方面与知识相联。第一，对被理解事物的知识只有在将客体置于场景中，与其背景相联系，了解相邻知识，包括文义上的和隐喻的，才是丰富的；第二，关于理解的知识，也应与个人的想象、情感、感觉、意图等相联系。一个人所理解的事物，他可以想象、移情、感受并能操控进行行为。[2]

事实是，我们大多数评价性的知识都是含蓄不明的，这意味着相当程度的分歧是不可避免的。文化价值的属性是由优秀标准所决定的，其中的含蓄知识是赋予价值概念的条件之一。人们会认为雄伟的高山的存在是独立于社会实践的，其美丽也是如此。但欣赏高山的美需要特定的概念和特定的敏感，这些是具有社会依赖性的。在此方面，拉兹认为，不应当关注价值存在的条件，而应当关注认识价值的条件。[3]

---

[1] Joseph Raz, *The Practice of Value*, Clarendon Press, 2003, p. 49.

[2] Joseph Raz, *The Practice of Value*, Clarendon Press, 2003, p. 48.

[3] Joseph Raz, *The Practice of Value*, Clarendon Press, 2003, p. 30.

（三）类型及其标准的设置

某类或某种价值的概念，包括两个特征：其界定了哪些客体属于该类价值，并且决定该类客体的价值应通过其与类型的界定标准之间的关系来评估。拉兹认为，每类文学和艺术作品的类型都是由标准界定的，无论是严格的还是宽泛的界定，都设置了该类型成功的标准，即成为该类型"好"的事例的标准。每个类型所设置的优秀的标准不仅由成就它的普遍价值所确定，而且由这些价值的融合所确定。对文学、音乐、影视作品的欣赏也是建立在对类型的认知基础上的。人们需要依赖类型来评价文学艺术作品。在类型之外，人们是难以发现理解和评估文学与艺术作品的标准的。

在类型化思维之下，评估的程序就成为：对事物价值的评估通过参照其作为某类事物的一种来进行。例如，好的苹果、假期、聚会、演讲等。评价某事物因而有两个决定因素。一是对事物归属的类型作出界定，包括了解每个类型的构成标准和本质特征。二是了解事物与类型相联系的方式。其可能完全符合该类型，也可以讽刺或反传统的形式与类型相关，或影射到属于另一类型的事物，从而使类型产生模糊。例如，表面上看，一部电影是否好看是仁者见仁智者见智的问题，似乎难以评判好坏。然而，我们不仅可以解释电影如何制作、资金如何筹措、摄像如何操作、演员如何表演等，我们也可以解释什么可以使其成为好的或不好的标准。人们可以将评价透明化、可被理解，从而提供评估质量的"非归纳式"评估解释。[1]

类型化是一种社会实践，是由专属类型的特定标准所决定的。在有些时期，一些正式类型的类型化标准较为严格，只允许些许变化，倾向于限制事物归入有限的、明晰的类型中。在当代，允许甚至鼓励事物在其被认可的类型中开放流动，以及事物可归入某些类型的自由的、丰富的方式。[2]这说明，对事物的评价开始突破类型的束缚，事物的不同属性可能被赋予不同于传统的价值和意义。

三、调和价值：交互行为的调整

个体的价值认知具有特殊性，或者与社会公众的价值接近，或者与之相

---

〔1〕　Joseph Raz, *Value, Respect, and Attachment*, Cambridge University Press, 2004, p. 49.

〔2〕　Joseph Raz, *The Practice of Value*, Clarendon Press, 2003, pp. 39-42.

悖。对于何种价值属于正当价值的认识，往往涉及价值的特殊性与普遍性之争。普遍性与特殊性是哲学用于解释世界、主体、行为的视角和方法，即何种事物、何种主体认知、何种行为会被视为具有普遍性或特殊性。它暗含着普遍与特殊的意义和价值。普遍性的事物往往被视为容易为多数人接受的事物，普遍性的行为被作为社会准则和价值标准，个体由特殊性向普遍性过渡，就是逐渐成熟的过程。普遍性在传统的哲学中难以证明。逻辑与经验由于教育与阅历的差异在很大程度上只有少数人才能具有。现代社会，随着科技与统计方法的精确性，加上网络社会带来的信息便利，人们对普遍性的认识有了显著提高。

任何普遍的价值都产生于差异价值的相互协调。多元化价值主张是避免价值观至上的唯一途径。价值差异的正当性，从根本上源于通过价值差异，对业已被接受的普遍价值进行修正，使其具有自省的"源头活水"。虽然价值差异导致接受主观主义或情感主义，或对道德产生影像式的理解，但价值主观主义或相对主义作为一种调和观点，在一定程度上包含着拒绝价值普遍性的主张。[1]

(一) 人与自然的价值调和

价值首先产生于心理对外界和自身的反省。人在与自然和社会进行交往的过程中产生是非对错的价值认知。例如，就人与自然之间的关系而言，古代人狩猎，当不小心踩到枯枝吓走猎物时，就产生了关于自身行为与外界事物关系的"应当"；在人与人之间的关系中，当特定行为产生一定的后果时，如抢夺行为遭到族群的反对，就产生了关于行为的"应当"。这或许是人类道德的起源。当人们就下次狩猎时的经验作出各种不同的反思时，就形成了关于"获得猎物"这一事实与"狩猎行为"之间的"应当"的观点。这些观点可能存在分歧，例如，有人会认为应当和猎物更为接近，有人认为应更好地伪装自己，有人认为工具必须具有足够的威力……无论如何，必须承认：人类的进步正是基于对事物与行事价值的判断。即使某些价值在特定时期是错误的，但它却为未来的修正树立了标靶。

在一个人的社会中，是否有规则存在，即是否有"行为应当如何"的规则存在？这种行为的"应当"是否就是规则的价值取向，甚至在一定程度上

---

〔1〕 Joseph Raz, *Value, Respect, and Attachment*, Cambridge University Press, 2004, p. 12.

是"道德"？回答是肯定的，在一个人的社会中，人类与自然之间也存在"应当"的规则。由于人类高等动物的属性，这种规则存在于行为人的记忆中，是行为人根据经验对先前行为"应当"的反思和主动调整。

趋利避害是行为规则产生和改变的主要原因。不遵守自然规则的人，多为自然所淘汰。在自然界，优胜劣汰、适者生存的法则在行为正当性的判断方面发挥着关键性的作用。捕食者和被捕食者只有在对彼此行为的不断了解、从而反思并修正自身行为的进化过程中，才能保持物种的延续。同类群体的行为规则，尽管也存在竞争，但在生存危机的考验下，合作与分享是最终进化而成的行为规则。

（二）人与社会的价值调和

在特定的历史时期，人必须依靠群体的力量才能防御动物或其他族群的攻击，因而人类除了要学会与自然相处，还需要学会如何处理与他人之间、与其他族群之间的关系。同自然行为的正当性相比，群体行为的规则（应当性）相对要复杂得多。它既有接近于自然状态下行为正当性的产生方式，即行为人会根据行为对象的行为方式来调整自身行为，如善意的行为会被善意地对待，恶意的行为往往招致的是反报；也有基于传统知识而沿袭下来的行为规则，如祭祀、礼仪、道德、伦理、教化等；还有基于共识而借由权威或强制实行的行为规则，如决议、政策、法律等。

社会行为规则的正当性根源于主体间的关系。看似烦琐的仪式，大至帝王登基，中至婚丧嫁娶，小到问候礼仪，无不反映出人们通过这些仪式对彼此给予的尊重、忠诚、便利、关爱等。因而，对个体行为正当性的认识，至少可以在三个层面上进行：（1）技术层面，基于自然和社会因素的行为正当性；（2）知识层面，基于教育灌输的行为正当性；（3）组织层面，基于族群、社会、国家层面的行为正当性。

四、人的价值：自治与依附

对人的尊重本质上表现为对他人人格的尊重，以及对他人行为方式的认同。国别差异、地域差异的本质是价值差异。将不同区域的主体贴上各种性格标签，进行地域歧视，不过是放大社会文明的冲突。

"尊重"一词在我国的法律制度中几乎没有出现。其结果是，尽管法律规定了从生命权到隐私权等庞大的权利体系，并通过规定权利的内容、实现方式和侵害救济等来予以保障，但对于权利的相对人来说，相关的法律规定更像是仅对其设置了消极的不侵犯的义务，而没有给出对这些权利加以尊重的理由。尊重每个个体，是权利存在的前提和基础。缺乏尊重作为权利的基础，义务的遵守就是被动和被制裁威慑的。

（一）自治的价值

人类自身的价值源于个体的自信与满足，其主要来源于三个领域，即自我评价、家庭评价与社会评价。自信的情感源于主体的自我认同和评价。作为价值的一种，这种评价同样产生于对比。当主体通过与他人在某些方面的对比，长相、身体、才智、物质、语言、知识、技能、品行等能够取得一定的优势时，自信感由此而生。以屈服、金钱、讨好、巴结、权势所换取的社会评价是短暂的，而在此过程中所付出的代价要远高于该资源投入其他领域的所得。个人如果想获取一定的社会资源，除非是拥有一目了然的优势（如长相或身高等），否则就需要通过一定的方式去证明自己，获取一定范围的社会评价。个体当然可以不顾社会评价，而在智力、技能、品行等方面取得相当的成就。然而，如果这些成就不能带来更多的价值追求，主体便会在价值比对中产生心理失衡。

既然自信所需要的价值多产生于社会评价，人就无法完全生活在孤立隔绝的社会环境中。相反，人需要通过语言、知识甚至金钱积极地去换取有形或无形的社会评价。在个人所处的社会中，家庭和社会的评价对于主体的自信具有重要意义。相比之下，来源于家庭的评价在价值类型和价值持续需求的满足上输于社会评价，但在价值稳定上胜于社会评价。诸如"七年之痒""审美疲劳"等现象均是家庭价值供给不足的结果。社会评价提供了家庭所无法给予的诸多价值，包括人在专业领域的技术与技能价值，人在社交领域的才能等。并且，由于社会评价对象的广泛性与变动性，不同渠道的评价为主体提供了长期的、持续的、变化的满足。因此，在家庭和社会两个领域的价值评价系统中，成年人的家庭评价的重要性会呈现逐渐降低的趋势，尤其是在子女出生之前以及子女成年之后的一段时间内。社会评价的重要性在此期间不断增强，直到主体退休并回归家庭。并且，在这一阶段，随着人的衰老，关爱的价值得到前所未有的重视，价值的重心重新回归家庭。家庭价值认可的递减性、稳定性和社会价值认可的新奇性、变动性在主体的价值需求中，始终是矛盾的统一体。重要的是，很多技能是在社会交往中形成并获得持续发展的。如果脱离社会，相应知识和技能就会贬值。个体在社会评价中所获得的自信与满足与其参与社会交往的程度有关。

丹麦哲学家克尔凯郭尔认为人生有三种不同的形式，或称为阶段，即审美阶段、道德阶段和宗教阶段。个人随着认识的深化，可以从较低的阶段跨越到较高的阶段。但也有很多人终生处于同一阶段。那些生活在审美阶段的人的信条是"活在当下"，他们会抓住任何享受的机会，"好"即意味着美，满足或愉悦。这类人完全生活在感官世界中，沦为欲望和情感的奴隶。任何烦恼的事都是"坏"的。生活在审美阶段的人容易经历忧虑，或产生恐惧以及空虚感。不过，忧虑同时也是积极的，它使个体处于"外部情势"中，有助于其跨越到更高的阶段，但能否发生跨越则取决于个体的自我选择。道德阶段表现为道德选择的严肃性和持续性，个体主动选择根据道德法则去生活。在此，具有意义的事并不是你所思考的是否正确，重要的是你选择了对是非持有一种观点。道德阶段由于过于严肃，即便是高度尽职的人也会最终厌倦总是专注和谨慎，因而许多跨越到道德阶段的人后来又重新回归到审美阶段，另一些人则跨越到宗教阶段，他们选择了信仰，以及选择了责任的理性召唤。克尔凯郭尔称这是救赎的唯一道路。

主体能否得到尊重，在自我评价、家庭评价与社会评价中获得情感满足在相当程度上取决于主体的自治。而主体的自治在人生的不同阶段会有不同的体现。拉兹认为，个人自治的最高理念是个体可以自主决定其生活。[1]德沃金提出，自治是个体的第二序列能力，用以反思其第一序列的喜好、欲望、希冀等，并根据这一更高序列的喜好和价值对这些价值予以接受和改变的能力。[2]主体所实施的特定行为和决策具有自我界定和自我建构的作用。此类行为对于"我是谁"这一哲学问题具有形成性意义，从而有助于个体的特征和属性的形成。这是个体身份的自我形成途径之一。自治的意义在于自我主权、自我建构、自我塑造、自我界定、自我决定生活和身份。[3]

（二）依附的价值

启蒙思想家认为，社会关系是一种契约或社会连带。独立的个体之间通

---

〔1〕　Joseph Raz, *The Morality of Freedom*, Clarendon Press, 1986, p. 369.

〔2〕　Gerald Dworkin, *The Theory and Practice of Autonomy*, Cambridge University Press, 1988, p. 20.

〔3〕　Herstein, Ori J., "Defending the Right To Do Wrong", *Law and Philosophy*, Vol. 31, No. 3, 2012, p. 350.

过各种契约相互联系：家庭的、社会的、国家的。拉兹则将这种社会关系进一步还原为"依附"关系，即事物或人对于我们的价值在于依附，包括其客体的属性及其与我们的关系，这使他们在我们的生活中具有独特性，或者是事实上的独特性，或者是规律上的独特性。[1]生命的意义在于依附，包括对人的依附、对事物的依附。依附产生价值。希望和喜欢的人更长时间地相处，希望更长时间地过着期望的生活，是人生存的动力和对死亡恐惧的缘由。我们对家人、邻人、朋友、单位、社会、国家的依附，是社会关系运行的基础。不过，随着个人自由程度的增加，对物质的需求反而减少，直接造成了以依附为基础的价值观的瓦解。

社会关系维系的关键，是主体间的价值共识，而非物质或精神上的依附。友情、亲情、爱情无不如此。这种认知是解决诸如婚姻、家庭、雇用、归属等法律问题的重要基础。简单的社会关系容易维系，复杂的社会关系的维系不仅关系到主体间的利益，更与其在价值上的认知相关。不过，价值共识并非价值观的完全一致，而是关于客体或主体是否具有满足特定需求的价值的一致。主体间对价值的认知差异，使分歧在所难免。但"水至清则无鱼，人至察则无徒"，采取情感功利主义的态度，分类管理不同的朋友，从中获取不同的情感需求，并注意保持克制，分清话语场合，不在相异群体中展现所谓的个性，并根据不同朋友的个性而展现自身的情感，则可获得交往的理性与成熟。

主体间的价值共识，在普遍层面上是难求的。我们大多只能在不同的主体间获得个别的价值共识。例如，A 从 B 那里获得自在，从 C 那里获得关心，从 D 那里获得高雅，从 E 那里获得激情。在多数时候，人们有认知新事物的冲动。当原有的熟知的人或事物所能提供的价值无法再唤起主体更多的兴趣时，主体就倾向于去探寻其未曾体验的新价值。提升自己的最终目标是体验新价值，或者使自身具有某种吸引他人的新价值。喜新厌旧是人的本性。人所喜欢与厌恶者，乃新旧价值。一个人相对于另一个人的价值有哪些？安全、自由、信任、幽默、惊奇、给予、激情，其中的一些价值对某些人而言可能格外重要，但并不意味着可以满足于一生或特定时间。"一见钟情"无非是遇到自己所欣赏的哪怕是极为特殊的价值；"七年之痒"或许是

---

〔1〕 Joseph Raz, *Value*, *Respect*, *and Attachment*, Cambridge University Press, 2004, p. 41.

共同价值的开发遭遇瓶颈；婚外情在本质上是个体寻求新价值的刺激。社会关系中，一种价值需求容易满足，要想同时在一个主体或客体上获得多种价值就相对困难。所以人在情感中总是倾向于自私和不满足，这是人类不幸福的根源所在，但在人类改造自然方面，则是社会进步的动力。正是因为对生活的不满足，才使人们不断创新，改变世界。拉兹说，我们所依附的事物的价值解释了其对于我们的价值。其价值使得我们对其依附是明智的。[1]

【生命价值有法律上的优先次序吗】　"母亲与女友同时落水，你先救谁？"这道千古难题被搬上了 2015 年国家司法考试试卷，考察"不作为犯罪"的构成："甲在火灾之际，能救出母亲，但为救出女友而未救出母亲。如无排除犯罪的事由，甲是否构成不作为犯罪？"

一种观点认为，人的生命是平等的，在母亲和女友同时处在危难当中，不管选择救谁都不构成犯罪，为此试题中甲为救女友而没救母亲不构成不作为犯罪。判定是否构成不作为犯罪，首先要看当事人是否有作为的义务，法律规定对近亲属包括母亲在内有救助义务，但是法律未规定当近亲属和其他的人同时遇到危险的情况下一定要救近亲属，因为生命权都是平等的，在两者只能选其一的情况下，不管选择救谁都会造成另一个危害结果的发生，所以不会因为救了女友或者路人而没有救近亲属就构成不作为犯罪。司法考试的标准答案则认为，如果母亲和女友同处在火灾之际，你能救出母亲，但为救出女友而未救出母亲，如无排除犯罪的事由，则构成不作为犯罪。认定未救母亲构成不作为犯罪，主要是考虑到子女对母亲有救助义务而没有实施救助。依据宪法规定，成年子女有赡养扶助父母的义务。婚姻法也明确规定，子女对父母有赡养扶助的义务。也就是说，救助父母是法律明确规定的义务，而女友不在其列。

然而，该题目本身就存在争议，一方面生命权是平等的，鲜活的生命都需要被尊重。另一方面，刑法上存在着先前行为引起的义务，甲或许因先前行为（如将女友带回家居住）产生了某种作为义务。更为重要的是，在判断"能够救出却未救出"方面，既涉及客观情形的认定，也涉及对主体施救能

---

〔1〕　Joseph Raz, *Value, Respect, and Attachment*, Cambridge University Press, 2004, p. 42.

力的主观推测。

在诸如此类的疑难案件中，价值选择显然是困难的。法条主义的解释明显表现出在论证上的独断与苍白。基于价值生成原理和程序的"结果导向"法律解释，主体在情感上既可避免法律的道德绑架，也可获得内心的自治。拉兹曾在《价值、尊重和附属》中论及上述情形，"房子着火了，你的爱人在一个房间，另有人在其他房间，你冲进去救出你的爱人。要证明行为的正当性，你的理由必须是：这样做不仅可以挽救一个生命，而且也挽救了一个有价值的关系，一个有价值的依附"。[1]个体是否获得情感上的独立与自治是家庭、婚姻关系的价值基础，是剖析相关社会关系的"自然法"方法。

【何谓"合法"的价值依附】 被告人张某某因家庭琐事长期对儿媳赵某（殁年33岁）不满并怀恨在心。2015年夏天，张某某在慈溪市浒山街道峙山公园锻炼时认识被告人赵某乙，后多次向赵某乙提出雇凶捅刺赵某。2016年2月初，赵某乙将被告人赵某甲介绍给张某某，由张某某出资15万元雇用赵某甲用刀捅刺赵某，后张某某带着赵某甲到现场踩点，并按照赵某甲、赵某乙的要求提供了刀具、手套等作案工具。

2016年2月16日7时许，被告人张某某与持刀的赵某甲至慈溪市浒山街道某某新村36号楼2单元楼下，趁被害人赵某出门上班之际，由张某某将赵某骗至一楼架空层处，赵某甲上前持刀捅刺赵某腹部后逃离，张某某随后继续用刀捅刺赵某，致赵某腹主动脉、下腔静脉、肝脏被刺破而失血性休克死亡。张某某后将赵某拖至该架空层西侧用废弃门板掩盖，并清理现场血迹后逃离。庭审中，张某某交代，其雇凶杀人的最直接动机是因为看到儿子、儿媳恩恩爱爱的样子，认为是这个女人抢走了自己的儿子，由于嫉妒心理，才雇凶杀人。

宁波市中级人民法院对此案作出一审判决。雇凶杀儿媳的婆婆张某某被以故意杀人罪一审判处死刑，剥夺政治权利终身。另两名分别为张某某提供实施"杀人服务"及"雇凶中介"的被告人赵某甲及赵某乙，也因同罪被法院分别判处死缓及有期徒刑8年。在本案中，受害人丈夫（被告人张某某的亲生儿子）也以家属的身份，与儿子及丈人、丈母娘一起作为原告，向包

---

〔1〕 Joseph Raz, *Value, Respect, and Attachment*, Cambridge University Press, 2004, p. 39.

括其母亲在内的 3 名被告人提出附带民事赔偿。该诉请同时也被法院支持，法院判令 3 名被告人共同赔偿原告经济损失共计 50 万元，其中婆婆张某某承担 30 万元，另两名被告人分别承担 17 万元与 3 万元。

在本案中，张某某雇凶杀人的最直接动机是因为自身所依附的价值——母子亲情——在儿子结婚后降低。其价值依附的偏执以及欠缺对他人生命的尊重是导致其雇凶杀人的根本原因。在此类案件的判决中，法院应通过司法论证强化生命价值的意义，并着重对价值偏执这一犯罪原因进行剖析，以此昭示畸形的家庭成员之间的价值依附。

第二节　法律经济方法：价值的分析实证

价值何以确定并能取得共识？长期以来，正义的自然法学说在价值断言方面并没有在司法领域发挥其应有的作用，很大程度上是因为抽象的理论除了提供法律精神、正义理念、政治意义等"符号性"的价值外，并未对这些价值的发现或论证提供有效的方法。相比之下，实在法尽管存在形式主义的缺陷，但在价值确定的清晰性方面远胜自然法，且契合人类在认知和行动方面准确性的需求，因而成为法院判决依据的首选。

正义（善）是法律的最高价值追求。民主、平等、自由等价值均可在正义的旗帜下找到其处所。对正义的探求是千百年来思想家孜孜以求的目标。尽管在不同时期人们对何谓正义的理解存在分歧，但关于正义的内涵和外延的论述不仅见诸政治学经典中，也在政治与司法实践中贯彻，更散布在市井谈论中。疑难案件的处理结果所引发的关于正义的讨论因而是各个层面上的，既涉及政治体制的建构，也关乎具体司法的权威和公正，还与公众的道德价值相关。

社会正义理念是文化建构的产物。在将正义由抽象的自由、平等具体为特定的程序或方法的过程中，产生了诸多的主张、观点、论证、学说、理论、视角和方法。一些学说奠定了正义的基本理论和范畴，一些学说开辟了新的领域和视野，另一些学说则将视角从宏观理论构建转入微观现象分析。在诸多学说中，功利主义学说及其后继者法律经济分析学说在对"正义"概念进行具化和量化的处理上是相对成熟和完善的。功利主义提倡追求"最大幸福"（maximum happiness），主张效益即至善（正义）的理论，主张决定行为适当与否的标准在于其结果的效益程度。其思想的雏形为享乐主义和后果主义。亚里士多德认为幸福是最高的善。奥古斯汀提出幸福是人类欲望的终极。托马斯·阿奎那也曾深入探讨关于幸福与快乐的问题。人们将"正义"的概念与"幸福""快乐""福利"等概念等量齐观。

功利主义法学将正义由崇高的殿堂引入具体的世间，使人们切实感受到制度正义努力的方向。然而，功利主义采取了集体福利的视角，试图以总量的、集合式的正义来替代个体的、个别的正义。功利主义法学的后继者，法律经济分析方法则试图在这一方面作出突破，通过理性人假设、制度和行为的成本收益分析等定性和定量的方法，将空洞的正义理念付诸具体的司法实践。

从某种程度上说，功利主义方法和法经济学方法对于价值的定性和定量分析并非首创。早在十六七世纪，思想家就开始使用定量分析方法对事物和现象进行认知。伽利略主张任何事物都应被测量，任何不可测量的事物应当首先被改造为可测量。笛卡尔指出，为了证明某一事物是正确的，我们可以将一个复杂的问题尽可能地分解为多个单个的因素。他认为认知应当遵循由简入难的程序，主张哲学性反思应建立在类似数学的严谨的逻辑推论的基础上。斯宾诺莎的《用几何方法证明的伦理学》也遵循了笛卡尔相同的理性主义传统。他希望通过其伦理学证明人类生活遵循普遍的自然法则。人类必须从自身的感觉和激情中解放出来。唯有如此，我们才能满足和幸福。斯宾诺莎认为上帝或自然法是万物发生的内在原因。上帝通过并且只通过自然法则来安排事物。这意味着物质世界的一切事物都是通过必要性而发生的。

一、功利主义法学与集体福利

功利主义法学是较早提出应当对自然法进行具体阐述的法学流派，并且恰当地选择了行为这一视角。其理论假设是，某些上帝法不是明确阐述的，只能是从人类行为的规律中汇集总结而来的。[1]功利主义主张以立法对社会福利进行配置，如果法律制度的设计体现了"整体福利最大化"，那么，如果我们将行为调整到与功利原则保持一致，那么我们的行动就会受到与这些

---

〔1〕 ［英］约翰·奥斯丁：《法理学的范围》，刘星译，中国法制出版社 2002 年版，第 47 页。

规则相互联系的感觉的指引。奥斯汀曾主张，如果一个穷人从其富豪邻里堆积如山的财富中，仅仅偷窃了九牛一毛，那么他的行为并没有造成有害的结果，甚至可以认为积极促进了善。因为偷窃的效果是剩余财富适当地被调剂到了所需者的手中。[1]

将后果导向的法律解释方法追溯到功利法学，一是因为在面临价值选择困境时，功利法学价值的还原和解释方法为疑难案件的论证提供了思路；二是因为后果导向具有强烈的自然法思想。当规则不明或难以适用时，可以根据经验、习惯、实践中的正义主张和潜在规则，进行价值导向性的司法裁判活动。

【霍尔姆斯案（U. S. v. Holmes）】 1842年，布朗号从利物浦驶往费城，在纽芬兰岛海岸因撞到冰山开始下沉。船上有一大一小两艘救生艇，其中41名乘客和水手挤到大艇上，另有船长和船员共9人占据了小艇，这艘小艇只能容纳六七个人。船上的其他30个人，大部分是儿童，没有一个船员，则被弃置在船上，与船一起沉没。后来，船长又命令一名助手带着航海图和罗盘加入大艇。大艇上共有42人，且有桨无帆；小艇上共有8人，且有桨有帆。小艇在纽芬兰海岸获救。大艇因严重超载，几乎无法航行。随着风击浪拍，随时有沉没的危险。为了减负，水手霍尔姆斯提议并在另外两名水手的帮助下，前后一共把8个男人和2个女人抛出船外。减负后的大艇向东漂移，船上的人们以仅存的一点食物维持生命，几周后在法国海岸获救。美国费城的幸存者回美国后，要求费城的检察官把当时船上唯一的费城居民水手霍尔姆斯以谋杀罪逮捕并追究刑事责任。霍尔姆斯被捕后，因大陪审团的同情，检察官将起诉减轻为非预谋杀人。案件审理过程中，霍尔姆斯以"紧急避难"为由进行了辩护：如果杀人对于船上的人的存活是必要的，那么在法律上就是正当的（为了救多数人的性命，多数人有权利牺牲少数人的性命）。

主审法官鲍尔温认为，一定数量的水手是大艇航行所必需的，但超过这一数量的其他水手与乘客相比并没有任何特权，这些水手必须与乘客一起经受命运的考验（除了必需的水手外，其他非必需的水手应该与其他乘客一样面临被抛出船外，从而牺牲自己救多数人性命的命运）。最终，霍尔姆斯非

---

〔1〕 ［英］约翰·奥斯丁：《法理学的范围》，刘星译，中国法制出版社2002年版，第131页。

预谋故意杀人罪成立，判处六个月监禁，并处 20 美元罚金。根据判决，霍尔姆斯服了监禁之刑，而罚金则由总统泰勒所赦免。

霍尔姆斯案体现了政策的"变通"与法律的"稳定"两种价值在司法中的结合。法院的判决是根据故意杀人罪的要件严格裁量的。但监禁的期限之短以及罚金的赦免又反映出尚未被认可为法律的价值——以少数人的生命换取多数人的生命——得以通过政治方式变通确立。

价值并非相互冲突、不可调和，或者只能作出非此即彼的选择。在诸多看似冲突的价值主张中，实则包含了对立价值的相互依存。例如，教育孩童分享的团体价值，在一定程度上着眼于未来获得他人的分享的可能性，或者被群体接受的便利性。自由与秩序价值之间的对立与一致，更是毋庸赘言。一种价值隐含在另一种价值中，在价值的抽象选择上（如立法）较少遇到困难。在价值的具体选择上（如司法），在法律逻辑之外，以长远的、集体的价值为理由来牺牲具体的、个体的价值是缺乏正当性的。正如在兵荒马乱之时，分享的价值远远没有独占的价值更具正当性（自然的、原始的正当性）。

集体的与个体的、未来的与当前的价值发生持续冲突，是现代社会阶层分化、交往复杂的必然结果。不过，各种价值之间的冲突并非不可调和。例如，关于土地（房屋）所有人是否有权为了保护其财产而在土地和房屋上设置可能造成侵害人伤亡的"陷阱"装置；在大陆法系国家规定"所有权的行使不得损害公共利益"，这一规定是基于保护集体价值（公共利益）而设立。而在英美法系国家，则通过一系列的判例确立了"财产所有人对可能侵入者的适当的注意义务"，来平衡两种权利。显然，第一种立法是建立在个体权利与社会利益之上，而第二种是建立在两个个体权利的平衡上。但二者在保护相对人方面，可以达致相同的效果。

再如，同在公路上行驶的车辆发生碰撞，普通汽车撞上豪车引发数百万元的赔偿，远远超出私家车所能承受的范围，也非其在现有的强制责任险体制下所能预见的。在赔偿问题上应当如何划分责任？有人主张采取经济分析方法，豪车应当承担一定比例的风险，因为其"将高度危险物品带入普通公共领域，应当承担更大的责任"。这一处理方式着眼于未来，也偏重"公共领域的大多数群体价值"，试图通过司法判例来引导豪车车主主动采取预防措施，如应购买更多的财产险，或在公共道路上行驶时应多加留意等。此种逻辑的错误在于，要求穿戴名贵服饰的人为避免自身财产损失，在其出入人群拥挤公共场所时有必要贴上标签以示警醒，或自觉限制进入人员混杂的公共场所。

显然，以牺牲具体案件中的个体价值来对集体价值作出保护的行为终究成本过大。它可能破坏已经建立起来的物权、侵权等制度，而又不能提供系统的重建方式。首先，财产的同等保护是物权法的一个基本原则，它不以人的认知能力为转移；其次，"违法者不能苛求受害者"是侵权法中的重要规则，即只要不是受害者行为存在过错，其自身的状况就不能成为违法者减轻责任的理由。具体到本案，取决于场景和行为人的行为方式。如果公路的路况良好，普通汽车车主由于重大过失导致事故的发生，则无法归责于豪车车主；反之，在路况糟糕的情况下，普通汽车车主可基于已尽到适当注意义务而主张免除一定责任。换言之，在此情况下，豪车车主应能预见到相应的损害后果。当然，在司法的基础上，立法的后续跟进，通过规定豪车的强制财产保险额度来平衡个体价值与社会价值，最终在财产保护、个体自由、公共设施利用等价值问题上寻找到适当的平衡点。豪车车主在特定情形下是否承担责任，取决于其行为是否尽到应有的注意义务。将贵重物品带入公共场所，行为人应当尽到更高的注意义务，例如将贵重字画或古董带入公共场合，应当防范周围人群的碰撞。

在价值越来越缺乏共识的社会中，要对价值主张进行评判，需要找到各方都可以接受的标准。法律对规则背后的行为的定性是价值选择的首要前提。对于法律规范有明确定性的行为，诈骗或集资、防卫或侵犯、侵权或违约、要约或邀请、雇用合同或劳动合同、合伙或公司、契约或身份、过错或过失，等等，都可直接以法律为依据。然而，大多数的法律只对行为的结果进行定性，在行为过程以及行为环境方面，存在大量可能影响行为属性的因素，这些往往为法律所忽略。

二、经济分析与效益成本

法律规则，无论是产生于判例还是立法，一直以来都被视为权威意志的产物，除在公平正义的"价值"角度被质疑（自然法与实在法之争）外，很少被质疑其关于"行为"的调整是否得当。例如，在公路上树立"道路两边禁止任何时间停车"的标牌，尽管起初可能遭受质疑，但一旦施行，人们就不再关心其是否合理，而只会将其作为合法的、有效的规则加以遵守。但这一规则的正当性却并不能因为其产生于立法机关而"免检"。临时性的停车是否允许，夜间不影响交通情形下的停车为何被禁止，收费停车是否可以解决任意停车问题，什么样的禁停规定才是合理的，等等。这些疑问对于规则正当性的质疑，从以自由为核心的正义转向以效率为核心的正义的正当性论证，并在二十世纪后半期逐渐形成法律经济分析学派。

法律的经济分析理论的最大价值在于提醒人们关注传统法律理论所忽略的行为理性（正当性理论），即什么行为是对的、理性的、广泛的、易为他人所接受的行为。除了在行为的假设和验证上，法律经济分析的重要价值还体现在法律如何影响行为的预测上。[1]现代社会交往方式日益复杂，其风险发生可能也随之增强。简单农业社会的土地规则、契约理论、婚姻制度等已经无法对现代的交往行为进行有效规制，其或者面临创新或者需要重新审视。越是理性的社会，就越难以抗拒用经济分析方法来评估行为的正当性，而行为正当性恰是规则产生及存在的基础。

波斯纳认为，在侵权、合同和财产等经济领域，法官的每一个判决都可以从有利于资源更为有效配置这一视角来解释。在某些情形下，法官甚至直接根据经济政策来作出判决。[2]波斯纳教授提出有效资源配置的概念。他指出，特定稀缺资源对于特定个人的价值是通过该主体愿意支付的金钱（willing to pay）来测算的；当资源掌握在那些愿意比其他人付出更多钱来购买的人的手中时，整个社会的福利就是最大的。不过，波斯纳也承认，这种观点并没有考察法官作出判决时的意图。它并没有证明法官意识到了其创设的规则的经济价值，或法官承认经济价值是支撑其判决的一个根据。在有些案件中，证据恰恰表明法官是基于公平作出的判决，而不是效率。而且，当规则被废除时，是因为律师发现该规则在现代欠缺公平，而不是效用。[3]德沃金反对这种主张，认为其与平等的理论格格不入，因为其降低了穷人的需求。波斯纳的价值概念，似乎既是个体权利的结果，也是其原因。[4]在德沃

〔1〕 Christine Jolls, Cass R. Sunstein, and Richard Thaler, "A Behavioral Approach to Law and Economics", 50 *Stan. L. Rev.* 1471, 1997-1998, p. 1481.

〔2〕 See, e. g., Coase, "The Problem of Social Cost", *3 J. Law & Econ. I*, 1960, pp. 19-28.

〔3〕 See Posner, "A Theory of Negligence", *I J. Legal Stud.* 29, 1972, p. 71.

〔4〕 Ronald Dworkin, "Hard Cases", *Harvard Law Review*, Vol. 88, No. 6, 1975, p. 1075.

金看来，权利并非是可以用金钱来交易的，而是应根据同一标准去分配。

制度经济学家青睐于效率。根据科斯定理，资源应配置于那些最便于交易的领域，以增强资源流向对其最有需求的主体。[1]在立法层面上，法经济学以其大格局观为立法者提供了社会治理的良策，对于立法的科学性具有重要的工具价值。然而，在司法层面，抽象的制度设计方案如果适用于现实的个案，未免有超前与越权之嫌。如果秉持市场配置资源最优化的观点，就会在公平与效率之间偏向后者，对垄断、不正当竞争熟视无睹，从而在处理经济争议的案件上走向偏袒。

（一）制度的预期效益分析

在具体制度的经济分析上，法律经济分析方法以制度适用的成本及其可能效益作为视角，广泛地将个案效益、社会效益、个案成本、司法成本、社会成本等因素纳入分析框架。

【王海打假】1995 年 3 月，王海在北京某大厦购买了两副索尼耳机，他意识到可能是假货，紧接着又买了 10 副，依据 1993 年《中华人民共和国消费者权益保护法》（以下简称《消费者权益保护法》）第 49 条提出了双倍赔偿的要求，被称为"打假第一人"。

王海职业打假引起了关于"王海们"到底是不是"消费者"的争议。一种观点认为，王海和"王海们"并不是消费者，因为 1993 年《消费者权益保护法》第 2 条将"消费者"仅仅限定为"为生活消费需要购买、使用商品或者接受服务"的人，然而从王海和"王海们"所购买商品的种类、价格及购买频次可以断定，其购买目的显然并不完全（或并不主要）是满足自身的生活消费所需，进而法官秉持法条之文义拒绝王海和"王海们"的诉求。与此同时，另一种观点认为王海和"王海们"属于消费者，并可以适用 1993 年《消费者权益保护法》第 49 条，其理由在于这种鼓励人们打假的行为对社会有利，同时也可以很好地制裁经营者的欺诈行为。

1993 年《消费者权益保护法》第 49 条对经营者的欺诈实施了双倍惩罚的赔偿制度，但对专门以获得双倍赔偿为目的的"知假买假"者，是否属于

---

〔1〕　Ronald H. Coase, "The Problem of Social Cost", 3 *J. L. and Econ*, No. 1, 1960, p. 14.

"消费者"？"法条主义"观点认为"知假买假"者并不是消费者，因为1993年《消费者权益保护法》第2条将"消费者"明确限定为"为生活消费需要购买、使用商品或者接受服务"的人，从"知假买假"者所购买商品的种类、价格及购买频次可以判断出，购买行为是否是为了满足自身的生活消费，从而满足或拒绝其诉求。"后果考量"的观点认为"知假买假"者仍属于消费者，其理由在于这种鼓励人们打假的行为对社会有利，同时也可以很好地制裁经营者的欺诈行为。有学者将这种差异视为"法条主义裁判"和"后果主义裁判"在疑难案件中的分歧。前者的裁判依据是法律条文，后者的裁判考量是法条适用所可能产生的社会后果。[1]

然而，无论是法条主义从规范出发还是后果考量主义从价值出发的解释方法，都忽视了对购买行为本身的分析。就法条主义分析而言，从购买商品的种类、价值和购买频次等因素能否得出"知假买假"的结论？"知假买假"涉及对行为及行为的主观认定。行为主观认定异常困难。买一部手机是自己使用，一次性买十部手机或十天内每天买一部能够完全排除"消费"属性吗？在法庭上，即使是真正的"知假买假"者，只要其主张购买十部手机是为了送给家人或亲友，则任何法院都无法对这种动机的真实性作出鉴别。对于后果考量主义的分析，其将个案的购买行为与一般性的购买行为混同，将个体行为意义与政府市场规制效果相联系，从而导致以特定时期的社会价值取向作为评判依据。换言之，市场秩序的维护这一价值的实现虽然可以寄希望于"知假买假"者，但这并非治本之策，加强市场监管才是长久之计。

某种程度上，两种解释方法都忽略了案件审判过程中事实主张的有效性的问题。在缺乏证据支持的事实或行为定性中，法院的确拥有自由裁量权。然而，这种裁量却受制于事实可能性的假设与证明。如果存在着某种可能性，这种可能性又超出法院的范围，则对其准确认识就成为必需。基于此，《最高人民法院关于审理食品药品纠纷案件适用法律若干问题的规定》（法释〔2013〕28号）第3条规定，因食品、药品质量问题发生纠纷，购买者向生产者、销售者主张权利，生产者、销售者以购买者明知食品、药品存在质量问题而仍然购买为由进行抗辩的，人民法院不予支持。该条规定从保护

---

〔1〕 孙海波："'后果考量'与'法条主义'的较量——穿行于法律方法的噩梦与美梦之间"，载《法制与社会发展》2015年第2期。

人民群众生命健康权出发，明确了在食品、药品领域，消费者即使明知商品为假冒伪劣仍然购买，并以此诉讼索赔时，人民法院不能以其知假买假为由不予支持。因食品、药品是直接关系人身健康、安全的特殊、重要的消费产品，而该司法解释亦产生于地沟油、三聚氰胺奶粉、毒胶囊等一系列重大食品、药品安全事件频繁曝出，公众对食药安全问题反映强烈的大背景之下，是在特殊背景下的特殊政策考量。

但在目前消费维权司法实践中，知假买假行为有形成商业化的趋势，出现了越来越多的职业打假人、打假公司（集团），其动机并非为了净化市场，而是利用惩罚性赔偿为自身牟利或借机对商家进行敲诈勒索。更有甚者针对某产品已经胜诉并获得赔偿，又购买该产品以图再次获利。这些行为严重违背诚信原则，无视司法权威，浪费司法资源，这种以恶惩恶、饮鸩止渴的治理模式，不应得到支持。2017 年 5 月，最高人民法院办公厅颁发《对十二届全国人大五次会议第 5990 号建议的答复意见》指出，考虑食药安全问题的特殊性及现有司法解释和司法实践的具体情况，目前可以考虑在除购买食品、药品之外的情形，逐步限制职业打假人的牟利性打假行为，并考虑借助司法解释、指导性案例等形式，逐步遏制职业打假人的牟利性打假行为。

法条主义与后果主义的争论有时从个案正义扩大到普遍正义，有时又从一般讨论转入个别情形。不过，法学流派的争鸣虽然最终无法分出胜负，但结果上促使争论各方彼此朝对方的立场靠近。一方面，当法条主义有意识地与法律形式主义[1]保持距离，承认立法者的有限理性以及新的社会关系对既有法律框架和类型产生了突破，并力求通过体系内的规范位阶、原则指导、价值衡量等来对均可适用的规则进行筛选时，它就开始走向"衡平""造法""后果考量"；另一方面，当后果主义试图借助已经稳固确立的法律概念和法律制度，并以具体的法律条文为基础作出推论时，它就开始以一种形式的合法性来谋求法条主义所独有的权威。

（二）行为的应然成本分析

上述"王海打假"在以结果为导向的法律解释上，主要表现为可能判决对未来行为（生产者和销售者的行为）的效益影响上，这种基于判决的示范

---

〔1〕　法律形式主义主张法律体系是完备的、自足的，任何案件根据现有法律标准都可得到满意的裁决，法官的任务仅是发现该法律标准并适用，而无需求助于任何道德因素。

效应的未来行为预期，在一定范围内引起了立法权与司法权界限的争议。法院在类似案件中的判决，尽管并未严重偏离对"消费者"的概念界定，但判决的依据却以"未来行为是否需要进行规制"为主要考虑，法院实际上以司法权侵入了立法权的范围。因为其通过对"消费者"概念的扩大解释，将原来可能未被涵盖的"职业打假"行为纳入"惩罚性"赔偿制度中。司法对"惩罚性"赔偿制度的实施效果的预期，促成了此类结果导向的法律解释。

法律经济分析在司法实践中运用的另一类形式相对而言比较"克制"，即对行为的正当性评价。从制度分析到行为评价，也是法律经济分析方法从立法领域进入司法环节的重要标志。这种方法的转向在英美判例法中并不明显，因为英美法系国家有"法官造法"的实践和"司法扩张"的传统，但在大陆法系国家，以行为正当性为目标的法律经济分析，可使法院职权的行使转入行为分析的"司法能动"。

【美女与野兽】长途运输老虎的马戏团路过城市的十字路口停下，运输车上的笼子内关着一只老虎，老虎被关在留有一定缝隙的笼子内，从运输车外可以直接看到并接近老虎。一名成年女子（38 岁）将手伸入笼中试图感受老虎的皮毛，结果反而被咬掉左手。女子要求马戏团承担赔偿责任。马戏团则主张已经对老虎采取必要的防护措施，如果不是被告自身的原因，根本不会发生伤害，故不应承担任何责任。法官面临选择的困难，马戏团承担全部责任或部分承担或不承担？

如何判断双方责任的承担？如果认为马戏团已经尽到必要的注意义务，或者认定女子作为成年的、具有正常心智的主体应当认识到老虎的危险性，则可能在判决中降低马戏团的责任认定。反之，如果认为马戏团应采取更为严格的防范措施，从而避免任何可能的伤害，则可认定马戏团应负主要责任。因此，在侵害者与受害者之间，根据何种标准作出认定直接关系到双方权利义务的分配。

根据法律经济分析方法，要求马戏团采取更严格的措施更符合社会效率与公平的最大化。尽管本案中女子的行为存在过错，似乎应当承担主要责任，但如果进一步分析双方行为的正当性，可以看出双方均存在过错。在此情形下，需要对双方已经实施的行为的正当性和应当实施何种更为正当的行为作出分析。对于长途运输危险动物的马戏团来说，将老虎装入更加严密的笼子从而避免其与人类任何可能的接触，并不需要格外付出更多成本，但却可以避免可能的巨大损失，认定马戏团的保护措施不足更为可取，此即英美法系"最小防范成本原则"，其理论依据直接源于法律经济分析方法。[1]最小防范成本符合直觉和常情常理，"对于意外或过失，谁能以较低的成本防范，谁就承担这个责任"。[2]而对于成年女子来说，其虽然有过错，但这一过错一方面源于人类的好奇本性，另一方面可以因马戏团采取更严密的保护措施而避免，因而即便承担责任，在比例上也不应过高。

2009 年发布的《中华人民共和国侵权责任法》（以下简称《侵权责任法》）第 78 条规定，饲养的动物造成他人损害的，动物饲养人或者管理人应当承担侵权责任，但能够证明损害是因被侵权人故意或者重大过失造成的，可以不承担或者减轻责任。不过，该法第 79 条又规定，违反管理规定，未对动物采取安全措施造成他人损害的，动物饲养人或者管理人应当承担侵权责任。可见，这一案例即使运用法条主义方法来裁判，也可能会产生对受害人有利的效果。但对于"未对动物采取安全措施"的含义，则仍有根据"最小防范成本原则"进行阐释的必要。

丰富的判例法可以为疑难案件的裁判提供各种情形的参考。在本案中，存在着多个影响责任分担的因素，包括受害者的身份、加害者的行为、当时的环境、加害者的认知等，这些都是构成不同的价值判断的考量依据。任何一个因素改变，都可能会影响案件处理的结果。相对于其他各种可能的情形，虽然本案的事实是唯一的、确定性的，但通过参考其他案例的事实，可以更加深入地评价本案双方当事人的行为。如果其他案例事实不存在，则可通过假设某些情形的方式来实现此种论证。各种可能情形（例如，假设受害者是对老虎无认知的幼童，或假设马戏团在整个运输过程中没有停歇，或假设受害者所在的社会对老虎的危险性无认知等），尽管在定性分析中无法作为原因性事实，但却可以在定量分析中，即责任的分担上作为重要参考。例如，如果受害者是具有自主行为能力的 10 岁幼童，则马戏团应付更高的责

---

〔1〕 "最小防范成本原则"，是英美法系的概念，主要是处理侵权和契约中的问题。在大陆法系里，主流法学中并没有类似的概念。

〔2〕 熊秉元："最小防范成本原则"，载《读书》2015 年第 9 期。

任；如果受害者是完全行为能力主体，则马戏团的责任相对减轻。

在侵权法领域，过错的认定是判定责任的重要因素。"过错"有故意和过失两种表现形式，但在法律上并无严格界定，一般可理解为"未尽到合理的注意义务"。在现代社会，事物的种类和风险的程度已经远远超过普通人在日常生活中所能理解的，因而在某一方面拥有专业知识的主体，在采取某些可能导致侵权的行为时，负有一定的"警示"和"防范"的义务。下面的案例表明从事高度危险作业的主体应负有格外的防范之责。

【最小防范的成本】几个工人修马路下的管线，路面坚硬，所以搬了一些炸药；施工周围都用防护线围起，而且挂了警告标识："炸药危险，请勿靠近"，"施工作业，请勿靠近"。中午午餐时间，工人去吃午餐；几个小朋友放学回家路过，好奇的用脚去踢拨炸药，引发爆炸，造成死伤。很明显，防范意外的方式至少有两种：第一，由小朋友和所有的民众小心，不要去碰炸药；第二，午餐吃饭时，有一工人留守。两相比较，第二种防范意外的方式，成本较低而效果较好。[1]

"合理的注意义务"是对个体主观意识的要求，主体是否尽到这一义务，是通过言语和行为方式呈现出来的。"提醒""警告""通知""防护""声明"等均在不同的场景发挥着"谨慎注意"之义务。社会的主体是多样化存在的，"炸药危险，请勿靠近"，"施工作业，请勿靠近"的标识对于正常的、有文化的、理性的主体而言能够起到合理注意义务的提醒，但对于贪玩的孩童、文盲、精神病人、酗酒者等主体，通过该标识来实现"合理注意义务"就是不充分的，加之行为的危险程度极高，因而需要履行更高程度的"注意义务"。因而，在某种程度上，法律经济分析的目标不是促进"知情的决策者"的行为，而是将特定类型行为非法化或对其效果进行评价。[2]

(三)生命的价值

结果主义理论主张行为的正确或错误可以根据行为所产生的后果来判断。当且仅当行为能够产生与行为者可以选择的其他行为相同的好的结果

---

〔1〕 熊秉元："最小防范成本原则"，载《读书》2015 年第 9 期。

〔2〕 Christine Jolls, Cass R. Sunstein, and Richard Thaler, "A Behavioral Approach to Law and Economics", 50 *Stan. L. Rev.* 1471, 1997–1998, p. 1536.

时，行为才是正当的。各种后果理论在追求"善"的最大化方面相同，在哪种"善"应当得到最大化上存在分歧，功利主义根据计算来作出判断。道德绝对论者则主张道德规范无例外。行为的道德属性并不能仅仅由后果决定，行为的类型也是道德相关的。他们主张，某些行为总是错的，不论实施的后果如何，都是错的。例如，杀害一个无辜的人是绝对应予以禁止的。但在极端情形下，如果杀掉一个无辜的人可能会拯救几百个人的话，行为的正当性就会被重新检验。此即疑难案件的道德困境。[1]

Donagan 探讨了一类道德困境下的疑难案件，涉及面临共同危险的群体将遭受不可避免的伤害。为了避免这种损害，行为者只能做一般被视为错误的事情。[2]他将此类案件称为"必需性案例"。Donagan 举了两个例子。一是英国法上经典的海员案。两名海员和一名十七岁的男孩在海上迷失方向。漂流几天后，他们的食物和水都用完了。经历八天没有食物和六天没有水的日子，两名船员将男孩（已经快要死亡）杀死并以其身体和血液为食。又过了四天，他们被一艘小船救起。很明显，如果不以男孩为食的话，他们也会死去。因为如果不杀害男孩的话，三个人都会死去，功利主义者暗示他们的行为并无不当。但 Donagan 认为，对该案件的解释需要区分一级道德观念，即评价行为人行为的"正确或错误"，和二级道德观念，即什么时候个人应被判决"有罪或无罪"。在本案中，Donagan 主张两名海员所实施的行为是错误的，但情况非常特殊以致他们并无罪过或至少并不完全有罪。通过区分判断行为和判断主体，此类混合行为就可以得到合理的解释。[3]

第二个案例是"洞口的胖子"。在该案中，一组探险者不明智地允许一个体型发胖的人带领他们走出洞穴，不幸的是，他被卡在了洞口。但洞中的水马上就要到来，会将除了胖人之外的所有人都淹没。不过，有人带了炸药管。因而探险者有两个选择，或者什么都不做等到潮水到来时淹死除胖人之外的所有人，或者使用炸药牺牲无辜的胖人而使其他人获救。结果主义方法者显然主张通过炸死胖人来救出其他人，因为该行为属于"两害相权取其

---

〔1〕 Terrance C. McConnell, "Moral Absolutism and the Problem of Hard Cases", *The Journal of Religious Ethics*, Vol. 9, No. 2, 1981, pp. 286-297.

〔2〕 Alan Donagan, The Theory of Morality, University of Chicago Press. 1977, pp. 172, 180.

〔3〕 Terrance C. McConnell, "Moral Absolutism and the Problem of Hard Cases", *The Journal of Religious Ethics*, Vol. 9, No. 2, 1981, p. 289.

轻"。道德绝对主义者会提出此类行为是禁止的，因为胖人是无辜的。本案中，Donagan 认为其他探险者可以杀害无辜的胖人，其论据可以被称为"默示同意论调"。在他看来，一群人登上一个危险的地方时，一旦在探险过程中必须在"允许特定数量的成员被杀害或者其中较少的一部分牺牲"中作出选择，他们会同意选择后者。每一个成员都应当同意的理由很简单："通过同意，每个成员的行为才会符合其自身的可能利益。"[1]然而，假设参与的成员并没有达成该类协定，或者他们并没有预见到此类情形，Donagan 提出默示同意的概念："即使这种同意是虚拟的，也仍然具有效力：如果考虑到这种情形发生，所有的成员都会同意'任何组织的成员都认为如此行为是唯一理性的方式'。"[2]在此，Donagan 诉诸同意理论而不是功利主义。Donagan 将其整个的判断建立在受害者的"同意"之上，无论是明示的还是暗示的。"同意"因而成为超出"后果主义"与"绝对主义"的重要因素。正如 Donagan 随后提到的情形所显示，如果在洞口恰巧有两个野营者，采取爆破就是被禁止的。因为野营者并不知情，也不可能表达出"明示或默示"的"同意"。

无独有偶，此类涉及生命权衡量的案例，在我国也现实发生过。

【四川宜宾绑架勒索案】2015 年 11 月 10 日 21 时许，犯罪嫌疑人刘某、岳某、陈某利用冯某事前准备好的脚镣，在宜宾市翠屏区一小区电梯内，以喷辣椒水、捆绑手脚、捂嘴蒙眼的方式，将四川宜宾某集团老总章某某绑架至宜宾市翠屏区赵场镇一出租房内，并用自制手枪威胁章某某在 2016 年 3 月前交赎金 1 亿元。章某某迫于威胁同意后，4 人威逼章某某对一按摩店员工以绳索勒颈的方式进行杀害，并对这一过程进行摄像记录作为威胁证据，之后将章某某释放回家准备赎金。章某某于 11 月 11 日凌晨 4 时许到宜宾市公安局刑侦大队报案，公安部门将 4 名犯罪嫌疑人陆续抓获。

生命权对于每个主体来说都是平等的，不存在高低贵贱之分。在我国现有的法律体系内，章某某构成故意杀人罪应没有争议，其实施的杀人行为，尽管是在被胁迫的情形下完成，并且从结果看，如果其不采取此类措施，被

---

[1] Alan Donagan, *The Theory of Morality*, University of Chicago Press. 1977, p. 178.

[2] Alan Donagan, *The Theory of Morality*, University of Chicago Press. 1977, p. 179.

害者也可能被杀害。然而，本案中，紧急避险是不适用的。本案的疑难在于量刑方面。如果不构成紧急避险，那么，章某某的行为是否属于可以被宽宥并减轻或从轻处罚的行为？现有的刑法似乎在多数条款中均笼统规定了"情节轻微"作为减轻或从轻处罚的情形。这种处理方式避免了罗列所产生的遗漏。现代法律已经不是"要么全有要么全无"的定罪量刑标准，对行为的属性以及行为的动机、手段、场景等能够细致地规定。

三、无知之幕与理性人：价值的还原实证

法律经济分析方法建立在一系列假设之上，其中，最基本的假设是理性人的假设。该假设认为，交往活动中的主体具有一定的认知能力，在决策时能够根据其获得的信息，通过计算成本和收益，作出对自己最有利的选择。在经济学中，理性人建立在完全市场、充分信息的基础上，主体最"正当"的决策行为，是建立在充分知晓信息的基础上。

与理性人的假设相对，在正义论证上，罗尔斯提出了"无知之幕"与"原初状态"的概念，在价值的证明上，采取了还原主义的做法。在正义论中，罗尔斯着重于探讨价值的认同。他认为，不同主体对价值的认同不同，在于其起始状态的不同，即身份、地位、教育、性别、种族、民族等方面。人们对于好坏善恶的判断，一般会倾向于从自身的立场、利益、信仰和价值观出发，因而会出现不同年代、不同地域、不同阶层、不同的人对同一事物的看法存在差别甚至迥异的情况。要改变价值分歧，最佳的方法是将主体置于"原初状态"中，将各种基于身份、地位、财富、教育、性别、种族、民族等立场的考虑排除在外，找到价值的共同点。尽管这只是一种类似"立场转换"式的方法，但对于疑难案件的价值认知来说，却是一种有效的路径。"原初状态"实际上是共同价值的形成基础与条件。此种状态可以是"无知"和"相互冷漠"，也可以是社会成员整体性地进入"经济独立"或"财务自由"。换言之，社会成员的身份和财富的差异缩小，是实现价值趋同的重要途径。

（一）无知之幕与相互冷漠

罗尔斯是从社会契约达成的角度提出"原初状态"的假设。罗尔斯举例说道，如果一个人知道他是富裕的，他可能会认为"累进税制不公平"的观点是有道理的，而如果他是贫穷的，他可能就会持相反的观点。因此，要假

设一种所有人都被剥夺了这种信息的状态，这种状态排除了会造成人们陷入争吵、会受自身的偏见指引的偶然因素。这样，我们就达到了"无知之幕"的概念。[1]罗尔斯这一理论的提出，目的是对影响主观判断的因素进行限制。他认为，通过特定的程序，人们可以达到在原初状态下进行价值判断的可能。

罗尔斯的正义理论是一种规定性的、建构式的价值理论，在价值认定过程中所采取的方法，具有实证属性。不过，该理论总体来说是理想性质的，不涉及对现实制度和政策的评价和分析，其对正义探讨的范围也限于"法律被严格服从的状况"和一个"组织良好的社会"。因为这一限定，他的理论又被称为一种乌托邦理论。[2]尽管如此，把"还原法"成功地运用在伦理学和法学领域，奠定了罗尔斯在正义理论方面的权威基础。将事物的秩序或状态还原到初始状态，对初始状态进行定性，在此基础上考察施加于其上的各种因素和条件，建构出待分析的事件，这种方法在现代统计学和经济学领域被称为"回归分析"。

与经济学中关于"理性人"的起始状态不同，罗尔斯的假设走向其对立面：无知之幕、相互冷淡。原初状态的意义在于，在法律问题的分析过程中，研究者、决策者、法官不仅要学会在不同的立场之间相互转换，以理解原告与被告、管制者与被管制者、卖方与买方等不同立场下的价值观，更应当学会在特殊疑难案件中还原起始状态的分析。虽然在法律方法中，这种做法被界定为利益衡量，但在实证方法中，这种利益衡量因排除法官的先入为主的思维定势而更具有客观中立性。

原初状态的假设将复杂的社会关系抽丝剥茧，揭示简单社会交往状态下人类的行为。通过人对自然和社会的反应，认识其行为原因和趋势，将规则与价值的内容还原到最基本的状态中。波斯纳也假设了"初民社会"经济和政治制度的形成，[3]与"无知之幕"相映成趣。"初民社会"的假定，可以用来理解人类道德产生的早期形态。而今天在某种程度上存在的原始居民，

---

〔1〕 〔美〕约翰·罗尔斯：《正义论》，何怀宏等译，中国社会科学出版社 1988 年版，第 156 页。

〔2〕 〔美〕约翰·罗尔斯：《正义论》，何怀宏等译，中国社会科学出版社 1988 年版，译者前言，第 3 页。

〔3〕 〔美〕理查德·A. 波斯纳：《正义/司法的经济学》，苏力译，中国政法大学出版社 2002 年版，第 182 页。

例如印第安人或爱斯基摩人，或印度某些部落，或某些群岛的居民，他们的行为接近于人类社会早期的行为方式。

【阿米什人的平等与自由】在美国有这么一群人，他们远离现代文明，拒绝使用现代设施，不用电不开车不上网，日出而作日落而息，耕田织布自给自足，过着质朴简单的十九世纪般的生活。他们生活在繁华都市中的世外桃源，坚守自己的信仰与传统。他们就是阿米什人（Amish）。

阿米什人最早起源于十六世纪时欧洲一批因宗教分歧而受到迫害的教徒，他们逃亡到德国南部区域，追随一位名叫 Jacob Amman 的神父，因此便自称为"Amish"。到了十七世纪末期，还属于英属殖民地的美国宾夕法尼亚州（Pennsylvania）宣布欢迎外来移民者并尊重他们的宗教信仰。于是大批以德裔、瑞士裔为主的阿米什教徒便移居宾夕法尼亚州，并在这里世代繁衍过着与世无争的生活。阿米什人严格实践圣经教义，排斥不符合圣经的繁文缛节，更重要的是信仰不能脱离实践，圣经中对于大事小事的说法一定要说到做到。历经百年，阿米什人见证了美国的建立与兴盛，却未曾在滚滚前进的历史车轮中改变自我。坚守传统的阿米什人淳朴而独特，他们热爱家庭生活，崇拜团结与互助。他们不参军、不买保险、不接受社会福利和任何形式的政府资助。阿米什人仿佛脱离社会而茕茕独立，以自己"无欲求、不浪费"的原则固执地生活着。所有阿米什人都会在他们的成人礼后拥有一次选择的机会。在阿米什人的教义中，教会应当是信仰相同的成年人的活动，因此婴儿出生后的第一次"受洗"不能代表他确信自己有真的信仰。当每一个阿米什青年在 16 岁举行成人礼后的一个月内，他们会被允许挣脱宗教束缚、接触现代世界的生活。在此期间，他们可以无所顾忌地尝试抽烟喝酒、新潮服饰、电器设备、狂欢聚会、婚前性行为等。体验这些放纵无约束的活动可以帮助他们认识到，究竟是想离开熟悉的生活圈子接受都市文明，还是恪守教规遵循传统回归阿米什生活。

阿米什人同样认为高等教育会带来社群内的攀比和竞争，从而打破群体内部的和谐与团结，与他们推崇的生活方式和宗教信仰相悖。阿米什孩子只接受八年制（6~14 岁）基础教育，他们认为上到八年级的教育水平已经足够应付农耕生活的需求。而这样的教育体系也是阿米什社区在现代社会的浪潮中得以完好保存的重要原因。当今社会中，良好的学历背景对于求职就业有着至关重要的作用，只拥有一个八年级教育背景的人离开阿米什社区是很难立足的，因此阿米什人的子子孙孙都会留在这个社区中。

这样的教育体系违背了美国实施的义务教育法，而教育对于阿米什文明的延续又有着举足轻重的作用。在当时有不少家长因为违反义务教育法而被捕，他们的孩子被政府监管。为了家庭团聚，阿米什人多次向行政和立法有关部门请愿，他们捍卫信仰的精神以及和平谦恭的态度也赢得了社会各界的支持。[1]

根据美国联邦最高法院1972年对威斯康星州起诉阿米什家长拒绝送子女进入高中的裁定，阿米什人可以依照自己的抚养权和宗教自由而不被强制进入高中学习。时任大法官沃伦·伯格（Warren E. Burger）在判决书中这样说道："我们不可忘记，在中世纪，西方世界文明的很多重要价值是由那些在巨大困苦下远离世俗影响的宗教团体保存下来的。没有任何理由假设今天的多数就是'正确'的而阿米什和类似他们的人就是'错误'的。一种与众不同甚至于异僻的生活方式如果没有干涉别人的权利或利益，就不能仅仅因为它不同于他人就遭受谴责。"

在还原主义进路下，罗尔斯提出了其关于正义标准的两个基本原则（自由原则和平等原则）的优先次序，第一优先原则（自由的优先性），自由只能为了自由的缘故而被限制：不够广泛的自由必须被纳入广泛接受的自由体系中；（赋予个别主体的）不够平等的自由必须为拥有少数自由的人接受。第二优先原则（正义对效率和福利的优先），公平的机会优于差别原则：机会的不平等必须扩展那些机会较少者的机会；过高的社会财富积累必须最终减轻承受这一重负的人们的负担。[2]

同经济学以效率价值作为社会政策制定的圭臬一般，罗尔斯表现出对公平价值的极大关注。他主张应该调整社会和经济的不平等，使得各项职位及地位必须在公平的机会下对所有人开放，从而使社会中处于最劣势的成员受益最大，并与公平救济原则相容。

---

〔1〕 "在美国，有一群人过着没车没电没手机的生活，但却成就最独特的风景"，载《北美留学生日报》2016年10月7日。

〔2〕 John Rawls, *A Theory of Justice*, Harvard University Press, 1971, pp. 302-303.

【杜德利案（Regina v. Dudley & Stephens）】1884 年，澳大利亚游船木犀草号从英国埃塞克斯前往悉尼。船在大海中沉没了，船长杜德利、助手斯蒂芬、船员布鲁克斯、见习船员帕克成为幸存者，被困在救生艇中，全部食物只有两个芜菁罐头。风雨飘摇中，四个人靠一个罐头维持了两天，随后两天则靠雨水度日。第五天，他们抓了一头海龟。一周后，海龟和罐头都被吃光了，他们开始喝尿，帕克甚至开始喝海水。舌头因脱水而开始发黑，腿脚开始肿胀，浑身布满溃烂的伤口。最年轻（17 岁）的帕克也是最虚弱的人。

面对茫茫大海，他们看不到任何获救的希望，生存的本能却未消失。第十九天，杜德利提议以抽签的方式选出谁被杀掉作为其他人的食物。但是布鲁克斯反对，斯蒂芬犹豫不决，帕克没有表决权，按照民主规则，提议开始没有获得通过。后来，中间派斯蒂芬是这样被杜德利说服的：帕克的身体状况最糟糕，肯定会最先死亡，而且他没有家人。至此，提议以 2:1 的比例多数同意通过。于是，杜德利杀了帕克，三人以帕克的血肉维生。

四天后，他们获救了，并在英国法尔茅斯港以谋杀罪被逮捕。在陪审团认定以上事实后，三人同样以"紧急避难"为自己作了辩护，但同样，法官驳回了他们的辩护理由，判决三被告谋杀罪成立，并判处绞刑。随后，英国女王维多利亚赦免了三名罪犯。

杜德利案是"洞穴奇案"的原型或现实版本。处于困境中的主体是否置身于"自然状态"或"原初状态"中，从而接近于动物的本性？现代社会的法律规则和价值应否适用于封闭绝境中的人？该案的最终裁判结果体现了法律与政治在个案正义的合作：一方面，突破法律设定的正义来为发生概率较低的行为寻找正当化理由，不仅不符合效率原则，而且会导致对行为的不当评价引发舆论质疑甚至未来负面效应；另一方面，在极端环境中，人的行为评价应不同于正常情形下的评价标准，采取"结果导向"的法律认知，考虑到受害者当时的生存状况以及犯罪行为对于其他主体的利益，通过政治赦免的方式，兼顾了法律正义和实质正义的均衡。

（二）理性人：同等资格、通情达理的人

每一时代的法律对主体的规定都是与该时代的经济和社会发展程度相符的。查士丁尼的《法学阶梯》以现实平等的、有产的家父和"自由人"为模式构造，将奴隶排除在法律主体之外；《法国民法典》假设人是"有识别力、理智、敢于负责，同时也精通本行和熟悉法律"的理性人；《德国民法典》建立了"富有的企业家、农场主或政府官员的人的形象，具有足够的业务能力和判断力，能通过契约自由和竞争自由等方式理智行为并避免损失"。[1]

近代私法中的"人"承认所有的人在法律人格上完全平等，可根据意思自治原则成为与自己有关的私法关系的立法者，其对人的假设是不考虑人在知识、社会及经济方面的力量之差异的抽象的人，因此，其背后的假设是"在理性、意思方面强而智的人像"。而现代私法中的"人"，并不仅仅是私法的"自治主体"，同时也是经济法、行政法的"保护对象"。因此，法律人发生了"从自由的立法者向法律的保护对象""从法律人格的平等向不平等的人""从抽象的法律人格向具体的人"的转变，在其背后则是"从理性的、意思方面强而智的人向弱而愚的人"的转变。现代法前提之下的人，既包括在与大企业的关系上处于弱小地位的人，而且还有因受交易对方欺骗而交易的弱的人，以及易受感情支配用事、轻率行事的意志上弱的人，他们都是"愚的人"。[2]

在交易中，在对行为的正当性进行判断时，西方国家合同法上的"预见"标准明显体现出"理性人"的假设。《联合国国际货物销售合同公约》（以下简称公约）第25条规定，一方当事人违反合同的结果使另一方当事人蒙受损害，以至于实际上剥夺了后者根据合同规定有权期待得到的东西，即为根本违约，除非违反合同的一方当事人并不预知而且一个同等资格、通情达理的人处于相同情况中也没有理由预知会发生这种结果。对比我国合同法关于根本违约解除合同的规定，即"当事人一方迟延履行债务或者有其他违约行为致使不能实现合同目的"，不难发现，我国合同法关于根本违约解除合同并未规定"预见"这一要件。

"预见"的要件是一种基于双方行为的适当性作出的判断。例如，就卖方"迟延交货"这一事实或行为，买方是否可以解除合同，需要区分不同情

---

〔1〕 赵晓力："民法传统经典文本中'人'的观念"，载《北大法律评论》（第1卷），法律出版社1998年版，第141~142页。

〔2〕 ［日］星野英一：《私法中的人》，王闯译，中国法制出版社2004年版，第77页。

形处理。如果卖方的迟延交货构成根本违约，买方可以解除合同。然而，什么情况下卖方的迟延履行构成根本违约，取决于买方事前对交货时间的要求。如果买方并未对交货时间的不可迟延性作出明确规定，并且卖方根据其已知情形也无法合理推断，则尽管迟延交货导致买方"不能实现合同目的"，但由于买方并未以自身的行为或语言告知卖方迟延交货的后果（如迟延将会导致买方的订单被取消，货物由此在短期内无法销售而腐烂等），由此不能解除该合同。

公约关于预见的标准实际上是对合同订立和履行过程中，双方交往理性的要求。如果一方根据"订立合同时的相关的事实和情形"（公约第 74 条），无法预见到自己的违约行为会给对方带来根本性的损害，并且一个同等资格的人（如普通商人）也无法预见，那么对方就不能解除合同。预见在某种程度上包含了"知情"或"共识"的内容。一方对自身行为正当性的认识，是建立在交互的基础上的，即根据对方的行为来调整自身行为。在相互交往过程中，行为主体对彼此的行为方式、行为后果都应当有明确的认识；而对该领域一般行为的方式和后果的认识则建立在经验（职业经历）和学习的基础上。

四、比例原则与汉德公式

法律规则作为对事实和行为的规定，始终面临着对规则的一般化和具体化处理的矛盾。规则对事实和行为规定得越细致，案件的处理就越明确，但同时也导致规则体系的庞杂，也使未被规则明确言及的事实和行为得不到调整。若规则仅对事实和行为作出一般性规定且只考虑到个别的特殊情形，则会因在具体事件和行为的"量化"规定的不足，导致司法环节法律适用缺乏具体规范。在司法实践中，总结出关于行为属性判断的原则和方法在此情况下可以弥补具体规则欠缺的不足。

（一）比例原则

在对行为进行定性或定量分析上，比例原则可以作为重要的价值衡量标准。法律上的比例原则是宪法和行政法上的概念，是指国家采取的手段所造成人民基本权利的妨碍和所欲达成之目的之间应该有相当的平衡（两者不能显失均衡），亦即不能为了达成很小的目的而采用使人民蒙受过大损失的手段，又称"衡量性原则"。换言之，在合法的手段和合法的目的之间存在的损害比例必须相当。在其他领域，比例原则也适用于对交往主体的行为正当与否的评价。例如，在正当防卫制度中，"没有明显超过必要限度"是防卫行为正当的重要条件。在私法中，比例原则也常被用于判断行为的目的和手段之间的关系。为实现某一目标，当事人采取的手段如果不适当，则违反了比例原则。

在日常语言中，比例原则实际上是手段和目的的相称性问题。"杀鸡焉用宰牛刀"的俗语恰当指出比例原则在判断行为正当性方面的价值。熊秉元先生曾论述自我防卫的比例原则，"防盗防贼设施，可以对入侵的人兽造成某种伤害，却不能过当：围墙上的铁丝网可以通电，但不能是致人死伤的高压电；捕兽机可夹住人兽，但是不能造成人类的伤残。原因很简单，即使是不请自来的小偷，偷得的也只是蔬果财产；所得利益既然有限，他们所面对的风险惩罚，就不应该是他们的肢体或生命。举个极端的例子：小偷翻墙跳进院子时，难道可以碰上老虎或鳄鱼吗？更何况，被防盗设施所伤的，未必是小偷。英国历史上有好些官司，都和误伤孩童有关：孩童们在附近玩耍，不小心球滚进果园，儿童进果园捡球，却被箭弩射中丧生或终生伤残"。[1]

(二) 汉德公式

美国联邦上诉法院法官勒·汉德在1947年美国诉卡洛儿拖船公司案中[2]提出认定行为是否理性的基本原则，被称为"汉德公式"。该案件涉及某驳船拴系不牢，在脱锚后碰撞损坏其他船只的情形。案件的核心是确定船主有无过失。汉德法官提出以下见解：由于任何船只都有脱锚的可能，并在脱锚后对附近的船只构成威胁，一位船主防止此类事件发生的义务应由三个变量来决定：一是该船脱锚的可能性（P）；二是该船脱锚后将给其他船只造成的损害（L）；三是对此采取足够预防措施将给船主带来的负担（B）。如果采取足够的预防措施，将给当事人带来的负担大于造成有关损害的概率与有关损害的乘积（B>PL），当事人便不必采取预防措施；如果采取足够预防措施，将给当事人带来的负担小于造成有关损害的概率与有关损害的乘积（B<PL），而当事人却未采取足够的预防措施，该当事人将被认定存在过失。因

---

〔1〕 "熊秉元：小偷的人权和其他"，载 http://www.dffyw.com/fayanguancha/sd/201005/20100524 193410. htm，最后访问时间：2021年6月13日。

〔2〕 United States v. Carroll Towing Co., 159 F. 2d 169, 173 (2d Cir. 1947).

为如果法律要求当事人花费较多的费用去杜绝较少的概率损失，从经济上讲是不合理的、无效率的。由于实际运用时，损害的概率往往难以量化，于是有学者将其简化：检验被告的行为是否合理，是否可以控诉的关键就是经济上的检测，即如果发生了意外事故，这种事故又因不大可能发生而为人们所忽视，被告能否以较原告可能遭受的损害更轻的代价避免这一事故。[1]

根据汉德公式，被告的行为是否合理的标准以及是否可诉的标准是经济测试，即考察相对于原告因该事故发生所可能遭受的损害，被告是否可以以对自身较小的成本来避免事故的发生，并根据事故发生的不可能性做相应的扣减（discounted by the im-probability of the accident），如果能够，则被告就应当承担责任。[2]

本质上，汉德公式是从行为理性理论进一步演化而成的。在特定事故发生后，各方会根据协议、法律规定以及双方行为来划分责任。但协议有时约定不明，或协议对双方行为的要求过于简单。特别是在一方存有过错但另一方难以发现明显过错的情况下，传统的责任认定往往根据过错方的过错程度作出认定。从经济学的视角，人的行为千奇百怪，但出发点都是理性自利。在不同的场景下，人们有不同的理性反应。尽管关于理性的认知并无统一的标准，但经济学认为，如果一个人能够对他的偏好进行排序，并且能够选择可行的最优偏好，那他就是理性的。对行为理性的认定，并不是机械和单一的。理性受场景的制约和限制。不同的时间、空间场景下，人的理性表现是不同的。奋不顾身的救人行为，其中也必然隐含着自利的因素，只不过因时因地而异。一些鲁莽行为的不理性，来源于信息的不充分。如果行为人在行为前能充分获得关于后果的信息，则奋不顾身也将成为理性的少量例外。

德沃金反对法律经济分析方法，在《疑难案件》一文中，他对汉德公式的分析提出质疑，认为这种经济上的评估提供了一种政策的理由而不是原则的理由。因为它使判决依赖于根据某一行为是否会影响集体福利的实现而判断其正当与否。毫无疑问，经济学的成本收益理论为某些具体法律领域的制度设计提供了新的思路。借助于汉德公式，过失程度与损害结果可以通过成

---

〔1〕 ［美］罗纳德·德沃金：《认真对待权利》，信春鹰、吴玉章译，中国大百科全书出版社1998年版，第135页。

〔2〕 United States v. Carroll Towing Co., 159 F. 2d 169, 173 (2d Cir. 1947).

本与损害轻易得到评估。否则，在法律上划分各方的责任在很大程度上要么受制于证据规则，要么难免主观任意。德沃金从权利命题出发，论证即便不采取经济分析的方法，同样可以作出合理的裁判。他指出，汉德公式是法律经济分析的典型方式。它使判决依赖于通过计算集体福利是否得到更大的促进来判断行为是否正当。但基于经济计算的判决是"基于政策的论证"，其忽略了抽象权利和具体权利的界限。抽象权利好比谈论政治问题的权利，并没有考虑到具体规则所创设的权利。[1]德沃金认为，赋予具体权利以某种理由，既可以用经济学术语来表达，也可以用原则的方式陈述。因而，他认为"美国诉卡洛儿拖船公司案"应根据"原则裁判"的方式作出。德沃金认为，汉德公式可以用下列原则来表达：每个社会成员都享有作为同类而受到其他人最低限度尊重的权利。这是一个高度抽象的权利，在特定案件中要求在那些应受保护的人的利益和那些在实施行为时需要给相对人予以一定程度的"关注"和尊重的人的自由之间作出平衡。如果某人能够预见到其行为会损害另一方的利益，从而致使双方的共同效益严重减少，其就没有尽到"必要的注意与关注"。如果他能以更节省、更有效的方式来防止或避免这种损害，则除非他采取了防护措施或进行了保险，否则就没有尽到"必要的注意和关注"。简言之，判断一方是否有过错，应考察该方是否尽到了必要的"注意义务"。

德沃金继续说道，经济学的论证观点并不具有新颖性。哲学家们很早就对"注意"的程度争论不休。例如，某人落水，另一个人是否有施救的义务，要考察另一个人是否可以冒较小的风险救其上岸，如有，则第一个人就有被第二个人施救的道德权利。用经济学的观点表述，则为：如果施救行动可以极大地增进双方的集体效益，那么，落水者就享有被抢救的权利而抢救者也就具有抢救的义务。然而，法律对此问题的规范却并非一概而论。其中的关键问题并不是集体效益是否会得到"极大"地促进，而仅仅是这种效益是否会得到"略有"（marginally）提高：一个人是否有施救的义务，取决于其是否实施了某些行为，从而使另一个人处于某种风险或可预见的损害中，[2]即现代民法和刑法中是否因"先前行为"而产生了某种义务。

〔1〕 Ronald Dworkin, "Hard Cases", *Harvard Law Review*, Vol. 88, No. 6, 1975, p.1075.

〔2〕 Ronald Dworkin, "Hard Cases", *Harvard Law Review*, Vol. 88, No. 6, 1975, p.1076.

第三节　小结：事实与规范中的价值

还原主义理论相信，每一个有意义的陈述，都等值于某种以指称直接经验的名词为基础的逻辑构造。以陈述为基本单位的彻底还原论，试图详细地规定一种感觉材料的语言，并且指出怎样把有意义的论述的其余部分逐字逐句地翻译为感觉材料语言。然而，试图将所有的现象和语言都还原为最简单的感官经验的陈述的努力，正如卡尔纳普在《世界的逻辑构造》中所尝试的，只能停留在草图似的状态中。

人们对一种新奇主张的态度往往容易从接受走向狂热，对于还原主义亦是如此。如果仅仅将还原主义作为一种方法，用于在特定情形下分析某些语词的基础性、物理性或起源性含义，相比于其他可能的解释来说，还原主义方法提供了有效的进路。但如果试图将整个认知问题或语言现象都建立在还原主义之上，建构所谓的终极意义和价值体系，则不仅无助于认知科学的发展，反而会使方法的科学成分湮没在无意义的宏大体系的构建中。宏大的基于还原主义的本体论建构，其形而上的缺陷显而易见。然而，对还原主义的此类缺陷的批评，并试图将这些缺陷视为还原主义方法不具有任何价值的例证，同样犯了绝对主义的错误。任何一种方法的价值都是在同其他方法相比较的过程中产生的，并且其适用存在条件性。

在疑难案件的事实、规范和价值的解释上，无论是语言学方法、法律经济分析方法还是行为分析方法，都具有强烈的还原主义色彩。这些方法的背后是通过对人类实践的基本要素的重新反思，来获取更加直观的知识，从而在主体间达成共识。疑难案件的司法裁判，无论采取哪种方法，其最终目的都是当事人对判决论证的信服，社会公众对判决的接受。这一过程既是将法律话语和社会话语对应与衔接的过程，也是司法效果与社会效果相统一的过程。

一、法律原则

解释的问题在特定疑难案件中不可避免地以政治为导向。政治实际上无处不在。规范追求的是形式上的公平，而政治在特定情况下却可以纠正形式公平所造成的实质不公，因为形式公平的"理性人假设"没有关照到一些"非理性人"。尽管如此，具有政治属性的法律解释也需要以与法律逻辑解释相融为前提。换言之，只有在不与规范、事实、价值的内在与外在逻辑相冲突的情况下，政治性法律解释或后果导向的法律解释才是允许的。作为法律的"帝王条款"，原则是法律规则的"最高统帅"，是法律条文产生的政治开端。在规则不明或发生冲突时，建立在政治分析（立法分析）基础上的原则裁判发挥着价值权衡的作用。

【天价大虾】2015 年 10 月 4 日傍晚，江苏省南京市游客朱某和四川省广元市游客肖某作为消费者在青岛市乐陵路某餐馆就餐，据称其曾在点餐前向商家确认过"蒜蓉大虾"是 38 元/份，在结账时却发现价格为 38 元/只，一盘要价 1520 元。随后两人报警，当地公安派出所民警到场了解情况后表示没有执法权，有关价格纠纷的问题归物价局管理。后联系到的物价局表示因正处国庆节假期不办公，需要消费者报警解决。民警离开后，店家威胁称不交钱就不能走，于是双方僵持到凌晨。此后消费者再次报警，与店家双方被带到辽宁路派出所，经民警协调，两人向店方支付了大部分菜金（2000 元和 800 元）。

事件在经当事消费者的微博发布传播后，引发了民众的关注和争论。两人称在跟店家争执的过程中，店家称"他要了两盘蛤蜊、两盘扇贝，两盘蛤蜊、扇贝全都给他按个算，再吵全论个卖，蛤蜊也论个，一盘蛤蜊 38 个，380 元，两盘蛤蜊 760 元，两盘扇贝，一盘扇贝 12 个，120 元，两盘 240 元，全算上！"在曝光的餐馆菜单底下，有"以上海鲜按个计价"的一排小字。

是否存在或应当存在普遍的标准，就产品或服务的价格作出规定？答案显然是否定的。政府人为地制定价格并通过政府计划的手段分配资源和调控市场，只能导致效率低下。哈特曾指出，"在欠缺标准的情况下，市场每天都在重复着下列故事：在充满变化的不计其数的实例的一端，是价格过高以至于公众为了必需的服务而支付高昂的价格，企业家则从中获取巨额利润；另一端是价格过低，不足以提供开办企业的刺激。这两种极端以不同的方式使我们管理价格的目的归于失败"。[1]然而，一旦涉及市场和调控的关系，就超出了法院的范畴，进入立法和政治的领域。

司法环节的政治考量，场景因素在其中发挥着关键性作用。成本（产品、税收、人员、管理、营销、场所等）与收益（现实收益、机会收益）的比较就必须纳入价值的评估中。不同消费水平以及对产品和服务的预期等也在一定程度上影响了行为理性的评判。法律的基本原则，诸如诚实信用原则等在此类"天价"消费的案件中，仅能发挥政策导向的作用，法官头脑中对案件的预设结果直接影响了原则被采纳的程度。具体来说，"天价"大虾是否合理的判断一方面需要考察经营者的显性和隐性成本（如旅游景点的租金是否过高、税收等），另一方面要考察市场的供需关系。因而，在不存在价格欺诈的情形下，市场交易主体的自由意志应予以保护。

【增加供给还是控制价格】2004 年夏，飓风"查理"咆哮出墨西哥湾，并横扫佛罗里达州直至大西洋。此次飓风夺去了 22 条生命，导致了 110 亿美元的经济损失；同时，它还引发了一场有关价格欺诈的争论。

在奥兰多的一家加油站，他们将原本 2 美元的冰袋卖到了 10 美元。当时正值 8 月中旬，因为停电不能使用冰箱和空调，所以人们别无选择，只能购买高价冰块。那些被风刮倒的大树使得链锯和修补屋顶的需求量猛增。承包商们提出，房主需要支付 2.3 万美元才能将两棵被风刮倒的树从屋顶上清除掉。一个逃离飓风的 77 岁老妪和她年迈的丈夫以及残疾的女儿，住进一家汽车旅馆的房间，竟然被要求每晚支付 160 美元，而这通常只要 40 美元。许多佛罗里达州的居民被飙升的物价激怒了。《今日美国》头条报道："刚走暴风雨，又来掠夺者"。佛罗里达州有一项反价格欺诈法，在此次飓风之后，律师事务总署收到 2000 多份投诉，其中一些成功转变为诉讼。西棕榈滩的一家"天天旅馆"由于索价过高，被处以 7 万美元的罚款和赔偿。

然而，当佛罗里达州总检察长着手执行反价格欺诈法时，有些经济学家却认为，这一法律以及公众的愤怒都是错误的。在中世纪时期，哲学家和神学家们认为，商品交换应当根据一个"正当的价格"，而这一"正当的价

---

〔1〕　［英］H. L. A. 哈特：《法律的概念》，许家馨、李冠宜译，法律出版社 2016 年版，第 131 页。

格"是由传统或物品的内在价值所决定的。但是，在市场经济中，价格是由供求关系所决定的，根本就没有所谓的"正当的价格"。明显高于人们预期的价格，和其他价格一样，都不是由市场条件——包括飓风所带来的条件——所产生出来的"特殊"或"公平"的价格。[1]

　　尽管要求主体具有完全的理性是苛刻的，但人们对交易行为的选择，往往需要建立在必要的信息基础上。市场对行为人的假设虽然不是较高标准的"理性人"，但却是一定程度的"知情者"。在私法自治的视角下，"天价大虾"消费中的游客应对旅游市场有起码的认知，以作为消费决策的参考；飓风案中的消费者在接受商品和价格时，已经明确表明意愿，更是符合合同自由的原则。因而，价格是否合理、消费是否超出个体能力、商家经营是否道德都不应在具体案件中作出评判，充分的市场竞争或者淘汰此类行为不当的经营者，或者使消费者"吃一堑长一智"。

　　法律原则的弹性使得几乎所有疑难案件都足以在其中找到裁判正当性的根据。由于原则的论据总是可以被用来代替政策的论据，因此，原则的观点就会像政策的观点所表现的那样前后一致和强有力。[2]尽管如此，德沃金还是区别了基于原则的论证和基于政策的论证。基于原则的论证意在确立个人权利，基于政策的论证意在确立集体目标。原则是描述权利的陈述，政策是描述目标的陈述。[3]平等、效率等主张一般用于集体目标的阐述。因而，考虑到具体案件中权利的基础性地位，疑难案件中的司法判决主要应来自原则而不是政策。然而，在美国的司法实践中，法官几乎总是基于政策而不是基于原则来作出判决。波斯纳则对原则作为判决基础提出了明确的反对。原则仅仅是列举了有关的考虑因素，其最大效用也有限。很多原则都是告诫性的，而不是指令性的。与普通生活格言一样，这些解释原则的指向经常对立。这些原则集合了有关制定法解释的大众智慧，但它们解答解释难题的能力并不比日常生活格言解答日常生活问题的能力更大。

---

〔1〕 〔美〕迈克尔·桑德尔：《公正：该如何做是好？》，朱慧玲译，中信出版社2011年版，第3页。

〔2〕 〔美〕罗纳德·德沃金：《认真对待权利》，信春鹰、吴玉章译，中国大百科全书出版社1998年版，第133页。

〔3〕 〔美〕罗纳德·德沃金：《认真对待权利》，信春鹰、吴玉章译，上海三联书店2008年版，第129页。

二、社会道德

基于道德的司法考量是一种特殊的结果导向的法律解释方法。然而，道德词汇具有极为宽泛的含义，以致在具体的案件中，各方所指称的"道德"意义相差悬殊。道德词汇和道德言辞之所以能够在不同的语言群体之间得以翻译和理解，也是由于语言双方都不自觉地把道德假定为一个具有固定指称和属性的词项。[1]不过，在法律领域，以结果导向的法律解释方法为论证工具，道德标准常被用作评价行为正当性的方法。在某种视角下，道德和自然法本身并不是规范的体系，也不涉及任何具体行为的指引，而是关于价值选择或对实在法内容进行道德评价的原则或技巧。[2]

【埃尔默案】1880 年，弗朗西斯帕尔默立下一份遗嘱，将遗产中的一小部分留给两个女儿，而将包括相当数量的个人资产和农场留给其孙子埃尔默。1882 年，帕尔默再婚，埃尔默为了防止祖父另立遗嘱将遗产分给其妻子，将帕尔默毒杀。埃尔默的罪行被发现后，他被定罪，判处监禁几年。帕尔默的两个女儿，里格斯和普莱斯顿提起诉讼要求阻止埃尔默继承遗产。法院面临的主要问题是，"有效的遗嘱应当被执行"的法律规定是否适用于本案。一审法院支持埃尔默并适用该规则。原告上诉，其律师提出两项主要理由：由于遗嘱在死亡前都是可以撤销的，埃尔默通过谋杀其祖父，剥夺了其撤销的权利；就法规的解释而言，立法者的本意也不会将这一规则适用于本案这种极端情形。埃尔默的律师则主张，该案中法律的规定应当根据其原本和普通的含义来理解。并且，由于埃尔默已经因为毒害其祖父而被监禁了，如果剥夺其遗产权就会造成因同一行为而惩罚两次的结果。

双方都将赋予遗嘱效力的规则作为辩论的起点。上诉人主张规则不应适用，而被告则声称应予以适用。法官所面临的问题是决定该规则的适用性。

---

〔1〕　Richard Boyd,"How to Be a Moral Realist", *Essays on Moral Realism*, Cornell University Press, 1988, p.210.

〔2〕　Joseph C. Smith, "Law, Language, and Philosophy", 3 *U. Brit. Colum. L. Rev.* 59, 1967-1969, p.60.

为论证规则的适用性,首先应当考察规则的实施条件是否满足。对该规则的完整陈述有利于考察这些实施条件。在该案中,法律规定,当遗嘱人死亡时,其意愿开始生效,如果该意愿包含在有效的遗嘱中。由此,规则所陈述的唯一的实施条件是遗嘱人立下遗嘱并且其已经去世。遗嘱中并没有诸如遗嘱人的死亡不应由受益人造成的之类的实施条件。

格雷法官主张法院"应当受法律规则的严格性约束",本案"并不属于道德良心的范畴",尽管法律规则"应当基于公平和自然正义",但这些原则仅表明应在将来制定法律来调整此类案件。厄尔法官则指出,"不应被包含在法律中的一般语言困扰。所有的法律,包括合同的运行和效力,都被一般的、基础性的普通法公理所控制。任何人都不得从其过错行为中获益,或从其自身的罪恶中主张权利,或通过犯罪来获取财产。这些公理是由公共政策所决定的,植根于文明国家的普遍法中,并且不会被成文法取代"。[1]

法官们形成了以格雷法官与厄尔法官为代表的两种观点。前者认为应"根据文字"来阐释。这种理论认为最好是根据文本中的具体意思去理解法规文字,也就是说,如果我们对使用法规文字的前后关系或法规制定者的意图并无特殊的情况可以了解,那么我们就应该按照法规上下文关系去裁判,因此他支持埃尔默。而多数法官赞成厄尔法官,他认为立法者的意图对实际法规有重大影响。立法理论应包含一条原则,法官应该构思出一种法规,使它与法律中普遍存在的争议原则越接近越好。埃尔默案被认为是"法官造法"的经典案例。德沃金在其《认真对待权利》《法律帝国》中反复提到该案,将其作为疑难案件分析的典型。[2]桑本谦教授在《法律解释的困境》一文中也对该案例作了细致分析。

在埃尔默案中,真正发挥决定性作用的原则可能既不是尊重遗嘱自由也非"任何人不得从其错误中受益",实际上,以道德为指向的结果导向的法律解释方法主导了判决过程中法官的思维。法官在法律规范之外基于政治和道德原则已经对案件的判决有了基本意见,剩下的只是在现有的法律体系内

〔1〕 115 NY 506 (1889) (Court of Appeals), pp. 515~517.

〔2〕 [美] 罗纳德·德沃金:《认真对待权利》,信春鹰、吴玉章译,中国大百科全书出版社1998年版,第115~143页。

寻找依据，并加以合理化解释。既然结论并不显而易见地位于法律之内，其自然是"法律之外的判决理由可想但不可说"。[1]不过，正如德沃金所说，此类疑难案件中法官的处理模式也可理解为将法律视为"严密的网"，有能力的法官总会找到"合适"的规则。这在某种程度上可作为"法条主义"的裁判主张。

【张某某诉蒋某某案】[2]在张某某诉蒋某某案中，被告蒋某某之夫黄某某立下遗嘱，在其死后将价值6万余元的财产遗赠给与其非法同居的原告张某某。但因蒋某某在黄某某死后控制了全部财产且拒不给付，导致原告无法获得遗赠财产。法院根据公序良俗原则，排除了继承法相关条款的适用，未支持原告的诉讼请求。该案被认为是运用后果主义裁判的典型例证。[3]案件宣判后，在学者中产生了广泛的争议。《"第三者"为何不能继承遗产——"社会公德"首成判案依据》《"第三者"继承遗产案一石激浪》《别以道德的名义》《遗赠案三疑》《不道德者的权利》《"第三者"能不能继承遗产，道德断案以什么为界?》等文章见诸报端，报道了法律人对本案判决结果的质疑。

1985年发布的《中华人民共和国继承法》（以下简称《继承法》）第16条第3款规定："公民可以立遗嘱将个人财产赠给国家、集体或者法定继承人以外的人。"这条遗嘱自愿原则，并没有对受遗赠人的身份作出限定。我国民法规定了公序良俗原则，法院认为，尽管从形式上来看，黄某某所立的遗嘱是其真实意思的体现，并且遗嘱经过了公证，但是，考虑到黄某某正是基于和张某某两人的同居关系，才将遗产遗赠给张某某。黄某某的这种行为，违反了1986年发布的《中华人民共和国民法通则》中民事法律行为不得违背公序良俗的基本要求，因此法院认为，这是一份无效的遗嘱。对于张某某的诉讼请求，法院不予支持。法院根据《中华人民共和国立法法》中"上位法优于下位法"的规定，认为《继承法》中关于遗嘱效力的规定

---

〔1〕　桑本谦："法律解释的困境"，载《法学研究》2004年第5期。

〔2〕　四川省泸州市中级人民法院民事判决书（2001）泸民一终字第621号。

〔3〕　参见孙海波："'后果考量'与'法条主义'的较量——穿行于法律方法的噩梦与美梦之间"，载《法制与社会发展》2015年第2期。

违背了其上位法《中华人民共和国民法通则》中的公序良俗原则，因此作出了确认该遗嘱无效的判决，驳回了原告张某某要求蒋某某返还财产的诉讼请求。

该案的"舆论事实"与"法律事实"存在着一定的出入。根据媒体的报道，黄某某因与蒋某某的婚姻关系不和离家出走，结识张某某后两人同居并育有一女。在黄某某住院期间，张某某不但一直在身边照顾，还拿出了自己10 000多元的积蓄为其支付医药费。[1] 法院判决所认定的事实显示，在黄某某去世后，张某某到村卫生站办理了"私生女"的出生证明，该"证明"的内容是："兹有纳溪区大渡镇居民来我江安县怡乐镇龙兴村卫生站生育一女婴，取名叫黄某，正常胎位，婴儿身体正常。接生员朱某某"。因而法院认定，"原告认为自己是黄某某之女的证据，均为传来证据，不能形成证据锁链；且该传来证据均来源于黄某某本人，因黄某某已死亡，现无其他具有证明力的证据相互印证，故该传来证据尚不能确认黄某系黄某某之女"。在新闻报道中，关于黄某某与蒋某某的婚姻关系状况众说纷纭，因黄某某已经去世，法院判决也未对其婚姻关系作评价。

遗赠是个人财产处分的行为。当事人并未涉及对夫妻共同财产的处分，是否因受遗赠人身份的不同而影响赠与的效力？如果本案并不涉及社会公德问题，在另一情形下可能不难处理：如果本案不是遗赠，而是赠与，则在夫妻关系存续期间，如果夫妻尚未对夫妻共同财产或个人财产作出区分，这种赠与会被撤销。[2] 但如果一方系对其死亡后的财产进行处置，则是有效的遗赠行为。因而，本案遗赠行为的对象是否符合法律或道德要求，成为案件的疑难所在。

对此的分析，需要将遗赠行为、遗赠对象置于婚姻制度中考察，从婚姻制度的法律意义与社会意义出发，去辨析其效力。从案件的相关报道可见，黄某某为赠与张某某财产，有与蒋某某离婚的念头，但后来选择遗赠方式。显然，无论个人如何评价婚姻关系，婚姻制度对于当事人处分共同财产构成

---

〔1〕 参见"多事的遗嘱"，载 http://www.cntv.cn/lm/240/22/38812.html，最后访问时间：2021年6月13日。

〔2〕《最高人民法院关于适用〈中华人民共和国婚姻法〉若干问题的解释（一）》第17条第2项规定，夫或妻非因日常生活需要对夫妻共同财产做重要处理决定，夫妻双方应当平等协商，取得一致意见。

了限制，也使个体负有家庭责任。因而，结果导向法律解释方法的思维是：如果社会交往主体无视婚姻制度的存在，而通过诸如遗赠等方式赋予事实上的"一夫多妻"或"一妻多夫"制以物质基础，则婚姻制度将会被逐渐蚕食瓦解。然而，这一结果导向的法律逻辑用主审法官的语言表述为："如果我们按照《继承法》的规定，支持了原告张某某的诉讼主张，那么也就滋长了'第三者''包二奶'等不良社会风气，而违背了法律要体现公平、公正的精神。"[1]这种表述方式大大降低了后果导向的法律解释方法在判决论证上的说服力，"最终促成这一判决结论的既不是法律的规定，也不是法律的精神和价值，而是法官个人的道德判断，表面上看似依照法律进行的推理其实不过是一种'超越法律裁判'的掩饰"。[2]

基于政策或道德的裁判必然产生"法官造法"的争议。社会道德或公共目标是一个模糊的和难以令人满意的术语，当适用于法律决策时，会产生不确定性和错误。这一术语在不同的情景下可以作不同的理解：它在通常的情形下意指"政治权宜"，或指对社会公共事物最佳的做法。并且在该意义上，决定某一行为是否违反公共政策时，也会有各种不同的观点，具体因个人的教育、习惯、才能和性情而异。如果允许公共政策成为司法决策的基础，将会导致最大的不确定和混乱。什么对公共事务是最好的？是政府而不是法院的职能，而通过适当的立法来提供公共事务，是立法机构的职能。法官的职能仅是解释法律。法官不应从个人的观念去猜测什么政策对社会的利益是最好的。公共政策或许仅在法律的政策层面上被实际使用，在这一意义上，其构成了司法决定的正当基础。

【公共利益保护与个体救济方式选择的冲突】 一栋避暑小屋的主人提起诉讼，针对生产牛皮纸的公司所排放的废水造成鱼类死亡和河水发臭问题，要求关闭该公司。该争议的关键是原告所享有的清洁水源一级舒适环境的利益（目标 b1）和被告经济有效地运营其工厂的利益（目标 b2）之间的冲突。法院判决 b1 优于 b2，其结果是关闭工厂。[3]该判决在安大略州上诉法

---

〔1〕 姚海放："当法律遇上道德"，载《判解研究》2002 年第 2 辑。

〔2〕 孙海波："'后果考量'与'法条主义'的较量——穿行于法律方法的噩梦与美梦之间"，载《法制与社会发展》2015 年第 2 期。

〔3〕 Mckie v. The K. V. P. Co. 〔1948〕3 D. L. R. 201.

院和加拿大最高法院都得到支持。但这项禁令的结果使依赖于该工厂工作的整个社区的工人失业（b3）。因此，安大略州立法机关马上通过一项法令，特别免除工厂执行该禁令。[1] 由此，当雇用问题出现时，因为 b3 优于 b1，因而 b2 优于 b1。类似的情形还发生在当烟草工厂排放的气味造成污染，为了不使 200 名工人失业，安大略州上诉法院拒绝颁发禁令。"原告遭受了某种特殊的不适，尽管程度多大有疑问，其财产的价值也会因此减少；但所有的这些，他都可以获得货币补偿。另一方面，被告的工厂雇用了 200 名工人，已经装备了预防烟雾散发的设备。如果不关闭工厂的运营，就无法消除给原告带来的不适。如果作出禁止侵犯的禁令，就意味着关闭工厂，从而不仅导致被告的损失，还会给一个小的社区带来失业的灾难。问题的关键不在于被告以某种不负责任的方式在开设工厂，侵犯了某一居民区的生活；相反，其运行符合社区一般企业的要求。不幸的是，它造成了原告的损害。因此应当采取某种救济；但为了避免重大不公，救济不应是禁令而是损害赔偿。"[2]

每个行动的理由都反映了目标的顺序。[3]Diplock 法官提出，当法官面临选择是否通过类比先前并未适用某一原则的情形将其扩展到"那些情形不同但适用该原则，且在某些方面与其正在处理的案件存在共同点的案件"时，他需要考察法律的目标和政策。"在某一时期，立法表现为一种稳定的趋势，立法机关在何为某一特殊法律领域的公共利益的观点上较为连续，普通法在该同一领域遗留问题的发展也应当与之平行而不是分歧。"[4]

在 Boston v. Bagshaw 案中，被告卖方售卖三头猪给一位名为"Boston of Rugeley"的农场主，三头猪被牵走但没有付钱。卖方于是要求警方在电视中公告播放"警讯 5"征求公众提供"罪犯"的信息。公告发出后，位于 Rugeley 的名为 Boston 的原告提起了侵犯名誉权的诉讼。

在当时的普通法体系下，该案因没有直接与此相关的法院判决而成为疑

---

〔1〕 S. C. Coval, J. C. Smith, "Rights, Goals, and Hard Cases", *Law and Philosophy*, Vol. 1, No. 3, 1982, p. 462.

〔2〕 Bottom v. Ontario Leaf Tobacco Co., [1935] 2 D. L. R. 699 (Ont. C. A.) at p. 704.

〔3〕 S. C. Coval, J. C. Smith, Rights, "Goals, and Hard Cases", *Law and Philosophy*, Vol. 1, No. 3, 1982, p. 464.

〔4〕 [1979] 3 W. L. R. 68 at p. 75. See also Parry v. Cleaver [1970] A. C. 1 at p. 19.

难案件。法院发现普通法的立场被 1952 年《诽谤法案》修改。该法案给予"为公众的知情或代表政府部门、官员、国家、地方政府或警长而发布的'公正和准确的报告或简要通知'"等以一定的特权或豁免。但没有普通法先例规定该类特权适用于发布针对一般公众的"警讯"的情形，也没有任何先例明确地排除由市民向警局简单报告而产生的事例也属于"特权"的情形。[1]

在后果导向方法下，为了解决此类没有法律规定豁免的案例，首先需要确定相关的法律目标。目标 b1 举报权是鼓励公众帮助法律实施；目标 b2 是保护公民的名誉权。本案的问题在于 b1 和 b2 哪一个应当处于优先序列。如果允许个人仅仅通过报案就可以享有豁免，从而将 b1 置于优先 b2 的位置，则对 b2 的损害远比通常更大，因为其涉及对公众发布相关信息。恶意侵权的构成要件表明，b1 是法律的重要目标之一，因为其保护的范围非常宽泛。恶意的证明、缺少合理的和可能的理由、监禁的威慑及可能，以及终止对被控方有利的程序等，都是立案成功的必要条件。作为保护公民名誉的 b2，会与鼓励公民帮助法律实施的 b1 相冲突，因为任何犯罪的公告对于被声称实施犯罪的人来说都会致使其名誉受损。如果诽谤的诉讼只要求恶意的存在就足以对抗豁免，则鼓励公民帮助法律实施的目标就会被侵蚀；而检举的行为则会因缺少必要的条件而失败。因而，一般的规则是向广泛的公众公告并不属于豁免范围。当然，这一规则在一些法律和判例中也有例外，如在保护名誉权与更重要的目标相冲突的情况下，例如与公共安全相冲突时。[2]

三、公共政策

特定时期的社会政策，被用于疑难案件的处理，在现代社会越来越普遍。一方面，法律的稳定性难以适应现代社会快速变迁的节奏。出于特定类型社会关系临时或即时调整的需要，越来越多的政策成为重要的民商事关系调整的根据。另一方面，法律的科学和民主对于法律的正当性而言，均发挥着不可替换的作用。试图一劳永逸地制定不变的规则是不切实际的幻想。正

---

〔1〕　Wing Lee v. Jones〔1954〕1 D. L. R. 520（Man Queen's Bench）.

〔2〕　S. C. Coval, J. C. Smith, Rights,"Goals, and Hard Cases", *Law and Philosophy*, Vol. 1, No. 3, 1982, p. 472.

当的政策转化为法律，也需要在实践中检验。

政策在被用于调整重要的社会关系中，引发了对政策合法性的质疑。这种质疑，一方面从政治视角出发，对政策的社会规制和司法调整的政治影响进行了预测；另一方面从法律形式主义出发，对政策的属性、效力、合法性、合理性进行了检讨。

疑难案件中，法官的论证基点是决定案件走向的关键。当法官面对疑难案件时，没有明确的规则指示应如何判决，那么，适当的判决可能产生于政策也可能产生于原则。[1]德沃金反对根据政策作出裁判，而主张在规则缺失的疑难案件中根据法律一般原则作出判决。德沃金认为，基于原则的论证是确立个体权利的论证，基于政策的论证是确立集体目标的论证。原则是关于权利的主张，政策是关于目标的主张。[2]基于原则的论证并不建立在对"广泛分布在社会中的需求和关注"之属性和强度的假设上，与此相反，基于原则的论证侧重于权利的主张者所描述的某种利益，该利益足以使任何反对该权利的基于政策的论证都变得无足轻重。[3]经济效率是典型的集体目标，其主张"机会"和"责任"的分配应以促进最大经济利益总量为目标。平等的概念可以被解释为一项集体性目标。社会可以致力于此类资源的分配，以使财富的最大化，或者根据另一种概念，分配应使任何一个种族或民族并不比其他团体更差。集体性目标并不必然是绝对的。某一社会可能在同一时期追求不同的目标，或为了某一目标而对另一目标进行调和。[4]在德沃金看来，抽象的权利也是一般性的政治目标，其陈述并不表明该目标在特殊情况下是如何优于或服从于其他政治目标的。政治辞令中的宏大的权利即是抽象的权利。当政治家谈论到言论自由、尊严或平等等权利时，并不意指这些权利是绝对的，但也无意主张其在特定复杂社会情境中的影响。具体的权利则是进一步界定的政治目标，因而足以明确地表明其在特定场景下优于其他政治目标。[5]

---

〔1〕 Ronald Dworkin, "Hard Cases", *Harvard Law Review*, Vol. 88, No. 6, 1975, p. 1060.

〔2〕 Ronald Dworkin, "Hard Cases", *Harvard Law Review*, Vol. 88, No. 6, 1975, p. 1067.

〔3〕 Ronald Dworkin, "Hard Cases", *Harvard Law Review*, Vol. 88, No. 6, 1975, p. 1062.

〔4〕 Ronald Dworkin, "Hard Cases", *Harvard Law Review*, Vol. 88, No. 6, 1975, p. 1069.

〔5〕 Ronald Dworkin, "Hard Cases", *Harvard Law Review*, Vol. 88, No. 6, 1975, p. 1070.

（一）政策适用的政治意义

个人之所以应当遵守公共道德，其深层次的原因在于权利的边界，即交往行为的正当性。个体的生活方式在不对社会或他人造成不利影响的情况下，尽管可能与社会主流价值观相悖，但亦不应受到谴责。例如，在家里裸露是个人的权利，但在公共场合如此做则有伤风化；拍摄性爱录像自我欣赏是自由，但传播到网络上则构成违法。交往行为的正当性源于社会成员的彼此尊重，这种尊重建立在传统和文化的基础上。在人类社会早期，冒犯行为会带来反制措施，因而作为社会成员的个人会根据自身行为在实践中得到的肯定或否定回应，来判断何种行为是正当的，何种行为是错误的。正确（right）的行为因而也是有权做的事情。换言之，权利即做正确的事。

有人主张道德是教堂和宗教信仰的事业，历史上确实如此。有人主张，在现代社会，道德价值的发展主要是市民社会的工作而不是国家的。但要求我们完全依赖市民社会如同将道德的建立完全依赖于家庭一样，对道德的产生持有过于乐观的心态。市民社会有很多的组织，教堂、街邻、商事企业、娱乐业和传媒、男女社团等。这些组织都实际参与了道德的塑造，无论是好的还是坏的，只是因为它们导向了不同的方向、伦理和文化。

虽然公共政策如同公共道德一样难以界定，但特定的公共政策往往依靠强制性的法律来贯彻。因而，当公共政策的实施与个体的基本权利发生冲突时，裁判就面临着两难。

【罗伊诉韦德案】1969 年 8 月，美国得克萨斯州的女服务生 Norma Mc-Corvey 意外怀孕想堕胎，她的朋友建议她谎称遭到强暴，以合法堕胎，因为得克萨斯州的法律规定被性侵可以合法堕胎。然而因为没有警方报告证明其遭到性侵，这个办法没有成功。于是她去了一家地下堕胎诊所，但该诊所已经被警察查封。1970 年，律师 Linda Coffee 和 Sarah Weddington 为 McCorvey（化名珍妮·罗伊，Jane Roe）起诉代表得克萨斯州的达拉斯县司法长官亨利·韦德，指控得克萨斯州禁止堕胎的法律，侵犯了她的"隐私权"。地方法院判决，该法侵犯了原告受美国宪法第九修正案所保障的权利，但是没有对得克萨斯州的反堕胎法律提出禁制令（injunction），Roe 向美国联邦最高法院上诉。最终，联邦最高法院于 1973 年以 7：2 的比例，认定得克萨斯州限制妇女堕胎权的法律违反了美国宪法第十四修正案"正当法律程序"的条款。该案提出的系列问题包括：妇女"堕胎权"是否为"隐私权"所保障？隐私权的宪法基础条文为何？未出生的胎儿，是否受美国宪法第十四修正案"正当法律程序"条款保障？得克萨斯州禁止堕胎的法律，是否违反美国宪法第十四修正案"正当法律程序"条款？

不过值得注意的是，法院并未指出隐私权的宪法根据为何。宪法上的人应该仅适用于出生之后，至于未出生的胎儿，并非宪法增修条文第14条中所称的"人"（person）。法院对妇女堕胎权的保护，采取"严格审查"的标准。州可以主张，保障怀孕妇女的身体健康、维持医疗标准，以及保障未出生胎儿的生命权等具有"重要利益"，但当此种利益已达"不可抗拒利益"的程度时，州就可以立法的方式对妇女的堕胎权作一定的限制。法院提出"三阶段标准"，认为在妇女的怀孕期间可以分为三个阶段。在怀孕前三个月（第1周到第12周），由于胎儿不具有"母体外存活性"，所以孕妇可在与医生讨论之后自行决定是否堕胎；怀孕三个月后，政府得限制堕胎，但是只限以保护孕妇健康为必要；在胎儿具有母体外存活性（第24周到第28周）之后，政府保护潜在生命的利益达到了不可抗拒利益的程度，除非母亲的生命或健康遭遇危险，否则政府禁止堕胎。

"罗伊诉韦德案"反映了自由与公共政策之间的冲突。二者一直处于此消彼长的关系。与自由主义视角相对的平等主义者所主张的关于平等尊严的更深层次的理解，超越了我们传统的"人生而平等"的认识，根据此种观点，公共道德被批评为武断的主张，是倾向于某类人的生活方式的不公正的表述。对堕胎的禁止、对色情作品或毒品等的法律禁止，被谴责为对所有人的平等尊重和尊严的违反。因为这些政策是基于这样的假设，即某些生活方式相比其他生活方式没有更大的价值。这一原则尤其为德沃金所主张，他要求将对个人的基本尊重与对其生活方式的尊重结合起来。而该理论的基础是罗尔斯所假定的"权利是先于善的"（自由和公共道德之间的关系）。因此，平等权利的概念被认为是绝对的前提，而良好生活（体面）的概念被视为具有相对性、不确定性。据此要求，自由国家必须是道德中立的，即对于好的观念或生活方式保持中立。[1]

---

〔1〕 Harry M. Clor, The Death of Public Morality? 45 Am. J. Juris. 2000, p. 41.

在社会契约论中，卢梭说道，"审查对于保护多数人的价值观是有用的，但永远无法重建他们的价值"。[1]换言之，法律无法维系一种伦理价值，如果其在公众主张中已无任何基础。但卢梭进一步建议，有时法律可以在人们不确定时帮助其作出决定，来改变人们的认识。我们当代的集体人格是极不确定和稳定的，因而非常容易被某些特定的决定指引到一个或另一个方向。[2]然而，不容否认的是，街头卖淫、性爱视频、毒品交易、欺诈、乞讨等，如果对其加以容忍，就会损害社会风气，进而为之提供适宜更严重犯罪的氛围。詹姆士·威尔逊的"破窗理论"，提出了维持公共道德的正当理由。德沃金所提出的"政府应当永远不要主张特定生活在本质上比其他生活更有或更无价值"[3]的中立原则因而在现实中并没有很大市场。由于一夫一妻制或其他婚姻形式都是生活的方式，坚持中立原则就意味着既排除法律对色情产业的惩罚，也排除法律体系中关于一夫一妻制婚姻的所有承诺和保护。美国国会以压倒性多数制定了"保护婚姻法"制度就是对这种中立原则的反对。[4]

【快播涉黄案】2013年年底，北京市公安和版权部门查处快播公司深圳总部，并于2014年9月，将快播公司5名高管移送北京市人民检察院以传播淫秽物品牟利罪提起公诉。2016年9月13日，北京市海淀区人民法院一审宣判，快播公司犯传播淫秽物品牟利罪，判处罚金1000万元；王某等4名被告人获3年至3年6个月不等的有期徒刑。

快播是一款视频播放器，拥有视频点播、BT种子文件边播边放以及P2P视频分享功能，使用人数最高曾达到4亿人，快播在"小二广场"网站上储存了300部淫秽视频，可通过会员通道观看。2013年年底，北京市公安和版权部门在执法检查中查扣了快播公司4台服务器，仅在1台服务器上就发现了淫秽色情视频3000多部，北京市公安局在4台服务器中提取了25 175个视频文件进行鉴定，最终认定其中属于淫秽视频的文件为21 251个。2014

〔1〕 Jean-Jacques Rousseau, On The Social Contract, Roger D. Masters, ed. New York: St. Martins, 1998, pp. 123-124.

〔2〕 Harry M. Clor, The Death of Public Morality? 45 Am. J. Juris. 2000, p. 46.

〔3〕 Ronald Dworkin, Taking Rights Seriously, Harvard University Press, 1977, p. 274.

〔4〕 Harry M. Clor, The Death of Public Morality? 45 Am. J. Juris. 2000, p. 45.

年1月起，快播公司将视频储存方式改为碎片阵列式，通过这种方式逃避监管。

王某认为公司和个人不构成犯罪：快播只做技术，不提供视频，也不具备搜索功能，被查服务器是缓存服务器，缓存视频是行业的普遍做法，快播无法分辨视频是淫秽视频还是普通视频，快播还成立了"110"系统，用关键词禁止淫秽视频播放，并接受举报屏蔽了4000多个色情网站。公诉人回应称，快播屏蔽了4000多个色情网站的说法并不准确，2014年全国"扫黄打非"行动8个月才查处了422家。面对转型问题，快播用中国移动也有诈骗短信的问题回应，称自己不做技术也会有其他公司做，并列举了淘宝网、腾讯的QQ和微信、百度存在的问题。

自由并非绝对不受限制的自由。法律的道德化努力，必须和言论与出版自由的主张相平衡。美国最高法院找到了两者相对平衡的位置，其宣布严肃的文学和艺术作品受第一修正案的保护，即使具有色情或冒犯性。但完全的色情作品不在此列。[1]这是一个妥协，也是一种保障。允许可能会弱化公共道德的自由，同时也为色情作品设置了一条底线。社会财富既有精神也有物质的属性。尽管洛克式的自由主义者将社会看作是一些自利的个人通过契约而组成的实体，不是为了美德、人格或文化，而是为了生存、自由和财产，或是为了安全和繁荣。但现实中的社会，个人主义和公共道德的关系是一个充满解释分歧的复杂现象。[2]物质的巨大丰富，不断进步的科技，导致生活的私人领域膨胀——提供了看起来无止境的关于个体满足、舒适、便利的机会列表。这种对物质利益的个体优先占有削弱了社会联结，也削弱了公共意识和道德共识。正如卢梭、柏拉图等所说，物质繁荣到一定程度就会释放出与自控和节制相反的力量。[3]

（二）政策适用的法律效果

在一个社会关系越来越复杂的多元社会里，公共空间与私人领域的界限因为社会治理的需要而逐渐模糊。在社会变革时期，很难确立一个为人民所普遍接受的思想目标，也很难提出一套肯定行之有效的法律命题。任何法律决

---

〔1〕 See Miller v. California, 413 U. S. 15, 1973.

〔2〕 Harry M. Clor, The Death of Public Morality? 45 Am. J. Juris. 2000, p.39.

〔3〕 Harry M. Clor, The Death of Public Morality? 45 Am. J. Juris. 2000, p.42.

定或行政措施都会受到来自各方的压力。统筹兼顾、综合平衡固然必要，然而，如果面面俱到则具体的判断就会变得极其困难，至少成本太高昂。[1]

【"限购令"之公共政策目标与个体价值的冲突】限购令是一种通常的说法，是对近几年国务院和地方政府所颁布的关于房屋限购政策的简称。其法律或政策依据是 2010 年 4 月 17 日国务院出台的《国务院关于坚决遏制部分城市房价过快上涨的通知》（又被称为新"国十条"）。该通知规定，"地方人民政府可根据实际情况，采取临时性措施，在一定时期内限定购房套数"。在该通知下，北京、上海、广州、深圳等城市陆续制定本市关于限购房屋的规定。2011 年 1 月 26 日，国务院再次出台《国务院办公厅关于进一步做好房地产市场调控工作有关问题的通知》，明确规定对已拥有 2 套及以上住房的当地户籍居民家庭、拥有 1 套及以上住房的非当地户籍居民家庭、无法提供一定年限当地纳税证明或社会保险缴纳证明的非当地户籍居民家庭，要暂停在本行政区域内向其售房。2013 年 2 月 20 日，国务院常务会议出台新的"国五条"，再次升级了房地产调控措施，也成为十年内第九次房地产调控措施。几天后，国务院办公厅发布了《国务院办公厅关于继续做好房地产市场调控工作的通知》，要求各直辖市、计划单列市和省会城市制定调控细则和价格调控目标，再一次加大对房地产市场的调控力度。

限购令作为"最严厉的调控措施"，使一度失控的房价受到一定程度的抑制。限购令也给房地产业的过热发展，以及部分城市的房地产泡沫敲响了警钟。在一些未实施限购令的二三线城市，房地产市场也因限购令的实施而渐趋遇冷，在某种程度上间接证明了此前开发与交易的火热背景下存在的虚假繁荣。从宏观经济的发展来看，限购令的效果使人们注意到我国多数经济部门对房地产业的过度依赖，从而为国家的经济结构调整和产业转型提供了契机。此外，限购令颁布之前因土地征收和房屋拆迁而产生的社会矛盾，也得到一定程度的缓和。

然而，限购令也引起人们的广泛质疑。有人从合法性角度去批评它违反了诸多基本法；有人从适当性角度去批评政府在措施选择上避重就轻。限购

---

〔1〕 季卫东：《法律程序的意义——对中国法制建设的另一种思考》，中国法制出版社 2004 年版，第 40 页。

令成功地限制了部分投资性购房行为，但也"误伤"了一些正常需求和正常交易行为。[1]也有人从限购令的结果去评价该制度的适当性，认为限购令已经超越了调控措施的范畴，而与市场风险和市场供需紧密结合在一起，成为其组成部分。[2]更有经济学者认为"政府的干预将房地产市场全部打乱了，而市场本身是可以建立起秩序的"，[3]从根本上否认任何行政调控措施的正当性。

一方面是学界对限购令必要性和正当性的质疑，另一方面是地方政府对限购令的"松绑"和购房者对限购令的"规避"。对于地方政府来说，不仅想方设法对限购令进行变通，还试探着对限购令进行各种"松绑"，或者在实施方面进行"打折"。民间对于限购令的规避更是花样繁多。限购令实施以来，已经产生了虚假诉讼、假离婚、假结婚、伪造购房资格证明等规避行为，对婚姻制度、公证制度、税收制度甚至是诉讼制度的冲击，都是前所未有的。从结果来看，对限购令的规避产生了一种特殊的社会现象：一些社会制度和法律制度成为规避另一种制度的牺牲品。婚姻的神圣性不被重视，甚至司法的权威性也仅被作为一种手段加以运用。

限购令是一种具体行为规范，也是一项宏观经济调控政策。限购令在政府、开发商、购房者之间形成了强烈的互动，也使各种社会制度产生了预设功能之外的作用。限购令既体现了现代行政的技术困难，也显示出复杂性社会面临的多元价值冲突。这些特点使得对限购令的属性、价值、功能和正当性认识，需要在个体与社会、规范与行为、事实与价值、静止与动态、实体与程序等多视角和跨学科的层面上分析。[4]正当性本身作为一种价值判断，永远无法摆脱主观个体的意象而成为客观的实在。法律从神明裁判的正当

---

〔1〕 例如，有购房者在交付数万元定金后，因"限购令"出台而无法通过房管局网签。购房者和开发商就是否应双倍退还定金发生争执，甚至引发群体性纠纷，直至诉至法院。参见："'限购令'引发200余宗退房官司"，载《南京日报》2011年10月23日，第A3版。

〔2〕 李新："'限购令'的效应"，载《中国房地产金融》2011年第6期。

〔3〕 许小年："国五条一出大家都去离婚，离了发现单身也限购"，载 https://bbs. scol. com. cn/ thread-14. 562745-1-1. html，最后访问时间：2020年5月20日。

〔4〕 有意思的是，目前为止，不同的学科在很大程度上是从各自的视角去研究。例如，经济学关注的是能否抑制房价以及调控对于宏观经济的影响，法学关心的是政策的合法性及权利的实现，社会学关心的是它对婚姻、家庭等社会制度的影响。

性、到君主意志的正当性、再到形式法的正当性，以及到今天通过实证分析的正当性论证，实际上一直处在对更大正当性的探讨过程中。法律的正当性如同正义，是一个历史的概念。对法律正当性的认识需要结合特定的社会物质条件和社会关系样式去判断。在复杂社会，法律并非仅因源自立法程序的事实就具有了正当性。"威权的统治与代议制民主之间的界限已经越来越小，原因之一是对无限增容的社会需求的满足程度越来越低。生活世界的合理化使得越来越难以用传统和既定的习俗来满足制定法的正当化需求了。"〔1〕在利益多元的社会，政策和法律的制定，已经越来越难以用传统的民主程序来证明其正当了。

在价值观多元的社会，法律与政策的正当性虽然不能通过理性或经验一次成形并定格，但却可以在法律的实施过程中逐步论证、渐趋获得。在这一过程中，不单单是立法者，所有的主体都可能成为法律的制定主体。代议制或授权立法只是初始形态，或者说是法律正当化进程的起点。随着法律的实施，各类主体在法律的执行、适用和遵守的过程中，以语言和行动的方式来表达自身的利益，对既存的法律秩序表示遵守或不服从。而这些意见如果在法律修正时被充分地考虑，人们对法律的认识就完成了从正当性辩论到正当化程序的转变。而对于正当化程序中所出现的法律规避，应将其看作是行为主体的意见表达方式。法律规避在法制建设中实际上起到了制度创新的作用。〔2〕当然，"对于立法程序来说，区别违法行为与变法要求是非常必要的。在有些场合，这种区别并非易事，而在另一些场合，违法行为的反复出现则是形成变法要求的契机"。〔3〕

〔1〕 ［德］哈贝马斯：《在事实与规范之间——关于法律和民主法治国的商谈理论》，童世骏译，生活·读书·新知三联书店 2003 年版，第 118 页。
〔2〕 苏力：《法治及其本土资源》，中国政法大学出版社 1996 年版，第 60～61 页。
〔3〕 季卫东：《法律程序的意义——对中国法制建设的另一种思考》，中国法制出版社 2004 年版，第 53 页。

第五章

事实定性的方法

我们必须从人类行为的趋向中去汇集上帝的命令。[1]

——奥斯汀

法条主义方法和后果导向方法这两种疑难案件的司法裁判方法在学界形成思想的碰撞，但彼此持有不同的解释进路，在具体疑难案件的处理上也呈现出立场的差异。法条主义方法宣称其在裁判依据上的确定性，批判后果导向方法的因果倒置；后果导向方法标榜其在冲突价值选择上的"量化"分析，质疑法条主义的故步自封。实际上，两种解释方法的根本差异在于，在法律规范呈现不足时，是从现有的法律体系出发，以原则、法律宗旨等为依据"发现"法律，还是以法律之外的政策、道德、交往理性等为依据"创造"法律。在后果导向法律方法所依据的法律之外的因素中，交往理性分析是融合经济学、社会学等学科方法，在规则的发现和价值的选择方面采取了不同以往的进路。二十世纪七十年代开始，基于行为理性的法律解释方法逐渐被运用到立法和司法实践中。其中以经济学的理性选择模型对理解决策最为成功。自科斯成功开创制度经济学以来，法律的制定与经济学关于人类行为模式的研究、制度对交易（行为）成本和收益的影响等得以联系起来。法经济学研究进而成为独立的法学流派，并从美国法学界影响到世界其他国家。然而，法经济学分析方法的一些基础假设（理性人、自利等）对于认识大概率事件具有价值，但对理解社会个体的行为却往往并不能发挥理想的作用。

在二十世纪九十年代后期，美国学者凯斯·R. 桑斯坦开创"法律的行为分析"理论作为改进法经济学分析的方法，改进理解人类行为理性的工具。法律的行为分析方法采取规范中性的方式，旨在为理解法律和行为相互

---

[1] [英] 约翰·奥斯丁：《法理学的范围》，刘星译，中国法制出版社 2002 年版，第 105 页。

作用的机制提供更好的理解，其不以规范为正当行为的预设标准，也不去涉及任何特定的价值体系。[1]在这一领域，我国法学界的研究相对滞后，多数成果集中在刑法领域。值得注意的是，近年来一些部门法学者重新审视法律行为的类型化及效果，[2]或对行为的效果进行系统研究。[3]

社会规则以对行为的调整为目标。在社会领域，对既有社会关系以及期望的社会行为的规制或引导，无不以个体的、组织的行为为基础。主体间的运动形成各种社会关系：交易关系，侵犯关系，家庭关系等，这些社会关系反过来又促进了进一步运动和更广泛的社会关系。梅因曾说，所有进步社会的运动都是从身份到契约的运动。社会运动在更大范围内重新塑造了个体人格和行为。

行为是法律制度的核心。权利、义务、责任、权力都是建立在行为规制这一目标上的。因而，关于权利和义务的解释，如果从客观论出发，以"行为"为中心将是最恰当的视角。奥斯汀指出，"规则是从人类行为的趋向（规律）中推论出来的"，"我们必须从人类行为的趋向中去汇集上帝的命令"，[4]这指出了从行为实践中发现理性规范的重要性。

行为是将人的主观意愿与客观现实连接的桥梁。行为的动机与目的决定了行为方式，行为方式与反行为又决定了行为效果。法律作为社会建构的工具，其社会治理目标的实现是以行为的规范和调整作为主要手段的。法律规

---

〔1〕　Cass R. Sunstein, "Behavioral Law and Economics: A Progress Report", 1 *Am. L. and Econ. Rev.* 1999; Cass R. Sunstein, Richard Thaler, "A Behavioral Approach to Law and Economics", 50 *Stan. L. Rev.* 1471, 1997–1998; Cass R. Sunstein, "Human Behavior And The Law Of Work", 87 *Va. L. Rev.* 205, 2001; Avishalom Tor, "Methodology of the Behavioral Analysis of Law", *Haifa Law Review*, Vol. 4, 2008; Christine Jolls, Russell Korobkin, "Comparative Effectiveness Research As Choice Architecture: The Behavioral Law And Economics Solution To The Health Care Cost Crisis", 112 *Mich. L. Rev.* 523, 2013–2014.

〔2〕　徐立："杀人行为类型化探析"，载《环球法律评论》2011年第6期；易军："法律行为生效：一种新要件体系的证成"，载《法商研究》2012年第3期；蒋舸："关于竞争行为正当性评判泛道德化之反思"，载《现代法学》2013年第6期；常鹏翱："对准法律行为的体系化解读"，载《环球法律评论》2014年第2期；周啸天："最小从属性说的提倡：以对合法行为的利用为中心"，载《法律科学（西北政法大学学报）》2015年第6期。

〔3〕　黎宏："行为无价值论批判"，载《中国法学》2006年第2期；周光权："违法性判断的基准与行为无价值论——兼论当代中国刑法学的立场问题"，载《中国社会科学》2008年第4期；张明楷："行为无价值论的疑问——兼与周光权教授商榷"，载《中国社会科学》2009年第1期。

〔4〕　［英］约翰·奥斯丁：《法理学的范围》，刘星译，中国法制出版社2002年版，第60页、第105页。

范的要素包含了行为模式和行为后果，表明了立法者对特定行为及其影响的态度。规范所设定的行为，表现为应当、可以、禁止等形态。这些行为规范的产生，正是人类社会逐渐进化、人际交往不断理性的结果。因而，规则是在交往过程中产生的，而价值则是蕴含在何谓理性交往的判断中的。行为合理性不仅是社会科学的关注核心，而且也是自然科学孜孜以求的目标。例如，自然科学认识自然、发明创造的过程，也是探寻何种研究、实验行为才是理性的过程。在认识自然的过程中，客体对主体产生着排斥和制约，主体要想不断破解自然的密码，就需要找到正当的、理性的行为方法。

行为导向的法律解释方法通过对行为属性及其法律意义的认识，对双方或多方行为的理性、正当性或合法性分析，来重新确认疑难案件法律关系中当事人的权利和义务。正当的、理性的行为会被赋予权利或权力，而非理性的或疏忽的行为则需要承担义务和责任。如果说"结果导向"的法律解释方法是根据事先确定的价值来寻找规范，那么，"行为导向"的法律解释方法就是根据行为属性和特征来推导价值，进而创造或发现规范。因而，行为导向的法律解释方法是"原因指引"和"问题导向"的。

社会科学日益分化，形成政治、经济、社会、法律等各自分立的局面，但大多数的社会科学本质上都关注相同的社会问题，这些问题是由不同类型的社会交往所产生的，广泛存在于个体、家庭、社会、地区、国家和国际等多个层面。因而，诸多社会科学研究正是试图通过对社会交往和人类行为进行不断精确的认识，为制定一般制度或指引具体行为提供助力，无论是国家立法、社会制度、组织规章，还是生活规划、个体决策等均可。利益、秩序、安全作为社会关系发生的根本原因和驱动因素，在人类交往的长期实践中，建立在理性行为的基础上。由此，不断总结和反思行为理性，在此基础上设计出社会广泛遵循的规则，是哲学、宗教、伦理、法学等在内的社会科学的核心关键。发现社会现象本质，找出社会问题关键，然后贯之以科学的研究方法，社会问题的方方面面就会逐渐呈现。

第一节　法律要素的行为主义解释

法官在疑难案件中面临的最棘手的问题在于对行为定性的困难。一些超出法律规定的行为，对当事人是否具有权利和义务的属性，需要根据行为自身的属性及交往互动来检验或论证。在规则导向的法律解释方法中，模糊的行为往往比照邻近的法律行为类型予以适用（如邻居代为照管小孩被比照为受托行为），而不去从行为本身的属性和特征出发，推导出行为所具有的法律效果；在结果导向的法律解释方法中，对行为价值的确定通常是依据行为的场景等外部因素来分析，而忽视对行为的动机、行为人理性、交互影响等微观考察。

"权利"（rights）语词具有正确的、适当的、对的、权利等含义，其既包含了行为标准，也包含了道德标准。权利、义务、责任等词汇本质上是一种行为正当性的规定，如同"自由"一词。因而，在语言哲学上，权利、义务等词汇的准确对应物不是心理状态，而是行为正当与否。在法律上，权利、义务、权力、责任对应着应当做、可以做、禁止做、必须做的法律规范，正是基于行为视角，上述法律规范在基本构成要素上获得了统一的语言理解，从而利于从行为的角度来观察其彼此的关联。

德文的"权利"与"法律"是相同的词汇，显示了法律与权利之间的紧密联系。在日常语言中，关于权利的主张实际上是以在界定"自身与外界"的行为中产生的。"私人财产，不得侵犯"是对财产所有者的权利和潜在侵入者的义务的典型表述，也明确地通过禁止"侵入"这一行为，将权利和义务相关联。虽然权利在没有遭遇不当行为的干扰时似乎处于"睡眠"状态，但一旦权利的拥有者"清醒"，则可直接诉诸特定行为对侵犯加以禁止。

一、权利的行为属性

通行的法律理论将权利解释为包含利益、主张、资格、力量、自由等因素。权利的要素之多在某种程度上与"权利"一词的过度使用有关。"权利"词汇虽然表述不同，但权利认知却是普遍现象。当印第安人以暴力方式驱赶早期的开拓者时，他们实际上已经有了领地所有权的概念。作为用来表达诉求和正义的工具，权利语言提供了一种表述实践理性要求的途径。换言之，只要自己认为是合理、正当的需求，就可以称之为"权利"。作为其负面的结果，权利语言经常被滥用，关于权利及其含义的讨论也时常发生一些误解。因此，《牛津法律便览》的"权利"词条直截了当地把"权利"说成"一个严重地使用不当和使用过度的词汇"。

权利的认知随着时代的发展不断深入。早期的思想家从伦理的角度来界定权利。格劳秀斯强调权利的伦理因素，把权利看作"道德资格"，权利主张的正当性根源于道德的正确性；霍布斯、斯宾诺莎等人将自由看作权利的本质，或者认为权利就是自由；康德、黑格尔也用"自由"来解说权利，但偏重于"意志"，即主体的意志自由。近代法学家把权利置于现实的利益关系中来理解，并侧重于从实在法的角度来解释权利。耶林注意到权利背后的利益，并提出只有为法律承认和保障的利益才是权利。功利主义者认为权利的实质是普遍的功利。现代法律科学关于权利的认知已经从抽象的理论层面转入具体权利的界定和阐释。公权与私权、实体与程序、经济与社会等各个领域的权利，不仅丰富、修正了传统的权利理论，而且也使权利的使用更加法律化、准确化。

（一）从权利到行为：权利的法律形成

权利是隐含在规范中的价值主张与行为主张。声称拥有某种法律上的权利，意味着主体可以根据法律主张某种行为的实施，也意味着该权利体现了特定的法律价值。从权利产生的过程来看，早期人类对于自身和财产的"权利"主张，是一种生存本能。"以眼还眼以牙还牙"的同态复仇规则显示了权利先于法律存在的事实。"诉讼先于权利"的说法只不过是肯定了权利的救济需要通过一定的程序和机制来实现。"先占"构成权利享有的事实和证据，在早期是借助于实力完成的，此后逐渐演变成道德话语的强加以及国家机器的保障。但在国际社会，由于国际法强制工具的缺乏，国家实力在重大情形下仍是某些原始性权利主张的根据。

人类在长期的交往实践中，逐渐形成了关于行为正当性的认知。例如，如果某一财产（如猎物或土地等）被一人先占，则其他人的抢夺行为会使自己遭受报复，并且这种报复会以集体性名义作出（古代是族群，现代是国家），这样更具有效性。财产权的概念由此产生，基于财产权的道德观念也随之发展。然而，类似的先占和争抢行为在动物界并未被定性和赋值，这表明权利主张的行为要素远比道德因素更具有基础性。主体在实施抢夺行为前，对抢夺行为的可能及其后果已有大致的估算，包括对手的强壮程度、事后被群体制裁的可能、从其他途径获得财物的成本等。如果据此判断抢夺的利益及其花费的成本不成比例，则会放弃该行为，并将其评价为"非正当"或"不理性"。抢夺行为的"道德"属性，则是建立在行为是否"正当"的根基上的。在物竞天择的自然界，动物间抢夺行为的正当与否，由于集体性制裁可能的缺乏，完全建立在实力的基础上。

在行为理性的指引下，权利意识逐渐产生。财产的先占者在面对来自他人的侵犯行为时，或者以自身的实力击退来者，或者事后通过族群的集体力量予以报复，报复的正当理由（先占者可以拥有财产，侵犯者妄图不劳而获）因此演变为权利的正当基础。当类似的情形不断重复，人类对于抢夺行为、先占行为的属性就形成了固定的认识，先占获得的财产是"好的""对的"，因而足以构成对抗他人的"权利"；而抢夺他人先占的财产是"错的""不正当的"，则会遭受不利的后果，尊重他人的正当财产权是一项"义务"。这种权利义务的认知是人类特有的现象，即便在某些不发达地区，权利义务的概念尚未普及，人们对于行为的正当性仍有相当清楚的认知。

以此类推，其他领域的交往，例如契约、婚姻、祭祀、生产等，也在人与人之间的交往中不断形成适用其中的"正当"行为规范，这些规范分别落入法律、道德、宗教、礼仪等社会规范体系中，在日常生活中，规范着人类的各种行为。一些关系到个体生存和发展、关系到族群和国家存续的行为规范，被纳入法律体系中，并赋予道义上的价值。

由此，在疑难案件裁判中，对于"权利"的发现或创造，可以从上述社会规范中寻找素材。

（二）从行为到权利：行为的法律效果

权利产生于社会，产生于社会成员之间的交往。围绕着资源、工具、人力等物质资料的组织与利用，社会成员间的关系发生着巨大变革。所谓自然的权利法则，本质上是人对社会交往规则的认识。囿于认知者所处的时空条件，其对权利和行为规则的认知注定无法实现永恒性和普遍性。在马克思看来，道德正确的问题，也是社会物质基础的产物。在农耕社会，家长有权决定子女的配偶，因为这涉及谁来继承农场。

人类社会生活的广泛性造就了行为的多样性，行为意义的类型化将行为效果归入不同的规范体系，并在一定条件下发生转化。人们奇怪于印度某些部落"名誉杀人"的行为屡禁不止，但却可能忽视生命权的不平等在人类历史上一直延续到现代的事实。现有的法律体系并未将所有人类行为都纳入其中并赋予不同后果，一旦发生行为定性困难，疑难案件由此产生。

【名誉杀人】人权观察组织对"名誉杀人"的定义为：名誉杀人是男性家庭成员认为家庭女性成员犯下的错误给男性家庭带来了耻辱，而通过复仇行为消除这种耻辱，这种谋杀通常导致死亡。引发名誉杀人有各种原因：拒绝包办婚姻、性侵犯的受害者、受到丈夫虐待、丧夫甚至（据称）犯有通奸罪。仅仅是认为一个女人表现的方式"羞辱"她的家人就足以引发夺取她的生命的事件发生。联合国人口基金会估计，每年在世界各地发生的名誉杀人事件可能高达5000件。"名誉杀人"的凶手主要是死者的男性家庭成员，大都跟受害者有较近的血缘关系，多数为几个人。受害者几乎都是女性，被杀害的原因主要是"失贞"和"不检点"，常见的情况有被强奸，被怀疑通奸，打扮时毫举止轻浮，拒绝被指定的婚姻，想要离婚等。此外，也有一些更极端的情况。

现今的名誉杀人则多分布在保守的部落地区，在少数伊斯兰国家也存在名誉杀人的案例。但值得一提的是，这属于前伊斯兰时期一些地方的陋习，并非伊斯兰教所倡导的。此外，很多伊斯兰学者对存在的名誉杀人进行过谴责；另外，还有印度、巴基斯坦、阿富汗等保守地区，意大利黑手党亦有名誉杀人的传统。由于人口外移到西方社会，也把这种习惯带到当地，引起了很大的争议。在部分落后地区，甚至有经过当地部族会议所允许的名誉杀人，凶手及共犯会被部族成员包庇而造成调查上的困难。不过现今绝大多数的国家都将名誉杀人视同犯罪行为。

在对尚未被法律规制的行为进行定性时，Williams采取了语言分析方法。他将"主张"分为三类：一是参考性陈述或事实陈述；二是同义反复或分析性主张（命题的一部分词汇与其他部分具有相同含义，例如，陈述定义的命题）；三是价值判断。法律规则既不是参考性陈述，也不是同义反复，因此属于价值判断。这一观点建立在道德的情感理论上。根据该理论，道德判断等同于同意或不同意的陈述。[1]根据其理论，某人关于特定对象的道德判断是"好"的，等同于说他"赞同"。对规则的法律陈述是义务的陈述或应当陈述。Williams认为，每一个法律主张，都可最后归结为对行为的确信或否认。所有主张义务的命题都是价值判断，所有的价值判断都是情感的表达。

---

〔1〕 Glanvile I. Wiuiams, Language and the Law-V, Law Quarterly Review, 1946, p. 395.

因而，整个法律都包含了情感陈述。既然所有的法律陈述都是价值判断，而价值判断是同意或不同意的情感陈述，那么，所有的法律话语都可归结为那些行使权利的主体的特定需求或愿望。权利和义务因此被界定为人们关于法律规则的主张的心理状态。[1]

当遇到疑难案件，法官感到要违背其欲望作出判决的情况时，Williams不得不扩充其关于法律的定义，将虚假的愿望包含进来。他写道："哪类愿望才是规则所要表达的愿望，它就可能被描述为'正式'的愿望。法官和其他的法律执行者可能感受不到这种愿望，但他们下定决心假装去感受它，或在任何情况下，基于最根本性的目标去感受它。"[2]Williams拒绝命令理论，认为其不足以提供行为"应当"的含义解释。同样，他也认为法律概念发挥着情感性功能，理解法律概念的困难在于法律语言的句型结构与参考性陈述相类似，尽管法律语言中没有事实内容在其中。

二、规范的行为基础

事物的运动产生了彼此间的相互关系。运动产生时间与空间，而时间与空间恰是存在的证明。运动中的事物，或者因其他事物的运动而运动，处于被动状态；或者引发其他事物的运动，居于主动状态。稳定的事物关系应当是二者根据对方的运动调整自身的运动而达到的一种平衡状态。无论是自然法则还是社会规范，均是万物运动和行为达到均衡的结果。

社会关系是人际交往（运动）的结果，社会交往越持久、频繁，社会关系就越稳固，所涉的领域也越广泛。稳定的社会关系因此也是人与人之间双方平衡运动的产物：熟人之间、亲人之间、陌生人之间、朋友之间、师生之间等关系程度因人而异，因事而异。人与人之间的情感，热情或冷漠、正式或随意、亲昵或疏远等，总根源于双方的行为。

社会规范类型广泛，总体可以分为"技术性规范"和"交往性规范"。技术性规范是指人类在适应自然和改造自然过程中根据经验所形成的规则，包括运动规则、操作细则、艺术规则、算术法则等。交往性规范是人类在社会交往中形成的规则，包括法律、道德、礼仪、宗教等。两类规范都与行为

---

〔1〕　Williams, "language and the law", 62 *L. Q. Rev.* 387（1946），pp. 396-399.

〔2〕　Williams, "language and the law", 62 *L. Q. Rev.* 387（1946），p. 398.

的理性有关。对事物进行操作的规范，如果得当，对于事物和操作者本人都会产生"正效益"，例如操作机器进行生产，掌握更好的程序和方法，可以起到事半功倍的效果，但如果不了解其中的原理，违反基本的操作规程，就会造成设备甚至操纵主体的损害。技术性规范是单向的行为规范，双向的交往性规范的行为理性更显复杂，因而要求交往主体根据场景和对方行为来判断自身行为的正当性。可见，无论是技术性规范还是交往性规范，都包含了行为的理性。

（一）根据规范评价行为

人类行为的选择是文化建构的产物。主体所接受的教育和成长的环境，都对其行为方式产生着潜移默化的影响。在非洲战乱地区成长的儿童与在发达国家私立学校接受教育的儿童在行为方式上差异巨大，尽管人们会根据他们的行为表现，评价为"粗俗""礼貌""得体""无礼"等，但这并不意味着我们据此可以在普遍和绝对意义上判断何种行为更"好"或"更正当"。艰苦的环境虽然未能培养儿童良好的礼仪规则，但却使他们具有较强的生存技巧。对行为进行价值评判的规则，应只适用于给定的文化区域和具体的事件。

然而，作为制度的产物，人的行为无时不受规范的评价。奥斯汀提出，人们判断行为正确或错误所依据的法律，可以分为三种，神法、市民法和舆论法。人们可以根据自己与神法的关系，判断行为究竟属于罪恶还是属于义务；可以根据自己与市民法的关系判断行为属于犯罪还是无罪；根据自己与舆论法的关系，判断行为属于善德还是恶邪。[1]虽然这种认识是基于人类作为一个整体的主体意识的判断。对于个体而言，其可能碰巧没有信仰、未受到法律教育或者漠视舆论，但这并不意味着他在行为正当性的判断上没有标准。在法律领域之外，个体的特异行为、越轨行为即便与他人的价值观相冲突，但因不违反基本的社会规范，并且未对他人造成损害，故而需要被社会尊重。反之，对于法律规定的行为，个体的无意识或不信仰并不能给他带来豁免的理由。对自己的行为负责更多考虑的是行为的结果与规范的符合性，而非主体的意愿如何。在某种意义上，个体的成熟就是其行为由特殊向普遍转化的过程。

---

〔1〕 ［英］约翰·奥斯丁：《法理学的范围》，刘星译，中国法制出版社 2002 年版，第 189 页。

【许霆案】2006 年 4 月 21 日晚 10 时，时任某物业公司保安员的许霆，在广州天河区黄埔大道西广州市商业银行的 ATM 取款机取款。他发现每取出 1000 元，银行卡只扣 1 元后，遂连续取款 5.4 万元。当晚许霆将此事告诉朋友郭安山，两人再次前往提款。之后反复操作多次。许霆先后取款 171 笔，合计 17.5 万元；郭安山则取款 1.8 万元，事后二人各携款潜逃。同年 11 月 7 日，郭安山向公安机关投案自首，并退还 1.8 万元。经法院审理后，以盗窃罪对郭安山判处有期徒刑一年，并处罚金 1000 元。到 2007 年 5 月许霆在陕西宝鸡被警方抓获，17.5 万元款项因投资失败而无法追回。2007 年 11 月 20 日，广东省广州市中级人民法院以盗窃罪判处许霆无期徒刑，剥夺政治权利终身，并处没收个人全部财产；及追缴 17.5 万元发还广州市商业银行。一审后被告人不服提出上诉，2008 年 1 月 16 日广东省高级人民法院以"事实不清，证据不足"为由，将该案发回广州市中级人民法院重新审理，改判 5 年有期徒刑。2013 年 5 月，许霆向广东省高级人民法院递交申请，请求重审案件。许霆认为其取款行为属于透支，而非盗窃。2013 年 10 月，许霆状告广州市商业银行"不履行告知义务"一案在广州市越秀区人民法院开庭。

许霆利用 ATM 的故障，多次取现获利"数额巨大"[1]，并且在收到警方和银行通知后拒不归还的行为，构成不当得利、侵占、盗窃或是透支？在一审法院作出判决后，许霆案引起多方关注，在司法、学者、舆论界引起了广泛的讨论，成为轰动全国的关于行为定性的疑难案件。

一些学者认为，许霆的行为违法，但不构成刑法惩罚的犯罪行为，只构成广义的民事的不当得利；一些学者主张按侵占罪定罪；一些学者认为许霆案定罪无误，但可据《刑法》第 63 条第 2 款减轻处罚[2]。在法庭上，控辩双方争执的焦点在于该案的定性。辩护人辩称，ATM 出错的责任在于银行，许霆开始并没有故意犯罪的主观动机，只构成民法上的不当得利，因为他主观上并没有秘密窃取的故意，有侵占别人财产的故意，犯了侵占罪，而不应

---

〔1〕《最高人民法院、最高人民检察院、公安部关于盗窃罪数额认定标准问题的规定》（1998 年）将《刑法》第 264 条中盗窃公私财物"数额特别巨大"界定为"以 3 万元至 10 万元为起点"。

〔2〕《刑法》第 63 条第 2 款规定，犯罪分子虽然不具有本法规定的减轻处罚情节，但是根据案件的特殊情况，经最高人民法院核准，也可以在法定刑以下判处刑罚。

被判盗窃罪。公诉人则认为，盗窃罪的特征是秘密窃取，许霆在明知 ATM 有问题的情况下，连续多次提取银行的款项并携款潜逃，盗窃数额较大，行为已构成盗窃罪。如果他不知道 ATM 出了故障，导致卡上多了意外之财，那只构成民法上的不当得利，因为他主观上并没有秘密窃取的故意，赔偿多出的数额即可。但许霆在知道该情况后却不退钱，仍然故意侵吞，则涉嫌构成盗窃罪，这时他虽然没有秘密窃取的故意和行为，但是却有侵占别人财产的故意。

广州市中级人民法院一审判决被告人许霆以非法侵占为目的，伙同同案人采用秘密手段，盗窃金融机构，数额特别巨大，行为已构成盗窃罪，遂判处无期徒刑，剥夺政治权利终身，并处没收个人全部财产。广州市中级人民法院二审宣判，被告人许霆盗窃罪成立，且数额特别巨大，依法本应适用"无期徒刑或者死刑，并处没收财产"的刑罚，但鉴于许霆是在发现银行 ATM 取款机出现异常后产生犯意，采用持卡非法窃取金融机构经营资金的手段，其行为与有预谋或者采取破坏性手段盗窃金融机构的犯罪有所不同；从案发具有一定偶然性看，许霆犯罪的主观恶性尚不是很大。根据本案具体的犯罪事实、犯罪情节和对于社会的危害程度，最终判决被告人许霆犯盗窃罪，判处有期徒刑五年，并处罚金 2 万元，追缴许霆的犯罪所得，发还受害单位。

许霆虽未采取有预谋或者破坏性手段盗窃金融机构，但 ATM 取款机是银行对外提供客户自助金融服务的设备，机内储存的资金是金融机构的经营资金。故许霆盗窃 ATM 取款机内资金的行为依法当然属于"盗窃金融机构"。刑法规定，盗窃金融机构且数额特别巨大的，最低法定刑是无期徒刑，而重审判决却对许霆在法定刑以下量刑，这是因为根据本案具体的犯罪事实、犯罪情节和对于社会的危害程度，如果依据法定量刑幅度就低判处其无期徒刑仍不符合罪责刑相适应原则。因此，根据案件的特殊情况，经最高人民法院核准，对其在法定刑以下量刑，判处有期徒刑五年。

许霆案反映了疑难案件在法条主义和社会民意中的两难选择。一审判决在法条主义层面并无不当。社会舆论之所以出现一边倒的情形，很大程度上是因为公众对相关事实（如银行曾告知许霆家属，归还欠款就不予追究）、法律（数额巨大为 3 万元至 10 万元为起点）、行为（多次取款、逃避追捕、无法追回）等缺乏全面了解。舆论将焦点集中在自动取款机的故障、取款金额是否足以判决无期徒刑、许霆案与贪污案量刑的对比等。如苏力教授评价，尽管大多数法律人强调"形式正义"或"程序正义"，一遇到实际问题，和普通民众一样，都更看重"实质正义"或"结果公正"。[1]一审法院"没有解释 ATM 取款机究竟为何属于'金融机构'，没有解释'合法'操纵 ATM 取款机为何属于'盗窃'，没有将 ATM 取款机出现故障银行存在严重过错、许霆后来逃亡途中曾有归还钱款的举动等作为量刑情节"。[2]

二审法院从犯罪构成要件的角度出发，并从刑罚的启动及程度（社会危害性及其大小）、犯罪嫌疑人的主观恶性、银行方面的过错等方面，综合评价许霆的行为，并给出法定刑以下量刑的理由（经最高人民法院核准），因而，从法律适用看，其并非机械地适用法条（如一审法院），采取"结果无价值论"或"客观不法论"，而是将定罪量刑置于刑法体系中，兼顾了"行为无价值论"或"主观违法性"。在司法层面上对许霆行为的属性进行了精确的界定，并对刑法学界近年来关于"结果无价值论"和"行为无价值论"的争议作了阐释。

（二）根据行为发现规范

规范是人们行为的依据，但人类行为并非完全符合规范设定，或严格根据规范实施。主体具有能动性，在社会交往过程中能够根据场景和其他主体的行为不断调整自身的行为，从而使其具有不同的法律意义。这些行为在纠纷发生后，或被归入现有的法律体系，或被认定不具有法律效果，或成为疑难行为，需要法院对其加以定性。

行为的定性是法学、哲学与社会学共同关注的主题。评价行为，寻找关于行为的规范，不是纯学术问题，而是对广泛存在于社会的价值进行"发现"的过程。人们将对具体事物或具体行为的经验和观察普遍化，从中得出适用于一般情形的结论，或表现为原则，或为公理，或为常识，或是习惯，并运用于大多数相同或类型的事物或情形中，即是规范的发现和适用。在某一或某类行为已经存在规范的情形下，我们不必重复规范发现的过程，但当对规范的正当性质疑，或者在行为定性模糊的情况下，这种实践理性的获得方法却可运用于规范的发现，或作为对个别常识检验或反思的工具。

---

[1]　苏力："法条主义、民意与难办案件"，载《中外法学杂志》2009 年第 1 期。
[2]　陈瑞华："许霆案的法治标本意义"，载《南方周末》2008 年 1 月 17 日。

法律产生于行为经验法则。人类社会的早期，部落首领根据其经验来解决纠纷，依赖于对交往各方行为正当与否的评价，并将个别案件中创设的"规则"作为"通例"推行，在一定程度上实现了社会规范的教育。在成文法出现之前，大多数国家的司法在很大程度上严重依赖法官的生活经验。这种经验是行为正当性的极简主义模式。它在简单社会中，充分发挥了规则发现和创设的效果，成为行为定性的重要工具。

交往行为隐含着规范的理性。人类实践是知识生产的一个重要途径。采集、狩猎、畜牧、耕种、工业化、信息化……人类每改变一次生产方式，知识的积累就向前迈进一大步。在人类改造自然的过程，对于客观世界的观察、适应和利用促进了自然科学的发展，如用于计算和测量的数学，或用于节省人力的物理等；在人类逐渐社会化的过程中，合作、斗争促生了社会规则的产生，部落、种族、区域、国家、国际社会无不建立在合作与斗争的规则之上，社会科学的发展则建立在对人类行为和主观意志的研究上。规则的认知，包括自然规则和社会规则，几乎占据了人类认知的所有。无论是宗教、习俗、制度等社会规则，还是方法、技能、程序等自然规则，都体现了人对自然、生命的敬畏与尊重。

三、价值的行为根据

"善有善报，恶有恶报"是一种对行为的评价和规范标准，人应对自己的行为负责，正当的行为会带来积极的效果，不正当的行为会带来恶果。

疑难案件中，在遍寻法律、习俗、伦理等诸多规范也无法对行为作出评价时，可以回归人类交往的基本样式和主要关注，根据行为各方的交往理性，即主观善意、行为方式、行为过程、行为结果等，对各自的行为进行定性并赋予不同价值。

（一）功利原则

边沁认为他已经找到了一条判断行为适当性的主要原则："当行为与功利原则一致时，人们要么说这是应当做的行为，要么说它是正当的行为。"对于道德和功利原则的关系，边沁认为道德学说要么可以归结为功利原则，要么比功利原则差。因为它们没有明确的意义，或者不能被一贯地遵从。人们遵守法律，并非是因为存在所谓的社会契约，而是因为遵守法律比不遵守法律更好。相似地，其他相互竞争的命题也都可以归结为功利原则，而不是取决于人们的道德感、理解、正确理性或者上帝意志。某一给定类型的行为应当纳入法律的框架还是归入道德伦理的范畴，边沁通过功利原则加以回答。如果对于特定行为的立法弊大于利，就应当留给私人伦理。例如，对于两性间的不道德行为，如果在界定"忘恩负义"或"粗鲁"这样的过错时非常模糊，从而需要复杂的监督，就难以将惩罚的权力寄托给法官。[1]

社会规则产生于人与人之间在侵犯与防御过程中，根据对他方行为的判断，计算出己方行为的效果，进而逐渐演变为具有社会理性的行为，并最终促成人类历史上最早的契约的缔结，从而进入由竞争到合作的转变。[2]因而，即便社会秩序突然瓦解，权威不复存在，人类社会仍然可以通过交往创设出彼此能够接受的行为方式。

（二）行为理性

维特根斯坦说，"我是怎样才能遵守一条规则的？"如果这不是一个有关"原因"的问题，那么就是一个有关对"我"这样地按照这个规则而行事所做的"辩护"的问题。如果"我"穷尽了这种根据，"我"就挖到了坚硬的基岩，而"我"的铲子就弯了回来。这时"我"就会说，"我就是这样行事的"。因此，我们有时需要的解释并不是因为其内容的缘故，而是因为其形式的缘故。我们需要的是一种建筑学的需要，说明有时只是一种不支撑任何东西的墙面缘饰。[3]这是关于行为正当性的原因层次的追问。尽管存在很多对所有人类行为、人类在所有时期的行为、人类在各种场景下的行为试图作出统一的解释的情况，然而，在人类与社会发展意义上，行为规则之所以能够以经验法则、习俗、道德、宗教、法律等形式确定下来，原因恰恰在于它满足了绝大多数人生存和发展的需求。偶然的、突发的、冲动的、时宜性的、非理性的行为，使人类社会充满了多样性，也给正式的、理性的、习惯性的、长期性的"正当"行为提供了修正的空间。

哈贝马斯将价值问题置于行为的合理性这一体系内考察。行为是否具有理性是一种多元的判断，或是超越时空和社会限制的标准？图尔明试图把各

---

〔1〕 ［英］边沁：《道德与立法原理导论》，时殷弘译，商务印书馆 2000 年版。转引自 ［英］韦恩·莫里森：《法理学：从古希腊到后现代》，李桂林等译，武汉大学出版社 2003 年版，第 198～204 页。

〔2〕 桑本谦："契约为何必须遵守"，载《法制与社会发展》2004 年第 2 期。

〔3〕 ［奥］维特根斯坦：《哲学研究》，李步楼译，商务印书馆 2009 年版，第 127 页。

种不同的论证类型和有效性要求还原成不同的合理行为，进而落实到相应的制度化的"论证场域"当中。但这些关于法律、医学、科学和管理、艺术和工艺等的总体性仅仅从功能上，也就是说从社会学角度或论证逻辑的角度彼此间能否区分开来，一直是不清楚的。图尔明把那些合理行为看作是内在论证形式的机制特征，还是单纯根据机制范畴把论证场域区分开来呢？他显然倾向于第二种选择，因为论证负担相对要小一些。[1]

（三）拉德布鲁赫公式

德国法学教授与政治人物古斯塔夫·拉德布鲁赫在《法律的不法与超法律之法》中论述道，"正义与法律有效性之间的冲突可以这样来解决，由国家权力所正常颁布和保障实施的成文法应当得到优先适用，即使是从内容和目的方面实施，除非它有悖于正义的程度令人难以忍受，以至于成文法实际上成了'私法'并因此不得不让位于正义，在法律上的不公正与尽管有瑕疵但仍有效的法之间划出一条明确的界线是不可能的。不过，有一条界线还是十分明晰的，就是当正义被完全置若罔闻的时候，当正义之最核心要素——平等——在法律颁布过程中被故意背叛的时候。这部成文法就不只是'伪法'，它完全丧失了法律的本性。因为包括成文法在内的法律只能被定义为这样的一套系统和制度，其根本意义在于服务于正义"。[2]

拉德布鲁赫公式提出了一条判断"伪法"的原则，即"除非它有悖于正义的程度令人难以忍受"，然而，对于何谓正义却并没有明确言及。正义是一种基于事实和行为的价值判断，对于一方行为是否具有正当性，是根据法律规则认定，还是从行为理性的视角认定，却是需要进一步确定的。

第二节　行为正当性的标准与程序

法律的有效性取决于其对相关人类行为模式的叙述。[3]对人类行为

---

〔1〕[德]尤尔根·哈贝马斯：《交往行为理论》，曹卫东译，世纪出版集团、上海人民出版社2004年版，第33页。

〔2〕G. Radbruch, *Gesetzliches Unrecht und übergesetzliches Recht*, Süddeutsche Juristenzeitung, 1946, p. 107.

〔3〕Avishalom Tor, "Methodology of the Behavioral Analysis of Law", *Haifa Law Review*, Vol. 4, 2008, p. 237.

"应当"的论述，长期以来被视为"自然法"思想，或是道德层面的知识，不具有客观真理的属性。然而，在二十世纪后半期，社会科学界有一股明显的研究潮流，即将对应当的认知从自然法的盲目与迷信（对神的敬畏）转向对自然的敬畏。这种转向的背后是对人类认知能力有限的承认，以及对道德和"应当"更加务实的考虑。这种关于道德知识的实用主义概念有其本体意义。为了设计出完全的客观性概念，哈贝马斯选择了"弱自然主义"来支撑其现实主义认识论。弱自然主义是自然主义的一种形式，其将自然和文化视为彼此关联的存在，主张文化是自然进化的。

　　在行为正当性领域，以交往行为作为出发点，哈贝马斯在道德话语的探究上采用了"有效性"这一术语来替换"客观性"，在规范正当性论证所涉及的事项上采取了新的视角。"行为有效性"侧重于人们对应当做什么的认识，而真理问题在哈贝马斯看来是"客观有效性"的问题。

一、理性行为的标准

　　哈贝马斯将人的行为分为四种类型，即目的性行为、规范性行为、戏剧性行为和交往行为。他认为，前三种行为对于主体而言是非自主性行为，压制了人的主体性，使其异化为某种工具，因而都不是合理的行为。交往行为使用语言或非语言符号作为理解各自行动的工具，以便主体间在协调自身的行为上达成一致。它是主观世界、客观世界和社会世界的综合与扬弃，所以必然是合理性的行为。[1]

　　（一）行为合理性的界定

　　合理性涉及的是具有语言和行为能力的主体如何才能获得和使用知识，而不是对知识的占有。交往行为理论所探讨的是，人在一定的情境下行为举止"合乎理性"，究竟有何意义？也就是说，人的表现"合乎理性"究竟意味着什么？哈贝马斯认为，一种表达的合理性取决于它所体现的知识的可信性。对于断言和目的行为而言，它们所提出的命题的真实性

---

　　〔1〕　目的性行为主要集中在生产领域，是借助于工具理性从事改造客观世界的活动。规范性行为主要体现在人们的主观世界和社会世界中的价值认同和规范遵守。戏剧性行为是每一个个体都要在社会这个大舞台和观众面前表演自己，背诵着早已准备好的"台词"让观众去领会他的"潜台词"。[德]尤尔根·哈贝马斯：《交往行为理论》，曹卫东译，世纪出版集团、上海人民出版社2004年版，第85~99页。

要求或行为的有效性要求越是能够更好地得到证明，它们就越是具有合理性。[1]

合理性的概念应从目的行为，即从能够解决问题的行为入手来认识。在西方语言中，"理性"与"原因"是同义词，但行为合理性不同于因受到刺激而产生的行为反应，或因时代变迁而状态发生改变的制度。这些反应属于行为的原因，而不是行为的理性。理性的行为应当是具有内在合目的性的行为，并且该目的行为是一个具有判断能力，而且运用命题知识的主体所作出的行为。[2]因而，只有目的性行为才是行为合理性判断的对象。

（二）行为合理性的判断方法

理性行为概念的提出，不仅对于中立地评估他主体的行为具有意义，而且有助于反思自身行为：寻找产生原由，评估其理性或正当性，并对维持或改变提出方案。某种程度上，嫉恶如仇、悲天悯人都可归入非理性行为，因为它使行为人的情绪受制于无法控制的外界。理性的人是能够根据他人的批评或行为来调整自身行为的人。哈贝马斯对行为理性进行了描述：在交往关系中，不仅提出断言，而且能在面对批评的时候通过指出相应的自明性而对其断言加以证明的人是合乎理性的；那些遵守现有规范，而且在面对批评的时候能够通过合法的行为期待对具体的情境加以解释，对其行为进行辩解的人是合乎理性的；甚至那些坦率地表达出愿望、情感或情绪，并且放弃秘密、供认行为等的人，也是合乎理性之人。他们在面对批评的时候，会对诸如此类的体验加以明确，为此，他们从中吸取实践经验，以便日后在行为举止中加以捍卫。[3]一个人的行为如果能够得到现存的规范语境的接受，也就是说，既不感情用事，也不目的用事，而是努力从道德角度对争执作出不偏不倚的判断，并加以调节和达成共识，我们就说他是合乎理性的。[4]

对于理性的认识，几乎是所有科学共有的主题，也是科学分化为不同的

---

〔1〕［德］尤尔根·哈贝马斯：《交往行为理论》，曹卫东译，世纪出版集团、上海人民出版社2004年版，第8~9页。

〔2〕［德］尤尔根·哈贝马斯：《交往行为理论》，曹卫东译，世纪出版集团、上海人民出版社2004年版，第12页。

〔3〕［德］尤尔根·哈贝马斯：《交往行为理论》，曹卫东译，世纪出版集团、上海人民出版社2004年版，第15页。

〔4〕［德］尤尔根·哈贝马斯：《交往行为理论》，曹卫东译，世纪出版集团、上海人民出版社2004年版，第18页。

视角，并统一于相同的目标的基础。迷信与经验只存在认识程度的差异。道听途说的经验被视为迷信，反复检验的实践则被奉为信条。可见所谓经验理性并非天然具有正当性。不过，理性是受制于主观与时空的词汇。它是相对的概念，不同的情形对比，显现出思维、行为的优劣。尽管如此，人们仍然可以根据某些标准来对经验的可靠性予以背书，如经典论述、权威语录、专家论证、社会调查、实地考证等。

（三）事后偏见与理性预见

事后偏见（hindsight bias），也称"后见之明偏误"，指当人们得知某一事件结果后，夸大原先对这一事件的猜测的倾向，俗语称"事后诸葛亮"。后见之明偏误的一个基本的例子是，在知道一个不可预见的事件的结果后，一个人设想"早就知道结果会这样"时其行为的效果。显然，事后偏见并非真正的理性预见，是应当在行为评价时尽量避免的。

在违约损害赔偿金领域，法官的事后偏见却影响了对当事人已经实施的行为的评价。与我国合同法相同，约定过高的违约金是否应予以执行，在美国也有不同的主张。美国的合同法学者基于人所具有过于自信的行为特点，反对基于效率的、对司法干预进行批评的言论。根据这种观点，违约金条款应受法院的审查，因为缔约方过于自信自身的履行，从而可能事先同意过多的违约金。

与此相对立的、同样基于行为主义的解释是，决策者出于更加明确地界定不确定风险的目的，可能通过违约金条款来避免不特定损害所产生的后果。因此，他们主张司法应保持对违约金条款的尊重（judicial deference），而不应对其进行严格审查。这些学者主张，在违约金中，两种行为现象相互冲突，"过于乐观"的行为主义要求缔约方不必过于关注违约金，"风险规避"的行为主义要求当事人格外重视违约金条款。[1]也有学者认为这种冲突在很大程度上是虚假的。就两种行为方式来看，过于乐观是普遍的。在合同订立阶段，特别是当个体利益较量较为显著并且当事人重视合同履行和实现时，过于乐观就格外强烈，并通过其他一系列相关现象予以强化。[2]风险

〔1〕 Robert A. Hillman, "Limits of Behavioral Decision Theory in Legal Analysis: The Case of Liquidated Damages", 85 *Cornell L. Rev.* 717 (1999-2000), pp. 731-732.

〔2〕 Avishalom Tor, "Methodology of the Behavioral Analysis of Law", *Haifa Law Review*, Vol. 4, 2008, p. 303.

规避，关注的是个体对清楚界定的风险和模糊风险的选择倾向。但其在很大程度上是相对的，并不阻止决策者例行从事模糊风险的行为。而且，现有证据显示合同订立过程中的合作属性有可能进一步消除模糊规避。对司法干预违约金条款的批评，认为法官基于"事后偏见"高估了当事人应当预见未来损害的能力。他们认为这种对事前预见性的高估，导致法官轻视违约金条款对缔约方的作用，从而过多地拒绝其履行。司法的事后偏见因此被用于抵消缔约方的过于自信。[1]

二、理性行为的产生程序

人们根据自然和社会规律调整自身行为，是事实或行为的正当性。例如，原始人在狩猎时不小心触碰到树枝吓跑猎物，从而懊恼不已。这种经历促使其反思，在下一次狩猎时会格外注意周边事物。再如，社会交往中的一方当事人因疏忽或无意识而遭受另一方责难，以致受到损失。其结果是，这种教训会促使其反思并调整自身行为，以避免类似事件的发生。哈贝马斯认为，这种层面上的"行为应当"并不等同于道德正当性。例如，欺骗、背叛在交往行为中也会被作为经验或教训而给人以"行为正当"的认识，然而，这种所谓的"行为正当"并不符合人类社会的"道德正当"。在此，规范正当性问题变得微妙。客观有效性的问题必然涉及人们应当相信或承认某事物为真，在此前提下，谈论真理是一个规范性的概念才有意义。然而，哈贝马斯看来，真理必须不应当仅被吸收为"声称为真"。最终，客观有效性属于是什么的问题，即真，而不是我们主张其为真。真理，相对于规范正当性而言，不是一个认识论的概念。

寻求对真理、客观性、语言的认知或表达层面的功能的认识，是哈贝马斯在构建自己的语言和沟通理论以及批判其他理论方法时的主线。因而，他批判语言的分析哲学，尤其是语义学的真值条件方法（真理是受条件限制的，可使一个语句为真的条件就是该语句的真值条件），因为它使语言的表意功能相对于解释和沟通功能居于优势地位。[2]

---

〔1〕 Robert A. Hillman, "Limits of Behavioral Decision Theory in Legal Analysis: The Case of Liquidated Damages", 85 *Cornell L. Rev.* 717 (1999–2000), p. 732.

〔2〕 See J. Habermas, "Reflections on the Linguistic Foundation of Sociology," *in On the Pragmatics of Social Interaction* (Cambridge, 2001), pp. 1–103.

我们的行为只有在理性作出时，才是自身的行为。我们的理性是建立在行为的要素以及理性行为的场景的基础上的。我们可能事后反思，发现自身的错误，即我们根据错误的理性实施了行动，但即便如此，我们仍在非理性行动中吸取了一定的经验。只要我们保持着理解我们行为理性的能力，我们就保持了理解该如何做事的能力，即便有时被误导或作出非理性行动。[1]

（一）行为正当性的条件

任何行动的唯一理由是行为本身或其后果具有正当的属性。[2]行为的正当性更多涉及的是具有语言和行为能力的主体如何才能获得和使用知识，而不是对知识的占有。将知识的思维和方法运用于实践和行为，是理性的基本要求。

行为正当性（理性）的探讨在法律领域具有重要的意义，它是规范产生和价值评判的重要思想源泉，也是疑难案件中行为定性的基础。"交往行为理论"，以探讨人在一定的情景下行为举止"合乎理性"究竟有何意义为主，也就是说，人的表现"合乎理性"究竟意味着什么。[3]哈贝马斯认为，一旦使用行为"正当性"这样一种说法，也就在正当性和知识之间建立起了一种紧密的联系。从知识与理性之间的紧密关系可以推断，一种表达的合理性取决于它所体现的知识的可信性。语言或行为表达的有效性前提，也涉及交往共同体当中主体相互之间共同分享的背景知识。语言所提出的命题的真实性以及行为的有效性越是能够更好地证明，语言和行为就越是具有合理性。经过论证的断言和行之有效的行为是合理性的标志。因而，在交往行为关系中，如果谁作为交往共同体的成员，能把主体间所首肯的有效性要求当作其行为准则，谁就称得上是有能力的。只有有能力的人才能合理行事。[4]

与哈贝马斯的观点类似，魏因贝格尔将行动看作是由信息支配的行为状态的后续。这意味着行为者可以在多种行为方式之间作出选择，最终选择哪种方式则依赖于个体所拥有的信息。因此，根据魏因贝格尔的行动理论，行

[1] Joseph Raz, Value, *Respect, and Attachment*, Cambridge University Press, 2004, p. 75.

[2] Joseph Raz, Value, *Respect, and Attachment*, Cambridge University Press, 2004, p. 2.

[3] [德]尤尔根·哈贝马斯：《交往行为理论》，曹卫东译，世纪出版集团、上海人民出版社2004年版，第8页。

[4] [德]尤尔根·哈贝马斯：《交往行为理论》，曹卫东译，世纪出版集团、上海人民出版社2004年版，第8~15页。

动的本质是一个有意识的行为者处理信息的过程。[1]信息包括理论信息和实践信息。理论或"描述性"的信息可被定性为有待检验的事实性信息。在这些信息之外，是那些具有空间与时间属性的事实。这些事实包括：（1）关于行为发生场所的事实；（2）关于一般原因关系的事实；（3）关于解决特定技术问题的程序；（4）关于实施特定行为所产生结果的事实。实践性的信息，是涉及主观喜好、目标、价值标准和规范的信息。实践性信息通常不具有真理性的价值。这意味着主观喜好是行为者对各种选择的相对评估；目标是行为体系的态度；价值标准通常指原则性的规范，如诚实、服从、忠诚等。规范性的规则被视为行为者所遵守的规范体系的一部分，其主要发挥三种功能：行为规范、授权规范和建构规范。[2]

（二）行为正当性的判断程序

理性人立场并非仅仅与主体是否理性有关，而是关系到主体所处的环境、主体的立场等多种因素：（1）同等资格人所知或应知的。所谓同等资格人是指具有相同身份、职业、文化、教育背景等的主体。（2）场景、环境、对象、客体等因素设定。行为是环境的产物，在不同的环境下，理性人的反应会有所差异。（3）时间因素的赋值。仓促之下的决策与反复思考决策会有不同。时间也会带来信息的逐渐累积，从而为决策提供更多的参考。针对不同的事情给予适当的时间考虑，是理性的一个前提条件。（4）程序性规划和系统性思考。在重大决策上，理性思考往往具有回溯性和预见性，即既需要了解事物的历史也要对其发展作出预测，能够将决策置于较大和更大的系统中，对行为的因果走向有大致的把握。（5）民主的态度。征询并考虑他人建议，能够对错误有清楚认知，从善如流。因此能够及时更改失误，从而确保修正的理性。（6）信息的完全性。片面的信息具有误导性。此种情形下，主体是否具有知识、经验和判断力都不再重要。任何人在重要信息极度欠缺的情形下的决策，都是非理性的。当然，另一方面，当人们缺乏知识和远见时，信息也不足以促使人们作出理性行为。（7）独立的人格。依附于某个个人或组织的个体，其决策不可避免地受其影响。

---

〔1〕 O. Weinberger, Law, *Institutiona nd Legal Politics*：*Fundamental P roblems of Legal Theory and Social Philosophy*, Kluwer Academic Publishers Press, 1991, p. 6.

〔2〕 O. Weinberger, Law, *Institutiona nd Legal Politics*：*Fundamental P roblems of Legal Theory and Social Philosophy*, Kluwer Academic Publishers Press, 1991, p. 22.

从行为到规范，大致有两种产生的途径。其一是共识模式（规范模式）。社会对大多数行为已有相当数量的规范，如善意、注意义务等。交往行为的双方主体并非完全处于"原初状态"，而是接受了某种知识、价值的主体，或是遵守某些规范、认可某些规范的主体，即主体已经就价值和规范达成了一定程度的共识。这是行为可被评价的基础。其二是还原主义方法。行为合理性的根源在于交往行为中，双方或多方行为的彼此协调。一方任意的行为招致反对，为了达到双方满意的结果而彼此克制，行动交往受挫产生内心的懊悔、惭愧、激励等情绪，或受到身体或精神上的伤害（惩罚），这些内在或外在的"强制"，即对行为的肯定或否定的评价，是行为与规范的关联，不同领域的交往规范、习俗、制度、法律由此产生。在此两种途径下，行为正当性的评价同时是"规范中性"和"规范关联"的。其是规范中性，是因为行为分析并不是为了实现特定的法律目标或价值体系。其是规范关联，是因为行为分析需要将法律规范这一影响因素予以考虑。[1]

法律的行为分析与法律的经济分析都为行为正当性提供了分析工具，但二者既有渊源又存在本质的不同。二者都是建立在对人类行为的特性进行描述的基础上，总结行为规律，从而为将来不特定主体的决策或行为提供参照或建议，或为规范的制定、价值的选择提供依据。法律经济学对行为的分析是建立在观察统计的基础上的。通过将调研等获得的数据，纳入事先建立的理论模型，验证相关假设，得出关于某类行为的原因、变化或发展的结论。然而，经济学上的合理选择模型经常产生不准确的行为预测，认识错误和情感波动导致行为偏离预期方向。在经济学关于人类行为的研究中，合理选择的规范性陈述往往与描述性的介绍混为一谈。[2]在法律的经济分析领域，传统的法经济学将行为分析建立在新古典经济学的标准假设之上，如理性人的假设等。然而，人们却表现为受限的理性：他们经常受制于特定的偏见。如过于乐观和自我满足的公平观念。行为法律分析因而主张：事实，以及对成本收益的评估，应取代某些回避问题的假设。[3]行为法律分析的工具性价值

---

〔1〕　Avishalom Tor, "Methodology of the Behavioral Analysis of Law", *Haifa Law Review*, Vol. 4, 2008, p.238.

〔2〕　Cass R. Sunstein, "Behavioral Analysis of Law", 64 *U. Chi. L. Rev.* 1175, 1997, p.1175.

〔3〕　Christine Jolls, Cass R. Sunstein, Richard Thaler, "A Behavioral Approach to Law and Economics", 50 *Stan. L. Rev.* 1471, 1997-1998, p.1545.

在于将人类行为的经验事实整合到法律分析中。但行为方式的规范中性并不意味着与规范无关，而是使其成为学者进行规范论证的有益工具。[1]

因此，在裁判环节通过行为正当性分析可对义务进行重新配置。这种配置是对双方已有的法律关系（如合同）进行干预。令人信服的支持干预的论证，必须满足行为分析的总的要求，需要从充足的行为模式的实际证据出发，并考虑到其边界条件。[2]严厉的干预则可能直接限制选择自由，成本过高。在工业社会，行为的决策依赖于信息。而信息的来源既与决策者相关，也与相对方相关。如果在信息的来源渠道方面作出规范，例如要求生产者或销售者对产品风险和成本等信息作出强制规定，则可以减少判断偏见。

【风险社会的告知义务】房东将房屋出租给承租人，承租人因为使用土暖气（依靠暖气管内水循环取暖）爆炸而严重受伤。原因是管内的循环水因天气寒冷冻结。房东主张，其在出租时已告知房客屋内的土暖气天气过于寒冷时不能使用，否则会发生爆炸。房客则声称没有被告知此类信息。双方均无法就各自的主张举出证据。如果根据"谁主张，谁举证"的举证规则来处理此案，房东需要举出证据，然而尽管口头的证据也被视为合同的一部分，但若是对方不予以认可，则房东需要承担败诉的风险。在此情形下，假设房东确实详细告知了房客这一危险事实，其对案件处理的结果必然十分不满，并可能对法律的公正性产生怀疑。

如果采取行为理性的视角，分析在房东和房客租房这一相互行为过程中，各方实施何种行为才是理性行为，或最低限度的行为，或可以免除后续特定责任的行为，可以得出以下结论：就土暖气的使用这一特殊危险事项，房东不仅需要作出告知义务，而且需要以适当的方式作出。即告知应采取书面形式，或在租赁合同中明确说明。换言之，房东根据自身的经验，应当预见到损害的可能性，并采取积极行为就可能对自身造成的损害（赔偿）进行预防。

---

[1] Avishalom Tor, "Methodology of the Behavioral Analysis of Law", *Haifa Law Review*, Vol. 4, 2008, p. 314.

[2] Avishalom Tor, "Methodology of the Behavioral Analysis of Law", *Haifa Law Review*, Vol. 4, 2008, p. 319.

第三节　行为正当性（理性）的制约因素

社会学家赫伯特·米德曾用"本我"和"他我"的对立来描述行为选择冲突，指出人在行动时可能违背内心真实意愿，最终选择社会希望塑造的角色。例如，人们在梳妆打扮时，对装扮是否满意的判断，更多来自于"其他人会如何看待自己"的判断。究竟哪种行为是理性的？是我行我素还是在意世俗？在涉及法律上的权利义务关系的决策时，是否也存在类似的"本我"与"他我"的冲突？行为正当性涉及价值判断，而有些价值判断是经济学无法解释的，其无法用经济学的成本收益来解释。尽管也有学者将成本收益的概念扩大至感情成本，但一旦扩大到价值领域，经济学的精确计算优势就会丧失。

理性受制于多种因素，尽管现代社会的社会分工日益加剧，但人们在社会生活中担负的职能却远远超过二十世纪。出行、健康、医药、保险、投资等行为均需要大量的时间和精力的投入。任何人都无法在掌握完全信息后决策。知识和信息对于理性和非理性而言，只有程度上的差别。奥斯汀也说，与神法（理性）有关的行为种类，已经是浩如烟海。单独的个人，自然无法把握全部的行为种类，全面地考察彼此相异的行为趋向。毕竟，大多数个人不可能探索伦理学的细致内容，不可能用理解行为趋向的方式去理解多如牛毛的义务责任。所有个人，都在忙于安身立命。[1]

在有些情况下，主体并非冲动行事，而是在考虑到经济收益基础上实施的不符合经济学的"非理性"行为，同样也是在理性支配下实施的。而支配的理性不是成本收益，而是自我的评价和他人的可能评价。这是高于经济理性的。

一、经历差异

人认识自身行为合理性的方式有两种主要的途径：一是通过学习，二是经历。身份的转变是对行为合理性认知改变的重要途径。身份的认识往往是相对而生的。"不识庐山真面目，只缘身在此山中。"一个人对自身的身份缺

---

〔1〕　［英］约翰·奥斯丁：《法理学的范围》，刘星译，中国法制出版社2002年版，第76页。

乏认知，是因为不具有从对立立场思考的条件。因此，一个人对子女身份（如行为方式、思维方式）的认知，是在其成为父母之后产生的；对下属身份的认知，是在其成为领导之后产生的；对消费群体身份（如消费倾向、消费习惯）的认知，是在其成为生产者或销售者之后产生的……因此，经历不同的人生可以使人更加成熟，更具理性。

除了与职业相关，一些行为认知也与专业或某些具体领域的知识相关。人的一生精力有限，不可能也没有条件去尝试所有的生活方式，通过阅读并理解不同的人在各自不同的生活中的所遇、所感和所为，是认识行为正当性的另一种不可或缺的方式。主体的经历是价值形成的重要影响因素。对行为正当与否的准确认知，最适当的方法是设身处地地体验。当然，由于时间和精力的限制，人们还可以通过学习来了解其他领域的行为来认知其价值倾向。行为法律分析的任务是探求实际的（或假设的）人类行为对于法律的意义。[1]

尽管如此，经历的不可预设性，使得没有绝对相同的体验和社会实践。拉兹曾说，先做律师再做牧羊人，与先做牧羊人再做律师，对这两个职业的认知是不同的。身份相关的事物赋予不同主体特定的意义。[2]人们并不是处于无知之幕中，更无法成为完全的理性人。身份和地位影响下行为的非理性是决策的常态，试图在同等身份和地位来实现理性行为的做法，最终只能是将少数可能的"非理性"声音湮没在多数的"理性"决策中。西方国家法院判决附带的"不同意见书"在判例法的发展过程中，发挥了不可忽视的作用。

【"不同意见书"的司法作成】不同意见书（dissenting opinion，或 dissent），法律术语，源起于英美习惯法，是指一种由法官撰写的法律意见书。当某个法律诉讼案件进行判决时，某位或某几位法官，不同意法庭上多数法官提出的主要意见书（majority opinion）时，他们可以自行列举自己不同意的理由，写作不同意见书。当不是指一个法律判决时，也可以被称作"少数报告书"（minority report）。

---

〔1〕 Christine Jolls, Cass R. Sunstein, Richard Thaler, "A Behavioral Approach to Law and Economics", 50 *Stan. L. Rev.* 1471, 1997-1998, p. 1476.

〔2〕 Joseph Raz, *Value, Respect, and Attachment*, Cambridge University Press, 2004, p. 86.

不同意见书不是判决结果，它将不会成为遵循先例，或成为判例法的一部分，但是它们被视为是具备建议性质的法源，当争论法院的判决是否应被限制或推翻时，可以供其他的法官参考。在某些情况下，一个以前的不同意见书可以用来推动法律的变化，一个后来的案件可能会撰写一份主要意见书，引用以往不同意见书的法律规定。不同意见书可能会因为数种原因而被多数人所不同意，如对判例的不同诠释，使用不同的原则，或是对事实的不同诠释。其与主要意见书同时撰写，且常被用来质疑主要意见书背后的理据。部分不同意见书是一种选择性不同意的不同意见书，特别是与主要判决的一部分意见不同。在因为存在许多的法律主张或综合案件，而需要许多部分的判决时，法官可以写一份"部分相同和部分不同"的意见书。在某些法院，例如美国最高法院中，主要意见可能被以数字或字母的方式分成几部分，这使得撰写"部分不同意见"的法官可以轻易地看出他们加入了哪些主要意见，而哪些没有加入。

二、身份认同

"不当家不知柴米贵，不养儿不知父母恩"涉及的是身份"同情"的道理。在不同的人生阶段和实践经历中，个人的主体身份和社会地位不断发生改变。通常情况下，大多数人都会经历：家庭中的被抚养人身份、学校中的学生身份、家庭中的夫妻身份、工作中的职员身份、家庭中的扶养人身份，等等；当个人参与到政治、经济、社会活动中，他便具有国家中的公民或官员身份、公司或企业中的投资者或管理者身份、特定群体（工作单位、居住区域、家庭成员）中的精英或普通人身份，等等。主体所处的社会关系，在很多情况下是另一个更大的主体，如国家、工作单位、村委会、居委会、家庭、社会团体等。这些主体的构成及其运行方式，在很大程度上影响甚至改变成员的行为模式甚至价值观。因而，对社会性主体的法律规制，在国民的素质和文化教育方面具有重要意义。

主体既是法律所调整的对象，也是法律关系的参与者，是法律适用、法学研究和法律学习的基本对象。在部门法视角下，民事主体、刑事主体、行政主体、诉讼主体、经济主体等在以权利、义务、责任为内容的法律规范的建构下，在行为方式、价值认同、立场选择等方面逐渐被制度化。在法律建构的主体之外，还存在着大量的其他主体，其行为和意志尚未被明确赋予具有某种法律意义或法律效果，如事实劳动关系的一方、事实婚姻关系的双方、同性伴侣等。而在另一些层面，在制度制定之初，根据主体间关系将主体假设为个别主体与集体主体、理性主体与非理性主体、强势主体与弱势主体、善主体与恶主体等，则直接影响到制度的设计，并进而对主体的行为和性格产生影响。

对于没有经历过的身份，通常无法在相同的场景下作出理性的判断。例如，经济学上以"愿意支付"（WIP）来分析行为选择的理性。即如果存在某种可能，如发生损害、特殊服务提供等，人们对此愿意支付的金钱，作为某一行为（保险、服务）的价格。[1]然而，"愿意支付"作为行为选择的方法存在着缺陷：不同身份、知识、地位、财产状况的主体对于 WTP 的认识不同，关于行为选择的社会调查不可避免地具有片面性。

三、定式思维

为了减少与周围环境的冲突，人们总结行为程序以避免过去所犯的错误，制定规则以应对未来复杂疑难的情况。这些努力不仅适用于人与人之间的关系，而且也发生在人与自然的相互作用中。任何人都有趋利避害的本性，人类在交往中会对成功的经验和失败的教训加以总结，上升为行为法则，以避免下次犯同样的错误。然而，由于交往对象的差异、交往场景的不同以及主体认知、情感等因素的影响，先前的规则未必适用当下的情形。

而且，在交往中，掌握基本的规则是必要的，有些主观的价值判断可能会给交往者造成交往障碍。例如，基于地域、种族、性别、教育、身份、地位等先入为主地设定对方的立场、态度或行为方式。我们如何应对行为失败？毫无疑问，失败的交往行为会给我们造成物质损失，也会带来心理上的挫败感。对此，消极的应对策略是逃避，或"扬己所长，避己所短"，但其结果可能是"一朝被蛇咬，十年怕井绳"；积极的应对策略是找到问题所在，增强认知和能力，克服困难，"办法总比问题多""车到山前必有路"，行为理性与未来行为的正当性由此产生。

---

〔1〕 Cass R. Sunstein, "Probability Neglect: Emotions, Worst Cases, and Law", 112 *Yale L. J.* 61, 2002-2003, p. 72.

在社会交往中，人们倾向于对交往对象作出类型划分，随和的、内向的、活泼的、敏感的等。然而，这种定性往往具有不准确性。人性的复杂在于其会随着主体自身的经历和认知而变化，随环境与场景的转换而改变，也会根据交往对象的交互性行为而调整。人无法同时踏进同一条河流，也没有不变的人性。当然，这并不是说，人性是不可认知的，或者我们无法对一个人作出相对客观的评价。放置在特定的时间和空间，评价就成为可能。换言之，我们既可以对个体在不同时期的行为作出评价，例如对其独立人格形成后的行为作评价，也可以分别对其在不同的生活空间的行为进行评价，例如家庭、事业、社交、休闲等。尽管这种基于经验的"贴标签"行为存在着误判的风险，但却可以给行为者提供决策的信息假设，并可基于这些信息作出进一步的行为。

四、非理性因素的克服

影响行为理性的因素产生于主体的身份、经历、知识和信息等因素，就个别决策而言，难免会因信息的来源渠道单一而欠缺理性，对其加以克服的有利方式是通过沟通与交往行为，来形成共识，弥合分歧。交往行为的正当性建立在语言哲学基础上。哈贝马斯不从语义学的角度探讨对命题的理解，而是从语用学的角度探讨言语者相互之间就某事达成共识的表述。在交往关系中，语言的自我关涉和命题形式因此受到同等关注。换言之，要想就某事达成共识，参与者不仅要理解他们在表述过程中所使用的命题的意义，而且相互之间在没有旁观者的语言共同体中要同时承担起言语者和听众的角色。[1]这要求论证不是强加的，而是说明的。言语者需要考虑到主张所可能遭受到的质疑。法学是这方面成功的典型。因为它是一种立场思维，需要在几种立场上思考问题（原告、被告、法官等）。

决策过程中，"大写"的理性过于抽象而缺乏任何实际意义。个别经验有时却被无限放大从而逐渐获得普遍意义，并被推广至其他类似情形。关于理性的认知于是充满着矛盾：一方面，人们无法抗拒发现理性的冲动并且渴望摆脱偶然性带来的不确定；另一方面，在人类所认知和设计的理性规程

---

〔1〕　〔德〕于尔根·哈贝马斯：《后形而上学思想》，曹卫东、付德根译，译林出版社2001年版，第24页。

中，形式上的合理、体系上的协调、目标的时宜以及价值的兼顾使理性运用的条件严格而苛刻。"由于理性萎缩成了形式合理性，内容合理性因此变成了结果有效性。而这种有效性又取决于人们解决问题所遵守的操作程序的合理性。"[1]

打开困境的关键并非严格的教义信仰，也不是彻底的科学主义，而在于法律议论本身的可撤销性，或者说与各种权利主张相伴随的抗辩清单。在不断反驳和论证的话语技术竞争过程中，解决方案的多样性会逐步淘汰减少，直到最后找出一个大家都承认或者接受的正解，至少是唯一的判定答案。其实这也是中国法律试行制度的内在逻辑，与卢曼的"学习的法"概念以及哈贝马斯的商谈理论可以相映成趣。[2]

【无效？驳回起诉？抑或收归国有？】 2008 年，刘某与张某签订"双方协议"：刘某借给张某 70 万元，用于购买杭州某房产，张某用其所有的房产作抵押，并承诺终身不嫁他人，一生做刘某的情人。如果张某违反协议，则要返还借款；如果刘某提出解除情人关系，则张某有权不归还借款，将该笔借款冲抵作精神损害赔偿和生活补助。在双方以情人关系相处期间，在没有专属的双方生儿育女协议之前，张某不得生育。

2009 年，刘某因双方关系不融向法院起诉，请求确认双方之间的协议无效，要求法院判决张某返还 70 万元。一审法院认为，刘某与张某之间的协议违反了法律规定和公序良俗，损害了社会公德，破坏了公共秩序，应属无效行为。民事行为无效，张某应返还 70 万元。宣判后，张某不服提起上诉。二审法院裁定，刘某与张某无视我国婚姻家庭制度，以协议方式用金钱去维系双方不正当的情人关系，其行为违反了社会公德。因该协议引起的纠纷，不属于法院民事诉讼受理的范围。故驳回刘某起诉。[3]

规则导向的判决方式是基于公序良俗的民法基本原则，在此过程中也需

---

〔1〕 [德] 于尔根·哈贝马斯：《后形而上学思想》，曹卫东、付德根译，译林出版社 2001 年版，第 34 页。

〔2〕 季卫东："法律议论的社会科学研究新范式"，载《中国法学》2015 年第 6 期。

〔3〕 根据（2009）浙杭商终字第 1138 号案例改写。最高人民法院认为，对于以借贷为名实为包养引发的债务纠纷，是违反公序良俗的借贷行为，不受法律保护，不属于人民法院民事诉讼受理的范围。

考虑双方当事人的行为预知、行为正当性、行为后果等，认定双方的协议无效。结果导向的判决方式考虑到判决对于各方当事人（刘某、张某以及刘某妻子）的可能影响。如果支持刘某的主张，从社会效果分析，可能造成事实上允许包养情妇者行使撤销权，形成不良的社会导向；如果驳回刘某起诉，则可能造成法院支持所谓"包养情妇"的态度。二审法院的另一种思路是驳回请求并收缴 70 万元归国家所有。但收缴非法财物或非法所得，一般限于赌博、违法经营所得，对于包养情妇的财产适用过于严格。更重要的是，70万元可能涉及夫妻共同财产，如收缴国家，会使配偶丧失救济权。

　　可见，规则导向、结果导向和行为导向的法律解释方法，如果运用得当，其正义效果殊途同归，但在论证上却需要兼顾事实、价值和规范的阐释。该案二审驳回起诉的做法值得注意。诉权与实体权利之间的关系，既是古老的权利起源性的问题，也是今天检视法律与道德所辖社会关系范围的重要考量。法律不是万能的，何种社会关系不应也无需纳入法律的范畴，这同样是一种价值判断。这种价值判断需要建立在事实和行为定性的基础上。因而，该案的处理值得进一步研究。

第四节　小结：从事实过渡到价值与规范——以彭宇案为例

　　彭宇案[1]是 2007 年南京市发生的一起因路人跌倒致伤引发的纠纷。伤者徐某某主张受到彭宇冲撞，彭宇则否认两人相撞的事实。法院作出判决，"从常理分析"，二者存在相撞，但双方均无过错，根据公平原则合理分担损失，由彭宇承担 40% 的损失。判决作出后，引起社会的广泛质疑。社会公众或选择相信彭宇是见义勇为，或对于以"公平责任"作出判决不能接受。不少法律专业人士则认为应该根据"谁主张，谁举证"的规则，判决徐某某举证不能而败诉。该案判决后，社会关系一度被认为受到该案的影响。在"小悦悦案"等一系列案件中，路人的冷漠被认为是彭宇案判决导致的社会道德滑坡的表现。"扶老人险"的营销、"老人跌倒扶不扶"的议论、原卫生部《老年人跌倒干预技术指南》的出台等一系列社会反应表明，彭宇案对于社会关系的影响是切实存在的。

---

〔1〕　南京市鼓楼区人民法院民事判决书（2007）鼓民一初字第 212 号。

时过十年，2017 年 6 月最高人民法院官方微博刊出一篇文章《十年前彭宇案的真相是什么?》，文章指出，"结合彭宇自述曾经与人相撞却说不清与何人相撞以及经警方确认的笔录照片，这构成了优势证据，一审法院认定彭宇与老太太相撞并无不妥"，"事过多年后，彭宇也承认了当年确实和老太太发生过碰撞"。文章认为，近年来路人对遇险者作壁上观的现象很大程度上是受彭宇案判决的影响，因而澄清事实有利于鼓励人们在类似情形下"见义勇为"。最为重要的是，文章同时提出"一审法院认定并无不妥"，似乎是对十年前被认定造成道德滑坡的判决书的"平反"。

与此前判决书中"根据日常生活经验分析""从常理分析""根据社会情理""行为显然与情理相悖"等广受诟病的措辞相对照，最高人民法院以"构成优势证据""一审法院认定并无不妥"等表述为彭宇案的判决进行背书。这一事件引发系列问题：如果我们重新评估该案判决，是应当建立在举证责任的基础上，还是应当建立在证据效力及其对事实证明程度的"优势证据"的基础上？"从常理分析"等用语是否是法律推理的一种形式，或者是"优势证据"的另一种表述？如果"优势证据"不能如此表述，那应该采取什么方式被社会公众理解？

跳出最高人民法院微博文章的基调，在已有的证据基础上，彭宇案应当如何裁判才能既经得起法律领域的审视，也能得到社会的认可，从而取得司法效果和社会效果的高度统一？笔者认为，要想真正消除彭宇案的影响，不是简单通过还原事实就能达到的，倘若事实真正能够还原，从该案判决所产生的影响来看（无论是判决本身质量问题还是社会舆论的解读问题），此种"迟来的正义也为非正义"。如果十年前的判决书能够将纠纷的责任划分清楚，并且判决能够较少引起社会争议，彭宇案的判决就会成为构建社会道德体系的重要标尺。本书试图对彭宇案判决作出后各方的评论进行梳理，从当今社会人际关系的现状出发，从注意义务的一般法律原则出发，对路人或邻人行为的交往理性进行分析，提出在类似疑难案件中，如果不能还原案件的真相，应当如何划分双方的责任问题。

一、彭宇案的争议及其影响

彭宇案是近年来在民事领域发生的较为典型的疑难案件之一。该案在案件事实、适用规范、举证责任、证据保全、价值判断、社会舆论、法院调解制度等领域都对司法裁判构成了疑难。尽管在我国的法律体制下判例不具有约束力，但案件判决作出后，在第一时间遭受到各方质疑，间接使社会公众了解到类似情形法律的"无力"。判决使得多个主体的命运发生改变：主审法官被调离审判岗位，徐女士几年后去世，彭宇消失在公众视野，当事民警也被调离。为方便分析，首先对判决书进行简要介绍。

【彭宇案】2006 年 11 月 20 日上午，原告徐女士在本市水西门公交车站等候 83 路车，大约 9 时 30 分左右有两辆 83 路公交车同时进站。原告准备乘坐后面的 83 路公交车，在行至前一辆公交车后门时，被告彭宇第一个从公交车后门下车，原告摔倒致伤，被告发现后将原告扶至旁边，在原告的亲属到来后，被告便与原告亲属等人将原告送往医院治疗，原告后被诊断为左股骨颈骨折并住院治疗，施行髋关节置换术，产生了医疗费、护理费、营养费等损失。事故发生后，南京市公安局公共交通治安分局城中派出所接到报警后，依法对该起事故进行了处理并制作了询问笔录。案件发生后，该起事故的承办民警对事件的主要经过作了陈述并制作了谈话笔录，谈话的主要内容为：原、被告之间发生了碰撞。原告对该份谈话笔录不持异议。被告认为谈话笔录是处理事故的民警对原、被告在事发当天和第二天所做询问笔录的转述，未与询问笔录核对，真实性无法确定，不能作为本案认定事实的依据。

案件审理期间，处理事故的城中派出所提交了当时对被告所做询问笔录的电子文档及其誊写材料，电子文档的属性显示其制作时间为 2006 年 11 月 21 日，即事发后第二天。询问笔录电子文档的主要内容为：彭宇称其没有撞到徐女士，但其本人被徐女士撞到了。原告对询问笔录的电子文档和誊写材料不持异议，认为其内容明确了原、被告相撞的事实。被告对此不予认可，认为询问笔录的电子文档和誊写材料是复制品，没有原件可供核对，无法确定真实性，且很多内容都不是被告所言。

被告申请证人陈某某出庭作证，证人陈某某证言的主要内容为：2006 年 11 月 20 日其在 21 路公交车水西门车站等车，当时原告在其旁边等车，不久来了两辆车，原告想乘后面那辆车，从其面前跑过去，原告当时手上拿了包和保温瓶；后来其看到原告倒在地上，被告去扶原告，其也跑过去帮忙；但其当时没看到原告倒地的那一瞬间，也没有看到原告摔倒的过程，其看到的时候原告已经倒在地上，被告已经在扶原告；当天下午，根据派出所通知其到派出所去做了笔录，是一个姓沈的民警接待的。对于证人证言，原告持有异议，并表示事发当时是有第三人在场，但不是被告申请的出庭证人。被告认可证人的证言，认为证人证言应作为本案认定事实的依据。

另查明，在事发当天，被告曾给付原告200多元钱，且此后一直未要求原告返还。关于被告给付原告钱款的原因，双方陈述不一：原告认为是先行垫付的赔偿款，被告认为是借款。审理中，对事故责任及原、被告是否发生碰撞的问题，双方也存在意见分歧。原告认为其是和第一个下车的被告碰撞倒地受伤的；被告认为其没有和原告发生碰撞，其搀扶原告是做好事。因原、被告未能就赔偿问题达成协议，原告遂诉至法院，要求被告赔偿原告医疗费、护理费、营养费、住院伙食补助费等损失，并承担本案诉讼费用。

2007年9月5日，南京市鼓楼区人民法院主审法官对彭宇案作出了一审判决，称"彭宇自认，其是第一个下车的人，从常理分析，他与老太太相撞的可能性比较大"，并判断"如果被告是做好事，根据社会情理，在老太太的家人到达后，其完全可以说明事实经过并让老太太的家人将她送到医院，然后自行离开。但彭宇未作此等选择，他的行为显然与情理相悖"。对此案的结论是"本案中，发生事故时，老太太在乘车过程中无法预见将与彭宇相撞；同时，彭宇在下车过程中因为视野受到限制，无法准确判断车后门左右的情况，故对此次事故，彭宇和老太太均不具有过错"。"本案应根据公平原则合理分担损失，本院酌定被告补偿原告损失的40%较为适宜。被告彭宇在此判决生效的10日内一次性给付原告45 876元；1870元的诉讼费由老太太承担1170元，彭宇承担700元，并裁定彭宇补偿原告40%的损失，即45 876元，10日内给付。"

案件宣判后，彭宇提起上诉，后双方达成和解。在此之后，彭宇、徐女士，还有双方的律师都保持沉默，法院、公安系统也没有就该案继续发表观点。轰动全国的彭宇案就此在法律层面上结束，但类似的以"（某地）彭宇案"为名的纠纷却持续被报道出来，并且困扰着办案法官。

（一）判决书的逻辑缺陷

（1）对于双方是否发生了相撞的认定。判决书对于双方是否相撞的认定，采取了经验描述和推理的方式，"根据日常生活经验分析原告倒地原因、当时场景、本能反应等"，认定被告如果是做好事，"更符合实际的做法是抓住撞倒原告的人，而不仅仅是好心相扶"，如果是做好事，在原告家人到达后，完全可以在言明事实经过后自行离开，但被告未作此种选择，"其行为显然与情理相悖"。

上述推理的逻辑问题并不仅仅在于根据经验与常理进行推论具有不确定性，根本问题在于对司法事实的认知错误。判决将司法的可能事实作为法律事实加以运用。可能事实在司法中的使用主要限于"排除合理怀疑"，即如果存在某一可能事实会导致对证据事实的反证，则证据事实的效力就会受到影响。首先，个体在面临突发事故时的反应各不相同，不同主体在当时的场景下可能作出各种不同的行为，有的符合大多数人的行为习惯，有的甚至与一般行为相悖，以部分主体的行为趋势来进行一般性演绎，犯了以偏概全的逻辑错误。其次，在因果关系上，当结果的存在已由法律明确规定，原因的探讨就相对缺乏必要。如果结果是不确定的，则原因的探讨更是缘木求鱼。显然，判决书的推理将"做好事"的结果归为"抓住撞倒原告的人"，而不是从"相扶行为"这一原因去分析其可能的结果，犯了因果关系倒置的错误。当然，如果从"相扶行为"的原因去寻找结果，则相关的结果可能是相互对立的，难以归入确定的规范体系中。

（2）对于询问笔录的效力认定。判决书指出，在案件起诉至法院后，处理事故的城中派出所到法院对事件的主要经过作了陈述并制作了谈话笔录，谈话的主要内容为：原、被告之间发生了碰撞。被告指出未与询问笔录核对，真实性无法确定，不能作为本案认定事实的依据。在案件审理期间，派出所提交了当时对被告所做询问笔录的电子文档及其誊写材料，电子文档的属性显示其制作时间为 2006 年 11 月 21 日，即事发后第二天。被告对此仍不予认可，认为询问笔录的电子文档和誊写材料是复制品，没有原件可供核对，无法确定真实性。

由于公安部门弄丢了事发时对双方的询问笔录，导致南京市鼓楼区人民法院对双方相撞事实的认定，缺少原始的直接证据支持。然而，判决对派出所对原告的询问笔录的电子文档及其誊写材料的证据效力的认定与被告的主张相关联，而置被告提出关于该证据的真实性的异议于不顾，存在严重不足。在此情形下，法院应对该证据的效力作出进一步认定，如采取技术手段或专家证言，证明文档显示的制作时间是否能够代表其实际制作时间，进而认定其真实性。

（3）关于见义勇为的认定。判决书认为，被告在庭审前及第一次庭审中均未提及其是见义勇为的情节，而在二次庭审时方才陈述。如果真是见义勇为，在争议期间不可能不首先作为抗辩理由，陈述的时机不能令人信服。因此，对其自称是见义勇为的主张不予采信。

这种认定存在以下问题。其一，实际上，尽管从判决书上无法获知被告辩称时所主张的"被告发现原告摔倒后做好事对其进行帮扶"在庭审中的具体时间，然而，在日常用语中，"见义勇为"的含义可以以多种方式表达，包括"帮扶""送医"等积极行为，也包括否认相撞但予以搀扶等消极行为。因而单纯地将被告明确提出"见义勇为"的时间作为不予承认的抗辩理由的认定，不具有说服力。其二，从举证责任的角度，当事人在整个庭审过程中，都可以提出有关主张，即使是在第二次庭审中提出"见义勇为"，仍符合程序法的规定。对于这一抗辩理由，不能因提出时间的不同而消减其效力。

（4）对于被告事发当天给付原告 200 元钱款且一直未要求返还的事实，法院认定"根据日常生活经验"原被告素未相识，一般不会贸然借款。"在原告家属陪同前往医院的情况下，由其借款给原告的可能性不大"，而如果撞到人，"最符合情理的做法是先行垫付款项"，法院认定该款项并非借款，而是赔偿款。此种根据常理和经验的推理，存在的逻辑错误如上述第一条分析，此不赘述。

（二）对学界代表性观点的评析

我国民事诉讼制度中，举证责任的分配规则是"谁主张，谁举证"。当事人对自己提出的诉讼请求所依据的事实或反驳对方的诉讼请求所依据的事实有责任提供证据加以证明，没有证据或证据不足的，应承担不利后果。

1. 举证责任的配置问题

学界对彭宇案的评析主要侧重于举证责任环节。徐昕认为，"徐寿兰主张彭宇撞人，提供了初步证据。而根据彭宇案一审判决书，彭宇自认是第一个下车者，很长一段时间内也不否认与人相撞，第二次庭审前均未提及见义勇为，其反驳未能提供足够的证据加以证明，依据证明责任分配规则，应承担不利后果"。因而，徐昕看来，即使警方弄丢了事发时双方的询问笔录，一审判决只要适用证据责任分配规则，同样可以解决问题。[1]二审开庭前，

〔1〕 李丽："法学专家详解彭宇案为何会被'误读'"，载《中国青年报》2012 年 1 月 18 日，第 3 版。

南京市中级人民法院进行过调查，在南京市公安局指挥中心查找到当日双方分别报警时的两份接处警登记表。其中的"报警内容"一栏，均记录了两人相撞的情况，这些新证据为澄清事实提供了重要佐证。如果二审法院根据新证据进行审理判决，彭宇案的真相就会就此揭开。但调解并未实现"案结事了，反而引发更多、更激烈的矛盾，造成更多更长远的问题"。[1]

不过，上述认为徐女士主张彭宇撞人，提供了初步证据实际上也是基于常理或情理的推理。按此逻辑，在"碰瓷"敲诈中只要碰瓷者提出"主张"，也就满足了"初步证据"的要求，而需要由驾驶者提供反证来证明。此种观点的基本逻辑是，摔倒的徐女士不会无辜冤枉彭宇。然而，现实的可能性包括，即便当时视线等因素良好，但徐女士的摔倒确由其他人造成，或者自己忙乱中造成。而其事后之所以主张彭宇撞人，或许故意讹诈或许年迈失忆或许产生幻觉。无论如何，此种"主张"不能等同于"证据"。并且，该案因发生在公共场合，人来人往，导致单纯的主张更不可能满足"初步证据"。如果置换场景，在非公共场合，仅有双方当事人在场，一方摔倒并成重伤，主张另一方是侵害者，此种情形尚可认定"主张"构成初步证据。原因在于，在仅有双方在场的情况下，借助一定的医疗手段，可以排除受害方故意致残自身的情形。

2. 是否构成优势证据

2017 年最高人民法院官方微博文章指出，"结合彭宇自述曾经与人相撞却说不清与何人相撞以及经警方确认的笔录照片，这构成了优势证据，一审法院认定彭宇与老太太相撞并无不妥"。所谓优势证据制度，是指如果全案证据显示某一待证事实存在的可能性明显大于其不存在的可能性时，法官有理由相信它很可能存在，尽管不能完全排除存在相反的可能性，也应允许法官根据优势证据认定这一事实。这一制度在我国目前得到一定程度的确立。2001 年《最高人民法院关于民事诉讼证据的若干规定》第 73 条第 1 款规定，双方当事人对同一事实分别举出相反的证据，但都没有足够的依据否定对方证据的，人民法院应当结合案件情况，判断一方提供证据的证明力是否明显大于另一方提供证据的证明力，并对证明力较大的证据予以确认。

---

[1] 李丽："法学专家详解彭宇案为何会被'误读'"，载《中国青年报》2012 年 1 月 18 日，第 3 版。

本书认为，如果警方的笔录原件没有丢失，并且在笔录中确实记载了"彭宇称其没有撞到徐女士，但其本人被徐女士撞到了"的事实，则可以认定相关"优势证据"的存在。"优势证据"是基于事实属性的认定。"发现事实"这一表述误导人们只关注其表面含义，实际上它仅表明可能性的发现。在重建事实情景时，如果律师首要关注的是辩论而不是关于事实审理的启发，是不明智的。一般情形下，必须有充分的证据来支撑法律事实。然而，在多数情形下，充分事实被等同于能够证明某一事实的聊胜于无的可能性。在民事案件审查证据过程中，法官只需审查所主张的事实是否相对于不存在更可能发生。上诉法院只需审查初审法院是否合理地推论出所主张的事实具有高度可能性（在刑事案件中，几乎是确定性）。"疑难案件出坏法"的根本原因在于，法院对事实的判断没有根据清晰和令人信服的证据，或事实认定必须建立在"超越合理怀疑"这一规则的基础上（在民事案件中达到"优势证据"的标准）。[1]

然而，警方的笔录原件丢失导致询问笔录电子文档复印件的真实性存疑，从而使优势证据的认定失去基础。最高人民法院官方微博文章指出"彭宇自述曾经与人相撞却说不清与何人相撞"的事实，在一审判决书中并无提及，不仅如此，判决书显示彭宇对询问笔录和电子文档的内容明确表示不予认可。因而，试图以存在真实性的证据来作为优势证据，难有说服力。

综上所述，即便法院判决不采用常理或经验法则来认定事实，而是根据已有证据作出裁判，也仍难有说服力。而并非有学者所说"如果没有画蛇添足式的情理分析，一审判决没有多大问题"。[2]也非学者认为，就"判决书事实"和程序法学上相关专业知识而言，本案判决书关于原被告相撞的事实认定本身并无重大问题或缺陷。[3]

二、注意义务的论证：彭宇案判决的可能法理

事实的疑难最终会转化为法律的疑难。在案件的事实无法通过证据来还

---

〔1〕 Roger J. Traynor, "Hard Cases Can Make Good Law", *The University of Chicago Law Review*, Vol. 29, No. 2, 1962, p. 227.

〔2〕 李丽："法学专家详解彭宇案为何会被'误读'"，载《中国青年报》2012年1月18日，第3版。

〔3〕 王亚新："'判决书事实'、'媒体事实'与民事司法折射的转型期社会——南京市鼓楼区法院（2007）第212号案件（'彭宇案'）评析"，载《月旦民商法》2009年第24期。

原的情况下，相关法律如何分配举证责任，如何在当事人之间通过程序性的权利来影响其实质性的权利（如举证不能要承担败诉的风险），很难说是单纯的程序问题或事实上的疑难，因为它仍然涉及法律对证据事实的定性和赋值问题。

在事实疑难的案件中，从常理分析的结果看，是将主流人群的行为方式和生活方式强加给案件当事人，是以集体意志来替换个人意志的决策过程。中国历史上，发生事实难以还原而又无法证明的情形时，曾有不同的处理方式。诸如"獬豸决狱""神明决案"等，表明当时的人们寄希望于神灵来启示事实。到了法制稍微有所进步的时期，在法官的主导下通过实验等方式来查明证言具有一定的启发性。不过，这种审案方式模糊了不同司法部门在案件侦查、起诉、审理上的权力划分，现在已经退出历史舞台。即使在法治发达到一定程度的今天，面临事实真相难以证明的问题时，法院在很大程度上仍会束手无策。好在现在社会已经不再纠结事实的查明，而是用举证责任规则将事实查明的责任转嫁给当事人，并规定事实无法查明时的处理方式。

然而，彭宇案的事实及后来的发展表明，尽管可以使用举证责任规则简单粗暴地判决举证不能者承担不利后果，或者根据优势证据制度去推论法律认可的可能事实的存在，但如果不将证据制度和司法论证过程紧密结合，而是根据技术性的规则来分配责任，依然无法使当事人从案件中切实"感受到公平正义"，社会公众也无法从此类重大案件中得到关于行为方式的指引，类似事件一旦发生似乎就成为无法控制的"意外事件"。显然，缺乏实体方面的论证，是彭宇案判决的"硬伤"。判决书使用大量的"常理""情理""经验"等分析，不仅丝毫没有起到实体论证的效果，反而忽略了相关事实的属性和意义，偏离了根据已有事实进行深入论证的主线。下文试图重新审视彭宇案双方的陈述以及相关证据，从实体正义和证据规则角度构建司法论证体系。

（一）案件的定性：当事人注意义务的缺失

彭宇案的发生对于当事人而言并非是不可避免的"意外事件"。彭宇如果知道下车不留神会撞倒徐女士、徐女士如果知道匆忙赶车而不注意周围情况可能被撞倒，就不会发生此类事件。这是典型的"事后偏见"。事后偏见，也称"后见之明偏误"，指当人们得知某一事件结果后，夸大原先对这一事件的猜测的倾向。后见之明偏误的一个基本的例子是，在知道一个不可预见的事件的结果后，一个人设想"早就知道结果会这样"时，其行为的效果。在该标准下，当事人是否存在疏忽的判断是根据事后的信息评估得出，而不是根据之前的信息。[1]在已有明确归责依据的制度中，事后偏见可能使法官作出判决，使已尽到合理注意义务的主体承担过失责任，进而提高注意义务的程度。[2]而对于缺乏具体规则的案件，事后偏见则可以用于反推行为理性，评价当事人行为的正当与否。

事后偏见将事实的发生放在整体的、连贯的场景下考虑，避免就事论事。从自然和社会运行规律来看，事物之间存在着千丝万缕的联系，如果人类的行为能够遵从自然规律和社会规范，则可在相当程度内达到趋利避害的效果。在传统、习俗、经验、教育等社会建制的影响下，社会生活中的个体总是能够或多或少获得生活相关的自然规律和社会规范，如风险防范、疾病预防等。对这些规律无法认知的主体，则可能会因行为违反相关规则而受到惩罚。因此，尊重规律，认识到行为受到源自自然的和社会的规范的约束，不仅是理性行为的前提，也是纠纷发生后判断是非的标准。

事后偏见以注意义务为要素。我国《侵权责任法》仅在个别条款中使用"高度注意义务"等术语，而没有对该术语作出一般界定。《牛津法律大辞典》对其的解释是，一种为了避免造成损害而加以合理注意的法定责任。在侵权法中，行为人无需因疏忽而承担责任，除非其造成损害的行为或疏忽违反了应对原告承担的注意义务。如果一个人能够合理地预见到其行为可能对其他人造成人身上的伤害或财产上的损害，那么，在多数情况下他应对可能受其影响的人负有注意义务。因此，医生对其病人负有注意义务，高速公路的驾车人应对其他人负有注意义务。

虽然我国目前的法律没有对注意义务作出明文界定，但相关规定相对完整地构建了注意义务的体系。笔者认为，就注意义务的程度而言，主要分为四个层次。首先，注意义务的最高形式是无过错责任，无论行为人有无过错，都要承担责任。例如《侵权责任法》第75条规定，非法占有高度危险物造成他人损害的，由非法占有人承担侵权责任。所有人、管理人不能证明

---

[1] Christine Jolls, "Cass R. Sunstein, and Richard Thaler, A Behavioral Approach to Law and Economics", 50 *Stan. L. Rev.* 1471, 1997–1998, p. 1525.

[2] Avishalom Tor, "Methodology of the Behavioral Analysis of Law", *Haifa Law Review*, Vol. 4, 2008, p. 314.

对防止他人非法占有尽到高度注意义务的，与非法占有人承担连带责任。从注意义务的角度，"无过错责任"的说法并不准确，当事人如果"没有尽到高度注意义务的"，即存在一定的过错，例如未采取足够的防护措施避免危险物造成损害或危险动物造成他人损害。其次，注意义务的次级形式是公平责任。例如《侵权责任法》第24条规定，受害人和行为人对损害的发生都没有过错的，可以根据实际情况，由双方分担损失。公平责任主要是基于损害已现实发生，但当事人又没有过错，例如由于在外界环境的诱使下一方行为导致另一方损害，虽然行为和损害之间并无必然因果关系，但仍由双方分摊损失。公平责任在一定程度上也包含了疏忽因素。即由于对外界环境的疏忽导致行为的力度和效度超出一定限度，从而造成损害的发生。因而，其注意义务的程度仅次于无过错责任。再次，注意义务的中间形式是过错推定责任。例如《侵权责任法》第81条规定，动物园的动物造成他人损害的，动物园应当承担侵权责任，但能够证明尽到管理职责的，不承担责任。此种情形下的注意义务仅限于法律或制度中设置的要求，因而对一方当事人而言可以预见，只要证明行为符合相应规范，即可证明无过错而不承担责任。最后，注意义务的最低形式是过错责任。在过错责任下，当事人只要不因故意或过失导致他人损害，就无需承担责任。

（二）彭宇案双方的注意义务论证

在彭宇案中，法院认定"发生事故时，老太太在乘车过程中无法预见将与彭宇相撞；同时，彭宇在下车过程中因为视野受到限制，无法准确判断车后门左右的情况，故对此次事故，彭宇和老太太均不具有过错。本案应根据公平原则合理分担损失……"这一定性包含三个方面：事实认定、过错认定、责任分摊。在事实认定上，判决根据常理、经验和证据，认定双方发生相撞，据此作出无过错但承担公平责任的判决。前已述及，在事实认定上，法院存在着重大瑕疵，已有的证据尽管看似构成完整的证据链，其中包含彭宇在相扶、送医、垫付费用等各个环节的行为。这些行为被认定为与大多数人的行为方式相悖。但主体多样性和价值多元性表明，社会上既有居于多数的"趋利避害"的理性人，也存在少数"冷酷无情"的自私人，还有数量可观的"善良周到"的无私人。以其中一类人的行为模式来认定个案当事人的行为，在实体方面缺乏任何论证效力。

这是否意味着如果不确立双方相撞的事实，就无法划分各自的责任？这一问题的回答需要从根本上厘清侵权法的规则基础。现代侵权法认为，侵权行为是侵权责任的构成要件之一。如果没有实施侵权行为，就无必要对当事人的主观意志（疏忽、过意、过失等）作出认定。从因果关系的角度，如果在行为和损害之间无法建立客观的联系，也难以认定侵权的存在。然而，这并不意味着彭宇案中的行为一定是"相撞行为"，而是可以包括前行为在内的。设想另一种情况：彭宇下车的行为幅度较大，徐女士注意到并尽力躲闪，结果摔倒在地，此种情形即双方无接触的侵权行为导致一方的损害。反之，如果彭宇下车行为并无不当，徐女士因年迈行动不便自行摔倒，则尽管徐女士因为主动避让而受伤，但因彭宇的行为尽到了完全的"注意义务"，自然不会引入包括公平责任在内的任何责任。

如果撇开"相撞"事实的认定，则彭宇案的论证可以按照各自在下车上车过程中的行为理性进行。此种行为理性的分析，需要将影响行为定性的重要因素都加以考虑，这些因素不仅是判断是否构成一方或双方注意义务缺失的基础，而且是认定注意义务程度的关键。根据徐女士经过前面一辆公交车准备乘坐第二辆公交车的事实与彭宇第一个下车的事实可认定，徐女士摔倒与第一个下车的彭宇存在着一定的因果关系：或因为相撞，或因为躲闪，或因为躲闪而与其他人相撞，或因拥挤造成第三人与徐女士相撞，等等。

在此基础上，进一步分析各方的注意义务程度。其一，对徐女士的注意义务的考察包括：第二辆公交车是否已经进站停留并上下乘客，还是处于运行中；徐女士是否应当在公交站等候上车；其赶往第二辆公交车时是否注意到第一辆公交车后门的乘客……其二，对彭宇的注意义务的考察包括：其是否注意到行动缓慢的老人经过；其是否行动过快或走路张望；其是否与视线内非对向行使的行人保持适当距离（从两辆公交车进站情况及双方上下车情况推论此时彭宇的此种注意义务可能性较大）。在此论证框架下，法院在查明案件事实上就有了新的方向。

对于责任的分摊，彭宇案一审判决笼统地说，"本案应根据公平原则合理分担损失，本院酌定被告补偿原告损失的 40% 较为适宜"，而没有指出其分摊的具体依据。类似案件的审判上，法院考虑的因素一般包括"受害人的损害程度""当事人的经济条件"等，[1] 由于没有对双方的注意义务进行定

---

〔1〕 杭州市上城区人民法院民事判决书（2017）浙 0102 民初 6 号。

性和定量分析，因而在分摊数额上带有较强的任意性。由此，将"各自的注意义务要求"这一要素加入损害分摊的考虑中，对于更加公平地确立责任具有重要意义。

三、行为理性论证的司法价值

注意义务根源于行为正当性理论。奥斯汀说，我们必须从人类行为的趋向中去汇集上帝的命令，[1]指出了从行为实践中发现理性规范的重要性。行为是将人的主观意愿与客观现实连接的桥梁。行为的动机与目的决定了行为方式，行为方式与反行为又决定了行为效果。行为规范的产生，是人类社会逐渐进化，人际交往不断理性的结果。行为正当性理论是通过对行为属性及其法律意义的认识，对双方或多方行为的理性、正当性或合法性分析，来重新确认疑难案件法律关系中当事人的权利和义务。正当的、理性的行为会被赋予权利或权力，而非理性的或疏忽的行为则需要承担义务和责任。在法律解释方法上，如果说"法条主义"方法是以规范为逻辑起点来认定事实，"结果导向"方法是根据事先确定的价值来寻找规范，那么，"行为正当性"的法律解释方法就是根据行为属性和特征来推导价值，进而创造或发现规范，其是"原因指引"和"问题导向"的。

当今社会，法律工具主义盛行。政治、经济、社会、文化各个领域将制度和规范用作认知、决策、实施等的行为准则，并达到无以复加的地步。国家层面，一项法律制定后，会以条例、办法、细则等各种形式在各级政府层面实施；社会层面也竞相效仿，包括企业、非政府组织在内的科层机构普遍热衷于通过制度来安排生产、组织活动。制度化是社会结构发展到一定程度的产物，其对于达到一定规模之后的人类社会关系的调整既是必要的也是有效的，制度的程序和逻辑使各种杂乱无章的工作能够有条不紊地展开。制度还确保了民主决策的执行。

然而，物极必反，如果社会运行片面追求制度化所带来的确定性，就会产生过度制度化的问题。由于制度的目标是行为主体各司其职、各行其是，其直接后果是各科层的低效、推诿。在法律领域，过度制度化的后果有两种

---

〔1〕 ［英］约翰·奥斯丁：《法理学的范围》，刘星译，中国法制出版社2002年版，第60页、第105页。

彼此对应的主要表现：一是法律的目标被逐层分解，在距离一般法律原则最远的制度上，已经转化为技术性和规程性规范；二是不同具体制度重叠调整某一行为，导致因制度目标的差异而出现行为价值的分歧。在张某某诉蒋某某案中[1]，之所以出现"法条主义"和"后果导向"解释方法的分歧，从根本上是因为对《继承法》第16条第3款规定"公民可以立遗嘱将个人财产赠给国家、集体或者法定继承人以外的人"的机械解读，未能将具体制度、法律体系的目标及当事人行为的价值作为一个整体来认识。从婚姻家庭的法律制度目标来看，一夫一妻制是当前社会的主流价值。如果社会交往主体无视婚姻制度的存在，而是通过诸如遗赠等方式赋予事实上的"一夫多妻"或"一妻多夫"制以物质基础，则婚姻制度将会被逐渐蚕食瓦解。

基于注意义务的行为理性论证，是疑难案件中司法走向自然和社会理性的重要方式。在风险社会背景下，笔者认为这种论证具有司法层面和社会层面的双重价值。

其一，在司法层面，将事理融于法理，将法理转为事理，增强判决的逻辑性和一致性。以注意义务为基础，将事实、规范和价值作为相互关联、彼此推导的要素，在发生事实不清、规范欠缺或价值选择困难时，根据事实和行为的事理推导道德、习俗等规范；或根据规范的法理，认定具有法律价值的事实和行为；或从价值出发，在各种具体制度中选择或发展出体现特定价值的规范。事实、规范和价值三要素在案件分析过程中不仅是彼此相关的整体，而且也构成相互制约与审视的关系。未纳入规范体系的事实，如果具有事实效果，就可以构成对现有规范体系的检讨；已经被规范所调整的事实，如果定性不准，就可以通过规范的解释或创设来对事实作出新的规定。孤立地解释规范或事实，或者陷入法律形式主义的困境，或者走向法律现实主义的虚幻中。

其二，在社会层面，将司法价值和社会价值统一，使疑难案件的处理体现社会主流价值。法律的稳定与时代的变迁永远处于冲突中。在简单稳定的社会关系中，法律的稳定性和可预见性是社会的主流价值追求。然而，一旦

---

〔1〕 四川省泸州市中级人民法院民事判决书（2001）泸民一终字第621号。蒋某某之夫黄某某立下遗嘱，在其死后将价值6万余元的财产遗赠给与其非法同居的张某某。但因蒋某某在黄某某死后控制了全部财产且拒不给付，导致张某某无法获得遗赠财产。法院根据公序良俗原则，排除了继承法相关条款的适用，未支持原告的诉讼请求。

社会进入转型期，社会结构开始变动，利益格局重新构建，既有的法律体系在某些方面就会滞后于社会发展，从而需要根据社会的特定价值需求作出调整。例如，我国近年来在房地产市场的调控政策及相关司法判决就显示出法律在公民的所有权和国家经济秩序之间作出的新的平衡。大多数社会关系本质上是人际关系，尽管社会关系的变迁会在具体制度上对主体行为提出更加复杂的要求，但从根本上来说，仍根源于主体交往行为的理性。在类似于彭宇案的路人和邻人纠纷中，这种交往理性表现为"任何人都应尽到合理的注意以不侵害其邻居"。[1]此种基本的行为规范，在任何社会都可以作为法律和道德的纽带，并用于作为构建社会主流价值的基础。在注意义务下，社会成员间的基本交往规范，既是道德义务的体现，也是风险防范的基本要求。

彭宇案发生已十多年。十多年来该案件无形中改变着人们对于"见义勇为"的看法。2017年《中华人民共和国民法总则》确立了"好人法"：因自愿实施紧急救助行为造成受助人损害的，救助人不承担民事责任。在一定程度上是对该事件波及效果的回应。时至今日，社会对彭宇案的事实真相已经很少探究，但其判决始终让人有种"如鲠在喉"的感觉。尽管近年来的很多报道都试图还原当时的真相，也有学者对此案的判决提出各种观点，但就当时的证据而言，这些努力并无益于让我们重新评估该案的判决。本书分析跳出单纯的证据制度体系，将该案的事实与当事人行为理性相联系，从注意义务的视角提出法院在审理该案以及最终判决中可能采取的思路，以作为类似疑难案件的分析参考。

工业化和城市化越是发达的社会，人际关系就越因制度的塑造而冷漠，行为失范、道德滑坡在一定程度上是制度的副产品。然而，正如西方"自扫门前雪"的基本义务源于房主遭到索赔的先例，在案例指导制度已经在我国初步建立的今天，典型疑难案件对于人们未来行为的指引将会发挥越来越重要的作用。案例的司法论证所具有的价值，不能仅仅限于专业人士的知识理解，更应能使社会公众从法律或道德的一般要求中理解不同社会交往形式对理性行为的基本要求。诚如此，则不失为社会核心价值观的有效实现方式之一。

---

〔1〕 Francis Buller, An Institute of the Law Relative to Trials at Nisi Prius (1760). p. 35.

第六章
规范、价值与事实的意义互通

> 人们越是接近最深的层次，断裂也就随之越来越大。[1]
>
> ——福柯

学科和方法的分化导致知识体系断裂加深。随着社会结构的多维化发展，各个学科在社会具体问题的研究上开始以特定视角为关注对象，既缺乏必要的联系，也缺乏对自身地位和对其他学科价值的关注。这种情形或者表现为唯我独尊式的自说自话，或者表现为在借助外援方面的力不从心。着重于技术实效的自然科学研究对于整体和系统社会结构以及人类情感的缺乏关注，导致好的技术可能被错误的决策应用；着重于行为表现的经济学和管理学研究对规范和价值的功利性处理方式，存在"效率至上"或"存在即合理"的工具理性之弊端；着重于规范解释和价值分析的法学与社会学研究对事实和行为的疏忽，在疑难案件中脱离对现实问题的关注，自我沉浸在法律规范所预设的行为假设和价值预设中，最终导致法律对社会关系调整的实效减损。

疑难案件能否得到公正裁判，关系到法律正义和社会正义的实现。当疑难案件发生时，是应该根据法律推理还是政策，是论证权利还是根据社会政策，是规范导向还是结果导向，是个案考量还是集体效用，是创新还是沿袭，是找法还是造法，是注重过去还是展望未来，是忠实立法还是自由裁量，这些对立统一的问题，贯穿了疑难案件法律解释的各种方法和视角。

在法学上，疑难案件产生了一系列问题：法条主义与经验主义的争论，司法能动与权力分立的冲突，稳定与创新的平衡，发现权利与创设权利的界

---

〔1〕 ［法］米歇尔·福柯：《知识考古学》，谢强、马月译，生活·读书·新知三联书店 2003年版，第 1 页。

限，司法效果与社会效果的统一等。疑难案件的解释关系到法律体系的张力，也是法官职业能力的检验。疑难案件因为引起社会广泛关注，其裁判结果因而对于社会价值的引导和公众法律意识的培养具有重要作用。

信息时代，多样世界观和方法论的相互碰撞，使得价值主张的分歧成为社会分裂的根本因素。如何通过法律解释，将法律条文对社会生活的规定有效地阐释，在法律价值和社会价值之间建立起沟通的渠道，避免疑难案件的裁判被舆论主导，或成为政策的产物，或完全置不同声音于不顾，需要通过司法将规范、事实和价值三要素整合到裁判的法律推理中。基于不同视角的法律解释方法，如果贯通规范、事实和价值三要素，将事实置于规范的定性中，将规范放在事实的检验上，将价值作为完善规范的标尺，则在相当程度上可实现司法效果和社会效果的统一。

试图将法律解释问题，哪怕是疑难案件的法律解释，统一在某个理论下的愿望在某种程度上有点野心勃勃或不自量力。历史上，人们将追求普遍性、永恒性和必然性的科学的努力称为"形而上学"。然而，一般认为，在康德之后，就没有什么"终极性"和"整合性"的形而上学思想。[1]由于知识的分化和社会领域的具体化，普遍性的知识越来越难以为具体领域的生活提供指导。哲学无法概括（解释）出一切生活世界的现象。

人类的行为无限多样，其产生的效果也是纷繁复杂的，试图一劳永逸的全部收集并精确地分类，显然已经超出人类的能力所及。然而，正如人类社会处于不断发展中，人对世界的认知和改造也始终处于前进过程中。常见的、具有普遍性的行为往往最先被充分认知，因为其在日常生活中发生的频率较高，因而更有精确认识的价值；偶发的、特异的行为一般随着交往的逐渐深入而暴露其游离规范的属性，所以更适合结合具体的场景加以认识。因而，各种哲学和社会科学的分歧并不在于它们是否提供了关于世界的普遍性认识，而在于其是否忽略了某个视角或方法。成熟的学说（即便有的仅涉及特定视角）总是在捍卫自身的学说和批判其他方法的基础上建立起来的。在其产生和发展的过程中，对其他学说的解释力也有相当的了解，并在某种程度上承认其他学说的效力。分歧的关键在于，待解决的问题中，什么才是最

---

〔1〕〔德〕于尔根·哈贝马斯：《后形而上学思想》，曹卫东、付德根译，译林出版社2001年版，第18页。

重要的、具有决定性的因素？这是导致现代学说价值取向分歧的根本原因。

　　疑难案件的出现使法官陷入两难：是严格依据规范作出裁判，偏重司法的"形式合理性"而罔顾案件的实质正义，还是在价值和道德的引导下，追求司法的"实质合理性"但牺牲法律的稳定性？这一问题在理论上集中表现为法条主义和后果导向两种裁判方法的对立。

　　疑难案件的关键问题是价值判断。然而，价值具有主观性，人们充其量只能为疑难案件提供相对正确的解决方式。这显然与现代司法对法律确定性的目标追求相悖。因而，围绕法律的确定性与灵活性、稳定性与发展性、法律阐释与司法造法、形式正义与实质正义等目标，形成了以法条主义和后果导向为代表的法律解释方法。在欠缺明确的规范时，前者以具体的法律规范为案件裁判的依据，通过诉诸法律的基本原则、目标、宗旨等"广泛意义上的法"来获得判决；后者以法官头脑中的公平和正义观为指引，通过论证和分析案件的事实属性和行为理性，确立当事人的权利和义务，划分主体的责任，形成案件解决的规范。

　　法条主义方法以规范为逻辑起点，通过规范预先设置的事实属性和行为价值来进行三段论式的适用；后果导向方法以价值为逻辑终点，对事实和行为的分析采取客观中立的态度，或从哲学社会学的感官需求出发，或从经济学的成本收益视角切入，得出事实和行为理性背后的规范。两派学者长期以来形成了论战，法律现实主义学者批评法条主义方法的僵化与保守，罔顾案件的实体正义；法条主义学者则批评后果导向在价值选择上的功利主义，以案件可欲效果来决定规则的适用，最终导致法律沦为政策的工具，或被舆论所左右。论战虽然各执一词，并极力批评对方所持立场，但在疑难案件中，法条主义方法在处理结果上通过"原则"等制度向实体正义靠近，后果导向方法在处理过程中根据"事理"和"法理"来定性事实和行为以符合"法条主义"的形式合理性，都显示出双方在兼顾正义问题上的不同面孔。实际上，法条主义、后果导向的解释方法虽被视为法教义学和社科法学在法律解释学上的分歧，但二者如果统一在事实、规范和价值三者的解释上，则是殊途同归：或者根据规范来审视事实和行为，或者从行为和事实中得出规范与价值。

一、疑难案件裁判方法的理论渊源

　　在欠缺明确的法律规范的疑难案件中，或是依据现有规范将会产生不公正的判决时，法官是否拥有自由裁量权，以及此种自由裁量权具有何种属性，是学界认识分歧的根本性问题。哈特将疑难案件的处理归结为"法官如何造法"，而德沃金则认为是"法官如何找法"。哈特在分析实证法学框架下，从法律的不确定性出发，认为既然法律的涵盖范围存在"间隙"（gap），法官必须通过创设新的法律以填补法律的空白或使其确定，从而解决疑难案件。德沃金则根据权利命题和原则问题主张法律问题存在唯一正确的答案，如果案件出现疑难，并不是法律供给不足，而在于法官未能把握对法律的范围。[1]苏力教授认为，对于大量常规案件，教义分析和法律论证推理等法条主义方法能够比较简单地解决，但当法官遭遇"难办案件"，法条主义方法就难以有效回应，因而需要考虑建立在民意基础上的政治判断和政策考量。[2]桑本谦教授提出，为了保持法律与社会现实之间最大程度的亲和力，司法必须对法律之外的各种因素给予适当的关注，包括公共政策、大众观念、利益集团的对峙以及整体社会利益和社会目标的轻重权衡等。[3]在孙海波看来，即便是疑难案件，也仍然可以根据法条主义方法来公正地处理案件。法条主义方法并非法律形式主义，也不是机械的"三段论"适用，而是"将法律体系看作是一个由法律概念、法律规则和法律原则所型构而成的系统，在应对疑难问题时法律系统的各个要素之间便会发生一种相互催化、竞争、协调和促进，共同推动法律体系的自我生成、自我调整和自我发展"。[4]

这些司法上的分歧在理论上被归入法教义学和社科法学方法两大阵营。尽管这两个概念产生于当代，但历史上的法律学派，大致可根据法律属性、范围、适用等方面分属上述两个阵营。法教义学以分析实证法学、概念法学、规范法学等为主要理论基础，主张根据法律规范的语义，对纳入法庭程序中的事实和行为进行定性，抽象剥离出具有法律意义或效果的事实及行为，作为法律适用的小前提，再将其置于法律规范的框架内，得出符合规范确定含义的结果；社科法学以利益法学、法经济学、功利法学、行为法学等

---

〔1〕　〔美〕罗纳德·德沃金：《认真对待权利》，信春鹰、吴玉章译，中国大百科全书出版社1998年版，第154~156页。

〔2〕　苏力："法条主义、民意与难办案件"，载《中外法学杂志》2009年第1期。

〔3〕　桑本谦："法律解释的困境"，载《法学研究》2004年第5期。

〔4〕　孙海波："'后果考量'与'法条主义'的较量——穿行于法律方法的噩梦与美梦之间"，载《法制与社会发展》2015年第2期。

为理论工具，在遇有规范欠缺或规范的适用明显不公（与社会公众的价值观相左）时，主张通过对"一般性"的事实和行为进行定性或定量分析来"发现"或"创制"规范，进行价值选择，并根据此种价值导向，重新阐述或完善规范，运用到具体事实中。

　　大多司法解释和指导性案例，主要是运用上述两种解释方法的结果。无论是规范语义的阐释，还是对现有法律规范的"突破"或"创新"，都是在解决具体事实问题过程中法院的"类型化"行为。换言之，法官面对疑难案件可以采取的解释方法尽管会在新的哲学社会学方法的支持下有所创新从而具有更大的说服力和公平性，例如以经济学方法来计算可能行为或替代行为的成本，并对行为的后果作出相对精确的认定，再如以社会统计学的方法对疑难案件中法官的定罪和量刑进行客观中立的描述，进而为符合一般情形和特定情形的案件的司法提供指引，但表现在解释的路径上，大致可归为两类：第一类是以"规范"的语义为解释对象，力图清楚地还原或阐释立法者关于规范的含义；第二类是从案件"事实和行为"的定性出发，对直接对应的"规范"进行检讨，指出规范对特定事实和行为定性的不足，在此基础上论证事实和行为的应有属性及其价值，最后根据价值来重新阐述作为法律的"一般性"规范。在疑难案件的法律适用上，司法解释和指导性案例或试图作出关于一般性规范的"应有"含义的解释，或作出一般性规范可能具有的"其他"含义的拓展，这在一定程度上体现了法律解释在"忠实法律"和"法官造法"之间徘徊的情景。

　　事实、价值和规范问题是任何形式的立法的主题。英美法系国家在二十世纪后半期以来，在经济社会领域的立法的完善程度，丝毫不逊于大陆法系。其在规范中不厌其烦地列举一些看似相同或相似的"行为"，或通过大段的"条款目"的规范结构，充分详尽地列举规范在适用过程中涉及的各种可能情形，目的都是以规范的精确、完整为目的，尽可能地避免法律解释的分歧。如能在立法之初通盘考虑相关事实及其意义，后续的法律适用就可避免很多法律解释的问题。但"明示其一即排除其二"，当出现不属于详细的"条款目"规范的事项时，现有规范就难以将其纳入适用体系。例如，在哈特所举的"禁止一切车辆驶入"的规范中，如果采取"条款目"的方式，明确列举被禁止的"车辆"：卡车、汽车、坦克、市政车辆、摩托车、自行车，就会将"救护车"排除在外，然而，当公园发生伤病事件时，这显然应作为一种例外情况处理；另一方面，而当一种新型的两用交通工具出现时，如具有飞行功能的汽车，则可能被排除在被禁止的车辆的范围外。

在哲学上，"事实"与"价值""是"与"应当"的二分法主导着社会科学研究。大多数的争论，无论是从认识论还是方法论的角度，都涉及这一根本性问题。在法学研究和法律适用中，"法律是什么"和"法律应当如何"的问题，几乎是所有学派论争的起点。任何夸大二分法的对立或模糊二者界限的做法，实际上是忽略了人类认知的一般情形和特殊情形的区别，否认一般情形下人类认知达成共识的可能，即对大多数一般情形下的事实人类的价值认同相对一致，以及特殊情形下价值弥合的困难，即在特定时期内某些事实的意义并不能充分显现从而难以在群体内达成满意的共识。因而，无论是哈贝马斯主张的在不同主体间建立"商谈"机制来处理价值分歧的"商谈伦理"理论，[1]还是普特南主张的价值"探究的民主化"，[2]均是从规则制定的角度进行价值平衡，而无法解决疑难案件审理上价值确定的困难。

然而，这并不意味着疑难案件的解释只能是仁智互见的问题，也不意味着法条主义对"法律是什么"的探究和社科法学对"法律应当如何"的拷问始终无法融通。连接"规范"与"价值"的事实和行为，既是法条主义和社科法学各自的基础，也是沟通两种方法在司法裁判中形成客观公正之结论的关键。在某种程度上，规范是抽象的存在，事实和价值是规范的载体。从法律规范的结构看，前提条件（假定）、行为模式（处理）、法律后果（制裁）三要素中，前提条件与行为模式均是关于事实和行为的属性和意义的限定，法律后果是关于"价值"的规定。规范则是通过对事实和行为的逐一分类，分别赋予不同的价值，或认可或否定，进而形成权利、义务、责任体系。正是在"事实"和"行为"两项法律规范的基础要素上，法教义学和社科法学在案件的解释方法上获得了统一：法教义学对"小前提"的认定是对事实和行为是否符合规范的判断，如符合则案件属简易案件，直接对应具体的规范即可得到恰当处理；如不符，或者通过规范的解释，使其满足对

〔1〕 ［德］哈贝马斯：《在事实与规范之间——关于法律和民主法治国的商谈理论》，童世骏译，生活·读书·新知三联书店2003年版。

〔2〕 ［美］希拉里·普特南：《事实与价值二分法的崩溃》，应奇译，东方出版社2006年版，第131页。

事实的定性需要，或运用自由裁量权，创设新的规范来适用未被法律调整的事实，或寻求上级法院的指示进行裁判。社科法学对欠缺明确具体规范的疑难案件，从社会学或经济学角度，还原事实和行为的属性、价值、意义和后果，如现有法律对拟认定的某些事实和行为有相关规定，则可直接根据法律作出认定；如现有法律无相关规定，则根据习惯、道德、交往理性等进行认定，之后借助此种事实属性和行为正当性的认定，作出基于基本道德的"是非"或是"对错"判断，进而创设"规范"和"价值"。两种方法虽然在解释上遵循的逻辑起点不同，但在解释过程中都试图打通事实、价值和规范之间的关联，最终实现在事实认定过程中借助法律、道德、习惯等规范，在规范寻找（或创设）过程中进行事实和行为的定性，在价值选择过程中依据明确的事实和确定的规范进行判断。

由此可见，由于法律发展不可避免的滞后性及这一缺陷在现代快速发展社会的日益加剧，在疑难案件的法律适用上，其属于"法律创制"或是"法律发现"，是"忠于法律"还是允许"自由裁量"，是追求法律的"形式稳定"还是实现"实体公正"的争议，都已经被现实问题解决的需要暂时掩盖了，一般情形的形式公正与特殊案件的实体公正在一定程度上实现了共存。在疑难案件中，既可以通过法律解释的方式将规范"削足适履"地适用于特定案件，也可以释然地以司法解释、意见、批复、指导性案例等方式"创造性"地立法，具体或一般性地对立法的疏漏予以补救。尽管这会产生立法权的争议，但从各国司法实践看，在一些具体事项的裁判上，没有理由认为由立法机构制定事无巨细的法律要比由司法机构根据具体情形变通处理会更好。

二、规范与事实的互通

法条主义的裁判方法，是以案件事实和法律规定为出发点，以获得最终结论为落脚点。[1]这种方法长期以来为法官所采纳，是"三段论"逻辑方法的典型表现。该方法的基本假设是立法无缺陷论，法律解释的目标是"发现"法律，而不是"创设"法律。法条主义解释方法可以分为两个层次，

---

〔1〕 孙海波："'后果考量'与'法条主义'的较量——穿行于法律方法的噩梦与美梦之间"，载《法制与社会发展》2015年第2期。

一是在事实清楚的情况下，仅对法律规范的含义进行解释，辨明具体规范应否适用，适用的程度，文意解释、体系解释、目的解释可归入此类；二是通过对法律规范的概念、事实与行为的相关术语进行日常语言分析，区分社会语境下的概念和法律语境下的概念，对法律术语与案件事实、行为、事物的对应作出解释，语言实证分析是该层次的主要方法。法律的成文化运动，包括以发达国家的法制为蓝本的法律注释运动，在一定程度上促生了法条主义方法的发展和完善。在系统的法典出现前，法官审理案件主要依据经验、习惯或道德等规范，同类纠纷的判决缺乏统一性、确定性和预见性。传统上，法条主义裁判方法被认为适用于简单案件，难以有效解决疑难案件。[1]其结果是，一旦现有规范被认定为不足以调整某一事实，法院便寻求以价值为导向的裁判，并在司法论证上放弃法条主义方法所具有的形式合理性优势。实际上，自哈特和德沃金关于疑难案件的论争以来，法条主义已经由传统的逻辑分析发展为语言实证。在疑难案件中，在语境原则、实证方法、语用学解释等方法的指引下，案件裁判不仅可以避免因机械适用错误的规范所带来的不公正，而且可以在严密的司法论证下获得形式合理性。

（一）简易案件的司法裁判：根据规范解释事实

社会发展到一定程度后，制度化是规范人类行为的最有效方式。而且，相对于简单社会的公共事物和群体纠纷，复杂社会的社会关系呈现出立体化、多主体性、交叉领域性等特点，尤其是在工业化和城市化的浪潮中，社会结构产生了巨大变革，以判例或习惯的方式来调整社会关系，在具有传统的英美国家，已开始显得捉襟见肘，不得不在经济社会领域引入成文法来规制特定主体的行为，而将变革较小的侵权、婚姻、家庭、土地等领域，继续交由判例法调整。在此转型过程中，专门的立法机构得以从政治体制中分立出来，通过民主形式为社会各领域立法。立法在技术层面上采取的是使用专门术语对事实和行为进行"描述和规定"的方式，确立其属性和价值。自此，法律概念与社会话语开始大规模产生分歧，关于盗窃、杀人、承诺、正当防卫等概念在法律体系内有了更加具体的界定，或在构成要件上，或在具体类型上，或在行为效果上，都与日常用语存在或多或少的差异。

这种通过国家意志"规定"特定法律概念的方式确实为社会关系的调整

---

〔1〕 苏力："法条主义、民意与难办案件"，载《中外法学杂志》2009年第1期。

和法律的适用带来了一系列的优点，集中表现为法律的确定性。人们不再就盗窃数额的多少或杀人行为的动机进行辩论，进而对惩罚的轻重争论不休。类型化和概念化解决了同一或类似行为的定性问题，从而省去了法官根据经验、习惯和理性认定事实属性和行为价值的环节，径直根据法律的规定进行定性。

在此意义上，法条主义及概念法学方法最终体现了司法效率。大多数现实生活中发生的案例，法律对相关事实的属性和行为的意义有明确的规定，法官无需将某一事实或行为还原至当事人交往的起点，根据自身的经验、常识或理性，或依据判例，综合考量交往过程中各方的行为、意志，以及对信息的知晓程度，就可对行为作出是否正当的判断。上述传统的习惯法或判例法的审理方式，在成文法渐成规模后，已经相对系统和完整地表现在对行为要件和事实要件的逐一审核上。

法条主义在十九世纪取得了巨大成功，相比于自然法而言，提供了更加确定的裁判方式，也能够平息不同的事实认定、行为定性和价值分歧，在一定程度上起到了建立法律共识的作用。然而，几乎与此同时，法条主义在十九世纪的西方也遭到了诸多批评。当时的社会结构处于不断变革中，工业化和城市化方兴未艾，社会关系利益格局的构建还远未定型，个体与国家在自由、秩序、权利、义务、责任等基本价值需求方面的各自主张也远未成熟。实在法仓促地将社会关系通过国家意志强行固定下来，必然导致规范在处理相关事实和定性相关行为方面的偏颇，产生权利义务配置的不公问题。"法条主义"的解释方法开始无法适应社会发展的节奏，显示出拘泥于条文的机械和僵化。工具主义的负面效应逐渐显现：社会交往的程式化和规则化提供了交往正当性的标准，但不幸的是，试图提供唯一"正确"的行为准则，忽视了该时代广泛存在的多样社会生活。

针对法条主义方法缺陷的改革，一种是批判式和解构性的，即法律现实主义学派及其后来的批判法学派；另一种是建构性的，即分析实证法学派。前一种改革引入规范以外的要素到立法和司法环节中，即事实、行为、价值、心理、意志等因素，发挥软化规范的构成要件的作用；后一种改革从规范内部进行，通过对概念的指称、功能和意义的精致分析和解释，来建立概念与事实、行为之间的实质联系。第一股潮流成功推动了社会法学、批判法学、后现代法学、法律经济分析等学派的产生，第二股潮流则产生了分析法学，其成功改良了法条主义和实在法学，使其在语言分析的基础上找到了新生。

与早期的法条主义（尤其是法律形式主义）侧重概念的字面含义不同，分析实证法学方法准确地把握到法条主义广受批评的核心问题，即概念的固化及其对现实生活调整完整性的严重不足。其主张重新将概念置于日常语言中考察，区分概念的日常语义和法律含义。分析实证法学植根于语言哲学理论，引入"词与物"的理论，如哈特在《法律的概念》中所主张的"描述社会学"的方法，即是将法律概念与客观事物具体关联。

分析实证法律方法的目的是建立人们（包括案件的当事人、法官、公众等）的法律共识。在哈特之前，边沁和奥斯汀的理论中已经出现对法律概念的语言分析。对于一些并不与实际事物直接相关的概念，如权利、义务、责任等，边沁也主张通过释义程序，回归到其实质性的对应物上。[1]边沁及其之后的法学家，或将这些"虚拟的概念实体"解释为"利益、负担"，或解释为"行动概念"，或解释为心理的"畏惧"或"信仰"等。[2]这些实证分析，对于识别具体案件中的事物、现象、行为和动机，从而将其纳入法律体系中作出了基础性的理论探索。

（二）疑难案件的司法裁判：根据事实阐释规范

法条主义方法消融了大多数疑难案件，使得疑难案件的法律处理得以通过立法或判例等形式，上升为一般性法律规范，对未来的案件产生指引作用。在司法实践中，常见情形及其法律设定是法条主义得以广泛运用，并在纠纷处理方面快捷经济的重要原因。此种法律解释方法，尤其适用于可明确归为特定类型的纠纷，即有明确的法律规范可依的案件。法学界将其称为"简单案件"。

简单案件并非指案件的事实清晰而是指案件的裁判有明确的法律规范可依循的案件。今天的简单案件在历史上或许是疑难案件，后经司法解释或立法完善有了明确规范而成为简单案件。由于现代立法的体系化，大多数社会关系业已系统化地纳入法律体系内，由法律明确规定，因而大多数案件可归入简单案件。即使在简单案件中，法官的裁判也并非只限于查明规则，而是

---

〔1〕　Smith, J. C., "Law, Language, and Philosophy", *Social Science Electronic Publishing*, p. 68.

〔2〕　Smith, J. C., "Law, Language, and Philosophy", *Social Science Electronic Publishing*, pp. 68-75.

需要就案件事实与规则所调整的事实之间的契合度作出判断，说明为什么作出某一判决与论证某一特定规则是否正当是不同的。后者的调查需要考虑规则应当被遵守的背后原因。

疑难案件的出现打破了法条主义经济效率的裁判模式，使案件的处理陷入僵局。无论是无明确规范可依还是规范模糊，都对案件的定性提出挑战。已有的事实和行为如果无法根据现有的规范作出认定，就意味着无法根据确定的规范加以适用。对此，哈特提出法官可以运用"自由裁量权"，通过造法的方式来解决案件。德沃金则认为，社会发展到一定程度后，法律体系已经发展为由一般性原则、框架性制度和具体性规则构成的"严密的网"，在这一网络下，任何事实和行为均可以从中找到自己的地位，它是完全的、一致的和确定的。唯一的不确定并不在于法律本身，而在于法官发现法律的能力。[1]

自始至终，德沃金认为大多数案件都有一个"唯一正确的答案"，即"正解论题"。[2]德沃金并不认为语言的限度和复杂性构成了他的"唯一正确"答案的障碍。他认为歧义、不确定性可以通过举证责任、推定和其他方法予以克服。社会事实和人类行为尽管丰富多样，但区别于动物的、是具有目的性和意义性的行为，在法律体系内或者具有积极的价值，从而被赋予权利，或者具有消极价值，被课以义务。事实是否具有对当事人有利或不利的价值，行为是否正当，是最为"原则性"或基础性的认定目标。业已确立的"法律原则"显然在此方面可以提供诸如"善意""注意义务""任何人不得因其过失行为获利"等人类交往的基本规则来统领几乎一切行为。正是在此意义上，德沃金认为当法律似乎呈现出规则用尽时，法律本身并没有用尽，而是作为规则和原则的整体需要法官来重建其隐含的确定性。法官作为解释者受法律约束，根据法律特有的道德和法律要求来作出裁判。[3]

三、事实与价值的关联

被德沃金反驳的"基于目标的论证"或"基于政策的论证"的法律解

---

〔1〕 Allan C. Hutchinson, John N. Wakefield, "A Hard Look at 'Hard Cases': The Nightmare of a Noble Dreamer", *Oxford Journal of Legal Studies*, Vol. 2, No. 1, 1982, p. 90.

〔2〕 [美] 布赖恩·比克斯：《法律、语言与法律的确定性》，邱昭继译，法律出版社 2007 年版，第 86 页。

〔3〕 Ronald Dworkin, *Taking Rights Seriously*, Harvard University Press, 1978, p. 32.

释方法，实际上是"后果导向"的法律解释方法。后果导向的法律解释方法
在理论渊源上，与功利主义、法经济学、法社会学等方法一脉相承，主张以
法律或判决实现特定的社会利益和价值作为正当的标准。该方法主张，应以
追求实质合理的案件处理结果优先。

在更广泛的学术领域，后果导向的法律解释方法归属于社科法学阵营。
结合英美法系和大陆法系在法律体系和审判制度上的差异，不难理解此种解
释方法产生的现实土壤：判例法体系下的原则、制度和规则在体系化方面与
成文法存在着较大差距，诸如财产法、侵权法、婚姻法等传统的法律产生于
判例，经过长期的规范累积并且经由学者以"汇编"或"重述"的形式展
现，尽管业已形成一定程度的体系，但相对于大陆法系专家立法的法典体
系，仍存在着具体事项调整的盲点。这为英美法系法官造法提供了必要也留
下了空间。在规范在场的领域，尚且存在是否适用规范以及不适用规范时应
作何种辩解的问题，而在规范缺失的情形下，法官根据经验、习惯、原则以
及各方行为理性，对各自的利益和立场加以考量，以一定的价值作为导向作
出判决，既是对现有法律体系的有益补充，也是解决实际问题的需要。

因而，尽管表述不同，后果导向的解释方法在两大法系的今天，都被用
于对疑难案件进行定性分析。作为一种补充性的法律解释方法，后果导向方
法仅在手头案件没有法律可依或者严格适用法律会产生不公正的结果时才被
考虑。实际上，历史上英美法系的"衡平法"，大陆法系法律解释方法中的
"利益衡量""漏洞填补"等方法，在一定程度上与后果导向的方法相契合。
法律的适用既要以确定性和自足性为主要价值取向，也应关注个案公正，价
值衡量的法律解释方法因而不可避免。

后果导向的法律解释方法有其产生的现实基础，即作为对法条主义解释
方法在疑难案件中适用不足的补充，但其也面临着来自其他立场和视角的批
评，包括司法造法的担忧、个案适用扩大的担忧等。更重要的是，如果任由
"后果导向"方法发展成为根据道德、舆论或价值来进行法律选择的方法，
而不对其适用的程序和条件作出严格限定，则会被用来规避本应适用的法
律，甚至在一定程度上成为贪赃枉法的借口。因而，了解后果导向方法在疑
难案件解释中的适用，认识其存在的局限和争议，是正确评估和运用此种方
法的关键。

（一）后果导向方法的操作流程：从事实属性和行为理性中论证价值

任何社会的法律都经历着从粗疏到细致的发展过程。但无论法律如何完善，其总会存在对社会生活调整的空缺。从某种程度上来说，法律越是精细，其遗漏的事项就越多，其评判的价值就可能越失公允。

在欠缺明确规范的疑难案件中，法官不得不发挥立法者的角色，对事实和行为的属性作出判断，发现其意义和价值，从而将隐藏在道德、习俗、教义中的规范适用于特定案件。从事理发现法理。所谓"事理"，是指事物的自然属性、规律，包括行为的理性方式。从事理到法理的论证是基于事实属性和行为效果进行的论证：首先，相关的事实或行为根据现有的法律没有明确的规定；其次，论证通常是根据经验、常理、场景、各方行为语言等进行综合判断，最终的目标是论证事实的属性和行为的价值；最后，论证在对行为的属性作出认定的基础上，同时对价值和适用的规范作出选择。

在另一种情形下，尽管存在着明确规范，但现有法律的适用将会产生不公正的结果，或仅被社会舆论认为不公平的结果。此种情形下的疑难，前者为真实疑难案件，后者为虚假疑难案件。在"于欢案""许霆案""彭宇案"等诸多疑难案件中，法官头脑中的概念与事实不同于舆论事实或媒体事实。一些事实具有法律效果，而可能被舆论忽视；一些事实仅是单方言辞而无法被认定，但却可以在媒体中传播，因而会在司法事实和舆论事实之间形成差距。当事人的行为、手段、动机、场景、相对人言行等均是法官作出裁判的重要考量，而舆论则往往具有选择性或单向性。当司法机构将法律事实及其效果充分呈现给公众后，公众对判决的质疑就会消失或在一定程度上减轻，此类疑难属于虚假疑难案件。如果当事人的行为、手段及其动机在前期的媒体事实中未完全披露，社会公众就无法获知相关事实的法律效果，故而对判决的公正性、刑罚的轻重作出主观评判。

然而，即便现有的法律对相应的事实和行为作出明确的定性，也存在具体定性在特定的案件中无法适用的问题，或者相关定性具有明显的滞后性，例如在经济犯罪案件中，一些量刑数额的规定。一方面，并非所有的生活事实都被赋予法律意义，另一方面，被赋予法律意义的生活事实所具有的法律效果也并非一成不变。例如，大多数父母子女间的关系，建立在亲情和道德基础上，法律对此并不调整。但在扶养、继承等领域，生活关系就可转化为法律关系。再如，在夫妻共同财产的认定上，诸如房产、投资所得等财产的属性，会根据婚姻当事人及相关主体行为而作出不同的划分。

后果导向的法律解释方法通过重新发现事实的属性或审视业已确立的价值，来构建具体案件中当事人的权利和义务。与法条主义方法的逻辑起点不同，后果导向方法从事实的属性和行为理性出发，或以列举的方式对比不同的事实和行为，或以公式或模型的方式设置标准。后果导向方法之所以可以作为法条主义方法的补充，主要在于其提供了法条主义方法在事实和行为定性缺失情况下的"规则创制"和"价值判断"的功能。

（二）后果导向方法的形式合理性：个案事实的规范性价值

后果导向的方法遭到法条主义者的批评，批评主要集中在三个方面，一是该解释方法过于主观任意，破坏了法律的稳定性和预见性；二是该方法赋予法官"强大的自由裁量权"，导致法官造法从而产生新法溯及既往事实的效力；三是后果导向容易陷入集体主义，导致判决以公共利益为名侵入私人权利领域。这些反对意见，表现在后果导向解释方法所处理的案件对先例的沿袭性、对未来案件的指引性方面，集中于"相同事实"的属性及其意义的分析上。

判例法制度，以及中国正在实施的指导性案例制度，其运行的关键点在于"相同事实"的认定，即所参考之案例的事实在多大程度上与手头的案例事实相同或在基本要素方面相同。而基于相同事实作出的判决，必然会以某种形式昭示着未来的审判，将未来的事实纳入当下的判决中。在"帕尔默案"[1]和"张某某诉蒋某某案"[2]中，法官考虑到，如果根据现有的法律作出判决，就会对未来类似的案件产生一定的影响，导致某些主体有意采取类似的行为来实现非法的目的。渗透于此种思维的是经济学的"成本收益"分析，波斯纳称之为"手段—目的理性"，[3]其思维的过程是对不同判决引发的社会效果进行比较权衡，以期作出以最小的社会成本实现最大的社会收益的判决。桑本谦教授认为，司法正义不应被"效益最大化"的概念取代，司法如果以功利为目的，其正当性就会受到怀疑。判决需要注重"实质合理性"，但也必须兼顾"形式合理性"。[4]然而，对于如何实现形式合理

---

〔1〕　Riggs V. Palmer, Court of Appeals of New York, 1889.

〔2〕　四川省泸州市中级人民法院民事判决书（2001）泸民一终字第 621 号。

〔3〕　[美] 波斯纳：《法理学问题》，苏力译，中国政法大学出版社 1994 年版，第 135 页。

〔4〕　桑本谦："法律解释的困境"，载《法学研究》2004 年第 5 期。

性，或许除了德沃金诉诸"原则"和"基本权利"的解释外，别无更好的方法。

立法者在制定法律过程中所处理的事实与司法者在裁判过程中能够设想的事实截然不同。前者将众多经验获得的个别性事实上升为一般性事实，将其类型化处理，赋予不同的法律效果；后者仅对手头的案件事实进行分析，例如"汉德公式"有关事实的分析仅限于驳船引起的损害赔偿问题，而没有涉及一般侵权责任要件事实的认定。然而，当随后的判决援引开创性的先例时，往往将特殊事实和特殊场景忽略，径直作为一般性规则来适用。这引起了关于具体事实所产生的规则能否代表一般事实的价值和目的的争论。

撇开学派分歧和理论争议，从疑难案件裁判的角度，无论是哈特运用自由裁量权"发展法律"，还是德沃金从"开放的、包含道德和政治标准的规则体系中发现法律"的做法，最终或者根据道德等价值主张"寻找"或"创设"规则，或者从事实或行为理性出发来"阐述"或"发展"法律。简言之，当调整某一案件的规范用尽时，是从价值反推规范还是从事理演绎法理，或许只是路径的差异，是难以将彼此标榜为"实证分析"或"阐述学派"的。本质上，后果导向的法律解释方法首要涉及价值评判和选择问题，即特定情形下，当事人是否享有某种权利或负有某种义务。在疑难案件中，往往存在潜在的价值冲突：根据规则指向的法律价值与社会价值产生抵触，需要采取一定的法律解释方法，将主流社会价值上升为法律意志。然而，主体价值观的差异性和文化的多元性，在一定程度上限制了价值认知的统一性，使客观价值的探讨受到相当程度的制约。要在相对范围内的群体间扩大这种价值共识，就需要借助于具有道德、理性或自然法色彩的人类知识基础。

后果导向的法律解释具有较强的自然法色彩，这种自然法在现代表现为对事实的价值和行为的理性的探讨，也即事实和行为在立法之初可能具有的意义。现代自然法思想更多地融合了社会学、心理学、统计学、经济学等综合性学科，强化了其从"事理"到"法理"的论证。在理论上，早期的自然法学说与抽象的正义相关，对于法律意识和法律思维的养成方面具有意义，在法律制定层面上发挥着潜在的价值主导功能。但在司法层面上，自然法思想往往被视为缺乏准确性、可预见性、一致性。现代自然法学说已经发展到一个新的阶段，侧重于法官的自由裁量权的实施以及判决的论证。在疑难案件中，法院在论证价值选择的依据和理由时，实际上是在运用融入各种学科的自然理性方法对暗含于社会现实中的规范、价值进行发现的过程。无论人们将这一过程称为"法律发现"还是"法律创设"或是"自由裁量""司法能动"，均无法否认基于事实价值和行为理性的分析在其中的潜在作用。诸如社会学的"描述方法"、经济学的"效率分析"、统计学的"定性与定量"等方法，将正义、公平等价值问题"还原""归结"或"量化"为情感、利益、感知等客观事物或行为，在一定程度上解释了大多数人类行为的价值取向。

四、不同裁判方法的政治考量：超越单一裁判要素的分析

疑难案件能否得到公正裁判，关系到法律正义和社会正义的实现。在司法体制内，疑难案件还产生了一系列其他问题：法条主义与经验主义的争论，司法能动与权力分立的冲突，稳定与创新的平衡，发现权利与创设权利的界限，司法效果与社会效果的统一等。疑难案件的解释关系到法律体系的张力，也是法官职业能力的检验。疑难案件因为能够引起社会的广泛关注，其裁判结果因而对于社会价值的引导和公众法律意识的培养具有重要作用。

不过，"案件是否疑难"这一前提性问题是在法条主义和后果导向争论过程中经常被忽略的。在大多数可被称为简易案件的情形中，立法和司法维持着理想的平衡。创设法律是专属于立法者的权力，无论从政治意义还是理性层面上都是如此。政策与法律产生于社会各种利益的博弈。立法者在制定一项新的法律时，需要充分了解事实，兼顾各种价值，听取不同声音，进行利弊衡量。立法行为因而需要较长的周期、广泛的公众参与、充分的辩论以及民主的决策。司法受制于特定的时空，在具体的个案中仅能对特定的事实和行为进行定性，缺乏由此及彼的基础和正当根据，甚至也无必要性。特定疑难案件的处理，尽管在一定程度上通过阐释事实和行为的方式，赋予其特定的意义和价值，进而确认行为的"应当"，使之具有一般意义上"规范"的含义，但其更多的是传递一种"发现"权利或法律的程序和方法，即如何根据经验和理性对蕴含在自然与人类社会中的"规律"进行认知，将蕴含在法理中的"事理"明确地上升为规范。作为一种问题解决的思路，这一程序是被界定为法条主义还是后果导向方法，是"发现"法律还是"创设"法

律，对于案件解决以及司法体制的构建来说，并无较大意义。

司法的法律效果与社会效果的统一是案件审判所要实现的目标之一，其法理本质是正义的认知和价值的共识问题。司法判决为社会公众理解和接受，"让人民群众在每一个案件中都能感受到公平正义"，是法学理论与司法实务工作者共同的目标。近年来，一些疑难案件的判决受到非议，一方面是由于司法事实和媒体事实在公众面前呈现差异，一方面也产生于司法机关在案件的论证上缺乏严谨与细致。"疑难案件出坏法"的西方法谚道出司法审判的两难：是严格按照法律作出判决但可能遭受公众非议，还是根据司法裁量权突破现有规范但以牺牲法律的稳定性和精确性为代价？换言之，适用"实在"的法律还是"应然"的法律，这一问题已经走出理论范畴，进入司法视野。在学者还在热衷于讨论要不要赋予法官强大的"自由裁量权"时，法官已面临来自于体制内部和社会外部的双重约束。错案追究制和社会舆论的监督无异于悬在法官头上的利剑，使其在疑难案件中既不敢"越雷池一步"，也不能"中规中矩"。

可见，尽管政治考量因素在法官审理案件时会成为隐性的机制约束法官的审判行为，但突破案件的既有规范限定，从更深层次、更基础的事实属性和行为理性角度去论证和构建当事人的权利义务，既是法律公平正义的体现，也是法官在"忠于法律"和"适度创新"之间维持平衡的关键。据此，可以在判决的司法效果和社会效果间取得一致。

五、规范分析、价值衡量与事实定性的殊途同归

疑难案件会产生司法价值和社会价值的抵牾。但价值观的分歧是可以通过知识的传播加以弥合的。司法效果与社会效果的对立同样也是可以调和的。调和的基础在于事实的全面呈现以及意义的明确，即什么样的事实应具有法律效果。近年来一些热点案件的社会舆论之所以发生"反转"，重要原因在于公众对媒体事实和司法事实的信息获取程度不同。诸如"大学生掏鸟被判十年徒刑"等案件，一旦公众知晓行为人的完整行为及法律对客体的保护、对相应行为的惩罚后，就会改变此前因信息不充分所做的判断。作为整体的社会关于法律的共识始终处于一个较低的层次，根本原因在于法律语言的专业性构成了普通人进入的障碍。因而，法律领域的共识依赖于整个社会关于法律本质、价值、功能的认知的整体提升。当然，要求所有社会成员系

统地学习法律是不现实的，但当疑难案件发生时，通过舆论和司法系统的"交往"和"沟通"，法律语言的专业化与大众化就有了彼此融通和接近的途径。

在疑难案件中，法条主义和后果导向两种解释方法的分歧并没有学者所设想的严重。构成裁判的三项核心要素——事实、规范、价值，如果要达到司法效果和社会效果的统一，无论是在法条主义还是后果导向的解释方法中都必须进行充分论证。在规范和价值问题上，法条主义和后果导向各执一端，作为案件分析的逻辑起点。然而，在对案件处理的价值进行选择的过程中，两种方法均需要借助对事实的分析来实现对立一端的论证。法条主义方法需要将欠缺具体的规范与具体的事实、行为相对应，进而寻找或创设融入规范的特定价值；后果导向方法需要借助对事实和行为的定性分析，来阐释或发展体现自然理性的规范。两种方法在事实的分析和处理上，所采用的定性与定量、还原与实证、演绎与归纳等方法具有同源性，因而能够在正当的操作规程下一定程度地实现相同或近似的处理结果。

学界长期以来对两种裁判思路的理解存在误区。然而，在疑难案件中，依据法条主义和后果导向两种裁判方法所获得的结果并不必然相互对立。在案件的适用情形、分析视角、解释工具等方面，二者并非竞争而是互补的关系。虽然两种方法采取的进路不同，但目的均是努力实现案件的实体公正和形式正义，确保判决的形式合理性和实质合理性的统一。在遇有规范适用不足或不公时，法条主义方法总是试图通过"原则裁判"的方式克服成文法的局限，以向实体正义倾斜；而后果导向方法以事实属性和行为理性的论证为基础，更是以"指导性案例"的操作程序和援引机制作为其形式合理性的来源。

采取历史的方法与法律发展的视角，两种方法在疑难案件的解决上总是交替发生，相互为用。法条主义方法在现代社会"大行其道"的前提，是后果导向裁判方式在历史上已经将大量疑难案件解决的规则或原则上升为成文法或判例的结果；而当社会关系的发展超出现有法律的调整，法条主义方法在特定案件的处理上面临价值困境时，后果导向方法则再次发挥根据"事理"推论"法理"的作用，以案例方式建立新规则或更改已有规则。

在疑难案件裁判中，根据事实、规范和价值三要素彼此关联的程度，强化疑难案件事实属性和行为理性分析，是司法论证中两种裁判方法的核心环节。司法的法律效果和社会效果的统一，需建立在事实的准确认定、规范的清晰阐述、价值的合理评估基础之上。虽然两种裁判方法在解释工具和分析进路上存在差异，但如果统一在事实、规范和价值三者的关联解释上，或者根据规范来审视事实和行为，或者从行为和事实中得出价值，均可实现殊途同归。

参考文献

一、中文主要参考文献

1. 苏力："解释的难题：对几种法律文本解释方法的追问"，载《中国社会科学》1997 年第 3 期。

2. 王发强："不宜要求'审判的法律效果与社会效果统一'"，载《法商研究》2000 年第 6 期。

3. 郑永流："法律判断形成的模式"，载《法学研究》2004 年第 1 期。

4. 桑本谦："法律解释的困境"，载《法学研究》2004 年第 5 期。

5. 季涛："论疑难案件的界定标准"，载《浙江社会科学》2004 年第 5 期。

6. 孔祥俊："论法律效果与社会效果的统一 一项基本司法政策的法理分析"，载《法律适用》2005 年第 1 期。

7. 徐继强："法哲学视野中的疑难案件"，载《华东政法大学学报》2008 年第 1 期。

8. 苏力："法条主义、民意与难办案件"，载《中外法学杂志》2009 年第 1 期。

9. 唐延明："论司法的法律效果与社会效果"，载《东北财经大学学报》2009 年第 1 期。

10. 李旭东："论司法裁判的法律标准——对社会效果与法律效果统一论的批评"，载《华南理工大学学报（社会科学版）》2010 年第 5 期。

11. 杨力："民事疑案裁判的利益衡量"，载《法学》2011 年第 1 期。

12. 陈坤："疑难案件、司法判决与实质权衡"，载《法律科学（西北政法大学学报）》2012 年第 1 期。

13. 胡玉鸿："论司法审判中法律适用的个别化"，载《法制与社会发展》2012 年第 6 期。

14. 舒国滢："追问古代修辞学与法学论证技术之关系"，载《法学》2012 年第 9 期。

15. 谢晖："事实推理与常识裁判——简单道义案件的一种裁判技巧和立场"，载《法学》2012 年第 9 期。

16. 陈金钊："被社会效果所异化的法律效果及其克服——对两个效果统一论的反思"，载《东方法学》2012 年第 6 期。

17. 孙海波："案件为何疑难？——疑难案件的成因再探"，载《兰州学刊》2012 年第 11 期。

18. 陈金钊："解决'疑难'案件的法律修辞方法——以交通肇事连环案为研究对象的诠释"，载《现代法学》2013 年第 5 期。

19. 刘作翔："通过司法解决法律权利之间的冲突——卡尔·威尔曼等美国学者及美国最高法院对典型案例的司法推理"，载《法律科学（西北政法大学学报）》2014 年第 1 期。

20. 孙海波："'后果考量'与'法条主义'的较量——穿行于法律方法的噩梦与美梦之间"，载《法制与社会发展》2015 年第 2 期。

21. 王波："社会事实如何产生规范性？——论法律实证主义对'休谟法则'的解决方案"，载《法制与社会发展》2015 年第 5 期。

22. 刘星："多元法条主义"，载《法制与社会发展》2015 年第 1 期。

23. 季卫东："法律议论的社会科学研究新范式"，载《中国法学》2015 年第 6 期。

24. 孙海波："不存在疑难案件？"，载《法制与社会发展》2017 年第 4 期。

25. 任强："司法方法在裁判中的运用——法条至上、原则裁判与后果权衡"，载《中国社会科学》2017 年第 6 期。

26. 梁慧星：《裁判的方法》，法律出版社 2003 年版。

27. 陈金钊：《法律解释学——权利（权力）的张扬与方法的制约》，中国人民大学出版社 2011 年版。

28. 葛洪义主编：《法律方法论》，中国人民大学出版社 2013 年版。

29. ［德］尤尔根·哈贝马斯：《交往行为理论》，曹卫东译，世纪出版集团、上海人民出版社 2004 年版。

30. ［德］哈贝马斯：《在事实与规范之间——关于法律和民主法治国的商谈理论》，童世骏译，生活·读书·新知三联书店 2003 年版。

31. ［美］凯斯·R. 桑斯坦主编：《行为法律经济学》，涂永前、成凡、康娜译，北京大学出版社 2006 年版。

32. ［美］希拉里·普特南：《事实与价值二分法的崩溃》，应奇译，东方出版社 2006 年版。

二、外文主要参考文献

1. A. Tate, "Policy in Judicial Decisions", *Louisiana Law Review*, Vol. 20, 1959.

2. Cass R. Sunstein, "Hard Defamation Cases", *William And Mary Law Review*, Vol. 25, 1983–1984.

3. Neil. MacCormick, "Legal Decisions and their Consequences: from Dewey to Dworkin", *New York University Law Review*, Vol. 59, 1983.

4. John E. Simonett, "The Use of the Term 'Result-oriented' to Characterize Appellate Decisions", *William Mitchell Law Review*, Vol. 33, 1984.

5. Christine Jolls, Cass R. Sunstein, and Richard Thaler, "A Behavioral Approach to Law and

Economics", *Stanford Law Review*, Vol. 50, 1997–1998.

6. Avishalom Tor, "Methodology of the Behavioral Analysis of Law", *Haifa Law Review*, Vol. 4, 2008.

7. Adrew Tutt, "Interpretation Step Zero: A Limit on Methodology as 'Law' ", *Yale Law. Journal*, Vol. 122, 2012–2013.

8. Russell Korobkin, " Comparative Effectiveness Research As Choice Architecture: The Behavioral Law And Economics Solution To The Health Care Cost Crisis", *Michigan Law Review*, Vol. 112, 2013–2014.

9. Joseph Raz, *Value, Respect, and Attachment*, Cambridge University Press, 2004.

10. Habermas, "Reconciliation through the public use of reason: remarks on John Rawls's political liberalism", *The Journal of Philosophy*, Vol. 92, No. 3, March 1995.

11. Davis, Michael; Stark, Andrew, *Conflicts in Rule making: Hard Cases and Bad Law*, *Conflict of interest in the professions*, Oxford University Press, 2001.

12. Kenneth Einar Himma, "Trouble in Law's Empire: Rethinking Dworkin's Third Theory of Law", *Oxford Journal of Legal Studies*, Vol. 23, No. 3, Autumn, 2003.

13. C. Coval and J. C. Smith, "Rights, Goals, and Hard Cases", *Law and Philosophy*, Vol. 1, No. 3, Values in the Law of Tort: Part I (Dec. , 1982).

14. Ronald Dworkin, "Hard Cases", *Harvard Law Review*, Vol. 88, No. 6, Apr. , 1975.

15. Dworkin, Political Judges and The Rule of Law, 64 Procs of Brit Ac 259.

16. Ronald M. Dworkin, *No right answer? In Law, Morality, and Society: Essays in Honour of H. L. A. Hart*, edited by P. M. S. Hacker, Joseph Raz, Clarendon Press, 1977.

17. Allan C. Hutchinson and John N. Wakefield, "A Hard Look at 'Hard Cases': The Nightmare of a Noble Dreamer", *Oxford Journal of Legal Studies*, Vol. 2, No. 1, Spring, 1982.

18. Daniel Statman, "Hard Cases and Moral Dilemmas", *Law and Philosophy*, Vol. 15, No. 2 (1996).

19. Lawrence M. Friedman, "Law And Its Language", 33 *Geo. Wash. L. Rev.* 1964–1965.

20. Joseph Raz, *The Practice of Value*, Clarendon Press, 2003.

21. Jürgen Habermas, *Truth and Justification*, The MIT Press, Cambridge, Massachusetts, 2003.

22. Lon L. Fuller, "The Case of the Speluncean Explorers", *Harvard Law Review*, No. 62, Vol. 4 (1949).

23. Roger J. Traynor, "Hard Cases Can Make Good Law", *The University of Chicago Law Review*, Vol. 29, No. 2, Winter, 1962.

24. Wm E. Conklin, "Clear Cases", *The University of Toronto Law Journal*, Vol. 31, No. 3, Summer, 1981.

后　记

学术研究和娱乐休闲都能使人愉悦。不同在于，写作使人充实、平静，其带来的满足感呈递增趋势，让人欲罢不能；而娱乐休闲给人带来的满足感呈递减趋势。审美疲劳与刺激麻木是生理层面的根本原因。

不过，求真只是学术研究的一部分。美好价值的追求是生活的根本目标。休闲与娱乐在美的认知方面却可以给枯燥的学术生活以启发和新意。如果写作能像音乐，给人以远近、轻重、缓急的联想，或像绘画，给人以格局、色调、空间、静动之观感，或如诗歌，给人以细腻、磅礴、婉转、带入之意境，则必能使刻板乏味的学术读物变为轻松易进的写实作品。

然而，学术创新是很难的。维特根斯坦一语道破创新的悖论：你必须说出新的东西，但它肯定全是旧的。但是，我们不会因为听说过别人走过的路看过的风景如何而放弃某个旅行，我们同样不会放弃尝试对于自己而言是新的东西。怀疑主义、反智主义、不可知论总在不经意间潜入我们的头脑，讥讽着我们的幼稚与短视。现代社会科学领域的发现，除了在事实和信息上拥有优势，在伦理和道德领域，相对于古人来说，并没有显著的进步。人类似乎总在不自量力地从事着显而易见的重复工作。

尽管如此，能够找到自己感兴趣的问题，沉浸于思竭的苦闷和灵感迸发的快乐中，犹如劳累之后的一杯清茶配以轻松的音乐，使人回味无穷。本书写作经过两年的时间，写作的最后一年恰逢我受国家留学基金委资助出国留学，后到美国俄亥俄大学研习法律社会学。所到之处都是山清水秀之地，对于读书治学再好不过，更巧的是，两处进修地除了为本书的写作提供大量的理论与实践素材外，更与本书在疑难案件解释中的一个重要视角——语言哲学方法直接相关。不同环境的生活不仅让我领略到语言的形式、修辞、语调、内容、实质、功能、表达的背后所体现的制度、文化、习俗、伦理，也对制度背后的公正、平等、效率等价值有了新的认识。

　　对于律师和法官来说，本书不是对其"应该如何思考"的说教，而是"可以怎样思考"的启发。尽管在实践中，律师和法官会从本书中找到其部分实践的理论根据，但作为疑难案件法律适用的体系化尝试，本书希望尽可能地对所有的实践提供理论根基。希望学生也能将本书看作是一种如何思考的方法论著作。书中的一些观点与其看作是作者独辟蹊径的主张，不如视为就某个问题的"个别意见"。作者旨在提出问题，答案则是开放的。

潘德勇

2021 年 7 月于武汉